Verhandlungen

des

Ersten Deutschen Juristentages.

Herausgegeben

von

dem Schriftführer-Amt der ständigen Deputation.

Berlin, 1860.

Commissions-Verlag von G. Jansen.

Zur Geschichte des Deutschen Juristentages.

Vorwort.

In einer Berathung des Vorstandes der Juristischen Gesellschaft, welche am 3. März 1860 stattfand, stellte der Privat-Dozent Dr. v. Holtzendorff den Antrag:

> Der Vorstand möge der Juristischen Gesellschaft in deren nächster Sitzung die Ausschreibung eines Deutschen Juristentages vorschlagen.

Dieser Antrag ward mit allen gegen eine Stimme zum Beschlusse erhoben und „der Vorschlag des Vorstandes, einen Deutschen Juristentag auszuschreiben," auf die Tagesordnung für die am 10. März 1860 abzuhaltende zehnte Sitzung gebracht.

Ueber die weitere Entwickelung der beregten Angelegenheit geben die Sitzungs-Protokolle der Juristischen Gesellschaft folgende Auskunft:

a) das Protokoll über die zehnte Sitzung vom 10. März 1860:

— — „Die Versammlung ging hierauf zum zweiten Gegenstande der Tagesordnung über: zur Berathung des von dem Vorstande ausgegangenen Vorschlags, einen Deutschen Juristentag auszuschreiben. Der Referent, Herr Privat-Dozent Dr. v. Holtzendorff, wies zunächst auf das Vorbild anderer allgemeiner Versammlungen zu wissenschaftlichen Zwecken hin, und behauptete, daß sich ein wirkliches inneres Bedürfniß für die nähere Verbindung der Deutschen Juristen nachweisen lasse. Es sei die Gemeinsamkeit des Deutschen Rechtsbewußtseins thatsächlich weniger gepflegt worden, als die Bemühungen, gewisse wesentliche Grundlagen für die materiellen Interessen des wirthschaftlichen Lebens zu gewinnen.

Eine allgemeine, periodisch wiederkehrende Juristenversammlung würde befähigt sein, neben den positiven Leistungen und Vorarbeiten für gewisse Rechtszweige, das Gefühl der Rechtsgemeinsamkeit zu beleben, eine Wechselwirkung zwischen Theorie und Praxis herbeizuführen, einem einseitigen mikroskopischen Rechtsdogmatismus entgegen zu treten, und fern von allem blinden Centralisationseifer denjenigen Besonderheiten in den Landesrechten Geltung zu verschaffen, welche in den Eigenthümlichkeiten und Verhältnissen ihre objektive Grundlage fänden

Unter der Voraussetzung, daß die Berufung eines allgemeinen Deutschen Juristentages von der Juristischen Gesellschaft zu Berlin beschlossen werde, erscheine es zweckmäßig ·

> daß der Vorstand der Juristischen Gesellschaft als Lokal-Comité sich constituire, durch Selbstergänzung aus den Mitgliedern der Juristischen Gesellschaft sich verstärke, und die Vorbereitungen zu dem Juristentage, insbesondere die vorläufige Geschäftsordnung, die Tagesordnung und ein vorläufiges Statut in Berathung nehme

Nach einer lebhaften Besprechung des Gegenstandes, an welcher sich die Herren Kreis-Justizrath Dr Straß, Assessoren Wölffel und Lasker, Stadtgerichts-Präsident Holzapfel, Privat-Dozent Dr Bornemann, Stadtgerichtsrath Model, Rechtsanwalt Volkmar, Assessoren Sander und Makower und Professor Dr. Gneist betheiligten, wurde der Vorschlag des Letzteren:

> den Vorstand zu ermächtigen, die Sache in die Hand zu nehmen und sie bis zur öffentlichen Ausschreibung des Deutschen Juristentages vorzubereiten,

zum Beschlusse erhoben".

b) Das Protokoll über die elfte Sitzung vom 14. April 1860:

— — „Sodann erstattete der Schriftführer in der Deutschen Juristentagsangelegenheit wie folgt Bericht:

Die Juristische Gesellschaft hat in der Sitzung vom 10. März d. J. ihren Vorstand ermächtigt,

> die Berufung eines Deutschen Juristentages in die Hand zu nehmen und sie bis zur öffentlichen Ausschreibung vorzubereiten

In Folge dessen hat der Vorstand zunächst sich an einige Gesellschaftsmitglieder mit der Bitte gewandt, ihm bei diesen Vorbereitungen hilfreiche Hand zu leisten Die Mitglieder, welche dieser Bitte freundlichst entsprochen haben, sind die Herren:

> Kammergerichtsrath Buddee, Justizrath Dorn, Ober-Tribunalsrath Meyer, Stadtrichter Schulze und Rechtsanwalt Schwarz.

Im Verein mit diesen Herren hat der Vorstand durch vertrauliches Anschreiben eine Anzahl hervorragender Deutscher Juristen von dem Plane, einen Deutschen Juristentag zu berufen, in Kenntniß gesetzt und dieselben um ihre Rathschläge so wie um die Erlaubniß gebeten, die Einladungen zugleich in ihrem Namen zu erlassen. Auf dieses Anschreiben haben ihre Theilnahme am Deutschen Juristentage bereits zugesagt·

1) Herr Prof. Dr. Aegidi in Hamburg,
2) Herr Ober-Gerichtsrath Dr. Baumeister in Hamburg,
3) Herr Prof Dr Bluntschli in München,
4) Herr Obergerichts-Präsident Breymann in Wolfenbüttel,

5) Herr Rechtsanwalt, Justizrath Fischer in Breslau,
6) Herr Kanzler, Prof. Dr. v. Gerber in Tübingen,
7) Herr Professor Dr. Mommsen, Mitglied der Academie der Wissenschaften in Berlin,
8) Herr Prof. Dr. Planck in Kiel,
9) Herr Advocat Dr. Rießer in Hamburg,
10) Herr Prof. Dr. Schletter in Leipzig,
11) Herr Ober-Staatsanwalt des Königr. Sachsen Dr. Schwarze in Dresden,
12) Herr Ober-Staatsanwalt v. Tippelskirch in Stettin,
13) Herr Geh. Rath, Prof. Dr. v. Wächter in Leipzig,
14) Herr Prof. Dr. Walther in München,
15. Herr Prof. Dr. Weiske in Leipzig,
16. Herr Prof. Dr. Zachariä in Göttingen.

Auch sind dem Vorstande viele sehr beachtenswerthe Rathschläge ertheilt worden.

Nachdem der Schriftführer verschiedene Antwortschreiben verlesen, fuhr derselbe fort:

Der Vorstand hat sich damit beschäftigt, ein Einladungsschreiben sowie ein vorläufiges Programm und Statut für den Deutschen Juristentag zu entwerfen. Da jedoch die Berathung dieser Entwürfe im Plenum der Juristischen Gesellschaft bei der großen Anzahl von Gesellschaftsmitgliedern sehr erhebliche Schwierigkeiten bieten und kaum zu einem allseitig befriedigenden Resultate führen dürfte, so nimmt der Vorstand, indem er den ihm durch den letzten Gesellschaftsbeschluß auferlegten Pflichten genügt zu haben glaubt, hiermit den Antrag:

> nunmehr eine aus zehn Mitgliedern bestehende Commission mit der Befugniß zu erwählen, die Berufung eines Deutschen Juristentages weiter zu fördern und hierbei selbstständig nach eigenem besten Ermessen zu verfahren.

In der über diesen Antrag eröffneten Debatte wurden zwei Amendements gestellt:

1) von Herrn Kammergerichts-Auscultator Dr. Fischer, dahin gehend:

> nunmehr eine Commission, bestehend aus dem Präsidenten und dem Schriftführer der Gesellschaft sowie acht zu erwählenden Mitgliedern, mit der Befugniß zu ernennen, die Berufung &c.

2) von Herrn Gerichts-Assessor Sander, dahin gehend:

> nunmehr eine Commission, bestehend aus dem neuzuerwählenden Vorstande der Gesellschaft und fünf der bisherigen Rathgeber des Vorstandes, mit der Befugniß zu ernennen, die Berufung &c.

Nachdem beide Amendements abgelehnt und der Antrag des Vorstandes mit großer Majorität zum Beschlusse erhoben worden, wurden zu Mitgliedern der „Commission für Ausschreibung eines Deutschen Juristentages" mittelst geheimer Stimmgebung folgende Herren erwählt:

1) Kammergerichtsrath Buddee,
2) Justizrath Dorn,
3) Professor Dr. Gneist,
4) Stadtrichter Dr. Golz,
5) Geh Justizrath, Prof. Dr. Heydemann,
6) Stadtrichter Hiersemenzel,
7) Privat-Dozent Dr. v. Holtzendorff,
8) Kreis-Justizrath Dr. Straß,
9) Justizrath Volkmar,
10) Stadtgerichtsrath Graf v. Wartensleben.

Zugleich ward beschlossen, daß, falls Einer oder mehrere der Erwählten die Wahl nicht annehmen sollten, alsdann folgende Gesellschaftsmitglieder.

1) Herr Gerichts-Assessor Makower,
2) Herr Ober-Tribunalsrath Meyer,
3) Herr Stadtgerichtsrath Borchardt,
4) Herr Rechtsanwalt Schwarz,
5) Herr Rechtsanwalt Simson,

welche nächst den zehn Erwählten die meisten Stimmen erhalten, in der eben angegebenen, durch die Stimmenzahl bestimmten Reihenfolge an Stelle des Ablehnenden in die Commission zu berufen seien. Von den zehn zu Commissionsmitgliedern Erwählten nahmen die Herren Buddee, Hiersemenzel, v. Holtzendorff, Straß, Volkmar und Graf v. Wartensleben die Wahl an; dagegen lehnte Herr Dr Golz dieselbe ab und es wurde deshalb an dessen Stelle Herr Makower in die Commission berufen. – Nicht anwesend waren die Herren Dorn, Gneist und Heydemann."

Nachdem sich die für Ausschreibung eines Deutschen Juristentages erwählte Commission constituirt hatte, entwarf dieselbe eine „vorläufige Ordnung für den Deutschen Juristentag" (cf. S. 3 ff.), publizirte dieses provisorische Statut in Nr. 20 der Preußischen Gerichts-Zeitung (vom 16. Mai 1860) und erließ ebendaselbst folgende „Einladung zum Deutschen Juristentage":

Beseelt von dem Wunsche, die Einheit Deutschlands auf dem Gebiete des Rechtes nach Kräften fördern zu helfen, hat die „Juristische Gesellschaft" in Berlin beschlossen, einen Deutschen Juristentag auszuschreiben und jährlich wiederkehrende Versammlungen von Deutschen Rechtsverständigen anzubahnen. Sie hat uns mit der Ausführung dieses Beschlusses beauftragt. In Folge dessen haben wir eine „vorläufige Ordnung für den Deutschen Juristentag" entworfen, welche, bis zur ersten Versammlung maßgebend, dieser zur Beschlußnahme unterbreitet werden wird und aus der wir folgende Bestimmungen hier hervorheben:

„Der Zweck des Deutschen Juristentages ist: eine Vereinigung für den lebendigen Meinungsaustausch und den persönlichen Verkehr unter den Deutschen Juristen zu bilden, auf den Gebieten des Privatrechts, des Prozesses und des Strafrechts den

Forderungen nach einheitlicher Entwickelung immer größere Anerkennung zu verschaffen, die Hindernisse, welche dieser Entwickelung entgegenstehen, zu bezeichnen und sich über Vorschläge zu verständigen, welche geeignet sind, die Rechtseinheit zu fördern.

Zur Mitgliedschaft berechtigt sind: die Deutschen Richter, Staatsanwälte, Advocaten und Notare, die Aspiranten des Richteramtes, der Anwaltschaft und des Notariats, die Lehrer an den Deutschen Hochschulen, die Mitglieder der gelehrten Academien und die rechtsgelehrten Mitglieder der Verwaltungsbehörden."

Der erste Deutsche Juristentag soll

am 28., 29. und 30. August d. J. in Berlin

stattfinden. Am Vorabende werden sich die Mitglieder des Juristentages zu gegenseitiger freundschaftlicher Begrüßung sowie zu vertraulicher Besprechung im „Odeum" allhier versammeln.

Die Beitrittserklärungen so wie die Anmeldung von Vorträgen, desgleichen diejenigen Vorlagen, deren Berathung durch den ersten Deutschen Juristentag gewünscht wird, nimmt der mitunterzeichnete Graf von Wartensleben entgegen. Die Mitgliedskarten nebst der „vorläufigen Ordnung" sowie diejenigen Vorlagen, deren Druck wir schon vor dem ersten Juristentage beschließen sollten, werden den einzelnen Mitgliedern durch den mitunterzeichneten Schriftführer übersandt werden. Durch denselben wird auch, auf rechtzeitig ausgesprochenen desfallsigen Wunsch, bereitwilligst der Nachweis guter und billiger Wohnungen erfolgen.

Als Gegenstände der Erörterung für den ersten Deutschen Juristentag erlauben wir uns vorläufig zu bezeichnen:

1) den Entwurf eines Statutes für den regelmäßigen Zusammentritt des Juristentages;
2) die Verschiedenheiten, welche sich in der Praxis der Deutschen Staaten bei Anwendung der Wechsel-Ordnung ergeben haben;
3) das Spezialitäts- und Legalitätsprinzip im Hypothekenwesen;
4) die Vollstreckbarkeit der Urtheile und die Formen der Hilfsvollstreckung;
5) die Art der Behändigung gerichtlicher Verfügungen und Erkenntnisse;
6) das Prinzip der Privatanklage;
7) die Trennung der Rechtsfrage von der Thatfrage im Criminal-Prozeß.

Ihre Theilnahme an dem in Berlin stattfindenden ersten Deutschen Juristentage haben bereits freundlichst zugesagt die Herren Professor Dr. Aegidi in Hamburg; Obergerichtsrath Dr. Baumeister in Hamburg; Professor Dr. Bluntschli in München; Obergerichts-Präsident Breymann in Wolfenbüttel; Rechtsanwalt, Justizrath Fischer in Breslau; Kanzler, Prof. Dr. v. Gerber in Tübingen; Prof. Dr. Glaser in Wien; Prof. Dr. Ihering in Gießen; Hofrath, Prof. Dr. Kraut in Göttingen; Prof. Dr. Mommsen in Berlin; Prof. Dr. Pfeiffer in Tübingen; Prof. Dr. Planck in Kiel; Advocat Dr. Rießer in Hamburg; Prof. Dr. Schletter in Leipzig; Ober-Staatsanwalt des Königreichs

Sachsen Dr. Schwarze in Dresden; Ober-Landesgerichts-Präsident Dr Sintenis in Dessau; Prof Dr. v. Stubenrauch in Wien; Ober-Staatsanwalt v. Tippelskirch in Stettin; Geheimer Rath, Prof. Dr. v. Wächter in Leipzig; Professor Dr. Weiske in Leipzig; Professor Dr. Zachariä in Göttingen. — Zugleich haben uns die Herren DD.

Aegidi, Baumeister, Breymann, Fischer, Glaser, Ihering, Kraut, Pfeiffer, Rießer, Schletter, Schwarze, v. Tippelskirch und Weiske

ausdrücklich ermächtigt, auch in ihrem Namen die Einladung zum ersten Deutschen Juristentage zu erlassen.

So geht denn in alle Deutschen Gaue der freudige Ruf, Theil zu nehmen an einem Werke, welches dem Dienste des vaterländischen Rechtes und nur ihm gewidmet ist.

Berlin, im Mai 1860.

Die Commission der Juristischen Gesellschaft für Ausschreibung eines Deutschen Juristentages.

Buddee, Kammergerichtsrath. Dorn, Justizrath. Dr. Heydemann, Geh Justizrath und Prof. der Rechte Hiersemenzel, Stadtrichter (Schriftführer). Dr v Holtzendorff, Privat-Dozent Makower, Gerichts-Assessor. Meyer, Ober-Tribunalsrath. Dr Straß, Kreis-Justizrath. Volkmar, Justizrath. Graf v Wartensleben, Stadtgerichtsrath (Vorsitzender).

Die Redaction der Preußischen Gerichts-Zeitung schickte diesem Aufrufe folgende Bitte voraus:

„Diejenigen Redactionen politischer Zeitungen und juristischer Zeitschriften, welchen die Rechtseinheit Deutschlands für ein auch von dem Deutschen Juristenstande anzustrebendes Ziel gilt, werden ersucht, nachstehende Einladung zum Deutschen Juristentage in die Spalten ihrer Zeitschriften zu übernehmen."

In Folge dessen wurde jene Einladung von sehr vielen Zeitungen und Zeitschriften veröffentlicht.

Siebenhundert und zehn Deutsche Juristen erklärten ihre Theilnahme am ersten Deutschen Juristentage. Von vielen Seiten gingen „Anträge" ein. Von diesen Anträgen wurden auf Beschluß der Ausschreibungscommission folgende gedruckt:

1) Antrag des Obergerichtsrath Bähr zu Kassel, gewisse Zusatz-Paragraphen zur Ordnung für den Juristentag betreffend,
2) Antrag des Ober-Tribunalsrath Dr. Waldeck zu Berlin in Bezug auf einige Vorfragen, die einheitliche Civilprozeßgesetzgebung betreffend,

3) Antrag des Appellationsgerichtsrath v. Kräwel zu Naumburg a. d. S., ein gemeinsames Deutsches Strafrecht betreffend,
4) Antrag des Ober-Staatsanwalts Dr. v. Groß zu Eisenach, den nämlichen Gegenstand betreffend,
5) Antrag des Prof. Dr. Wahlberg zu Wien, denselben Gegenstand betreffend,
6) Antrag des Geh. Rath, Prof. Dr. Mittermaier zu Heidelberg, die Ausarbeitung von Gesetz-Entwürfen durch den Juristentag betreffend,
7) Antrag des Kammergerichtsrath Buddee zu Berlin, gewisse civilprozessualische Grundsätze betreffend,
8) Antrag des Rechtsanwalt Lewald zu Berlin, die Einführung der Privatanklage betreffend,
9) Antrag des Stadtrichter Primker zu Breslau, die Nothwendigkeit einer schleunigen Reform der Gesetzgebung über die Deutsche stille Gesellschaft betreffend,

und nebst der „vorläufigen Ordnung für den Deutschen Juristentag," sowie einem „Schreiben des zweiten Präsidenten des Königl. Ober-Tribunals Dr. Bornemann zu Berlin an die Commission der Juristischen Gesellschaft für Ausschreibung eines Deutschen Juristentages" — zum großen Theil schon einige Wochen vor dem Zusammentritte des Juristentags — an dessen Mitglieder vertheilt. Die auswärtigen erhielten diese „Drucksachen" unter Kreuzband frankirt durch die Post zugesandt.

Die auf Veranlassung der Ausschreibungscommission gedruckten Anträge sind unter dem Titel „Vorlagen", die ungedruckt gebliebenen aber zur Unterscheidung von jenen unter dem Titel „ungedruckte Anträge" in die gegenwärtige Schrift aufgenommen.

Bei Beantwortung der Frage: ob ein Antrag schon vor dem Zusammentritte des Juristentages durch den Druck zu veröffentlichen sei, war für die Ausschreibungscommission neben der Rücksicht auf den Kostenpunkt und den früheren oder späteren Eingang des betreffenden Antrages vornämlich der Umstand entscheidend: ob ohne vorhergegangene Publikation eines Antrages die Juristentags-Versammlung nicht füglich in der Lage sein werde, über denselben einen wohlerwogenen Beschluß zu fassen, oder ob der Antrag seiner Natur nach eine sofortige Beschlußfassung gestatte.

Schon vor der ersten Veröffentlichung der „Einladung zum Deutschen Juristentage" und der „vorläufigen Ordnung" für denselben hatte die Ausschreibungscommission von beiden Schriftstücken den höchsten Justizverwaltungsstellen der größeren Deutschen Staaten Kenntniß gegeben. Sie theilte den höchsten Justizverwaltungsstellen aller Deutschen Staaten die „Drucksachen" des Juristentages mit und erhielt folgende Antwortschreiben:

1) Schreiben des Königlich Preußischen Justiz-Ministers Herrn Dr. Simons vom 18. Mai 1860:

Der Commission der Juristischen Gesellschaft für Ausschreibung eines Deutschen Juristentages sage ich für die gefällige Mittheilung des erlassenen Aufrufes und der für die Versammlung festgestellten vorläufigen Ordnung meinen verbindlichsten Dank Der durch jenen Juristentag angestrebte letzte Zweck einer Förderung der Rechtseinheit im Deutschen Vaterlande wird den Beifall eines Jeden finden, der die Nachtheile kennt, welche aus der Vielgestaltigkeit des Rechtes in Deutschland für das Rechtsleben der Nation erwachsen. Mit lebhaftem Interesse begleite ich deshalb das Bestreben der geehrten Commission der Juristischen Gesellschaft und werde Derselben, wo ich es vermag, gerne förderlich sein

2) Schreiben des Königlich Württembergischen Justiz-Ministers Herrn Freiherrn v Wächter-Spittler vom 31. Mai 1860 (gerichtet an den Grafen v. Wartensleben):

Euer Hochgeboren als Vorsitzendem der Commission der Juristischen Gesellschaft für Ausschreibung eines Deutschen Juristentages ermangele ich nicht den Empfang des Schreibens vom 10/16. d. Mts anzuzeigen, welches die gedachte Commission, unter Beilegung des Entwurfs eines öffentlichen Aufrufes sowie einer vorläufigen Ordnung für jene Versammlung, an mich zu richten mir die Ehre erwiesen hat Die leitende Idee bei jenem Unternehmen, wie sie sich aus diesen Mittheilungen ergiebt, ist eine so glückliche und der Zweck, den sich die Gesellschaft vorgesetzt hat, ein so patriotischer, daß ich mich für verpflichtet erachtete, die ersteren auch Seiner Königlichen Majestät, meinem allergnädigsten Herrn, vor Augen zu legen. Höchstdieselben, stets gewohnt, Allem Ihre Aufmerksamkeit zuzuwenden, was dazu dient, die Interessen des gemeinsamen Vaterlandes zu fördern, haben nun nicht nur von dem erwähnten Unternehmen an sich mit Befriedigung Kenntniß genommen, sondern auch insbesondere der praktischen Weise, in welcher dasselbe in's Leben zu führen beabsichtigt ist, und wovon die für die erste Zusammenkunft bestimmten Gegenstände der Erörterung redendes Zeugniß geben, ungetheilten Beifall gezollt. Ich bin hiernach in der angenehmen Lage, auf die Zustimmung meines Königlichen Herrn, der längst durch die That bewiesen hat, wie er jeden Schritt zu einer Annäherung der Rechtseinheit Deutschlands als wahren Gewinn betrachtet, mich stützen zu können, wenn ich Euer Hochgeboren hiermit ergebenst ersuche, der Commission nebst dem Ausdrucke meines verbindlichsten Dankes die Versicherung übermitteln zu wollen, daß mir jede Gelegenheit, Deren Zwecke zu fördern, willkommen sein wird. Mit ausgezeichneter Hochachtung ꝛc.

3) Schreiben des Königlich Sächsischen Justiz-Ministers Herrn Dr. v. Behr vom 26. Juni 1860:

Die geehrte Commission der Juristischen Gesellschaft für Ausschreibung eines Deutschen Juristentages hat die Güte gehabt, den deshalb zu erlassen beabsichtigten Aufruf an die Deutschen Fachgenossen sowie die vorläufige Ordnung für den Deutschen Juristentag mir zur Kenntnißnahme mitzutheilen. Die Commission setzt mit Recht voraus, daß ich dem begonnenen Werke ein lebhaftes Interesse zuwende, und es gereicht mir, nachdem ich Ihre Mittheilung Seiner Majestät, dem Könige, meinem allergnädigsten Herrn, vorzulegen die Ehre gehabt habe, zum besondern Vergnügen, jenem Interesse hierdurch Ausdruck geben und versichern zu können, daß die Theilnahme der dem Königreich Sachsen angehörigen Juristen völlig unbehindert sein, ich auch selbst gern jede Gelegenheit ergreifen werde, wo ich dem Unternehmen förderlich zu sein und der Commission damit meine besondere Hochschätzung zu bethätigen im Stande.

4) Schreiben des Kaiserlich Königlich Oesterreichischen Justiz-Ministers Herrn Grafen v. Nádasdy vom 28. Juni 1860 (gerichtet an den Grafen v. Wartensleben):

Das geehrte Schreiben der Commission für Ausschreibung eines Deutschen Juristentages vom 10. Mai d. J. dient mir zum Anlasse, Ew. ꝛc. als Vorsitzendem der genannten Commission meinen verbindlichsten Dank für die mir gemachte Mittheilung auszusprechen. Mit lebhafter Theilnahme begrüße ich dieses Unternehmen, welches eine gemeinsame Deutsche Gesetzgebung für materielles und formelles Civil- und Strafrecht anstrebt, und wesentlich zur Förderung der Aufgabe beitragen kann, die sich die Gesetzgebungen der Deutschen Staaten gestellt und auf einzelnen Gebieten auch schon verwirklicht haben. Ich werde mit großer Aufmerksamkeit den Erörterungen des Juristentages, der ebenso interessante als wichtige Gegenstände auf seine Tagesordnung gesetzt hat, und zwar um so mehr folgen, als ich nicht zweifele, daß dadurch auch schätzbare Beiträge für künftige legislatorische Arbeiten in Oesterreich gewonnen werden können. Es wird mir angenehm sein, wenn bei dieser Versammlung auch Oesterreichische Gelehrte und Justiz-Männer sich betheiligen werden, weshalb ich die geehrte Einladung der Commission den Mitgliedern des

Oesterreichischen Richter- und Advocatenstandes zur Kenntniß bringen ließ. Mit ausgezeichneter Hochachtung Ew. 2c. ergebenster 2c.

5) Schreiben des Königlich Bayerischen Justiz-Ministers Herrn Freiherrn v. Mulzer vom 28. Juni 1860 (gerichtet an den Grafen v. Wartensleben):

Euer Hochgeboren beehre ich mich den Empfang der freundlichen Zuschrift, womit mir die Commission der Juristischen Gesellschaft für Ausschreibung eines Deutschen Juristentages in Berlin den von ihr erlassenen Aufruf mitzutheilen die Güte gehabt hat, mit ergebenstem Danke anzuzeigen. Das zeitgemäße Unternehmen, die Einheit Deutschlands auf dem Gebiete des Rechtes durch persönlichen Zusammentritt und Verkehr Deutscher Juristen fördern zu helfen, ist gewiß in allen Deutschen Gauen mit Freude begrüßt worden und darf bei der Zweckmäßigkeit des für den ersten Juristentag aufgestellten Programms schon jetzt eines günstigen Erfolges gewiß sein. Genehmigen Euer Hochgeboren die Versicherung, daß ich an den Bestrebungen des Deutschen Juristentages den lebhaftesten Antheil nehme und zur Förderung derselben mit Vergnügen bereit sein werde. Hochachtungsvollst Euer Hochgeboren ganz ergebenster 2c.

6) Schreiben des Großherzoglich Hessischen Justiz-Ministers Herrn v. Lindelof vom 7. Juli 1860 (gerichtet an den Grafen v. Wartensleben):

Ew. Hochgeboren als Vorsitzender der Commission der Juristischen Gesellschaft für Ausschreibung eines Deutschen Juristentags haben unterm 10. Mai d. J. das geehrte Schreiben an mich gerichtet, welches von einem für die einheitliche Entwickelung des Deutschen Rechts wichtigen, patriotischen Unternehmen mich in Kenntniß setzt. Dies erregt in mir eine um so lebhaftere Theilnahme, da die Großherzoglich Hessische Regierung bei ihrer Thätigkeit in der Landesgesetzgebung stets den Wunsch, daß durch vereinigte Kräfte große Gesetzgebungswerke für das gemeinsame Vaterland geschaffen werden möchten, gehegt und in diesem Sinne bei jeder Veranlassung mitgewirkt hat. So kann ich es nur freudig begrüßen, daß auch der jetzt in's Leben tretende Deutsche Juristentag auf dem Gebiete des Privatrechts, des Prozesses und des Strafrechts die Förderung der gemeinsamen Deutschen Gesetzgebung anstrebt, wie dieser Zweck in dem Aufruf an die Deutschen Fachgenossen und in der vorläufigen Geschäftsordnung ausgesprochen, und zugleich durch die für die erste Versammlung auf die Tagesordnung gesetzten wichtigen Gegenstände bethätigt ist. Der geehrten Commission bitte ich meinen verbindlichsten Dank für die mir gemachte Mittheilung auszudrücken und die Versicherung beizufügen, daß ich, um die Zwecke des Deutschen Juristentages zu fördern, jede sich darbietende Gelegenheit mit Vergnügen ergreifen werde. Mit ausgezeichneter Hochachtung habe ich die Ehre zu verharren Ew. Hochgeboren ergebenster 2c.

7) Schreiben des Fürstlich Reußischen Ministers, Wirklichen Geh. Raths Herrn Dr. v. Geldern vom 14. Juli 1860:

Der geehrtesten Commission für Ausschreibung eines Deutschen Juristentags beehre ich mich für die der Behörde, welcher ich vorstehe, durch die Zusendung der ersten auf den Deutschen Juristentag bezüglichen Drucksachen erwiesene Aufmerksamkeit meinen verbindlichsten Dank abzustatten sowie ich auch für die geneigtest in Aussicht gestellte Fortsetzung jener Zusendungen sehr erkenntlich sein werde. Zugleich glaube ich darum bitten zu dürfen, mich als Mitglied des zu bildenden Vereins betrachten und mir die darüber auszufertigende Mitgliedskarte in der statutenmäßig vorgesehenen Weise zukommen lassen zu wollen. Mit vollkommenster Hochachtung und Ergebenheit verharrend ꝛc.

8) Schreiben des Herzoglich Anhalt = Dessau = Köthenschen Staats=Ministers vom 15. Juli 1860:

Der Commission der Juristischen Gesellschaft für Ausschreibung eines Deutschen Juristentages beehre ich mich für die gefällige Zusendung der auf die Eröffnung des Deutschen Juristentages bezüglichen Drucksachen meinen ergebensten Dank hierdurch auszusprechen, und indem ich den versprochenen fernern Mittheilungen in dieser Angelegenheit mit lebhaftem Interesse entgegensehe, verharre ich mit vorzüglicher Hochachtung ꝛc.

9) Schreiben des Fürstlich Lippeschen Cabinets=Ministers Herrn v. Oheimb vom 16. Juli 1860:

Einer geehrten Commission der Juristischen Gesellschaft für Ausschreibung eines Deutschen Juristentages danke ich verbindlichst für die gefällige Zuschrift vom 11. d. Mts. und die derselben beigefügten Mittheilungen. Bei den anerkennenswerthen Zwecken, welche der Deutsche Juristentag verfolgt, werde ich es mir gern angelegen sein lassen, darauf hinzuwirken, daß auch Seitens der Juristen des hiesigen Fürstenthums eine Betheiligung an demselben stattfindet, und bedauere, daß ich für diesesmal verhindert bin, selbst daran Theil zu nehmen.

10) Schreiben des Fürstlich Schwarzburg=Rudolstadtschen Ministers und Wirklichen Geh. Raths Herrn v. Bertrab vom 18. Juli 1860:

Der verehrlichen Commission der Juristischen Gesellschaft in Berlin verfehle ich nicht für die gefälligste Mittheilung vom 11. d. Mts. den verbindlichsten Dank auszusprechen. Dem Beschlusse der Juristischen Gesellschaft, einen Deutschen Juristentag auszuschreiben und jährlich wiederkehrende Versammlungen Deutscher Rechtsverständigen anzubahnen, um so die Einheit Deutschlands auf dem Gebiete des Rechts zu fördern, hat man auch hier das lebhafteste Interesse zugewendet und begleitet die desfallsigen Bestrebungen mit den allerbesten Wünschen. Zu meinem lebhaften Bedauern bin ich verhindert, mein persönliches Interesse an der Sache durch eigene Theilnahme an der bevorstehenden Versammlung zu bethätigen, ich würde mich aber zu ganz besonderem neuen Danke verpflichtet fühlen, wenn die verehrliche Commission die Gefälligkeit haben würde, mir auch die folgenden Drucksachen und namentlich das noch festzustellende Statut mitzutheilen.

Mit besonderem Vergnügen benutze ich diese Gelegenheit, die Versicherung meiner ausgezeichnetsten Hochachtung auszusprechen.

11) Schreiben des Herzoglich Braunschweig-Lüneburgischen Staats-Ministeriums vom 20. Juli 1860:

Das unterzeichnete Herzogliche Staats-Ministerium hat die mittelst des geehrten Schreibens der Löblichen Commission der Juristischen Gesellschaft zur Ausschreibung eines Deutschen Juristentages vom 11. d. Mts. unter der Adresse des jetzt abwesenden Staats-Ministers von Geyso gefälligst übersandten Drucksachen empfangen und verfehlt nicht, der Löblichen Commission für diese gefällige Mittheilung hierdurch verbindlichst zu danken mit dem Hinzufügen, daß die hiesige Herzogliche Landesregierung dem in Rede stehenden Unternehmen die lebhafteste Theilnahme zuwendet, und dem Streben nach übereinstimmender Entwickelung des Rechts auf vaterländischem Gebiete den gedeihlichsten Fortgang wünscht.

12) Schreiben des Herzoglich Nassauischen Staats-Ministers vom 23. Juli 1860:

Der verehrlichen Commission der Juristischen Gesellschaft für Ausschreibung eines Deutschen Juristentages verfehle ich nicht meinen verbindlichen Dank für die mit der Zuschrift vom 11. d. Mts. übersendeten Drucksachen auszusprechen, sowie sie des Interesses zu versichern, mit welchem ich den in Aussicht gestellten ferneren Mittheilungen entgegensehe.

Mit ausgezeichneter Hochachtung verharrend 2c.

13) Schreiben des Fürstlich Schaumburg-Lippeschen Regierungs-Präsidenten Herrn v. Lauer-Münchhofen vom 24. Juli 1860:

Einer Hochlöblichen Commission beehre ich mich den richtigen Eingang des gefälligen Schreibens vom 11. d. Mts., den Deutschen Juristentag betreffend, hierdurch anzuzeigen und verfehle nicht, für die gefällige Mittheilung, für deren Bekanntwerden in weiteren Kreisen ich gesorgt habe, meinen verbindlichsten Dank auszusprechen.

14) Schreiben des Herzoglich Sachsen-Meiningenschen Staatsraths Herrn von Uttenhoven vom 27. Juli 1860:

Hochgeehrte Commission! Für die schätzbarste Zuschrift vom 11. d. Mts. und die Einladung zum Deutschen Juristentage sage ich meinen ergebensten Dank. Sollte es mir möglich sein, zu kommen, so werde ich der freundlichen Einladung Folge zu leisten nicht verfehlen, jedenfalls bitte ich aber um gefälligste Mittheilung der erscheinenden Drucksachen und um Aufnahme als Mitglied.

Mit Vergnügen ergreife ich diese Gelegenheit, um die Versicherung meiner ausgezeichnetsten Hochachtung auszusprechen, mit der ich stets verharren werde Einer hochgeehrten Commission 2c.

15) Schreiben der Kanzlei der freien und Hansestadt Lübeck vom 28. Juli 1860:

Auf das an den Senat gerichtete gefällige Schreiben vom 23. d. Mts. beehrt sich auftragsmäßig die unterzeichnete Behörde, Einer verehrlichen Commission der Juristischen Gesellschaft für Ausschreibung eines Deutschen Juristentages den Dank des Senats für die übersandten und gern entgegengenommenen Druckschriften, mit dem Beifügen auszusprechen, wie der Senat auch den in Aussicht gestellten weiteren den Juristentag betreffenden Mittheilungen gern entgegensieht.

16) Schreiben des Bürgermeisters der freien Stadt Frankfurt Herrn Dr. Müller vom 31. Juli 1860:

Der unterzeichnete ältere Bürgermeister der freien Stadt Frankfurt beehrt sich der Commission der Juristischen Gesellschaft für Ausschreibung eines Deutschen Juristentages zu Berlin, Namens des Senates, den Empfang des mit dem geschätzten Schreiben vom 23/28. d. Mts. übersandten Exemplars der zur Vertheilung an die Mitglieder des Deutschen Juristentages gelangenden Drucksachen No. 1 und 2 nebst der gedruckten Einladung unter dem Anfügen dankend zu bestätigen, daß der Senat den weiteren gefälligen Mittheilungen mit Interesse entgegen sieht.

17) Schreiben des Großherzoglich Sachsen-Weimarischen Geh. Staatsraths und Chefs des Staats-Ministeriums (Depart. der Justiz) Herrn v. Wintzingerode vom 10. August 1860:

Für die mittelst geehrter Zuschrift vom 11. v. Mts. erfolgte Zusendung eines Exemplars der zur Vertheilung an die Mitglieder des Deutschen Juristentages bestimmten Drucksachen erlaube ich mir hiermit den verbindlichsten Dank auszusprechen, mit der Versicherung, daß ich mit dem lebhaften Interesse, welches die Idee und der Zweck des Deutschen Juristentags hier wie überall erweckt, dessen Verhandlungen gern folgen werde. Indem ich daher auf die von der verehrlichen Commission der Juristischen Gesellschaft für Ausschreibung eines Deutschen Juristentags gütig zugesagten weitern Mittheilungen hoffe, verharre ich hochachtungsvoll 2c.

18) Schreiben des Großherzoglich Badenschen Justiz-Ministers Herrn Dr. Stabel vom 21. August 1860 (gerichtet an den Grafen v. Wartensleben):

Euere Hochgeboren hatten schon vor geraumer Zeit die Güte, dem Unterzeichneten eine Einladung zu dem Juristentage in Berlin zugehen zu lassen. Die Gründe, warum ich dieses gefällige Schreiben bestimmt zu beantworten bis jetzt außer Stande war, sind Eurer Hochgeboren bekannt und ich wiederhole, daß mein reges Interesse an diesem zeitgemäßen und glücklichen Unternehmen sogleich den Entschluß in mir hervorgerufen hatte, mich persönlich bei dem Juristentage zu betheiligen, sofern meine Verhältnisse eine Reise nach Berlin zu der betreffenden Zeit erlauben. Seine Königliche Hoheit der Großherzog, mein gnädigster Fürst und Herr, haben mich auch in der Hoffnung, daß bis dahin der Landtag beendigt sein werde, gnädigst ermächtigt, mein Vorhaben auszuführen. Zu meinem innigsten Bedauern muß ich Euere Hochgeboren nun aber in Kenntniß setzen, daß diese Hoffnung nicht in Erfüllung gegangen ist, daß vielmehr der Landtag wahrscheinlich erst Anfangs September geschlossen werden kann und daß es bei der Wichtigkeit der Gegenstände, die in den letzten Tagen in der Ständeversammlung verhandelt werden, eine Unmöglichkeit für mich ist, in dieser Zeit von hier abwesend zu sein. Ich habe deshalb den Herrn Ministerialrath v. Freydorf beauftragt, dem Juristentage anzuwohnen.

Indem ich den Bestrebungen des Juristentages den besten Erfolg wünsche und mich mit Vergnügen bereit erkläre, dieselben mit meinen schwachen Kräften möglichst zu unterstützen, spreche ich den verbindlichsten Dank für alle Mittheilungen Eurer Hochgeboren aus und bitte um freundliche Aufnahme meines Stellvertreters.

Genehmigen Sie zugleich die Versicherung meiner ausgezeichneten Hochachtung, womit ich die Ehre habe zu sein &c.

19) Schreiben des Herzoglich Sachsen-Altenburgischen Ministers Herrn Pierer vom 25. August 1860:

Indem ich mich zum Empfange der gefälligen Zuschrift vom 11. v Mts. nebst Beilagen mit verbindlichstem Danke bekenne, knüpfe ich hieran den aufrichtigsten Wunsch, daß die Wirksamkeit des Deutschen Juristentags, dessen Verhandlungen ich stets mit regem Interesse folgen werde, von dem besten Erfolge für das Wohl und wahre Gedeihen des gemeinsamen Vaterlandes sein möge.

Die Art und Weise, in welcher der erste Deutsche Juristentag stattfand, erhellt aus dem Seite 171—174 dieser Schrift abgedruckten „Programm" in Verbindung mit den stenographischen Berichten über die Plenar-Versammlungen (Seite 175—302) und den Protokollen über die Plenar- und Abtheilungs-Sitzungen (S. 303 ff.).

Wir bemerken ergänzend hier nur noch Folgendes:

Als Beauftragte ihrer resp. Regierungen erschienen auf dem Deutschen Juristentage:

1) Se. Excellenz der Großherzoglich Hessische Justiz-Minister Herr v. Lindelof,

welcher sein Erscheinen mittelst folgenden, an den Grafen v. Wartensleben gerichteten Schreibens vom 23. August 1860 anzeigte:

Ew. &c. habe ich die Ehre zu benachrichtigen, daß Se. Königl. Hoheit der Großherzog, mein gnädigster Herr, stets von dem Wunsche beseelt, die für ganz Deutschland gemeinnützigen Unternehmungen zu unterstützen, mich zu beauftragen geruht haben, in Berlin auf dem bevorstehenden Juristentage möglichst dahin zu wirken, daß Vorarbeiten für die bereits in's Auge gefaßten gemeinsamen Deutschen Gesetzgebungswerke gefördert werden.

2) Der Königlich Württembergische General-Staatsanwalt, Ober-Tribunalsrath Herr Graf v. Leutrum, und

3) der Königlich Württembergische Justiz-Ministerial-Rath, Ober-Tribunalsrath Herr Faber,

deren Erscheinen Se. Excellenz der Königlich Württembergische Justiz-Minister Herr Freiherr v. Wächter-Spittler unterm 14. Juli 1860 mit dem Bemerken anzeigte, daß Seine Königliche Majestät von Württemberg mittelst Höchster Entschließung vom 11. Juli 1860 diese Beschickung des Deutschen Juristentages befohlen habe.

4) Der Großherzoglich Badensche Ministerial-Rath Herr von Freydorf,

dessen Erscheinen Se. Excellenz der Großherzoglich Badensche Justiz-Minister Herr Dr. Stabel mittelst des oben sub Nr. 18 abgedruckten Schreibens vom 21. August 1860 angezeigt hatte.

Seine Königliche Hoheit der Prinz von Preußen, Regent, geruhten der Ausschreibungs-Commission zwei tausend fünf hundert Thaler aus Staatsmitteln für den Deutschen Juristentag zu bewilligen. Der Herr Justiz-Minister zeigte dies der Ausschreibungs-Commission mittelst nachstehenden Schreibens vom 17. August 1860 an:

Es gereicht mir zum Vergnügen, die Commission der Juristischen Gesellschaft davon in Kenntniß zu setzen, daß des Regenten, Prinzen von Preußen Königliche Hoheit auf meinen in Gemeinschaft mit dem Herrn Finanz-Minister gestellten allerunterthänigsten Antrag für den Deutschen Juristentag die Summe von zwei tausend und fünf hundert Thalern aus Staatsmitteln zu bewilligen geruht haben. Die General-Staatskasse ist wegen Auszahlung jener Summe mit Anweisung versehen.

Ferner erließ der Justiz-Minister Herr Dr. Simons noch folgende Anschreiben an die Ausschreibungs-Commission:

1) Am 21. August 1860:

Der Commission der Juristischen Gesellschaft für Ausschreibung eines Deutschen Juristentages beehre ich mich in der Anlage Abschrift einer an den Herrn Präsidenten des hiesigen Stadtgerichts und Director des Königlichen Kreisgerichts hierselbst erlassenen Verfügung zur gefälligen Kenntnißnahme zu übersenden.

Anlage

1) Es ist mir der Wunsch ausgedrückt worden, den Mitgliedern des in den Tagen vom 27 bis 30. d Mts. hierselbst zusammentretenden Deutschen Juristentages die Möglichkeit zu geben, von den hiesigen Gerichts-Einrichtungen möglichst umfassende Kenntniß zu nehmen.

Demzufolge veranlasse ich Sie, Herr Präsident, denjenigen Mitgliedern des Juristentages, welche zu diesem Ende das Stadtgericht hierselbst besuchen, und von den Einrichtungen desselben und dem gerichtlichen Verfahren Kenntniß nehmen wollen, fördersamst entgegen zu kommen, und die sonst etwa erforderlichen Anweisungen zu treffen.

An
den Präsidenten des Stadtgerichts,
Herrn Holzapfel hier.

2) in simili, mit der Aenderung: statt Stadtgericht „Kreisgericht" und statt Präsident „Kreisgerichts-Director"

An
den Director des Königl Kreisgerichts,
Herrn Odebrecht hier.

2) Am 23. August 1860:

Die Commission für Ausschreibung eines Deutschen Juristentages beehre ich mich ergebenst davon in Kenntniß zu setzen, daß es mir zum Vergnügen gereichen wird, die Mitglieder des Juristentages am Dienstag, den 28. d Mts., Abends 9 Uhr bei mir zu empfangen.

3) Am 25. August 1860:

Die Commission für Ausschreibung eines Deutschen Juristentages beehre ich mich davon in Kenntniß zu setzen, daß des Herrn Ministers des Innern Excellenz die Geneigtheit gehabt hat, auf mein Ersuchen Anordnung zu treffen, daß den dafür sich interessirenden Mitgliedern des Juristentages der Besuch des Moabiter Zellengefängnisses gestattet werde.

Während der ersten Plenar-Versammlung des Deutschen Juristentages waren unter Leitung des Stenographen-Vorstehers Herrn Stolze vier Stenographen und während der zweiten Plenar-Versammlung sogar zehn Stenographen mit Abfassung der stenographischen Berichte beschäftigt. Trotzdem sind — hauptsächlich wohl in Folge des Umstandes, daß die meisten Redner nicht von der Tribüne, sondern von ihrem Platze sprachen und ihre Reden daher an dem bei der Tribüne befindlichen Stenographentische nicht immer deutlich zu vernehmen waren — die stenographischen Berichte leider nicht völlig correct ausgefallen. So manches gesprochene Wort dürfte ganz weggelassen, manches irrig wiedergegeben sein. Offenbare Irrthümer, die wir vorfanden, haben wir mit Hülfe von Rückfragen an die betreffenden Redner zu berichtigen uns bemüht. Der Versuch, auch etwaige versteckte Irrthümer durch Zusendung von Correctur-Abzügen an sämmtliche Redner zu beseitigen, würde den Druck allzusehr verzögert haben und erschien auch aus andern Gründen nicht rathsam. Es blieb daher nichts übrig, als auf die freundliche Nachsicht der geehrten Redner uns zu verlassen.

Das vom 8. August c. an eröffnete „Büreau des Deutschen Juristentages" befand sich Mohrenstraße Nr. 48 und diente zur Annahme von Beitrittserklärungen, zur Verabfolgung von Drucksachen, Eintrittskarten rc. sowie zur Ertheilung begehrter Auskunft an die Vereinsmitglieder, zur Einschreibung der Letzteren in eine der vier Abtheilungen des Juristentages und überhaupt zur Aufzeichnung der wirklichen Theilnehmer an den diesjährigen Plenar-Versammlungen.

Von dem Anerbieten der Ausschreibungs-Commission, „gute und billige Wohnungen zu verschaffen," hatten 42 Juristentags-Mitglieder Gebrauch gemacht.

Schließlich bemerken wir noch, daß Herr Kammergerichts-Referendar Werner zu Berlin die Güte gehabt hat, uns bei der Redaction der Verhandlungen des ersten Deutschen Juristentages hilfreiche Hand zu leisten und sagen wir ihm für seine Hingebung und Sorgfalt unsern wärmsten Dank.

Berlin im December 1860.

Das Schriftführer-Amt der ständigen Deputation des Deutschen Juristentages.

C. C. E. Hiersemenzel.

Vorlagen.

№. 1.

Vorläufige Ordnung für den Deutschen Juristentag.

§. 1.

Der Zweck des Deutschen Juristentages ist: eine Vereinigung für den lebendigen Meinungsaustausch und den persönlichen Verkehr unter den Deutschen Juristen zu bilden, auf den Gebieten des Privatrechts, des Prozesses und des Strafrechts den Forderungen nach einheitlicher Entwickelung immer größere Anerkennung zu verschaffen, die Hindernisse, welche dieser Entwickelung entgegenstehen, zu bezeichnen und sich über Vorschläge zu verständigen, welche geeignet sind, die Rechtseinheit zu fördern.

§. 2.

Der Deutsche Juristentag tritt alljährlich zusammen.

§. 3.

Zur Mitgliedschaft berechtigt sind die Deutschen Richter, Staatsanwälte, Advocaten und Notare, die Aspiranten des Richteramtes, der Anwaltschaft und des Notariats, die Lehrer an den Deutschen Hochschulen, die Mitglieder der gelehrten Akademien und die rechtsgelehrten Mitglieder der Verwaltungs-Behörden.

§. 4.

Die Mitgliedschaft beginnt mit dem Empfange der Mitgliedskarte. Sie berechtigt zur Theilnahme an den Verhandlungen und an der Abstimmung.

§. 5.

Der Beitrag der Gesellschaftsmitglieder wird auf drei Thaler jährlich festgesetzt und ist für das Jahr 1860 innerhalb vier Wochen nach der Seitens des Deutschen Juristentages erfolgten Genehmigung dieses Statuts, für jedes folgende Jahr innerhalb vier Wochen nach Beginn des neuen Jahres zu entrichten, widrigenfalls derselbe durch Postvorschuß eingezogen wird. Nimmt ein Mitglied den mit Postvorschuß beschwerten Brief nicht an, so wird dies einer ausdrücklichen Austrittserklärung gleich geachtet.

§. 6.

Den Plenar-Verhandlungen des Deutschen Juristentages gehen der Regel nach Abtheilungs-Berathungen voraus. Zu diesem Zwecke werden durch freiwillige Einzeichnung der Mitglieder folgende vier Abtheilungen gebildet:

1) Abtheilung für Privatrecht, insbesondere Obligationen- und Pfandrecht;
2) Abtheilung für Handels-, Wechsel-, See- und internationales Recht;
3) Abtheilung für Strafrecht, Strafprozeß und Gefängnißwesen;
4) Abtheilung für Gerichtsverfassung, Civilprozeß und juristisches Studium.

Die Abtheilungen wählen ihre Vorsitzenden, Schriftführer, Berichterstatter und benachrichtigen den Vorsitzenden der Plenar-Versammlung (§. 7), sobald ihre Berathungen über einzelne Gegenstände geschlossen sind; ihre Anträge sind schriftlich zu fassen.

§. 7

Die Verhandlungen der Plenar-Versammlung leitet ein Vorsitzender, welcher für die Dauer eines jeden Juristentages in der ersten Plenar-Versammlung durch Stimmzettel oder Acclamation gewählt wird. Derselbe ernennt zwei Stellvertreter und vier Schriftführer. Er bestimmt die Tagesordnung und kann einzelne Gegenstände, ohne Vorberathung in den Abtheilungen (§. 6), unmittelbar zur Plenar-Berathung stellen. Auch ist er befugt, Nichtmitglieder als Zuhörer zuzulassen.

§. 8.

Bei allen Beschlüssen der Plenar-Versammlung und der Abtheilungen entscheidet einfache Stimmenmehrheit der anwesenden Mitglieder; bei allen Wahlen relative Majorität und im Falle der Stimmengleichheit das Loos.

§. 9.

Wird Schluß der Debatte beantragt, so wird über diesen Antrag sofort abgestimmt. In der Plenar-Versammlung sind alle Anträge mit Ausnahme des Antrages auf Schluß der Debatte schriftlich zu stellen.

§. 10.

Vor dem Schlusse eines jeden Juristentages wird von der Plenar-Versammlung durch Stimmzettel in einem einzigen Scrutinium eine aus fünf Personen bestehende ständige Deputation mit folgenden Befugnissen und Obliegenheiten gewählt:

1) sie sorgt für die Ausführung der von dem Juristentage gefaßten Beschlüsse, veranstaltet nach eignem Ermessen den Druck der Protokolle und Vorlagen, bewirkt die Vertheilung der Drucksachen an die Mitglieder und verwahrt alle Acten und Schriftstücke des Juristentages;
2) sie bestimmt Zeit und Ort des nächsten Juristentages, trifft die für denselben nöthigen Vorbereitungen, erläßt die Einladungen und stellt die vorläufige Tagesordnung auf;
3) sie nimmt die Beitrittserklärungen neuer Mitglieder entgegen, fertigt die Mitgliedskarten aus, empfängt die Beiträge, bestreitet die Ausgaben und legt der folgenden Deputation Rechnung;
4) sie ergänzt sich selbst, falls eines oder mehrere ihrer Mitglieder während des Geschäftsjahres ausscheiden.

Die Deputation wählt aus ihrer Mitte einen Vorsitzenden, dessen Wohnort der Sitz der Deputation ist. Zur Gültigkeit ihrer Beschlüsse ist die Einladung sämmtlicher Mitglieder, sowie die Mitwirkung von wenigstens drei Mitgliedern erforderlich.

§. 11.

Die Obliegenheiten der ständigen Deputation (§. 10) werden bis zu deren Wahl durch den ersten Juristentag von der unterzeichneten Commission wahrgenommen.

§. 12.

Abänderungen des vom Juristentage genehmigten Statuts können zwar von der Plenar-Versammlung durch einfache Stimmenmehrheit, jedoch nur auf schriftlichen Antrag, der vier Wochen vor dem Zusammentritt des Juristentages der ständigen Deputation (§. 10) überreicht worden, beschlossen werden.

Berlin, im Mai 1860.

Die Commission der Juristischen Gesellschaft für Ausschreibung eines Deutschen Juristentages.

№ 2.

Antrag des Herrn Obergerichtsraths Bähr zu Cassel.

Der Deutsche Juristentag wolle zu der vorläufigen „Ordnung für den Deutschen Juristentag" folgende Zusatz-Paragraphen beschließen:

Zusatz-§. 1.

Der Deutsche Juristentag bildet für seine Mitglieder ein bleibendes Organ zum Austausch begehrter Auskunft über das in den einzelnen Deutschen Ländern geltende besondere Recht.

Zusatz-§. 2.

Zu dem Ende übernehmen die Mitglieder des Deutschen Juristentages gegenseitig die Verpflichtung, in Bezug auf einzelne Rechtsfragen über den Stand der Gesetzgebung und der Praxis ihres Landes auf Erfordern entsprechende Auskunft zu ertheilen.

Zusatz-§. 3.

Vermittelt wird diese Auskunftsertheilung durch die ständige Deputation des Deutschen Juristentages (§. 10) und die für die einzelnen Länder zu bestimmenden Schriftführer, welche aus der Gesammtheit der dem betreffenden Lande angehörigen Mitglieder des Deutschen Juristentages gewählt werden.

Zusatz-§. 4.

Die zu stellenden Anfragen sind an die ständige Deputation des Deutschen Juristentages einzusenden. Diese theilt sie den Schriftführern der einzelnen Länder mit, welche die Fragen entweder selbst beantworten oder durch einen Juristen ihres Landes beantworten lassen. — Die Antworten sind in der Regel binnen 14 Tagen zu erstatten.

Zusatz-§. 5.

Die ständige Deputation ordnet nach Ermessen an, ob die Antwort an den Anfragenden direkt oder zunächst an die ständige Deputation eingesendet werden soll.

Zusatz-§. 6.

Ungeeignete Anfragen (wohin auch solche von allzu umfassender Natur gehören) ist die ständige Deputation zurückzuweisen berechtigt.

Zusatz-§. 7.

Die Kosten der Auskunftsertheilung (an Porto, Abschriften ec.) trägt der Anfragende, und sind dieselben nöthigenfalls durch Postvorschuß zu erheben; es sei denn, daß die ständige Deputation bei Fragen von allgemein wissenschaftlichem Interesse die Kosten auf die Vereinskasse übernimmt.

Zusatz-§. 8.

Die ständige Deputation ist befugt, die Ergebnisse der Anfragen geeigneten Falls zu veröffentlichen.

№ 3.

Ueber einige Vorfragen, betreffend die einheitliche Civil-Prozeß-Gesetzgebung.

Von Herrn Ober-Tribunals-Rath Dr. **Waldeck** zu Berlin.

Der Deutsche Juristentag hat sich insbesondere das Ziel gesetzt, „den Forderungen nach einheitlicher Entwickelung auf den Gebieten des Privatrechts, des Prozesses und des Strafrechts immer größere Anerkennung zu verschaffen." Die Löblichkeit dieses Zieles wird hoffentlich auf keinen sehr großen Widerspruch stoßen. Die letzten Weltereignisse haben auch in Stumpfen und Gleichgültigen das Gefühl Deutscher Gemeinsamkeit durch die Gefahr, welche der ersten Bedingung derselben, dem Grund und Boden Deutschlands, von Außen drohte, lebhafter angeregt und trotz mancherlei unerquicklichen Haders wach erhalten. Jene unserer Obhut anvertrauten Rechtsgebiete fallen recht eigentlich unter diejenigen Manifestationen des Lebens einer Nation, welche die Gemeinsamkeit fast nicht minder an den Tag legen, als das wesentlichste und uns noch unbestritten gebliebene Element der Gemeinsamkeit: unsere Muttersprache. Sprache und Recht sind an sich schon innig verwandt. Und wenn Einheit im Handel und Verkehr, im Münz- und Gewicht-Systeme freilich nicht durchgreifende, aber doch sehr ausgedehnte Anerkennung in Deutschland sich errungen hat, so wird eben dadurch Einheit im bürgerlichen Recht und Verfahren ein immer nothwendigeres Erforderniß, um die Erreichung der Vortheile jener Einheit in vollem Umfange zu ermöglichen. Eine gemeinsame Wechsel-Ordnung ist denn auch schon seit eilf Jahren in's Leben getreten, ein gemeinsames Handelsgesetzbuch ist entworfen. Doch können diese vereinzelten Bestrebungen nur ein unvollkommenes Resultat hervorbringen, so lange nicht wenigstens das Recht des bürgerlichen Verkehrs überhaupt gemeinsam geworden ist, da dies den Stamm bildet, aus welchem jene Zweige erst erwachsen, nicht abgesondert von ihm existiren sollten.

Es ist unmöglich, die Idee eines allgemeinen Deutschen Gesetzbuchs zu verfolgen, ohne an den Streit zu denken, welcher sich wenige Jahre nach den Befreiungskriegen unter den ersten Größen der Deutschen juristischen Gelehrtenwelt erhob. Thibaut von der einen Seite, Hugo und Savigny von der anderen, welche Namen! Befreit Euch, rief Thibaut, von diesem altersschwachen, byzantinischen Gesetzbuch, compilirt von den unfähigen Händen der Helfer Justinians, willkührlich abgeändert und ungewiß geworden durch eine der Schranken und Norm entbehrende Praxis! Stellt mit eigener Manneskraft ein den Zuständen entsprechendes Gesetzbuch her, das die Zweifel entscheiden, die Einheit erzeugen, dem Verkehr Leben verleihen wird.

Grundschlecht, erwiderte Hugo, ist Justinians Arbeit, voll von Entstellungen der alten großen Römischen Juristen, voll von willkürlichen Entscheidungen, die neue Controversen hervorrufen. Schlecht ist die Arbeit, weil sie Gesetzbuch ist, schlecht wird jedes Gesetzbuch sein; darum hütet euch, ein Gesetzbuch zu machen, das keine bessere Wirkung hervorbringen wird. Wie jede andere Wissenschaft durch die Gelehrten vom Fache ausgebildet wird, so überlaßt das R e c h t der Ausbildung durch die Juristen!

Savigny tritt mit Ehrfurcht an das corpus juris, als an den kostbaren und keineswegs ungeschickt verarbeiteten Schatz Römischer Rechtsweisheit: er betrachtet das Recht, wie Poesie und Kunst, als Produkt des Volkslebens, steter Entwickelung bedürftig, so daß jedes Institut seit vorjustinianischer Zeit bis durch das Mittelalter hindurch zu erforschen und aus sich selbst weiter zu bilden wäre. Er betrachtet auch die Reception des Römischen Rechts in Deutschland als eine in der Zeit liegende Nothwendigkeit, möchten selbst die einheimischen Rechtsinstitute dadurch verkrüppelt sein. Aber von dem Standpunkte der historischen Schule aus mit Verachtung gegen die gemeinrechtlichen Juristen des 18ten Jahrhunderts erfüllt, hält er die Zeit nicht reif zu dem Versuche eines allgemeinen Gesetzbuchs, und dieser Standpunkt ist es auch, der sein Urtheil über die modernen Gesetzbücher, das Allgemeine Landrecht, den Code und das Oesterreichische Gesetzbuch erheblich beeinflußt hat.

Gegenwärtig werden unter den Juristen wohl Wenige an ein Gesetzbuch denken, das aus reiner Willkür, nicht aus den gegebenen Rechtszuständen hervorginge, wohl Wenige den hohen Werth des Römischen Rechts verkennen, und das Studium desselben durch ein neues Gesetzbuch entbehrlich machen wollen, was auch die Absicht jener modernen Gesetzbücher nicht war.

Immer allgemeiner auch ist die Ansicht verbreitet, daß die Casuistik dem Richter überlassen, dem Gesetzgeber fremd sein, daß ein Gesetzbuch kein Lehrbuch sein müsse. Ein Deutsches Gesetzbuch unserer Zeit würde daher eher dem Code und dem Oesterreichischen Gesetzbuch als dem Allgemeinen Landrechte in der äußeren Form ähnlich sehen. Ganz gewiß müßte dasselbe, wollte es auf Dauer und Anerkennung Anspruch machen, gleichsam nur den Rahmen enthalten zu einer festen Ausbildung der Rechts-Institute namentlich der neueren Zeit, z. B. des Societätsrechts, des Hypothekenwesens; es müßte vor allen Dingen die Feststellung positiver Fristen, Formen, so viel es möglich ist, vermeiden, damit nicht, wie es bei dem Allgemeinen Landrecht mitunter eingetreten, die Härten der Anwendung zu Controversen und zur Verkümmerung des Instituts führen. Solch ein Werk aus Einem Gusse herzustellen, wäre eine ebenso würdige als schwere Aufgabe, aber keineswegs eine unlösbare. Die Hauptschwierigkeit liegt, wie ich meine, eben in den Juristen selbst, welche doch die eigentlichen Gesetzgeber sein müßten, und das „e vinculis sermocinantur" noch immer nicht aufgeben; die sich so ungern einer leitenden Idee unterwerfen und so leicht den Wald vor lauter Bäumen nicht sehen. Es ist ein Unglück, daß unsere überladenen Praktiker dem gelehrten Studium meist ferner stehen, als in früheren Zeiten der Fall war, und daß den Männern der Wissenschaft meist die reiche Praxis abgeht, welche früher den viel beschäftigten Spruch-Collegien gegeben war. Es ist ein Uebelstand, daß das eigentliche gemeine Recht zwar in vielen Deutschen Ländern, aber in einem verhältnißmäßig kleinen Territorium gilt, und ohne die einheitliche Wirkung eines höchsten Gerichtshofes, deren vielmehr sechs vorhanden sind; daß die größeren Territorien: Bayern, Oesterreich, Preußen, sich in der Ausschließlichkeit ihrer eigenen Gesetzbücher bewegen, und daß auf gewissen Gebieten das Französische Gesetzbuch Geltung behalten hat. Aber alle diese Rechte, aus Einer Quelle entstanden, bieten doch beim Entwurfe des neuen Gesetzbuchs so viel Gemeinsames dar, daß sich daraus die künftigen allgemein gültigen Normen entwickeln und ableiten lassen. Namentlich giebt bei der Lage, in welche das gemeine Recht seit Untergang des Deutschen Reichs gekommen ist, gerade die Existenz jener modernen Gesetzbücher dem Gesetzgeber einen sehr wesentlichen Anhalt. Denn was neue gemeinrechtliche Theoretiker, einer umfangreichen Praxis entbehrend, fast nie zu werden vermögen, das sind jene mit Unrecht verachteten gemeinrechtlichen Praktiker des 17ten und 18ten Jahrhunderts in der That gewesen. Mevius, Struck, Lauterbach, Leyser, J. H. Böhmer, Pufendorf und andere desselben Gehalts sind es, welche theils als Lehrer, theils als Richter dem Römisch-Deutschen Rechte die praktische Anwendbarkeit auf die modernen Zustände gegeben haben, worin für die damaligen Zeiten die wahre, die gesunde historische Entwickelung lag, soweit eine solche überhaupt unter den gegebenen Verhältnissen des Gemeinwesens möglich war. Nun, das Gebäude, das jene Männer errichtet hatten, findet sich im Codex Maximilianeus für Bayern von 1756 geordnet und fixirt durch die Sorgfalt und den Bonsens des Kanzlers v. Kreittmayr, dem mit Recht eine Bildsäule errichtet worden ist. Dreißig Jahre später gaben eben jene großen Praktiker den Hauptstoff zum Allg. L.-R., von positiven Anordnungen und von den Fortschritten der Zeit abgesehen. Seit 38 Jahren in der Anwendung dieses Gesetzbuchs beschäftigt, daneben auch dem Gemeinen und Französischen Recht nicht fremd geblieben, habe ich gerade durch Vergleichung jener älteren Schriftsteller immer den besten Aufschluß über den Sinn des A. L.-R. und die beste Einsicht in den inneren Werth gefunden, den dasselbe trotz mehrerer Mängel besitzt. Das Oesterreichische Gesetzbuch beruht auf einer gleichartigen Grundlage. Den Verfassern des Code waren zwar die Deutschen Praktiker fremd, aber Gesetze und Praxis hatten in Frankreich zu einer ganz ähnlichen, wenn auch bestimmteren Ausbildung des Römischen Rechts geführt, wie sie in Deutschland sich Bahn gebrochen, wobei allerdings die vollkommene Beseitigung aller Reste des Feudal-Staates noch von dem erheblichsten Einflusse war. Der Verfasser eines gemeinsamen Deutschen Gesetzbuchs würde daher neben dem Material, das die Deutschen gemeinrechtlichen Länder bieten, in dem gesunden Inhalt jener bestehenden Gesetzbücher eine bedeutende Quelle und einen Schutz gegen bloß theoretisirende Zerfahrenheit finden.

Bei alledem dürfen wir nicht beklagen, daß vor vierzig Jahren ein solches Gesetzbuch nicht gemacht wurde. Fast mit Nothwendigkeit wäre etwas sehr Unvollkommenes daraus geworden, auch dann, wenn es auf das eigentliche Privatrecht beschränkt blieb. Denn unverkennbar besteht eine Wechselwirkung zwischen dem Privat- und öffentlichen Recht; ja man kann behaupten, daß der moderne Staat, wie sich derselbe bei immer zunehmendem Verfall der Reichsgewalt und der politischen Macht der Feudalstände in der Landeshoheit der Territorien entwickelte, gerade im gemeinen Römischen Rechte seine Haupt-Ausbildungs-Quelle gefunden hat. Der moderne Staat, auch in der Form des Absolutismus, brachte die Ideen der Rechtsgleichheit und eines allgemeinen Bürgerthums, welche dem Römischen Rechte zum Grunde liegen, zur Anerkennung gegenüber dem Sonderthum, Zunftwesen und Feudalwesen des Mittelalters, Elementen, die fast überall, besonders in größeren Staaten, ihrer politischen Bedeutung und Kraft verlustig geworden, auf manche privatrechtliche Verhältnisse wesentlichen Einfluß übten. Grade diese Elemente aber bildeten die Hauptquelle der Unsicherheit und der Verschiedenheit des Rechts in Deutschland. Sie machten eine Lösung durch die Staatsgesetzgebung vermittelst gerechter Uebergangsgesetze und Aufstellung einfacher Normen für die Zukunft auf das Dringendste nothwendig im Interesse des Gemeinwohls, und rechtlich eben so sehr im Interesse der Verpflichteten als der Berechtigten. In sehr vielen Staaten Deutschlands war hierin auch durch die Gesetzgebung sehr Vieles geschehen — ich darf nur erinnern an die unsterbliche Gesetzgebung Preußens seit 1807, welche den Boden entfesselte, den Zunftzwang aufhob, die gutsherrlich-bäuerlichen Verhältnisse zu regeln suchte, während in den westlichen Provinzen die Fremdherrschaft gleichzeitig ähnliche wohlthätige Wirkungen hervorgebracht hatte. Aber in einzelnen anderen Deutschen Staaten bestanden jene alten Verhältnisse ohne Lösung. Wie unbedeutend wäre ein Gesetzbuch gewesen, das alle diese Verhältnisse gleichsam ignoriren, den Partikular-Gesetzgebungen hätte überlassen wollen — es wäre ein Institutionen-Compendium gewesen, nichts mehr. Wie läßt es sich aber denken, daß man damals zu einer befriedigenden, großartigen und übereinstimmenden Lösung jener Fundamentalfragen hätte gelangen können?

Seit dem Jahre 1848 haben auf diesem Gebiete in den meisten Deutschen Staaten ganz erhebliche Fortschritte stattgefunden, welche die Dinge, trotz mancher entgegenstehender Strömungen, doch im Allgemeinen zu einigermaßen angemessener Lösung gebracht haben. So bei uns in Preußen. Oesterreichs Agrar- und Feudal-Gesetzgebung seit 1848 stellt einen Fortschritt von einem Jahrhundert dar. Aber nicht überall ist es so, und überall ist auf diesem Gebiete noch Vieles zu thun. Die einfachen Grundsätze solcher Gesetzgebungen müssen unumwunden anerkannt werden, ehe es möglich ist, ein allgemeines Gesetzbuch zu entwerfen, das auf Dauer Anspruch macht. Bis dahin, daß dies möglich ist, mögen diejenigen Staaten, welche sich einer angemessenen Regulirung jener Verhältnisse erfreuen, dieselbe ja nicht gegen irgend eine fundamentlose Theorie aufgeben.

Mit diesen Andeutungen möge es, soviel das bürgerliche Recht betrifft, sein Bewenden haben. Alles was wir Juristen auf diesem Gebiete zur Förderung der Einheit zu thun vermögen, kann nur in der gründlichen Erforschung der einzelnen Rechts-Institute je nach den Verschiedenheiten der geltenden Gesetzgebungen und den Anforderungen der Praxis und Wissenschaft bestehen.

Anders verhält es sich mit dem Civil-Prozeß-Verfahren. Die Einheit der Formen desselben läßt sich deshalb weit eher erreichen, weil hier im Grunde nur Fragen vorliegen, deren Beantwortung von Verschiedenheiten des materiellen Rechts weniger abhängt und der Regel nach uns Juristen, als Sachverständigen, gern überlassen wird; Fragen, deren Beantwortung zwar mitunter arbiträr bleibt, deren Erörterung aber jedenfalls bei gutem Willen zur schließlichen Einigung und Entscheidung führen muß, da jeder Einsichtige die außerordentliche Bedeutung der Einheit begreift. Freilich wird auch auf diesem Gebiete den Juristen, namentlich den blos handwerksmäßigen Juristen, oft der Vorwurf des starren Klebens an den gewohnten Formen mit Recht gemacht. Indessen auch in unserem Vaterlande Preußen belehrt uns die Vergangenheit, daß die Juristen im Allgemeinen diesen Vorwurf nicht verdienen. Im Jahre 1822 in die Praxis bei westphälischen Gerichtshöfen eingetreten, habe ich dort eine nicht geringe Zahl zum Theil höchst tüchtiger und ausgezeichneter Juristen aus der Periode des gemeinen Prozesses kennen gelernt. Ihnen widerstrebte wohl das Laxe der Preußischen Gerichtsordnung, deren Ideal in der Ausführung nicht mehr zu erkennen war, das Auflösen des schriftlichen Verfahrens in ein Rezessiren zu Protokoll, und ähnliche Mängel. Aber sie sehnten sich nicht nach dem endlosen Schriftwechsel des gemeinen Prozesses, nach dessen Dilationen und sonstigen Verschleppungen zurück. Sie erkannten dagegen fast ohne Ausnahme die Vorzüglichkeit des mündlichen Verfahrens, das sie durch den code de procédure in der Periode der Fremdherrschaft kennen gelernt hatten, an, und sie hatten nur die vielen Formalitäten daran auszusetzen. Es ist bekannt, daß gerade das Gutachten bedeutender altpreußischer Juristen, unter denen ich nur den verstorbenen Wirklichen Geh. Ober-Justiz-Rath Simon nennen will, die Beibehaltung des Französischen Verfahrens in der Rheinprovinz veranlaßte. Leider aber hatte sich die Gesetzgebung, trotz der anerkannten Mängel des Preußischen Verfahrens, zu einer durchgreifenden Aenderung nicht entschließen können, obwohl schon 1817 für das Großherzogthum Posen durch ein besonderes, sehr tüchtiges Gesetz mündliches Verfahren angeordnet worden war, das sich auch bei den altpreußischen Juristen großen Beifalls zu erfreuen hatte. Erst der Justizminister Graf Dankelmann ging seit 1821 an die Ausführung der Gesetz-Revision; er berief die ausgezeichnetsten Männer zu diesem Zwecke nach Berlin, und gewiß, die Gründlichkeit ihrer Vorarbeiten läßt wenig zu wünschen übrig. Vor Allem ist es Pflicht, die hohe Begabung, den ernsten Fleiß, den unbefangenen Blick des Geh. Justiz=Rath Reinhard rühmend anzuerkennen. Derselbe war Redakteur des Entwurfs der Allg. Ger.=Ordn. mit Motiven nach den Beschlüssen der Revisions=Commission, welcher schon 1830 gedruckt worden ist, bei dem jedoch bei weitem nicht alle Vorschläge des schon 1827 vorgelegten Entwurfs adoptirt worden waren. Mündliches Verfahren, Cassation, Ein Gerichtshof in Sachen letzter Instanz finden sich hier schon anerkannt. Nur nach und nach gelang es jedoch, durch Spezial=Gesetze aus den Jahren 1833 und 1834 einige Reformen zu Stande zu bringen, namentlich mündliches Verfahren in einer gewissen Klasse von Sachen, Nichtigkeitsbeschwerde als das gewöhnliche Rechtsmittel letzter Instanz vor Einem obersten Gerichtshofe neben der Revision. Welche Anerkennung sich das mündliche Verfahren erwarb, davon giebt unter Anderen die Versammlung westphälischer Juristen in Soest am 1. Oktober 1843 das beste Zeugniß, indem dort von 118 Richtern und Anwälten, unter denen drei Präsidenten der Obergerichte, einstimmig die Nothwendigkeit anerkannt wurde, das mündliche Verfahren auf alle Arten von Sachen auszudehnen. Diese Ausdehnung ist denn auch durch das Gesetz vom 21. Juli 1846, und zwar mit Einschluß der letzten Instanz, erfolgt. Ein vollständiger Prozeß=Codex erschien grade für Preußen bei der principiellen Verschiedenheit der gleichsam in Ruinen noch geltenden Allg. Gerichts=Ordnung und der neuen Gesetze gewiß als eine dringende Nothwendigkeit. Daß ein solcher aber nicht erlassen wurde, davon ist der Grund zu suchen nicht blos in den Abneigungen, welche jeder Reform entgegenzutreten pflegen, sondern vor Allem in der unvollkommenen Gerichtsorganisation, deren Reform damals unübersteigliche Hindernisse entgegen zu stehen schienen. Jene Versammlung westphälischer Juristen hatte dies schon anerkannt, indem sie einstimmig beschloß: *)

I. Zur gründlichen Justiz=Organisation ist Aufhebung des eximirten Gerichtsstandes und der Patrimonial=Gerichtsbarkeit, so wie Bil=

---

*) Vergl. meinen damaligen Vortrag in Ulrich und Sommer's Neuem Archiv. Arnsberg 1844, Bd. 9, S. 355, 363.

dung formirter Gerichtshöfe nothwendig, woran sich sodann die Organisation des Advokatenstandes von selbst schließt.

II. Ehe diese Einrichtungen erfolgt sind, verfehlt die an und für sich nothwendige Emanation eines neuen Prozeß-Codex ihren Zweck.

Jene Hindernisse nun sind seit dem Jahre 1848 aus unserem Vaterlande Preußen verschwunden. Die Verfassungs-Commission der National-Versammlung, von dem redlichen Eifer beseelt, ihr Werk auf dauerhaftem Boden zu gründen, hatte die Grundzüge, welche jene Hindernisse beseitigten, in den Verfassungsentwurf aufgenommen. Diese Grundzüge gingen über in die Verfassung vom 5. December 1848 und kamen seit 1849 durch die Justiz-Organisation zur Ausführung, auch für die Gebiete des gemeinen Prozesses (Neu-Vor-Pommern und Ost-Rhein), denen eine auch auf mündlichem Verfahren beruhende Prozeß-Novelle gegeben wurde. Seitdem stehen, in Preußen wenigstens, der Erlassung eines gemeinsamen Prozeß-Codex keine Hindernisse mehr entgegen. Dieselbe hat auch um so weniger Schwierigkeit, als sowohl im Gebiete des Französischen als des gemeinen und des Preußischen Rechts die geltenden Prozeßnormen auf wesentlich übereinstimmenden Grundlagen beruhen. Das gemeinsame Verfahren galt schon nach dem Verfassungs-Entwurfe der Preußischen National-Versammlung als eine Voraussetzung der Vereinigung des Ober-Tribunals und des Cassationshofes in Einen obersten Gerichtshof. Als diese Vereinigung im Jahre 1853 erfolgte, wurde auch von dem Herrn Justizminister das gemeinsame Verfahren als das noch stets zu erstrebende Ziel ausgesprochen. *)

Wenn solche Erfolge in unserm engeren Vaterlande Preußen und zwar unter wesentlicher, fast alleiniger Mitwirkung der Juristen erreicht sind, so dürfen wir wohl ein Aehnliches auch von denjenigen Deutschen Ländern hoffen, wo es daran noch fehlt. Das erheblichste Hinderniß, die Patrimonial-Gerichtsbarkeit, ist ja seit 1848 fast überall hinweggeräumt. Wo sie noch besteht, wo etwa auch Justiz und Administration noch verbunden sind, wo man überhaupt mit den Grundprincipien: Einzelrichter in mindern Sachen, Gerichtscollegien in den übrigen, und

---

*) Entscheidungen des Ober-Tribunals Bd. 24, S. 445.

mündliches Verfahren, nicht einverstanden ist, da lasse man jeden Gedanken an Prozeß-Reform oder gar Prozeß-Einheit in Deutschland fahren, und thue nur Alles, um jene Hindernisse erst zu beseitigen.

Das jüngere Juristen-Geschlecht in Preußen wird kaum begreifen, wie nur so lange eine Meinungsverschiedenheit über solche Dinge möglich gewesen ist. Ich halte es daher nicht mehr für nöthig, über jene Fundamentalsätze etwas zu sagen. Aber wenn sie auch angenommen worden sind, bleiben doch, bezüglich des Verfahrens vor den Collegial-Gerichten namentlich, viele Verschiedenheiten, deren Prüfung und Ausgleichung von Interesse ist, ehe man an die Arbeit des allgemeinen Prozeß-Codex geht. Dem mir ausgesprochenen Wunsche folgend, hebe ich nur einige davon hervor, und beabsichtige zu deren Prüfung und Untersuchung anzuregen, nicht die Materie wissenschaftlich und praktisch zu erschöpfen, wozu es mir an Zeit fehlen würde.

I. Ob mit der Angabe der thatsächlichen Behauptungen in Klage, Einrede, Replik 2c. die Angabe der Beweismittel zu verbinden ist?

Dieser Punkt berührt eine Verschiedenheit des Preußischen und des gemeinen Prozesses. Der jüngste Reichsabschied §. 35, 39 überläßt es dem Kläger, ob er seine Beweismittel mit der Klage beibringen will oder nicht. Die Preußische Allgemeine Gerichts-Ordnung, in dem Bestreben, die Prozeßführung zu beschleunigen, unbegründete Ansprüche abzuwehren und die eigentliche Bewandniß der Sache zur Erforschung zu bringen, hat Theil I. Titel 5 §. 5 die Angabe der Beweismittel, die Beibringung der Urkunden oder Editionsanträge, die genaue Bezeichnung der Zeugen in der Klage erfordert. Auch unser Gesetz von 1833 hat es dabei belassen. Es gestattet zwar die Beibringung von Beweismitteln nach gewechselten Schriften noch im ersten mündlichen Termin; wenn dieselbe aber bis dann nicht geschehen ist, so gilt die Behauptung für beweislos. In der Prozeß-Novelle für die gemeinrechtlichen Gebiete ist dagegen dem Kläger und dem Beklagten überlassen, ob sie die Angabe der Beweismittel und Gegenbeweismittel mit der Begründung oder Widerlegung der Klage verbinden wollen. Bestehen aber die Beweismittel in Urkunden, so müssen sie sofort bei Anführung der Thatsachen, zu deren Beweise sie dienen sollen, im Original oder in Abschrift eingereicht, oder es muß angezeigt werden, wo dieselben sich befinden; auch muß, wenn die Urkunden in des Gegentheils Händen sind, gleichzeitig das Editionsgesuch angebracht werden.

Mittelwege sind freilich nicht immer die richtigen, und auch der Gesetzgeber möchte den Spruch Goethe's beachten (in den Betrachtungen am Schlusse des ersten Theils der Wanderjahre):

„Die Erfahrung nützt erst der Wissenschaft, sodann schadet sie, weil die Erfahrung Gesetz und Ausnahme gewahr werden läßt. Der Durchschnitt von Beiden giebt keineswegs das Wahre."

Allein in vorliegendem Falle handelt es sich nicht um einen willkürlichen Durchschnitt, sondern Regel und Ausnahme haben ihre Rechtfertigung in der Verschiedenheit des Gegenstandes, den sie betreffen. Ich kann mich daher nur für den Grundsatz der erwähnten Prozeß-Novelle aussprechen, welcher auch übereinstimmt mit dem Reinhard'schen Entwurfe zur Prozeß-Ordnung §. 104 und 162 und vielen älteren und neueren Prozeß-Gesetzgebungen anderer Länder.

Jede Klage und jede Einrede beruht auf den beiden Sätzen:

1) daß die Thatsachen, die ihnen zum Grunde liegen, sich in der behaupteten Art verhalten;

2) daß aus diesen Thatsachen rechtlich der gestellte Antrag folge.

Die Bejahung beider Sätze ist nothwendig, um einen günstigen Erfolg für die Partei zu erzielen, die Verneinung auch nur eines derselben macht die Partei sachfällig. Man könnte daher auf den Gedanken kommen, daß der Richter unter allen Umständen immer erst über die erste Frage einen Ausspruch thun solle, weil, wenn dieser verneinend ausfällt, er sich die Beantwortung der zweiten Frage ersparen kann. Würde dann mancher unerhebliche Beweis erhoben werden, so würde von der andern Seite das Totalbild der Sache dem erkennenden Richter klarer vor Augen gestellt, und in manchen Fällen die Diskussion einer höchst zweifelhaften Rechtsfrage abgeschnitten. Wäre diese Grundlage angenommen, so könnte man noch den freilich in vieler Hinsicht höchst bedenklichen weiteren Schritt thun, und richterliche Beamte oder Notare zu Zeugen- und Sachverständigen-Vernehmungen über irgend eine von dem Extrahenten zu stellende Frage, zur Augenscheins-Aufnahme, ja vielleicht, wenn beide Theile darüber einig wären, zur Eidesabnahme ermächtigen. Dann wäre der Kläger in den Stand gesetzt, Beweismittel bei seiner Klage nicht blos anzuführen, sondern beizubringen, er könnte sich vor Anstellung der Klage die Ueberzeugung über den Beweis seiner Behauptungen selbst verschaffen, und die Beweisanordnungen des Richters könnten, wenn von dieser Befugniß Gebrauch gemacht wäre, sich der Regel nach auf Eidesabnahme und Urkunden-Edition beschränken.

Bei einem solchen Systeme würde allerdings die Beibringung oder doch Angabe der Beweismittel bei Aufstellung thatsächlicher Behauptnngen verlangt werden können und müssen.

Indessen das Unlogische und Unangemessene dieses Systems muß bei einiger Ueberlegung einleuchten. Die Beweisaufnahme hat einzig und allein den Zweck, daß der erkennende Richter die Ueberzeugung von der Existenz gewisser Thatsachen erlangen soll, deren er zu seinem Urtheilsspruche bedarf. Demnach muß auch der erkennende Richter feststellen, worüber Beweis erhoben werden soll; er kann nicht zu einer bloßen Maschine der Parteien herabgewürdigt werden, welche über alle und jede Behauptungen Beweis zu erheben hätte: er muß das Unerhebliche von dem Erheblichen sondern, und nur über letzteres Beweis erheben lassen. In thatsächlicher Beziehung reif zum Beweise wird die Streitsache der Regel nach erst durch die gegenseitigen Erklärungen der streitenden Parteien. Liegt es aber dem Richter ob, das Beweisthema zu präzisiren, darf er keinen unerheblichen Beweis erheben lassen, dann folgt auch mit Nothwendigkeit, daß vernunftgemäß der Richter sich die zweite Frage, den Einfluß des Faktums auf das Recht, zuerst vorzulegen hat, ehe er dazu übergeht, den Beweis über die Thatsachen anzuordnen. Daß die bisherigen Prozeß-Ordnungen dem Richter diese Pflicht auflegen, hat also einen guten Grund, und es wird davon nicht abgegangen werden können.

Die Bezeichnung der Beweismittel sogleich bei Aufstellung der Behauptungen ist nun, um die Frage der Erheblichkeit des Beweissatzes zu entscheiden, der Regel nach noch nicht erforderlich. Insofern sie das aber nicht ist, erscheint sie auch unnöthig, und nur die überwiegendsten Rücksichten der Zweckmäßigkeit würden es rechtfertigen, den Parteien, bei Strafe der Sachfälligkeit, Erklärungen aufzulegen, deren es vorläufig nicht bedarf, und welche daher vor der Hand nutzloser Ballast sind, dessen Anhäufung die logische Kraft der Prozeßschriften nicht erhöht. Die Beifügung ist aber nicht blos unnöthig, sie ist auch voreilig; sie nöthigt eine vorsichtige Partei, die Schriften mit Beweisantretungen über alle und jede Behauptungen anzufüllen, da die Partei im Voraus nicht wissen kann, welches Beweisthema der Richter für erheblich halten wird. Daraus entsteht Verwirrung, und es wird die Möglichkeit nachtheiliger Einwirkungen des Gegners dadurch begünstigt. Es ist eine billige Forderung der Partei, daß ihr, nachdem sie den Gegenstand des zu führenden Beweises kennen gelernt hat, Zeit zur Ueberlegung gelassen werde, ob und welchen Gebrauch sie von Beweismitteln machen will, deren Vorhandensein ihr allerdings schon vorher bekannt war, welche aber nun erst in ihrer Bedeutung recht gewürdigt werden können.

Gegen so erhebliche Motive der Logik und guten Ordnung kommt die Rücksicht der Beschleunigung als untergeordnet an sich nicht in Betracht. Eine kurze Frist für den Beweisantritt genügt für diese Rücksicht vollständig. Außerdem bleibt ja die vorherige Angabe der Beweismittel der diligenten Partei fakultativ, und sie wird in einfachen Sachen auch davon Gebrauch machen.

Illusorisch aber wird die Absicht, eine Garantie für die Vermeidung unbegründeter Klagen zu geben. Denn hierüber giebt die bloße Angabe von Beweismitteln der Regel nach gar keinen Aufschluß. Selbst der Zweck, daß dem Richter alles auf die Sache Bezügliche sofort offen mitgetheilt werden soll, wird nicht erreicht, da ja die Angabe der Beweismittel keine exclusive ist, und in erster, sogar noch in zweiter Instanz andere Beweismittel an deren Stelle gesetzt, oder neben denselben vorgeschlagen werden können.

Jene Vorschriften unserer Prozeßordnung über die nothwendige Cumulation der Beweismittel mit der Aufstellung der Behauptungen gehört daher m. E. in das Gebiet der übertrieben ausgedehnten richterlichen Prozeßleitung, welches die Preußischen Juristen aufgeben müssen.

Nebenbei wird sich der Vortheil herausstellen, daß der Richter zu einer präcisen Fassung des Beweissatzes, welche von so großer Erheblichkeit ist, genöthigt wird.

Haben wir solchergestalt die Regel begründet, so wird sich die Ausnahme wegen der Urkunden dadurch rechtfertigen, daß, wenigstens in den bei weitem meisten Fällen, die Einsicht der zum Beweise dienenden Urkunden erforderlich ist, um einestheils dem Richter eine vollkommene Anschauung der Behauptungen der Partei in Verbindung mit dem Rechtsgrunde zu geben, anderntheils dem Gegentheil zu einer ausreichenden Gegenerklärung in den Stand zu setzen. Die Urkunde hat zwar den Charakter eines Beweismittels, sie ist aber, wo ein Rechts-Nexus beider Theile daraus hergeleitet werden soll, mehr als Beweismittel; sie gehört mit zur Begründung der Klage oder Einrede. Behauptet eine Partei, daß irgend etwas auf das streitige Rechtsverhältniß Bezügliches festgesetzt sei, so wird dadurch der Inhalt des Dokuments, in welchem dies festgesetzt worden, ein integrirender Theil ihrer Behauptungen. Mit Recht kann also verlangt werden, daß sie mit der Berufung auf dies Dokument nicht zurückhalte, daß sie es vielmehr, wenn sie es besitzt, offen lege, oder sonst dem Richter und dem Gegentheil durch Editionsanträge die Einsicht sofort ermögliche. Denn nur dadurch gewinnt die faktische Grundlage einen festen Boden. Die Partei darf nicht fordern, daß man sich mit ihren eigenen ungewissen Angaben über den Inhalt des Dokuments begnüge, während die Einsicht des Dokuments die allein präcise Auskunft ertheilen kann. Diese Einsicht giebt denn auch vermöge der nothwendigen Gegenerklärung des anderen Theiles zugleich Aufschluß über die Authentizität. Damit steht dem Richter das referens mit dem relatum vor Augen, und er ist im Stande, die Behauptungen der Parteien vollständig und richtig aufzufassen und zu würdigen.

Es muß daher, was den Urkundenbeweis betrifft, die Partei allerdings als sachfällig betrachtet werden, wenn sie die Urkunden nicht vorher beigebracht, oder die Einsicht ermöglicht hat. Ließe man hier ein Zurückhalten zu, so würde das Beweisthema, bloß nach den Behauptungen der Parteien über den Inhalt der Urkunde präzisirt, an sich vage werden, und nicht selten erst nach Produktion der Urkunde der Streit über deren

Inhalt in seiner Beziehung zur Klage und zum Einrede-Fundament von Neuem beginnen. Es ist aber nicht angemessen, daß der interloquirende Richter wie der Blinde von der Farbe redet, und es ist völlig in der Ordnung, daß die Parteien dem Richter alle Schriften, welche die Streitsache betreffen, offen legen.

II. Sollen Beweis-Interlocute appellabel sein?

Wenn die Preußischen Richter bei der vorigen Frage nachgeben müssen, so werden sie ein Gleiches bei der gegenwärtigen Frage von den gemeinrechtlichen Juristen erbitten. Allerdings berechtigt jedes Beweisresolut zu dem Schlusse, daß der Richter bei erbrachtem Beweise den Grund der Klage oder Einrede für erheblich gehalten habe. Wie nun Appellation dem andern Theile zusteht, wenn der Grund der Klage oder Einrede verworfen, und dem gemäß das Erkenntniß in der Sache erfolgt ist, so scheint es, müßte consequenterweise auch demjenigen Theile das Rechtsmittel der Appellation nicht versagt werden, der das definitive Urtheil schon jetzt erzielen, und die Sache durch Beweisaufnahme nicht aufgehalten wissen will. Allein diese Consequenz ist nur scheinbar. Irgend eine definitive Belastung desjenigen Theils, welcher der Beweisaufnahme widerspricht, würde nur dann vorliegen, wenn das Beweis-Interlocut zugleich eine ausgesprochene eventuelle Entscheidung in der Sache selbst für den Fall des geführten Beweises enthielte. Eine solche Form ist jedoch weder vorgeschrieben, noch hergebracht, sie würde auch unzweckmäßig sein, indem ja, gemäß der Ansicht des interloquirenden Richters selbst, erst nach geführtem Beweise definitiv erkannt werden kann, und dann, troß des Beweises, der Richter seine Ansicht über die Erheblichkeit geändert haben könnte, und durch das Beweisresolut nicht gebunden sein würde, noch sein müßte. Es thut weder der Partei, noch der Beurtheilung der Sache in den folgenden Instanzen Schaden, wenn letztere, sei es auch unnöthiger Weise, durch eine Beweisaufnahme mehr in's Licht gestellt wird. Der einzige Grund der Zulassung eines Rechtsmittels könnte also in der Vermeidung des Aufenthaltes und etwa der Kosten des Beweises bestehen. Dem gegenüber fallen aber die Verschleppungen, welche von der Appellabilität der Interlocute unzertrennlich sind, viel bedeutender ins Gewicht, besonders da, auch bei günstigem Erfolge zweiter Instanz, die dritte Instanz doch auf die Beweisaufnahme zurückführen könnte. Es ist eine irrige Vorstellung, daß der Instanzenzug unbeschränkt gegen jede Emanation eines Richters statthaft sein müsse. Gegen Appellations-Erkenntnisse findet ja als Regel jetzt fast in allen größeren Staaten das Rechtsmittel an den höchsten Gerichtshof nur wegen Gesetzverletzung oder doch sonst in beschränktem Maße statt. Gegen definitive Urtheile erster Instanz muß Appellation allerdings unbeschränkt auch mit Zulassung neuer Thatsachen gelten. Allein wenn ein formirtes Gericht erster Instanz sich außer Stand erklärt, eher definitiv zu erkennen, als eine Beweisaufnahme erfolgt sei, dann mag mit Recht die Sache wenigstens in dem Grade für zweifelhaft gelten, daß das Gesetz dem richterlichen Erlasse seine Autorität sichert, daß es dem Richter die Ermächtigung giebt, nach eigner Einsicht sein „non liquet" aufzuklären.

Der Preußische Justiz-Minister v. Kircheisen drückte dies einmal durch den kurzen, kräftigen Satz aus: „Beweisresolute müssen immer erledigt werden." — Für das Interesse des Verklagten bei diesem Punkte kann nur durch eine zweckmäßige Limitation der Eventualmaxime gesorgt werden, etwa dahin, daß der Verklagte gewisse Präjudizial-Einreden, z. B. Inkompetenz, Aktivlegitimation, Rechtshängigkeit ꝛc. zur abgesonderten Entscheidung durch Urtheil bringen darf, ehe in der Hauptsache überhaupt verfahren wird.

III. Ob die Vertretung durch einen Rechtsanwalt obligatorisch zu machen?

Bei dieser Frage lasse ich ganz beiseite liegen, wie die Organisation der Rechtsanwalte einzurichten, ob und in wie fern ein Monopol eintreten soll; ich nehme das Wort Rechtsanwalt in dem allgemeinen Sinne eines vom Staate als solchen anerkannten, rechtsverständigen Vertreters der Partei. Die Preußische Prozeßgesetzgebung nahm ihren Ausgang vom äußersten Haß gegen Advokaten: sie wollte dieselben gänzlich verbannen; aus den Parteien selbst sollte der Richter die Wahrheit erforschen. Die Unmöglichkeit, Richter und Anwalt beider Parteien in Einer Person zu sein, die gefährliche Pfuscherei der Prozeßführung rechtsunverständiger Personen bei einem Rechtssystem, das mit Mühe studirt sein will, und bei der Unentbehrlichkeit einiger Prozeßformen und Fristen — alles dieses führte die Advokaten bald, erst als Assistenzräthe, dann als Justizcommissarien, durch die Hinterthür wieder herein. Jetzt sind sie unter dem alten ehrlichen Namen Rechtsanwalt vollkommen wieder hergestellt. Ja, es ist auch, mit einigen persönlichen Ausnahmen, für die Partei obligatorisch geworden, sich der Rechtsanwälte zu bedienen, insofern Prozeßschriften beim Gericht einzureichen sind, während die Parteien bei persönlichem Erscheinen vor Gericht selbst ihre Gerechtsame wahrnehmen dürfen. Die Inconsequenz dieser letzten Anordnung fällt in die Augen. Traut der Gesetzgeber der Partei nicht zu, daß sie sich selbst oder durch einen Nichtrechtsverständigen in Schriften vernehmen lassen kann, so kann er ihr noch weniger zutrauen, daß sie, vollends richterlicher Nachhülfe entbehrend, mündlich dazu im Stande sein werde. Die Partei wird sich, zumal dem rechtsverständigen Anwalt des Gegners gegenüber, in einer hülflosen und durchaus ungleichen Lage befinden. Indem der Staat eine dem Laien nicht immer ergründliche Gesetzgebung für das Privatrecht stets behalten wird, indem er ferner der Ordnung wegen die Prozeßführung an technische Förmlichkeiten und Fristen knüpfen muß, liegt ihm allerdings zugleich die Pflicht ob, dafür zu sorgen, daß darüber das materielle Recht der Parteien nicht zu Schaden komme. Darf und kann aber der Richter selbst nicht Rathgeber und Anwalt der Parteien sein, dann bleibt zur Erreichung dieses Zieles nur übrig, daß die Partei nicht nur in den Stand gesetzt, sondern verpflichtet werde, sich des Anwalts zu bedienen. Darin liegt keine ungerechtfertigte Bevormundung, sondern eine nothwendige Ergänzung unseres durch den bestehenden gesellschaftlichen Zustand künstlicher gewordenen Rechts- und Prozeß-Systems, eine richtige Anwendung des Prinzips der Theilung der Arbeit. Soll der mündliche Vortrag einer nicht einfachen Rechtssache dem Richter ein getreues Bild geben, sollen Fristen und Präjudizien zweckmäßig bestimmt und gehandhabt werden, dann ist die nothwendige Voraussetzung, daß, wie der Richter ein Rechtsverständiger ist, so auch für die Parteien nur Rechtsverständige handeln. Nur unter dieser Voraussetzung lassen sich zum großen Gewinne des Rechts die

Formen vereinfachen, die Fristen beschränken, und an die nicht Innehaltung der Fristen nachtheilige Folgen knüpfen. Es heißt auch hier:

> Daß Jeder das, was er betreibt, verstehe,
> Wag' ich zu fordern, und aus guten Gründen.
>
> Platen, Oedipus.

Macht man die Vertretung durch Advocaten obligatorisch, dann fallen die unnützen und belästigenden Termine zur Aufnahme der Klagebeantwortung, Replik und Duplik weg. Dann ist die Communikation dieser Schriften etwas Mechanisches, das, wenn sie bei Gericht überreicht werden sollen, durch die Gerichts-Sekretaire, sonst aber auch ganz einfach, wie im Französischen Verfahren, von Anwalt zu Anwalt geschehen kann. Dann läßt sich, wenn man dies für gut hält, die Anordnung treffen, daß die Mittheilung der Klage den Beklagten, wenn er nicht contumax sein will, verpflichtet, in 14 Tagen den Anwalt zu bestellen, und dies dem Gerichte sowie dem Gegner zur Anzeige zu bringen, wie dies der code de procédure bestimmt. Dann lassen sich auch die Fristen, z. B. zum Beweisantritt, zu den gegenseitigen Erklärungen der am Orte des Gerichts durch Rechtsverständige vertretenen Parteien, sehr abkürzen, was sonst billigerweise nicht geschehen dürfte. Dabei sollte es dem Richter allerdings immer freistehen, über eine bestimmte streitige Thatsache die eigene Erklärung der Partei, wenn er das zum Beweise für nöthig hält, zu erfordern.

Schon der Geh. Justizrath Reinhard forderte im Jahre 1827 sehr dringend die obligatorische Vertretung durch Rechtsanwalte. Da der Uebergang von dem einen System zum anderen zu plötzlich erscheinen konnte, so ist es nicht zu verwundern, daß er damit nicht durchdrang, und in der damaligen Gesetz-Revisions-Commission derselbe Mittelweg adoptirt wurde, welcher jetzt Geltung hat. Ohne Zweifel war die damalige höchst unvollkommene Organisation der Gerichte erster Instanz auch auf diese Entscheidung nicht ohne Einfluß. Reinhard, als Revisor und Autor des nach den Beschlüssen der Commission abgefaßten Entwurfs von 1830, hat sich bei Tit. II. §. 10 das. dennoch veranlaßt gefunden, auf seine Ansicht in den Motiven zurückzukommen und deren große Wichtigkeit darzulegen. Gegenwärtig möchte die ziemliche Seltenheit eigner Prozeßführung, die praktische Erkenntniß der Nachtheile derselben die Preußischen Richter zur Annahme eines consequenten Grundsatzes für die ordentlichen Prozeßsachen weniger abgeneigt machen. Bei den gemeinrechtlichen Juristen setze ich eine solche Abneigung ohnehin nicht voraus, und so würden wir in dieser wichtigen Materie die drei Prozeß-Gebiete in wünschenswerthen Einklang bringen können.

Es mag jedoch wiederholt in Erinnerung gebracht werden, daß bei dieser Frage, wie bei allen anderen von mir jetzt erörterten Fragen, mündliches Verfahren vor formirten Gerichtshöfen vorausgesetzt wird.

IV. Ob eine Abweisung der Klage per decretum zuzulassen?

Auch diese Frage, in deren Bejahung der gemeine Prozeß mit dem Preußischen übereinstimmt, ist bei der Preußischen Prozeß-Revision aufgeworfen und von vielen bedeutenden Männern verneinend beantwortet worden. In dem Prozeß-Entwurf von 1830 wird die Abweisung per decretum gestattet, wenn die Klage offenbar unstatthaft, oder der Gerichtsstand bei dem Gerichte nicht begründet ist (§. 116). Außerdem hat das Gericht nur zu prüfen, ob eine der folgenden Angaben in der Klage fehlt:

1. Name, Stand, Gewerbe und Wohnort beider Theile;
2. Angabe der Thatsachen und Rechtsgründe, worauf die Klage sich stützt;
3. der Antrag des Klägers: die bestimmte Angabe dessen, was er von dem Beklagten fordert, oder wozu er will, daß dieser verurtheilt werde;
4. die Benennung des Gerichtes, welches in der Sache erkennen soll.

Mangelt eine dieser Angaben, so giebt das Gericht die Klage zur Ergänzung des Mangels zurück, eben so, wenn verschiedene Vorschriften, betreffend die Cumulation der Klagen, nicht beobachtet sind (§§. 114, 115).

Die genannten Erfordernisse sind allerdings unentbehrlich, einestheils, damit eine gehörige Citation erfolgen kann, anderntheils damit das Vorhandensein einer möglichen Grundlage des Prozesses constatirt wird. Diese Erfordernisse sind auch von der Art, daß es zu der Prüfung: ob sie vorhanden? keiner rechtlichen Erwägung bedarf, sie stellen sich in der Aeußerlichkeit der Klageschrift dar und können daher, wenn, wie im Französischen Prozeß, die erste Citation durch den Gerichtsvollzieher erfolgt, ganz unbedenklich der Prüfung eines solchen Beamten überlassen werden. Ueber diese rein äußerlichen Erfordernisse hinauszugehen, dagegen sprechen nicht unerhebliche Bedenken. Die Prüfung, in wiefern das Klagepetitum rechtlich durch den vorgetragenen Thatbestand begründet sei, stellt den Akt eines Erkenntnisses dar. Von diesem Gesichtspunkte aufgefaßt, würde consequenter Weise die Frage vor Mittheilung der Klage gründlich und decisiv beantwortet werden müssen; es wäre kein Unterschied zu machen zwischen „offenbar unstatthaft“ und „unstatthaft“. Denn wenn es die Aufgabe des Richters ist, schon in diesem Stadium des Prozesses die erwähnte Frage zu beantworten, so muß er sich auch die Zweifel lösen, welche es veranlassen, daß keine „offenbare Unstatthaftigkeit“ vorliegt; es muß, wenn die Mehrheit des Gerichts Unstatthaftigkeit findet, die Abweisung der Klage schon jetzt ausgesprochen werden.

Warum hat aber die Praxis diese nothwendige Consequenz stets abgelehnt, und bei nur einigermaßen zu contestirenden Rechtspunkten keine Abweisung per decretum ausgesprochen? Dies geschah in dem richtigen Gefühl, daß der Beginn des Prozesses noch kein richtiger Zeitpunkt zur Fällung des Urtheils ist, daß die Einleitung der Sache dieselbe gar oft erst ins richtige Licht setzt, daß dem Kläger, der einmal den Richter mit einem bestimmten Antrag anruft, auch das volle rechtliche Gehör seinem Gegner gegenüber verstattet werden muß, daß der Richter sich durch dergleichen Aussprüche auf den Fall der in höheren Instanzen doch ausgesprochenen Zulassung präoccupirt gezeigt hat, daß endlich die Arbeit der Gerichte dadurch eine unnöthige Vervielfältigung erleiden würde. Erfahrungsmäßig wird daher in der Beschwerde-Instanz, wenn auch nur ein kleiner Zweifel im Rechtspunkt obwaltet, die Zulassung der Klage verfügt.

Allein ob das „offenbar unzulässig“ vorliegt oder nicht, das ist etwas völlig Arbiträres. Sind nicht jedem Praktiker Fälle bekannt, in welchen Eine Meinung von allen anderen Votanten abgestimmt wurde, während dieselbe Meinung in einem anderen Falle einstimmig zur Geltung kam? Das findet, bei der Mangelhaftigkeit menschlicher Urtheile und Einsichten, in den bestbesetzten Collegien statt. Warum also einer solchen problematischen Eventualität wegen ein vorläufiges Verfahren einleiten, welches die Sache aufhält und nur in selteneu Fällen einen Erfolg herbeiführt, die Arbeit des Richters aber unnöthig vermehrt? Hält sich, wie anzunehmen, der Kläger von seinem Rechte überzeugt, wagt er die Kosten des Prozesses daran, so versage man ihm nicht das rechtliche Gehör, und wie der Beklagte nicht ungehört verurtheilt wird, so weise man den Kläger auch nicht ab, ohne ihm Gelegenheit gegeben zu haben, seinen Anspruch dem Gegentheile gegenüber dem Richter vorzutragen. Das alte: Si in jus vocat, atque eat, hat seine völlige Berechtigung. — Der Beklagte soll vor offenbar ungerechten Behelligungen gesichert werden, das ist der Sinn der ganzen Vorschrift. Allein diese Rücksicht für den Beklagten beruht auf einer übertriebenen Sorgfalt. Niemand kann sich mit Grund darüber beschweren, daß er über eine streitige Angelegenheit Rede und Antwort vor dem Richter geben soll; diese Ungemächlichkeit ist vom Gemeinwesen einmal unzertrennlich und bei einer offenbar gerechten Sache noch am leichtesten zu ertragen. Der Beklagte darf daher eine Begünstigung nicht verlangen, welche die entwickelten Uebelstände nach sich zieht.

Wird die Nothwendigkeit der Beifügung der Beweismittel bei der Klage aufgegeben, wird andererseits die Anfertigung der Klage durch einen, sei es selbst gewählten, sei es der Partei vom Gericht zugeordneten Rechtsanwalt obligatorisch gemacht, dann verschwindet das Bedürfniß der vorherigen materiellen Prüfung noch mehr.

Es ließe sich vielleicht noch die Ausnahme rechtfertigen, daß die Frage der Legitimation und Competenz vorher materiell geprüft werde. Allein ein Bedürfniß dieser Ausnahme läßt sich m. E. auch nicht anerkennen. Beide Fragen können zu einer schnellen Präjudizialentscheidung im Prozesse gebracht werden, und auf beide Fragen können Anerkenntnisse des Beklagten, freiwillige Prorogation Einfluß ausüben. Mag also auch in diesem Stück der Kläger die Folgen tragen, wenn er sich vergriffen hat, und mag der richterliche Ausspruch, ob dieses wirklich der Fall ist, auch hier dann erst erfolgen, wenn beide Theile gehört sind.

V. Ob das Rechtsmittel letzter Instanz die Sache in vollem Umfange, oder, mit Ausschluß der thatsächlichen Würdigungen, neben Competenz-Ueberschreitungen und gewissen Prozedurfehlern nur die Anwendung und Ausübung des Gesetzes zur Entscheidung des höchsten Gerichtshofs bringen soll?

Setzen wir voraus, daß die Prozeßsachen in erster Instanz von rechtserfahrenen kollegialisch-formirten Gerichten auf mündliche Verhandlung entschieden worden, setzen wir angemessene Fristen und Formen des Verfahrens voraus, setzen wir — was nicht in den Kreis gegenwärtiger Erörterung gehört — voraus, daß dem Erfordernisse der Selbstständigkeit und Unabhängigkeit des Richterstandes gehörig genügt sei, so wird trotz alledem eine zweite Instanz unentbehrlich sein, nicht nur, um Einseitigkeiten und Irrthümer der zahlreichen coordinirten Gerichte erster Instanz zu berichtigen, sondern vorzüglich auch deshalb, weil oft erst die Entscheidung erster Instanz eine Nothwendigkeit für die Partei herbeigeführt, neue Gesichtspunkte in Thatsachen und Beweisen geltend zu machen. Demnach ist das allgemein rezipirte Rechtsmittel der Appellation mit Recht dazu bestimmt, die Sache in ihrem vollen Umfange unter Zulassung von novis zur Entscheidung eines höheren Gerichts, der Appellationsgerichtshöfe, zu bringen, welche für einen angemessen weiteren Bezirk errichtet und mit gehöriger Auswahl besetzt sein müssen. Aber jeder Unbefangene wird zugeben, daß alles in der Welt, auch der Prozeß sein Ende haben muß, und daß eine dritte Instanz, welche die Sache in vollem Umfange in facto und in jure zur Entscheidung brächte, eben so wenig angemessen sei und gefordert werden könne, als die Streitlust auf eine vierte oder fünfte Instanz Anspruch hätte. Jedenfalls möchte in irgend welchem größeren Lande eine solche Idee wenigstens nicht allgemein durchführbar sein, weil doch einestheils die Arbeitskraft der Richter, anderntheils die Vermehrung der Zahl derselben ihre

Grenze hat. Man ist daher auch zur Feststellung sehr hoher Summen für die Zulässigkeit des Rechtsmittels dritter Instanz genöthigt gewesen, was bei dem relativen Werthe des Prozeßobjekts für den Armen oder Reichen natürlich nicht gebilligt werden kann. Freilich ist in jedem größeren Staate ein höchster Gerichtshof ein wichtiges Bedürfniß, um die Einheit des Rechts und Verfahrens aufrecht zu erhalten und zu bewirken. Auch in dieser, wie in andern Beziehungen hat Deutschland der wiewohl unvollkommen ins Leben getretenen Schöpfung des Reichskammergerichts Vieles zu danken. Allein es braucht doch nur an die Endlosigkeit der dortigen Prozesse erinnert zu werden, um die Unzweckmäßigkeit eines Rechtsmittels zu begreifen, das — wenn auch nur für ein beschränktes Gebiet (denn alle Churlande hatten ja ein privilegium de non appellando) — die Totalität der Sache zur Entscheidung des höchsten Gerichtshofes bringt. Nur aus dem trostlosen Zustande, in dem sich damals die erste Instanz befand, aus der Gefahr der Vergewaltigung des Rechts durch die Willkür der einzelnen Stände und Jurisdictionsberechtigten, welcher entgegenzutreten einer der Zwecke der Gründung dieses höchsten Gerichtshofs war, läßt sich die Idee der drei Instanzen in vollem Umfange erklären. In den Preußischen Staaten, wo seit 1749 das Ober-Tribunal höchster Gerichtshof war, führte das Rechtsmittel nicht, wie gewöhnlich, den Namen Oberappellation, sondern Revision, schloß nova aus, war nicht in allen Sachen zuläßig, z. B. auch nicht gegen zwei Urtheile über einen Beweis, über ein festgesetztes Liquidum, und zeigte so schon den richtigen Charakter der Kritik der Appellationsentscheidung, zu welcher ein höchster Gerichtshof allein berufen sein kann. Die allgemeine Gerichtsordnung kam in ihrem System, die sogenannte wahre Lage der Sache aufzuklären, unter Beibehaltung des Namens Revision auf das Rechtsmittel der Appellation zurück, mit Ausschluß der nova, die jedoch durch eine Menge casuistischer Ausnahmen wieder möglich gemacht wurden, was consequent und nöthig ist, wenn einmal der Richter über das Faktum urtheilen soll. Die Folge war, daß bei der Vergrößerung des Staatsgebiets im Jahre 1803 die große Institution eines eigentlichen höchsten Gerichtshofes wieder aufgegeben werden mußte, indem nun der Regel nach nur in

Sachen von sehr hohem Objekt — seit 1815 durchgehends 2000 Thlr. — das Rechtsmittel an das Ober-Tribunal ging, sonst ein gesetzlicher Turnus zwischen den Obergerichten statt fand.

Die Nachtheile dieser Einrichtung zeigten sich sehr bald und brachten namentlich eine große Abneigung gegen die Abänderung zweier gleichlautenden Urtheile in dritter Instanz hervor, welche, besonders wenn sie auf verschiedener faktischer Würdigung beruht, in der That sehr hart erscheint.

> „Eine weitere Instanz der Art — sagt Reinhard — ist schlimmer als gar keine. Denn entweder wird das vorige Urtheil darin bestätigt und dann war die Instanz überflüssig, oder es wird abgeändert und dann stehen die Entscheidungen zweier Gerichte gleichen Ranges einander gegenüber, und es muß als Willkür erscheinen, daß der Einen die Rechtskraft vor der Andern beigelegt wird."

Indem solchergestalt durch die Erfahrung einestheils das Bedürfniß eines höchsten Gerichtshofs, anderntheils die Unmöglichkeit, denselben zum Richter über die Sache in vollem Umfange zu machen, bewiesen war, wurde schon von der Revisions-Deputation der Allgemeinen Gerichts-Ordnung die Cassation, unter dem Namen „Nichtigkeitsbeschwerde", als das einzige geeignete, in andern Ländern längst bewährt gefundene Rechtsmittel letzter Instanz anerkannt und vorgeschlagen. Der Justizminister Dankelmann wollte, alten Gewöhnungen treu, daneben die Revision beibehalten; deshalb wurde diese, doch unter sehr motivirtem Widerspruch Reinhard's, in den Entwurf von 1830 mit aufgenommen, doch waren dabei mehrere höchste Gerichtshöfe vorausgesetzt. Durch den Eifer des Justizministers Mühler erging endlich die Verordnung vom 14. December 1833, welche das Ober-Tribunal als den alleinigen höchsten Gerichtshof für die älteren Provinzen hinstellte, zugleich aber die Nichtigkeitsbeschwerde als das regelmäßige Rechtsmittel letzter Instanz einführte, und die Revision nur bei difformes über 500 Thlr. und in einigen Arten von Sachen (Familien-, Standesverhältnisse, Ehrenrechte, Ehesachen) eigentlich als Ausnahme zuließ. Neuerdings hat der Justizminister einen Entwurf vorgelegt, wodurch auch diese Ausnahme beseitigt und zugleich einige Formalitäten und unpassend befundene Angriffe in facto hinweggeräumt werden sollen. Auf das zur Begutachtung den Gerichtshöfen gestellte Detail hier einzugehen, ist, obwohl mir dasselbe durch eine frühere amtliche Arbeit bekannt, nicht meine Absicht. Es mag nur der Gang unserer Gesetzgebung einen Beleg liefern für die Anerkennung eines Princips, das in vielen civilisirten Staaten, Frankreich, Belgien, Holland, Spanien, Sardinien, Geltung erlangt hat, und das man nirgends, wo es gilt, aufzugeben geneigt ist. Das Princip ist eben so einfach, als logisch: ich will es nicht ausführlich erörtern, sondern nur skizzenweise etwas zur Begründung desselben beibringen.

Drei Hauptthätigkeiten übt ein in der Sache entscheidender Richter aus:

1) er würdigt die Prozedur mit Rücksicht auf seine Competenz und die Feststellung des Thatbestandes;
2) er faßt den materiellen Inhalt der Erklärungen der Parteien und Beweise auf;
3) er wendet die Gesetze auf den Thatbestand an.

Ist es nun nicht angemessen, eine neue völlige Prozedur über die Sache zum dritten Mal beginnen zu lassen, ist die Kritik der Appellationsentscheidung der Beruf des höchsten Richters, dann zeigt sich sehr klar, daß der zweite Bestandtheil der richterlichen Thätigkeit, die Würdigung und Auffassung des Fakti, z. B.: wie schriftliche und mündliche Erklärungen aufzufassen, was ein Zeuge gesagt oder nicht gesagt hat, ob ein Zeuge glaubwürdiger als der andere, ob A. oder B. zum nothwendigen Eide zu lassen, daß alle diese Erwägungen sehr von subjektiven Ansichten abhängig, sehr arbiträrer Natur sind. Es ist kein Grund vorhanden, hier dem Appellationsgericht gegenüber eine Kritik eintreten zu lassen, welche die eine thatsächliche Würdigung an die Stelle der andern setzen würde. Der Staat hätte nicht die mindeste Garantie dafür, daß diejenige des höchsten Gerichtshofs die bessere sein werde; dafür giebt weder die Stellung, noch die juristische Befähigung, noch der größere Blick über ein weiteres Gebiet irgend eine Gewähr. Facti interpretatio et prudentissimos fallit, sagt schon der römische Jurist.

Aber vollkommen eignet sich die Stellung des höchsten Gerichtshofes dazu, daß er, gleichsam der Wächter des Gesetzes, darüber befindet, ob der Appellationsrichter seine Befugniß überschritten, ob er wichtige, d. h. mit Nichtigkeit zu bedrohende Prozedur-Vorschriften unbeachtet gelassen, und ob seine Gesetzanwendung und Auslegung mit dem Gesetze übereinstimmt. Schon der Laie fühlt, daß sowohl in Bezug auf das Ganze, als in Bezug auf die einzelne Partei eine viel größere Verletzung darin liegt, wenn gegen solche Grundsätze gefehlt ist, als wenn blos die Auffassung der Sache nicht gebilligt werden könnte, daß also der Partei gar kein Unrecht geschieht, wenn der Gesetzgeber für Würdigung des Fakti den Appellationsgerichtshof als letzte Instanz hinstellt, für die Gesetzverletzungen jedoch die Hülfe des höchsten Gerichtshofes gestattet.

Indem der Letztere von der Würdigung faktischer Details befreit ist, kann er sich seiner Stellung als Hüter und Ausleger der Gesetze mit einem Erfolge widmen, den die Preußische Praxis, auch bei der jetzigen nicht vollkommenen Gestalt des Rechtsmittels, doch seit 1834 sehr deutlich an den Tag gelegt hat, indem grade im Gefolge des Gesetzes von 1833 die Obertribunalsentscheidungen ganz wesentlich auf die Ausbildung des Preußischen Rechts Einfluß gehabt haben. Schwierig ist mitunter die Sonderung des Facti und des Rechts, aber diese Schwierigkeit läßt sich überwinden.

Macht man dagegen geltend, daß das materielle Recht den Parteien zu gewähren, und daß dies auch die allein den Richter befriedigende Arbeit sei, so können solche an sich höchst ehrenwerthe Einwendungen doch so erheblichen Gründen gegenüber um so weniger berücksichtigt werden, da jenes s. g. materielle Recht doch auch nur ein formales, d. h. das durch die Mehrheit festgestellte ist, und diese in faktischen Würdigungen nicht jene Präsumtion, daß sie das Wahre getroffen, für sich anführen kann, welche die rechtliche Stellung des höchsten Gerichtshofes in den *Rechtsfragen* allerdings mit sich bringt.

Man wird sich daher nicht wundern, wenn in Frankreich, trotz so vieler politischer Umwandlungen immer der Cassationshof geblieben, das Princip der Cassation sogar in die neuesten Verfassungen Frankreichs aufgenommen, und auch in der Belgischen Verfassung Artikel 95 mit reiflicher Erwägung anerkannt ist. *)

Grade diese Art von Beschränkung auf ein bestimmtes, aber sehr großartiges Gebiet giebt einem höchsten Gerichtshofe seine Würde und seine Bedeutung.

Im Uebrigen ist das Preußische Princip, wonach der Grundsatz, welcher der Vernichtung zum Grunde liegt, für die concrete Sache, gleichsam als ein Judikat, sofort maßgebend rücksichtlich der Entscheidung selbst wird, offenbar richtig und gegenwärtig auch in Frankreich adoptirt, obwohl dort einige Umschweife vorhergehen, deren Nothwendigkeit m. E. für uns wenigstens nicht anzuerkennen ist.

Daß der höchste Gerichtshof in der Sache selbst erkenne, ist bei diesem Principe unnöthig, und falls das Erkenntniß über den Grundsatz, welcher die Vernichtung herbeiführte, hinausgeht, also ein neues Befinden in der Sache selbst in sich schließt, dem festgestellten Principe der Cassation zuwider.

Möchte das Urtheil eines Mitgliedes des höchsten Gerichtshofes in solcher Sache befangen erscheinen, da, wie Jean Paul sagt, kein Vogel über sich selbst wegfliegen kann, so würde diese Befangenheit doch eben nur im Gegentheil, in der Ansicht, daß der höchste Gerichtshof sich mit der ganzen Sache zu befassen habe, liegen können, zumal die Bearbeitung der Nichtigkeitssachen in der seitherigen unvollkommenen Gestalt dieses Rechtsmittels nichts weniger als lohnend und angenehm war. Drängt sich dessen ungeachtet nach vieljähriger Praxis eine entgegengesetzte Ansicht auf, so wird man derselben wohl einige Unbefangenheit zutrauen können.

So fern jetzt die Möglichkeit zu liegen scheint, Einen gemeinsamen Gerichtshof für ganz Deutschland herzustellen, so wenig stehen derselben bei überall ausgeführter Gerichtsorganisation und bei einigem guten Willen der einzelnen Staaten wesentliche Hindernisse entgegen. Denn die völlige Trennung der Justiz von der Administration, und die längst

*) Vergl. Juste: Geschichte der Gründung der constitutionellen Monarchie in Belgien durch den National-Congreß Theil I., S. 294.

allgemein anerkannte unumstößliche Kraft der Erkenntnisse der Gerichtshöfe auf ihren Gebieten führt dahin, daß die Souveränität der einzelnen Staaten durch die Existenz eines solchen Gerichtshofes sich unmöglich sehr beeinträchtigt fühlen könnte. Jene Hindernisse, welche dem Reichskammergericht entgegenstanden, würden wenigstens nicht vorhanden sein. So viel ist aber ganz klar, daß ein solcher Gerichtshof, dessen große und wohlthätige Wichtigkeit für Deutschland in die Augen springt, jedenfalls nur als ein Cassationshof hingestellt werden könnte.

Schließlich resumire ich vorstehende Erörterungen zu dem Antrage:

Bei vorausgesetzter Justizorganisation und einer Prozedur, welche auf mündliches Verfahren vor collegialisch formirten Gerichten gegründet ist, für das ordentliche Prozeßverfahren folgende Grundsätze als die richtigen anzuerkennen:

1) Die Angabe der Beweismittel für die Behauptungen der Parteien erster Instanz in Klage, Klagebeantwortung, Replik 2c. braucht erst nach ergangenem Beweisinterlokute zu geschehen, mit Ausnahme der Urkunden, welche zur Begründung der Behauptungen dienen, und deren Beibringung oder Nachweisung mit den Behauptungen verbunden werden muß.
2) Beweisinterlokute sind nicht appellabel.
3) Streitführende Parteien müssen sich beim Gerichte durch Rechtsanwälte vertreten lassen.
4) Eine Zurückweisung der Klage per decretum wegen offenbarer Nichtbegründung ist unzulässig.
5) Das Rechtsmittel letzter Instanz bringt nicht die Sache in ihrer Totalität, sondern neben Competenzüberschreitungen und gewissen Prozedurfehlern nur die behauptete fehlerhafte Anwendung und Auslegung des Gesetzes mit Ausschluß der thatsächlichen Würdigungen des zweiten Richters zur Entscheidung des für ein größeres Gebiet bestimmten höchsten Gerichtshofes.

№ 4.

Ueber die Nothwendigkeit eines allgemeinen Deutschen Strafgesetzbuchs.

Von Herrn Appellationsgerichtsrath **v. Kraewel** in Naumburg a. S.

Es ist bereits so vielfach über die Zerfahrenheit und den Particularismus unseres Deutschen Rechtes geklagt, daß es wohl Zeit ist, vom Klagen abzulassen und lieber zuzusehen, auf welche Weise diesem Uebelstande am besten abzuhelfen sein möchte.

Man sollte freilich glauben, daß gerade für das Strafrecht diese Klage am wenigsten berechtigt sein werde, weil das einzige, für ganz Deutschland gültige Gesetzbuch gerade die Carolina, also ein Strafgesetzbuch war. Aber seit dem Erscheinen der Carolina i. J. 1532 ist sie sich selbst überlassen geblieben.

In einem Zeitraum von mehr als 300 Jahren that die Deutsche Reichsgesetzgebung nichts Erhebliches für die Fortbildung des gemeinen Deutschen, insbesondere des Strafrechts. Desto rühriger wurde die Gesetzgebung in den einzelnen Deutschen Ländern.

Was in's Besondere das Strafrecht angeht, so erschienen seit der Mitte des vorigen Jahrhunderts in Bayern 2 Strafgesetzbücher, im J. 1751 und 1813, in Oesterreich 4, unter Maria Theresia, Joseph II., Franz II. und dem jetzigen Kaiser (1852), in Preußen 2, im J. 1794 und 1851, ebensoviel in Sachsen, im J. 1838 und 1855.

In den letzten Jahrzehnten offenbarte sich in den meisten Deutschen Ländern das Streben, besondere Strafgesetzbücher einzuführen, so daß die Geltung des sogenannten gemeinen Deutschen Strafrechts nur auf ein kleines Stück Deutscher Erde beschränkt ist.

Daher der bekannte Streit, ob es überhaupt noch ein gemeines Deutsches Strafrecht gebe. Hält man sich an die bloße äußere Erscheinung, die Verschiedenheit der Deutschen Strafgesetze, so muß man freilich das Dasein eines gemeinen Deutschen Strafrechts verneinen.

Dennoch aber ist es vorhanden!

Die sämmtlichen Deutschen Strafgesetze sind nur Sprossen aus derselben Wurzel, dem gemeinsamen Deutschen Rechtsbewußtsein. Sie wollen doch nur, und dies war bei den meisten die ausgesprochene Absicht, im Wesentlichen das gemeine Deutsche Strafrecht in zeitgemäßer Weise zur Geltung bringen.

Man kann das Deutsche Recht mit einem Lichtstrahl vergleichen, der in den einzelnen Deutschen Landesgesetzen auf künstliche Weise in seine einzelnen gefärbten Bestandtheile zerlegt worden. Das allgemeine Deutsche Strafgesetzbuch hat die Aufgabe, diesen künstlich zerlegten Strahl zu vereinigen, und in seiner ursprünglichen Klarheit wieder herzustellen.

Freilich haben sich auch fremde Elemente in mehrere Deutsche Landesgesetze eingeschlichen. Es gilt dies besonders von denjenigen Ländern, zu denen ein Theil des linken Rheinufers gehört, auf welchem der Code Napoléon zum Theil noch Geltung hat. Diese Französischen Rechtssätze können aber kein Hinderniß für die Abfassung eines allgemeinen Deutschen Strafgesetzbuchs sein. Dies muß in einer Weise entstehen, daß Theorie und Praxis des gesammten Deutschlands gleiche Berücksichtigung finden. Ganz besondere Beachtung verdienen aber die geltenden Deutschen Strafgesetzbücher. Sie sind das Ergebniß der gründlichsten theoretischen Vorarbeiten, welche von praktischen Juristen und zum großen Theil von den Landesvertretungen berathen sind.

Insoweit diese Gesetze übereinstimmen, wird es unbedenklich sein, deren Geltung für ganz Deutschland auszusprechen. Finden sich Verschiedenheiten, so ist mit Hülfe einer gründlichen Theorie unseres Deutschen Rechtes und der Erfahrungen, welche die Praxis an die Hand giebt, zu prüfen, welcher Rechtssatz dem Deutschen Rechtsbewußtsein und den Deutschen Verhältnissen am meisten entspricht.

Dabei würden freilich die Französischen Elemente, welche in einzelne Deutsche Landesgesetze Aufnahme gefunden haben, beseitigt werden. Das ist aber wohl nur als ein Gewinn für das Deutsche Rechtsleben anzusehen. Es würden damit nur die Spuren der Fremdherrschaft beseitigt. Man würde nur nachholen, was eigentlich gleich bei der Wiedervereinigung der von Deutschland abgerissenen Länder hätte geschehen sollen; sie würden ihr Deutsches Recht zurück erhalten. Es ist dies nur ein weiterer, lange versäumter Schritt zu ihrer vollständigen, untrennbaren Vereinigung mit Deutschland.

Als die erheblichsten Bedenken gegen die Einführung eines allgemeinen Deutschen Strafgesetzbuchs dürften folgende vier anzusehen sein:

1.

Man könnte meinen, der Culturzustand in den einzelnen Deutschen Ländern sei so sehr von einander verschieden, daß es nicht wohl möglich erscheine, ein für alle Deutschen Staaten gleichmäßig geltendes Strafgesetzbuch zu erlassen.

Statt aller theoretischen Gründe zur Widerlegung dieses Bedenkens genügt es, darauf hinzuweisen, daß das Preußische Strafgesetzbuch von der Französischen bis zur Russischen Grenze, und das Oesterreichische sogar für die verschiedenartigsten Völkerstämme Geltung hat.

2.

Auch die Verschiedenheit der Verfassungen in den einzelnen Staaten Deutschlands scheint das Zustandekommen eines allgemeinen Deutschen Strafgesetzbuchs zu hindern.

Indeß haben alle diese bestehenden Verfassungen Anspruch auf gleichen Schutz. Derselbe ist in gleicher Weise in allen Deutschen Strafgesetzbüchern ausgesprochen und wird gleichmäßig im allgemeinen Deutschen Strafgesetzbuch seinen Ausdruck finden.

3.

Auch das Untersuchungsverfahren ist in den einzelnen

Deutschen Staaten gar mannigfach gestaltet. Einem Theile Deutschlands sind besonders die Schwurgerichte fremd.

Wir werden später sehen, wie wenig dieser Umstand der Einführung eines allgemeinen Deutschen Strafgesetzbuchs hinderlich ist.

4.

Wie soll aber das allgemeine Deutsche Strafgesetzbuch ins Leben treten? Gerade im Strafrecht hat sich der Partikularismus des Deutschen Rechtes vorzugsweise ausgebildet. Kann man annehmen, daß die einzelnen Deutschen Staaten die mühsam zu Stande gebrachten Strafgesetzbücher ohne Weiteres aufgeben und ein allgemeines Deutsches Strafgesetzbuch bei sich einführen werden?

Sollte indeß unserer Zeit unmöglich sein, ein Werk zu schaffen, wie es doch vor länger als 300 Jahren in dem von Parteiungen mehr als je zerrissenen Deutschland zu Stande gebracht ist? Gerade in dem Zustandekommen der Carolina zu jener Zeit liegt der Beweis dafür, daß vor allem auf dem Gebiete des Strafrechtes die Einheit des Deutschen Rechtes seinen Ausdruck finden und ins Leben treten muß.

Vor länger als 300 Jahren ist der Grund zu einem allgemeinen Deutschen Strafrecht gelegt. Der stattliche, so lange vernachlässigte Bau ist aber in Trümmer gesunken, von Unkraut überwuchert. Es ist nicht so schwer, mit frischem Muth und neuer Kraft auf dem alten Grunde ein den gegenwärtigen Bedürfnissen entsprechendes Gebäude wieder herzustellen und alles Fremdartige aus demselben zu entfernen.

Es fehlt wahrlich nicht an vielem schätzbaren Material. Man hat lange genug gesammelt, um nun die Hand ans Werk zu legen und es zu benutzen. Theorie und Praxis haben in Deutschland den reichsten Stoff angehäuft. Grade die Mannigfaltigkeit der einzelnen Landesgesetze, diese vielgestaltige Entwickelung des Deutschen Strafrechts enthält einen Schatz von Wissen und praktischen Erfahrungen. Es fehlt nur die geschickte ordnende Hand, welche das scheinbare Chaos organisirt, das Unbrauchbare aussondert und das Brauchbare ordnet.

Man gefällt sich in unserem Deutschen Vaterlande gar zu sehr darin, zu klagen, die Hände trauernd in den Schooß zu legen, und alle

Mängel der Thatlosigkeit der Regierungen zuzuschreiben. So klagt man auch die Deutschen Regierungen wegen des Partikularismus der Deutschen Gesetzgebungen auf das lebhafteste an. Dennoch tragen sie nicht allein die Schuld! Auch die Deutsche Rechtswissenschaft hätte sich weit mehr, als sie gethan, bemühen sollen, die Herstellung eines allgemeinen Deutschen Strafgesetzbuchs anzubahnen. Statt dessen hat man sich darauf beschränkt, das Strafrecht der besonderen Deutschen Länder zu bearbeiten, oder das sogenannte gemeine Strafrecht darzustellen. Höchstens wurden bei letzterem auch die partikularistischen Deutschen Strafbestimmungen erwähnt, um die Gegensätze zur Anschauung zu bringen. Um aber das hohe Ziel eines einheitlichen Deutschen Strafrechts zu erreichen, mußte man weiter gehen! Man mußte die Einheit, die diesen partikularistischen Bestimmungen zum Grunde lag, nachweisen und darthun, welche dieser Verschiedenheiten sich am meisten dazu eignete, die eine für ganz Deutschland geltende Regel zu bilden.

Am eingehendsten hat wohl Köstlin sich mit den partikularistischen Sonderheiten des Deutschen Rechtes beschäftigt. Wie wenig er indeß dahin gelangt ist, die einzelnen Deutschen Landesgesetze als ein einziges großes Ganze aufzufassen, das sehen wir noch aus seinen letzten Schriften.

Anstatt denjenigen Standpunkt einzunehmen, von welchem aus das ganze Rechtsgebiet im Zusammenhange vor Augen liegt und die einzelnen Verschiedenheiten als unwesentlich verschwinden oder doch an Bedeutung verlieren, bleibt er in den partikularistischen Sonderheiten befangen.

Sein im Jahre 1855 erschienenes System des Deutschen Strafrechts, das leider nur den allgemeinen Theil enthält, ist ein sehr verdienstvolles Werk Er hat in demselben, wie er selbst sagt[1]), mit der traditionellen Illusion eines praktischen gemeinen Deutschen Strafrechts gebrochen und den heutigen Rechtszustand in der partikularistischen Wirklichkeit geschildert.

In Goltdammers Archiv für die Jahre 1856 und 1857 sind noch zwei Abhandlungen von Köstlin abgedruckt, welche zwei besondere Ver-

---

[1]) Einleitung, S. 171.

brechen: die Unterschlagung und den strafbaren Bankerutt betreffen. Der erste Aufsatz beginnt:[2])

> Daß das Deutsche Strafrecht seit der modernen Kodifikation in einen buntscheckigen Partikularismus zerfahren ist, wird eine jetzt wohl fast allgemein anerkannte Thatsache sein. Nur wenige optimistische Träumer halten noch an dem Aberglauben an ein gemeines (d. h. ein wirklich bestehendes, thatsächlich lebendes gemeines) Recht auf diesem Gebiete fest.

Die Schilderung des allgemeinen Theils des Deutschen Strafrechts werde, so sagt Köstlin weiter[3]), den Eindruck des Erstaunens machen, daß selbst in den allgemeinsten Grundlagen eine so große, meisten Theils sehr wesentliche Abweichung der verschiedenen Gesetzgebungen unter einander möglich sei.

Aber auch im besonderen Theile des Deutschen Strafrechts finde man bei genauerem Nachsehen, daß die neueren Gesetzgebungen auch hier das Gegentheil des: variatio delectat kaum in viel geringerem Grade zu schmecken geben, als im allgemeinen Theil.

Uebrigens reiche die Hinweisung auf die bekannte Souveränitätsbehauptungssucht der Deutschen Staaten, besonders der mittleren und kleineren, ihr Bestreben, ihre Individualität auf Kosten der nationalen Einheit möglichst zur Geltung zu bringen, zur Erklärung nicht aus. Ebensowenig genüge die Hinweisung auf die doch immer nur für einzelne Verbrechen und Verbrechensgruppen entscheidende Verschiedenheit im Grade der politischen Entwickelung, die ohnedies seit dem Jahre 1848 sehr merklich modificirt sei. Vielmehr sei, von manchem Anderen abgesehen, der letzte Grund auch hier in der seit Jahrhunderten immer mehr fortgeschrittenen Verkümmerung der staatlichen und nationalen Einheit Deutschlands zu suchen, vermöge deren das Recht partikularistisch auswucherte und die Doktrin die Möglichkeit verlor, sich aus dem allgemeinen Volksbewußtsein Raths zu erholen. Daher habe sich denn die Doktrin immer mehr partikularrechtlich gefärbt, die Partikulargesetzgebung aber sich an die buntscheckig gewordene Doktrin angeschlossen.

---

[2]) Bd. 4, S. 47. — [3]) S. 48 a. a. O.

Es hilft uns dies Erkennen der Buntscheckigkeit des in Deutschland geltenden Rechtes nur dann etwas, wenn wir daraus die Ueberzeugung schöpfen, daß es nicht so bleiben darf, weil dieser Zustand je schlimmer wird, je länger er dauert, und wenn wir deshalb, so viel an uns ist, ernste Schritte zur Einführung eines allgemeinen Deutschen Strafgesetzbuchs thun.

Das allgemeine Deutsche Handelsgesetzbuch naht seiner Vollendung. So berechtigt nun auch an sich der Wunsch nach einem solchen war, so ist die Einführung eines allgemeinen Deutschen Strafgesetzbuchs doch noch in weit höherem Grade ein Bedürfniß, ja eine Nothwendigkeit.

Das Strafrecht berührt nicht, wie das Handelsrecht, die Interessen eines besonderen Standes. Das Strafrecht geht das Volk in seiner Gesammtheit an. Das Strafrecht ist der Wächter der Sitte, der Ausdruck dessen, was bei einem Volke erlaubt und schicklich, was unrecht und verboten ist. Nun ist es aber nicht die Willkür der Einzelnen, welche das gemeinsame Recht erzeugt, sondern es ist, wie Savigny[4]) so richtig sagt, der in allen Einzelnen gemeinschaftlich lebende und wirkende Volksgeist, der das positive Recht erzeugt, welches also für das Bewußtsein jedes Einzelnen nicht zufällig, sondern nothwendig ein und dasselbe Recht ist.

Giebt es wirklich ein Deutsches Volk, und ist dies nicht ein bloßer Name und leerer Schall, so muß sich der Deutsche Volksgeist auch in der Rechtserzeugung, der Rechtssitte, besonders also im Strafrecht, dem innersten Element des Rechtslebens, in übereinstimmender Weise kund thun.

So lange dieser Deutsche Volksgeist ungehindert wirken und schaffen konnte, hat er auch ein im Wesentlichen auf gleichen Grundsätzen ruhendes Deutsches Strafrecht ins Leben gerufen, bis das fremde Römische Recht, das die gelehrten Richter in das Land brachten, störend eingriff. Dennoch gelang es dem Kaiser Karl V., was ihm sonst so wenig glückte, Deutschland auf dem Gebiete des Strafrechts zu

---

[4]) System Th. I., S. 14.

einigen und ein für ganz Deutschland gültiges Strafgesetzbuch zu Stande zu bringen.

Bald verfiel aber Deutschland immer mehr in besondere Theile, welche nach unabhängiger, selbstständiger Existenz strebten. Man suchte sich der Gewalt der Reichsgerichte zu entziehen und ganz freie Hand in der Gesetzgebung zu erhalten. Man kann dies Streben bedauern, nicht aber tadeln. Sollten die einzelnen Regierungen der traurigen Rechtspflege in ihren Ländern ruhig ihren Lauf lassen, um in der Gemeinsamkeit der schlechten Justiz in ganz Deutschland einen Trost zu finden?

Wir müssen es denjenigen Regierungen Dank wissen, welche, so lange ein gemeinsames Vorgehen in Deutschland unmöglich war, selbst einschritten und die Strafgesetze mit dem Bedürfniß der Gegenwart in Uebereinstimmung brachten.

Jetzt aber steht die Sache anders! Die Zeit ist vorüber, wo man an dem Berufe unserer Zeit, und namentlich Deutschlands, als eines großen gesetzgebenden Ganzen zweifeln konnte. Die That selbst beweist es. Jetzt ist es nicht mehr zu loben, wenn ein einzelner Deutscher Staat sein Strafrecht ändert. Sämmtliche Deutsche Staaten müssen nun mit aller Kraft und Hingebung dahin streben, daß ein für ganz Deutschland gültiges Strafgesetzbuch wieder ins Leben trete.

Forschen wir nach dem Grunde, woher es kommt, daß sich erst jetzt wieder das Verlangen nach einem gemeinsamen Deutschen Recht so allgemein geltend macht, so werden wir nicht fehlgreifen, wenn wir dies Streben daraus erklären, daß der das Recht erzeugende Geist des Volkes zwei neue Organe gewonnen hat.

Sonst war die Gesetzgebung lediglich in der Hand der Regierungen. Jetzt sind zwei neue Faktoren hinzugetreten.

Zunächst die Landesvertretungen, welche fast in allen Deutschen Ländern die Gesetze berathen. Damit tritt der im Volke lebende Geist bildend an die Gesetze heran. Es ist nicht bloß die abstrakte Staatsklugheit, der oft gar zu feine, haarspaltende Scharfsinn der Rechtsgelehrten, sondern auch der einfache gesunde Menschenverstand, die Erfahrung des täglichen Lebens, welche die Gesetze zu Stande bringen hilft.

Einen ganz besonderen, lange nicht genug gewürdigten Einfluß auf die Strafgesetzgebung gewinnt ferner das Volksbewußtsein in denjenigen Deutschen Ländern, in welchen die Schwurgerichte Geltung haben.

Wie viel ist darüber gestritten, ob die Schwurgerichte als ein Gewinn für die Strafrechtspflege anzusehen, ob sie ein Fort- oder Rückschritt seien!

Was zunächst die Strafrechtspflege angeht, so hört man oft sagen: Die Sache ist ja so einfach. Das gewöhnlichste Handwerk verlangt einen gelernten Arbeiter, wie soll der ungelehrte Laie besser befähigt sein, die Schuld des Angeklagten festzustellen, als der gelehrte Richter, der sein Leben diesem Berufe gewidmet, das Recht studirt hat.

Die Sache ist aber nicht so einfach, und der Vergleich hinkt gewaltig.

Wäre freilich die Beantwortung der Frage, ob der Angeklagte schuldig ist, das Gesetz verletzt zu haben, eine bloß äußerliche Fertigkeit, so würde die Uebung den Meister machen. Es kommt aber bei Beantwortung dieser Frage sehr darauf an, den richtigen Sinn des Gesetzes zu fassen.

Es ist außer Zweifel, daß der gelehrte Richter vorzugsweise im Stande ist, denjenigen Sinn des Gesetzes zu finden, welchen der Gesetzgeber hineinlegen wollte. Der gelehrte Richter allein ist fähig, aus dem Zusammenhang der Gesetze, der besonderen Ausdruckweise des Gesetzgebers und den Vorarbeiten der Gesetze den vom Gesetzgeber beabsichtigten Sinn zu ermitteln. Daher der Satz[5]): Nicht die Worte sind das Gesetz, sondern diejenige Vorschrift, welche der Gesetzgeber damit im Sinne hatte. Dieser Satz ist für den gelehrten Richter maaßgebend. Aber ist er auch dem Angeklagten gegenüber gerechtfertigt?

Man kann diesen dem Laien unerfindlichen Sinn gegen den Angeklagten nicht zur Anwendung bringen, ohne den Grundsatz zu verletzen: nulla poena sine lege. Das Gesetz ist für das Volk nur insoweit vorhanden, als es für die Einzelnen verständlich ist, sonst ist das

---

[5]) Köstlin System des Deutschen Strafrechts, S. 57.

summum jus, d. h. der fein ausgeklügelte Geist des Gesetzes, summa injuria, d. h. das größte Unrecht gegen den Angeklagten, welcher diesen fein ausgeklügelten Sinn des Gesetzes nicht wahrnehmen kann.

Nun ist es eben der Vorzug der Geschworenen, welchen die Frage mit den Worten des Gesetzes vorgelegt wird, daß sie diesen Worten den gewöhnlichen, jedem Laien verständlichen Sinn beilegen, und gerade darin, daß der gelehrte Richter sein ganzes Wissen zum Verständniß des Strafgesetzes anwendet, liegt die Gefahr einer dem Angeklagten gegenüber ungerechten Auslegung.

Weil aber so das laienhafte Verständniß der Gesetze bei den Schwurgerichten zur Geltung gebracht wird, so ist das Streben des Gesetzgebers für Schwurgerichte natürlich ganz besonders dahin gerichtet, das Strafgesetzbuch in einer möglichst klaren, jedem Laien verständlichen und einfachen Weise zu fassen.

In der That unterscheiden sich die auf Schwurgerichte berechneten Strafgesetzbücher durch Einfachheit und Klarheit gar sehr von denjenigen für gelehrte Richter. Man vergleiche nur!

Es wird mithin auch darin kein Hinderniß der Abfassung eines allgemeinen Deutschen Strafgesetzbuchs liegen, daß in mehreren Deutschen Staaten die Schwurgerichte noch keinen Eingang gefunden haben. Wenn sich vielmehr bei dieser Abfassung Männer betheiligen, welche die Erfolge vor dem Schwurgerichte kennen und im Auge haben, so kann das nur dahin führen, daß man das allgemeine Deutsche Strafgesetzbuch von unnützer Künstlichkeit und kleinlichen Feinheiten, die nur für die Gelehrten Werth haben, frei hält, damit es jedem Laien verständlich, einfach und klar sei.

Dies ist der wohlthätige Einfluß der Schwurgerichte auf die Fassung der Gesetze, welcher also auch denjenigen Deutschen Staaten zu Gute kommen würde, in denen man gegen die Einführung der Schwurgerichte selbst noch Bedenken trägt.

Aber auch auf die Angemessenheit der Strafgesetze erstreckt sich der wohlthätige Einfluß der Geschworenen.

Der Richter von Fach lebt nur in dem Gesetz, dasselbe wird ein Theil seines Denkens und Seins, es bestimmt und beherrscht sein Rechtsgefühl. Eine Prüfung dessen, ob das Gesetz auch angemessen ist, ob es den Grundsätzen der wahren Gerechtigkeit, dem im Volke lebenden Rechtsgefühl entspreche, das ist für ihn nur eine beiläufige Frage, die ihn nicht bestimmen darf und kann. Ihm geht das Gesetz in Fleisch und Blut über, er ist nur der Mund des Gesetzes.

Dem Geschworenen dagegen ist das Gesetz etwas ganz Aeußerliches, Fremdes. Wenn er auch die zwingende Kraft des Gesetzes anerkennt, so tritt er doch mit unbefangenem Sinn, mit selbstständigem, unverfälschtem Rechtsgefühl an das Gesetz. Dieser Streit des Rechtsgefühls mit der Achtung vor dem Gesetz, welchen der Richter in der Praxis bald überwindet, kann sich bei jedem Spruch der Geschworenen erneuen. Entsteht ein solcher Widerstreit, so erzeugt er bei dem Geschworenen das Bestreben: das Gesetz im vorliegenden Falle so anzuwenden und auszulegen, daß der Wahrspruch mit dem Rechtsgefühl in Uebereinstimmung kommt. So geschieht es, daß die Geschworenen auf Nebensachen das Hauptgewicht legen, oder dem Gesetze eine besondere, nichts weniger als schulgerechte Auslegung geben, über welche der Jurist wohl spottet, aber der Mensch sich freut; oder daß sie, wenn sie keinen solchen Ausweg finden, mindestens die Begnadigung des Angeklagten befürworten, und so die ungerechtfertigte Härte des Gesetzes hervorheben.

Statt vieler nur ein Beispiel.

Das Preußische Strafgesetzbuch hatte[6]) den Satz des Französischen Rechts aufgenommen, daß alle diejenigen Körperverletzungen, welche eine Krankheit oder Arbeitsunfähigkeit von einer mehr als 20tägigen Dauer zur Folge gehabt, als ein Verbrechen mit wenigstens 2 Jahren Zuchthaus zu bestrafen seien.

Diese auf rein formalem äußerlichen Grunde ruhende Strafschärfung, an welcher der Franzose keinen Anstoß nehmen mag, widersprach jedoch dem Deutschen Rechtsgefühl, welches die Strafe hauptsächlich nach dem Grade der Verschuldung abgemessen sehen will, so sehr, daß die Wahrsprüche sehr oft ganz anders ausfielen, als sie nach der Ansicht der Richter bei rücksichtsloser Anwendung des Gesetzes lauten mußten.

---

[6]) §. 193.

Die Folge davon war, daß das Gesetz bald geändert und der Französische Rechtssatz aufgegeben wurde.

So kommt grade durch die Mitwirkung der Geschworenen der Widerspruch zu Tage, in welchem sich das Strafgesetz mit dem im Volke lebenden Rechtsgefühl befindet. Kein anderes Organ im Staate ist hierzu so geeignet, wie die Geschworenen, welche aus den Gebildetsten gewählt werden.

Gewiß wären z. B. in Preußen die Härten des Strafgesetzbuchs von 1851 nicht so bald durch neue Gesetze gemildert, wenn nicht die Wahrnehmungen bei den Schwurgerichten dazu gedrängt hätten.

Sonach haben die Schwurgerichte nicht blos auf die Fassung, sondern auch auf die Angemessenheit der Strafgesetze einen so ersprießlichen Einfluß, daß es auch für das allgemeine Deutsche Strafgesetzbuch nur vortheilhaft sein kann, wenn dasselbe auf die Erfolge der Schwurgerichte Rücksicht nimmt.

Noch bleibt die oben angeregte Frage zu beantworten, ob die Schwurgerichte als ein Fort- oder Rückschritt zu betrachten seien?

Im historischen Sinne sind sie ein Rückschritt. Wir hatten früher Volksgerichte, an deren Stelle erst später gelehrte Richter traten.

Dennoch aber sind die Schwurgerichte ein Fortschritt.

Ist etwa darum das Streben nach einer größeren einheitlichen Kräftigung Deutschlands ein Rückschritt, weil Deutschland vor langer, langer Zeit sich einer größeren einheitlichen Machtstellung erfreute? Nicht das ist ein Rückschritt, wenn wir nach leider entschwundenen besseren Zuständen streben.

So wenig es ein Rückschritt ist, wenn die Gesetze in Deutschland jetzt wieder, wie in früherer Zeit, von den Landtagen berathen werden, so ist es auch kein Rückschritt, wenn sich die Laien mit den gelehrten Richtern bei der Strafrechtspflege betheiligen, und so wieder das Recht zum Ausdruck und zur Geltung bringen helfen, was im Volke lebt und webt.

Wenn es sich also jetzt darum handelt, der partikularistischen Entwickelung des Deutschen Strafrechts Einhalt zu thun, so wird es bei der Abfassung eines allgemeinen Deutschen Strafgesetzbuchs freilich nicht an Schwierigkeiten fehlen. Aber der Weg, auf welchem eine einheitliche Deutsche Gesetzgebung in's Leben treten kann, ist im Handelsrecht bereits so glücklich betreten, daß es nur noch nothwendig ist, das Bedürfniß eines allgemeinen Deutschen Strafgesetzbuchs zur allgemeinen Ueberzeugung zu bringen. Fühlt man dies Bedürfniß erst allgemein, so lassen sich alle Schwierigkeiten überwinden.

Es kann hier nicht der Ort und die Aufgabe sein, alle Mängel unserer jetzigen buntscheckigen Deutschen Strafgesetzgebung auseinanderzusetzen, und so die Bedürfnißfrage gründlichst zu erörtern. Es wird die Hervorhebung folgender vier, durch das allgemeine Deutsche Strafgesetzbuch zu beseitigender Uebelstände genügen:

1.

In wie mannigfacher Weise sich die Deutschen Strafgesetze auch darüber aussprechen, nach welchen Gesetzen die im Auslande und von Ausländern im Inlande begangenen Verbrechen zu bestrafen sind, so verordnet doch die große Mehrzahl derselben, daß in besonderen Fällen die milderen Gesetze des Auslandes dem Verbrecher zu Statten kommen. Danach muß der Richter nicht bloß die inländischen, sondern auch die in den anderen Deutschen Staaten geltenden Strafgesetze kennen, wenn er von Ausländern oder im Auslande begangene Verbrechen strafen soll.

Welchem Deutschen Richter ist aber eine solche umfassende Kenntniß der verschiedenen Deutschen Strafgesetze zuzumuthen! Wie wenigen Deutschen Strafrichtern sind alle diese Gesetzbücher auch nur zugänglich. Dennoch soll er dies fremde Deutsche Strafgesetz von Amtswegen berücksichtigen. Er darf nicht, wie im Civilrecht, dem Angeklagten den Beweis über den milderen Inhalt des fremden Deutschen Strafgesetzes auferlegen, oder es doch dem Angeklagten überlassen, einen solchen Einwand zu erheben, wie nur Artikel 5 des Württembergischen Strafgesetzbuchs vorschreibt.

2.

Es ist schon oben hervorgehoben, daß in einige Deutsche Strafgesetzbücher Französische Elemente Aufnahme gefunden haben. Ganz besonders gilt dies vom Preußischen Strafgesetzbuch.

Da finden wir z. B. nach dem Vorgang des Französischen Rechts eine Dreitheilung aller strafbaren Handlungen, so daß alle mit Zuchthaus bedrohten Uebertretungen der Strafgesetze mit mindestens zwei Jahren Zuchthaus bestraft werden sollen. Man hatte aber schon in Frankreich die Erfahrung gemacht, daß dies zu unerträglichen Härten führte, und deshalb war in allen Fällen die Feststellung mildernder Umstände den Geschworenen überlassen, und so das Princip aufgehoben. Im Preußischen Strafgesetzbuch ist die Feststellung mildernder Umstände zwar nur ausnahmsweise zugelassen, durch die Novellen aber ist diese Ausnahme immer mehr ausgedehnt, und bei den am häufigsten vorkommenden Verbrechen die Regel.

Anstatt dem Richter auch nach unten hin einen zureichenden Spielraum für Abmessung der Strafe zu lassen, zog man es vor, sich den Französischen Zwang eines zu hohen Strafmaßes aufzuerlegen, und den Französischen Nothbehelf der mildernden Umstände mit einzuführen.

Das Preußische Strafgesetz verordnet ferner, wie der Code pénal, für den Versuch dasselbe Strafmaß, wie für das vollendete Verbrechen. Nur auf den Tod und lebenswieriges Zuchthaus soll wegen Versuchs nicht erkannt werden. Es ist aber anerkannt Deutschen Rechtens, daß der Versuch geringer bestraft wird, wie das vollendete Verbrechen.

Während das Deutsche Recht, mit ihm auch das Preußische Allgemeine Landrecht, in vielen Fällen, besonders bei Fleischesverbrechen, die Untersuchung nur auf Antrag der Betheiligten eintreten läßt, so daß die heiligen Rücksichten der Schamhaftigkeit und der Familienehre vorwalten, schreitet der Code und mit ihm das Preußische Strafgesetzbuch in den meisten Fällen von Amtswegen ein.

So enthält das Preußische Strafgesetzbuch bei vielen sonstigen Vorzügen doch mannigfache dem Deutschen Rechtsgefühl widersprechende Sätze. Man sah bei der Abfassung des Preußischen Strafgesetzbuchs das auf dem linken Rheinufer, einem wichtigen Theile der Monarchie, geltende Französische Recht als einen Theil und ein berechtigtes Element des Preußischen Rechts an.

Handelt es sich aber um Ausarbeitung eines allgemeinen Deutschen Strafgesetzbuchs, so kann nur dasjenige Recht zur Geltung gelangen, welches als ein gemeinsames Deutsches anzusehen ist. Damit würden alle fremden Elemente aus dem Deutschen Strafrecht beseitigt.

3.

Daß die Carolina und die älteren Deutschen Strafgesetzbücher dem jetzigen Bedürfnisse nicht entsprechen, ist außer Zweifel. Das Strafrecht, das in den meisten Deutschen Staaten gilt, ist veraltet und bedarf der Umarbeitung. In einem Theile Deutschlands gilt noch der Code pénal. Auf welchem anderen Wege ist es nun möglich, diesen Uebelständen in so vielen Deutschen Staaten abzuhelfen, und in allen Deutschen Staaten die Strafgesetze mit den gegenwärtigen Verhältnissen und dem Deutschen Rechtsbewußtsein in Einklang zu bringen, als wenn alle Deutschen Regierungen zusammentreten und mit gemeinsamen Kräften das Werk fördern? Dann arbeiten alle für einen und einer für alle.

Wie kleinlich und unfruchtbar erscheint dagegen die Mühe, welche einzelne Deutsche Staaten noch anwenden, um für ihren kleinen Kreis ein besonderes Strafrecht zu schaffen. Welche Kräfte werden da verschwendet, und wie viele bleiben wieder unbenutzt, welche für das große Ziel eines allgemeinen Deutschen Strafgesetzbuchs vielleicht die geschicktesten sind.

Besonders schlimm daran sind die kleinen Deutschen Staaten, für welche der Aufwand an Kräften zur Ausarbeitung eines Strafgesetzbuchs am wenigsten im Verhältniß zu dieser Aufgabe steht.

Freilich könnten sie ein Strafgesetzbuch der größeren Staaten bei sich einführen. Dies setzt doch aber eine Prüfung, also eine eingehende Erörterung der einzelnen Bestimmungen des einzuführenden Strafgesetzbuchs, und zum Zwecke der Wahl unter den einzelnen Strafgesetzbüchern auch eine Vergleichung derselben voraus. Man sieht, auch dies ist keine geringe Aufgabe.

Gerade aus der Zusammengehörigkeit aller Deutschen Regierungen folgt deren Verpflichtung, einander auch bei der Abfassung des Strafgesetzbuchs förderlich zu sein. Besonders aber ist es die Pflicht der größeren, den kleineren Deutschen Staaten zu diesem Zwecke die Hand zu bieten. Aus dem ganzen Deutschen Vaterlande müssen die geeignetsten Männer zusammentreten. Nur auf diese Weise kann ein für ganz Deutschland geltendes Strafgesetzbuch in's Leben gerufen werden.

4.

So mannigfach auch die Strafrechtstheorien sind, darin ist man doch einig, daß die Strafe auch die Besserung des Verurtheilten herbeiführen, in ihm also den Vorsatz zur Besserung anregen und ihn zu derselben anleiten soll.

Dennoch bestehen in den einzelnen Deutschen Staaten Strafen, welche einen solchen Zweck schwerlich erreichen. So ist z. B. im Art. 7 des Bayerischen und Art. 10 des Oldenburgischen Strafgesetzbuchs in Beziehung auf den zur Kettenstrafe Verurtheilten bestimmt:

> Vor seiner Abführung zum Straforte, und zwar, wo möglich, am Orte des begangenen Verbrechens, soll er mit einer Tafel auf der Brust, welche das Verbrechen und die zuerkannte Strafe benennt, von dem Scharfrichtersknechte in seinem Eisen eine Stunde lang öffentlich ausgestellt werden.

Welche zweckwidrige Strafen kennt die Carolina, wenn auch nur noch zu einem kleinen Theil auf dieselben erkannt wird.

Von wie wohlthätigem Einfluß auf die Strafrechtspflege wäre es, wenn gemeinsam berathen würde, welche Strafen noch ferner zur Anwendung kommen, und wie besonders die Verschärfung der Freiheitsstrafen mit dem Zweck, der Besserung des Verurtheilten, am besten in Einklang zu bringen wäre.

Ganz besonders im Argen liegt aber noch die Bestrafung der jugendlichen Verbrecher. Wohl wird in einzelnen Deutschen Staaten eine Verbesserung derselben angestrebt; aber wie wenig geschieht im Ganzen, wie kläglich ist nur zu oft in Deutschen Strafanstalten das Loos der jugendlichen Verbrecher! Anstatt daß die Strafe die Kinder bessere, bringt sie dieselben erst in die Schule des Lasters.

Auch in Beziehung auf die rechtlichen Grundsätze, nach welchen die Bestrafung der Kinder erfolgen soll, finden wir in den Deutschen Landesgesetzen ein anscheinendes Chaos der verschiedenartigsten Bestimmungen.

Ueberall soll zwar gegen unzurechnungsfähige Kinder nicht die gewöhnliche Strafe eintreten, aber die Vorschriften über die Altersgrenzen und die Feststellung der Zurechnungsfähigkeit sind äußerst mannigfaltig.

Am engsten ist die Grenze gezogen in Oldenburg[7]) und Bayern.[8]) Nur gegen Kinder bis zu 8 Jahren findet kein strafrechtliches Verfahren statt. Die Züchtigung derselben wird ihren Vorgesetzten überlassen.

Gegen Kinder von 8 bis 12 Jahren soll auf körperliche Züchtigung oder Gefängniß von 2 Tagen bis 6 Monat erkannt werden, wenn sie für zurechnungsfähig erachtet werden.

Bei Kindern von 12 bis 16 Jahren tritt an die Stelle der Todesstrafe 12 bis 16 Jahre Zuchthaus u. s. w.

Hierauf folgt das Württembergische[9]) und das Oesterreichische[10]) Strafgesetzbuch, welche wie alle anderen Deutschen Strafgesetzbücher nur zwei Klassen machen. Gegen Kinder unter 10 Jahren treten nur polizeilich anzuwendende Besserungsmittel ein. Gegen Kinder in Württemberg von 10 bis 16 Jahren, in Oesterreich von 10 bis 14 Jahren wird auf geringere Strafen erkannt. Für Oesterreich und Lichtenstein gilt aber noch die besondere Bestimmung, daß gegen Verurtheilte vor zurückgelegtem 20sten Jahre niemals die Todes- oder lebenslängliche Zuchthaus-, sondern nur zeitige Zuchthausstrafe Anwendung findet.

Das 12te Jahr bildet die Grenze der Unzurechnungsfähigkeit in Baden[11]), den Thüringischen Staaten[12]), Hannover[13]) und dem Großherzogthum Hessen[14]). Gegen Kinder von 12 bis 16 Jahren wird auf geringere als die gewöhnlichen Strafen erkannt in Baden, dem Großherzogthum Hessen und Hannover. In den Thüringischen Staaten gilt dies für Kinder vom 12ten bis 18ten Jahr. Nach dem Großherzoglich Hessischen Strafgesetzbuch soll aber auch gegen Kinder von 16 bis 18 Jahren statt auf die Todes- und lebenslängliche Zuchthausstrafe nur auf zeitige Zuchthausstrafe erkannt werden.

---

[7]) Art. 105 und 106. — [8]) Art. 120 und 98. — [9]) Art. 95 und 96. — [10]) §. 2 und 237. Das Oesterreichische Strafgesetz gilt auch für Lichtenstein. — [11]) Art. 66 und 62. — [12]) Art 83 und 99. — [13]) Art. 37. — [14]) Art. 78 und 79.

Das 14te Jahr ist die Grenze in Sachsen[15]), in Braunschweig und Lippe-Detmold[16]). In Sachsen treten aber auch gegen Verbrecher von 14 bis 18 Jahren noch nicht die vollen Strafen ein. In Braunschweig und Lippe-Detmold gilt dies sogar für Verbrecher von 14 bis 21 Jahren.

Was endlich die Staaten angeht, in welchen noch die Carolina gilt, also in Kurhessen, Mecklenburg, Holstein, Reuß ä. L., Schaumburg-Lippe, Hessen-Homburg und den freien Städten mit Ausschluß von Frankfurt a. M., so leben diese im Reiche der Controversen, doch ist man ziemlich darüber einig, daß bis zum 7ten Jahre keine Zurechnungsfähigkeit anzunehmen sei, während sie vom 7ten bis 14ten Jahre nur ausnahmsweise aus den besonderen Umständen entnommen werden könne. Malitia supplet aetatem.

Ganz abweichend von diesen Grundsätzen bestimmt das Preußische Strafgesetzbuch keine Altersstufe, welche jede Strafe ausschließt. Es schreibt nur bis zum 16ten Jahre die Feststellung vor, ob das Kind mit Unterscheidungsvermögen gehandelt hat oder nicht. Wird festgestellt, daß das Kind nicht mit Unterscheidungsvermögen handelte, so wird es freigesprochen und im Urtheil bestimmt, ob es seiner Familie überwiesen oder in eine Besserungsanstalt gebracht werden soll.

Hat das Kind mit Unterscheidungsvermögen gehandelt, so wird auf geringere als die gewöhnlichen Strafen erkannt.

Frägt man nach dem Grunde, woher diese Abweichung des Preußischen von dem sonst in Deutschland allgemein geltenden Strafrechte kommt, so ergeben die Vorarbeiten, daß man auch hier das Französische dem Deutschen Recht vorgezogen hat.

Sämmtliche acht Entwürfe, welche in den Jahren 1827 bis 1847 in Preußen ausgearbeitet worden, bestimmten eine feste Grenze, die ersten zwei das 10te, die letzten sechs Entwürfe das 12te Jahr, vor dessen Ueberschreitung von einer Zurechnungsfähigkeit der Kinder überhaupt nicht die Rede sein sollte.

Damit war der vereinigte ständische Ausschuß im Jahre 1848 ein-

---

[15]) Art. 90 und 89. — [16]) §. 60 des Braunschweigischen Strafgesetzbuchs, das auch in Lippe-Detmold gilt.

verstanden, und es schien dieser Grundsatz des Deutschen Rechtes auch für Preußen gewahrt. Dennoch hat der Entwurf von 1850 sich dem Französischen System angeschlossen. Er giebt als Grund an, daß es bedenklich scheine, bei der verschiedenen Individualität der jugendlichen Verbrecher einen Termin absoluter Strafunmündigkeit festzusetzen.

Sowohl in den Commissionsberichten als bei der Berathung in beiden Kammern wurde dies Aufgeben des Deutschen Rechtssatzes nicht einmal erwähnt.

Dieselben Rechtsgrundsätze finden in dem Theile des linken Rheinufers Anwendung, wo noch Französisches Recht gilt.

Ueberblicken wir diesen kleinen Theil des Deutschen Strafrechts noch einmal, so finden wir eine verwirrende Mannigfaltigkeit.

Wir sehen zunächst, daß in ganz Preußen und auf einem Theile des linken Rheinufers das Französische unser Deutsches Recht verdrängt hat. Bei Entwerfung des allgemeinen Deutschen Strafgesetzbuchs wird man nicht zweifelhaft sein, das Deutsche Recht wieder überall in unserem Vaterlande zur Geltung zu bringen.

Mit Recht findet auch Beseler [17]) darin einen Vorzug des Deutschen Rechtes, daß es nicht dazu nöthigt, offenbar unzurechnungsfähige Kinder, wie jetzt in Preußen und einem Theile des linken Rheinufers geschieht, vor Gericht zu stellen. Führe es auch dahin, daß ein frühreifes Kind deshalb mit der Strafe verschont werde, so sei doch dieser Uebelstand nicht so groß, lasse sich auch mit einer Heruntersetzung des ersten Termins auf das vollendete 10te Lebensjahr ziemlich sicher vermeiden.

Stellt man sich nun die Aufgabe, aus dieser Mannigfaltigkeit des jetzigen Deutschen Strafrechts die einfachen Grundsätze für ein allgemeines Deutsches Strafgesetzbuch zu entwickeln, so ist dieselbe gar nicht so schwer zu lösen.

Man geht von dem Deutschrechtlichen Grundsatz aus, daß im ersten Kindesalter auf gar keine, in dem zweiten aber nur auf eine geringere als die gewöhnliche Strafe erkannt werden kann. Es handelt sich also

---

[17]) Commentar zum Preußischen Strafgesetzbuch S. 193.

nur noch darum, diese Altersgrenzen gleichmäßig für ganz Deutschland zu bestimmen.

Daß die jetzigen auffallenden Unterschiede in Deutschland auf inneren Gründen beruhen, die Kinder in Bayern und Oldenburg also am frühsten, in Sachsen und Braunschweig aber am spätesten klug werden, dürfte niemand behaupten. Es wird keinem gegründeten Bedenken unterliegen, wenn man die erste Altersstufe mit dem 10ten und die zweite mit dem 16ten Jahre abschließt, und außerdem im Hinblick auf die Vorschriften, welche jetzt in ähnlicher Weise in Oesterreich, Sachsen und Braunschweig gelten, anordnet:

> daß gegen diejenigen, welche zur Zeit der That noch nicht 20 Jahr alt waren, statt auf den Tod und lebenslängliches Zuchthaus nur auf zeitige Zuchthausstrafe zu erkennen sei.

So verlieren, vom Standpunkte des allgemeinen Deutschen Gesetzgebers aus, diese rartikularistischen Verschiedenheiten ihre Bedeutung. Es ist gar nicht so schwer, überall in gleicher Weise zu verfahren, also aus den Verschiedenheiten der einzelnen Deutschen Strafgesetze die allgemeinen Deutschrechtlichen Grundzüge herauszufinden, um dieselben in einheitlicher Gestalt für ganz Deutschland zur Geltung zu bringen. Man lege nur die Hand ans Werk!

Was endlich die Vollstreckung der gegen Kinder erkannten Freiheitsstrafen angeht, so verordnen nur einige Deutsche Strafgesetzbücher, daß die Kinder auch angemessen beschäftigt und unterrichtet werden sollen. Ist dies aber nicht vor Allem nothwendig und ein Gegenstand, werth der gemeinsamen gleichmäßigen Fürsorge von ganz Deutschland?

Von wie segensreichem Einfluß wäre es, wenn für ganz Deutschland der Grundsatz Geltung erhielte, daß Kinder entweder in ausschließlich für sie bestimmten Anstalten, oder doch mindestens in abgesonderten Räumen die Strafe zu verbüßen haben und gehörig beschäftigt und unterrichtet werden müssen.

Diese gesetzlich ausgesprochene Nothwendigkeit, das allgemeine Bedürfniß, wird dann zur Vereinigung der Regierungen mehrerer kleiner, oder zu Anschlüssen an die Regierungen größerer Deutscher Länder führen.

Es wird eine alle Deutsche Regierungen gleichmäßig beschäftigende und sie vereinigende Sorge sein, welche Einrichtungen und Verabredungen zu treffen sind, damit die Freiheitsstrafen für die jugendlichen Verbrecher nicht zu einer Schule des Lasters, sondern zu einem Besserungsmittel werden.

Sehr groß sind die Nachtheile, welche aus der Verschiedenheit des Strafrechts in den einzelnen Deutschen Staaten entstehen; wer vermöchte sie alle aufzuzählen. Welche Nachtheile kann aber die Einführung eines allgemeinen Strafgesetzbuchs für Deutschland haben? Nur Vortheile, die nicht zu zählen, sind von derselben zu hoffen. Schon um deshalb sollte man nicht länger damit zögern.

Aber noch ein anderer Umstand drängt zur Eile. Sehr wahr sagt Köstlin:[18])

> Der in den neuen Gesetzbüchern ausgesäete Partikularismus beginnt nur erst seine Früchte zu zeigen. Selbst die frühesten derselben leben, so sehr man ihnen auch schon hat nachhelfen müssen, noch nicht sehr lang, und andere sind neuen und neuesten Datums. Gehen sie nun schon jetzt, schon beim ersten Ueberblick so auffallend auseinander, wie wird es erst werden, wenn sie sich immer mehr einleben, wenn ihr partikularistisches Leben erst recht auskocht, wenn seine Centrifugaltität durch das eiserne Gebot der Nothwendigkeit erst recht zum Gähren und Ausschlagen nach allen Seiten gebracht wird.
>
> Glaube man nur nicht, daß es bei den bisherigen Anfängen bleiben werde, die man in optimistischer Schwachheit etwa noch für harmlos halten mag! Schon diese Anfänge sind keineswegs unbedeutend, aber der partikularistische Keim wird von Jahr zu Jahr immer üppiger wuchern.

Es ist aber nicht bloß der immer mehr zunehmende Partikularismus des Deutschen Rechts, sondern auch noch diejenige Gefahr ganz besonders ins Auge zu fassen, welche unserem heimischen Rechte daher droht, daß sich das fremde Recht in einem Theile Deutschlands ein-

---

[18]) Goltdammers Archiv für Preußisches Strafrecht Bd. 4, S. 167.

gebürgert und in einige Deutsche Strafgesetzbücher nur allzu willig Aufnahme gefunden hat. Der Unsegen der Fremdherrschaft wirkt noch immer nach. Das Französische Recht schlägt noch immer tiefere Wurzeln. Es ist hohe Zeit, daß der Deutsche Boden von demselben gesäubert werde, damit unser heimisches Recht wieder froh und unverkümmert sich entwickele und gedeihe.

Es dürfte hierdurch der Antrag gerechtfertigt sein:

Der Deutsche Juristentag wolle anerkennen, daß ein allgemeines Deutsches Strafgesetzbuch, welches diejenigen Grundsätze adoptirt, die in den Gesetzbüchern der einzelnen Deutschen Staaten enthalten sind und in der Deutschen Rechtswissenschaft und dem Deutschen Rechtsleben ihre Begründung finden, ein dringendes Bedürfniß ist, sowie in Erwägung zu ziehen, auf welche Weise jenes Bedürfniß am zweckmäßigsten und schnellsten befriedigt werden könne.

№. 4a.

Zusatzantrag

des

Herrn Ober-Staatsanwalts Dr. v. Groß aus Eisenach

zu dem

Antrag des Herrn Appellationsgerichtsraths v. Kraewel in Naumburg.

Ich stelle den Antrag:

A. der Deutsche Juristentag wolle eine Petition an sämmtliche Deutsche Regierungen richten und in derselben beantragen:

daß die Deutschen Regierungen gemeinschaftlich beschließen möchten, ein allgemeines Deutsches Strafgesetzbuch durch eine von ihnen zu wählende Commission entwerfen zu lassen und eventuell nach geeigneter Prüfung dasselbe in ihren Staaten einzuführen.

B. der Deutsche Juristentag wolle mit Ausführung dieses seines Beschlusses seine ständige Commission (vergl. §. 10 der vorläufigen Ordnung) betrauen und namentlich

C. dieser Commission auftragen, die unter A. bezeichnete Petition nebst einer motivirenden Denkschrift ausarbeiten zu lassen und beide Schriften — unter gleichzeitiger Publikation derselben durch den Druck — im Namen und Auftrag des Juristentags sämmtlichen Deutschen Regierungen zu überreichen.

№ 5.

Antrag des Herrn Geheimen Raths Professor Dr. Mittermaier in Heidelberg.

Der Juristentag wolle in seine Statuten noch folgende Bestimmungen aufnehmen:

§. 1.

Der Juristentag setzt sich als eine weitere Aufgabe, die Bearbeitung von Entwürfen solcher Gesetze zu übernehmen, deren Erlassung für das gesammte Deutschland ein allgemeines Interesse hat.

§. 2.

Zu diesem Zwecke werden während der Versammlungen des Juristentages Gegenstände bezeichnet, über welche in der nächstfolgenden Jahresversammlung oder nach zwei Jahren von einer hierzu gewählten Commission Entwürfe vorgelegt werden sollen.

§. 3.

Jedes Mitglied des Juristentages ist befugt, an einem von dem Vorsitzenden bezeichneten Tage schriftlich einen Gegenstand vorzuschlagen, über welchen ein Gesetzentwurf bearbeitet werden soll. Diese Anträge werden einem von dem Vorsitzenden zu ernennenden oder von der Versammlung zu wählenden Ausschusse zur Vorberathung, über welche von den in Antrag gebrachten Gegenständen ein Gesetz-Entwurf zu bearbeiten ist, übergeben.

§. 4.

Dieser Ausschuß hat in der nächsten Sitzung des Juristentags Bericht zu erstatten und darin die Gegenstände zu bezeichnen, über welche Entwürfe auszuarbeiten sind. Die Versammlung faßt darüber durch Stimmenmehrheit einen Beschluß.

§. 5.

Von der Versammlung wird eine Commission gewählt, die aus 7 bis 10, verschiedenen Staaten Deutschlands angehörigen Juristen zu bestehen hat; und zwar werden hierzu zur Hälfte theoretische Juristen, zur Hälfte praktische gewählt, mit dem Auftrage, bis zum nächsten Juristentage einen Gesetzentwurf über den bestimmten Gegenstand vorzulegen. Beschließt die Versammlung, daß über mehrere Gegenstände Entwürfe zu bearbeiten sind, so wird für jeden Entwurf eine besondere Commission gewählt.

§. 6.

Jede Commission wählt aus ihrer Mitte einen Vorsitzenden, dem die Berufung der Mitglieder, die Leitung der Berathungen und der Abstimmung, sowie die Fassung der Beschlüsse obliegt.

§. 7.

Die Mitglieder verabreden einen Ort, an welchem sie zusammentreten wollen, um über die allgemeinen Grundsätze, auf welchen der Gesetzentwurf beruhen soll, sich zu verständigen. Nach gepflogener Berathung wählt die Commission einen oder, wenn sie es nothwendig findet, mehrere Berichterstatter, welchen die Ausarbeitung des Entwurfs mit umfassender Begründung obliegt.

§. 8.

Wenn der Berichterstatter die aufgetragene Arbeit vollendet hat, zeigt er dies dem Vorsitzenden an, welcher die Mitglieder der Commission zusammenruft.

§. 9.

Der Berichterstatter trägt der Commission seinen Entwurf vor, welcher der Berathung zu Grunde gelegt wird. Die Mitglieder der Commission beschließen durch Stimmenmehrheit.

§. 10.

Der von der Commission angenommene Entwurf mit der Begründung wird gedruckt und an die Mitglieder des Juristentages mindestens vier Wochen vor der nächsten Plenar-Versammlung vertheilt.

§. 11.

Der Vorsitzende der Plenar-Versammlung setzt die Berathung des Entwurfs auf die Tagesordnung. Jedes Mitglied, welches einen auf den Entwurf bezüglichen Antrag einbringen will, muß denselben schriftlich in Gesetzesform redigirt am Anfange der Sitzung dem Vorsitzenden einhändigen. Die Versammlung kann beschließen, daß eine Bestimmung des Entwurfs oder ein Antrag an die Commission zurückgewiesen werde. Die Berichterstattung darüber muß in der nächsten Sitzung stattfinden.

№ 6.

Antrag des Herrn Professors Dr. Wahlberg in Wien.

Der Deutsche Juristentag wolle eine Commission von Juristen verschiedener Deutscher Staaten bilden, welche über „Krug's Ideen zu einer gemeinsamen Deutschen Strafgesetzgebung" bis zum nächsten Juristentag ein umfassendes Gutachten abzugeben hat, und hierfür folgendes Verfahren vorzeichnen: „Jedes Commissionsmitglied hat während der Jahresfrist vom Standpunkt seiner Landesgesetzgebung den Krug'schen Entwurf zu beurtheilen und dabei den Gesichtspunkt festzuhalten, ob und inwieweit sich eine Vereinbarung seines Landesgesetzbuches mit diesem Entwurfe, und sei es auch nur annäherungsweise, ausführen läßt." Die ständige Deputation des Juristentages hat sodann auf Grundlage der eingelaufenen Separatgutachten aus der Mitte der Commission ein Referat hervorgehen zu lassen, und dieses Referat mit den geeigneten Vorschlägen ist dem nächsten Juristentage zur Berathung in pleno vorzulegen.

№ 7.

Antrag des Herrn Kammergerichtsraths Buddee in Berlin.

Der Deutsche Juristentag wolle folgende Sätze erwägen und anerkennen:

1) Die strenge Anwendung der Eventualmaxime im Civilprozeß bedingt die Vertretung der Parteien durch Rechtsanwalte.

2) Die bloße Unterschrift eines Rechtsanwalts unter Prozeßschriften — Legalisirung — kann die nothwendige Vertretung nicht ersetzen.

3) Bei Verhandlung geringfügiger Sachen vor dem Einzelrichter ist die Anwendung der Eventualmaxime auszuschließen.

Die in Preußen gemachten Erfahrungen bestätigen die Richtigkeit dieser Sätze.

Der erste Satz — auf's innigste eingreifend in die Gestaltung des Prozesses — ist nach vielen Berathungen an gesetzgebender Stelle zwar anerkannt, aber nur theilweise durchgeführt. Es ist für die erste Instanz den Parteien freigestellt, ihr Vorbringen in allen Stufen der Vorverhandlung durch einen dazu abgeordneten Richter zu Protokoll nehmen zu lassen. Dieser Richter muß nothwendig der Partei in Abfassung ihres Vorbringens Beistand leisten. Das ist unzulässig, da er später an der Entscheidung Theil nimmt.

Sodann sollen die Prozeßschriften von einem Rechtsanwalt unterzeichnet sein. Man hat erwartet, die Parteien würden hierdurch veranlaßt werden, sich stets der Hülfe der vom Staate angestellten Rechtsanwalte zu bedienen. Dies hat sich nicht bestätigt. Der blos unterschreibende, nicht zu Rathe gezogene Anwalt kann aber nicht dafür verantwortlich gemacht werden, daß die von einem Winkel-Consulenten verfaßte Schrift sachgemäß und dem Interesse der Parteien diensam sei.

Die Verhandlung geringfügiger Sachen vor dem Einzelrichter — wo meist unbeholfene Parteien in Person auftreten — ist nothwendig eine patriarchalische; sie ist in der Regel in Einem Termine — in welchem die Klage ergänzt und verbessert werden kann — zu Ende zu bringen und abzuschließen. Nur soweit ist sie zu begrenzen, daß nach dem Abschlusse, wenn auch nicht sofort erkannt wird, kein neues Prozeßmaterial beigebracht werden darf.

№ 8.

Schreiben des Zweiten Präsidenten des Königlichen Ober-Tribunals Herrn Dr. Bornemann in Berlin an die Commission der Juristischen Gesellschaft für Ausschreibung eines Deutschen Juristentages.

Hochverehrte Herren!

Meine angegriffene Gesundheit nöthigt mich leider zu einer Luft- und Traubenkur, die mich bis Ende September von Berlin fern halten wird, so daß ich zu meinem schmerzlichen Bedauern dem Juristentage, der zu großen Hoffnungen für unser Deutsches Gesammtvaterland berechtigt, nicht beiwohnen kann.

Legen Sie es mir nicht als eine Anmaßung aus, sondern schreiben Sie es meiner Freude über den glücklich zu Stande gekommenen ersten Juristentag Deutschlands und meiner innigen Theilnahme an demselben zu, wenn ich — obwohl fern von Ihnen — mich den Berathungen durch eine Zuschrift anschließe, und die nachstehende Ansicht mitzutheilen mir erlaube.

Die Menschheit ist in einer Mannigfaltigkeit von Urstämmen, Völkern und Völkergliederungen zur Erscheinung gekommen, welche mit besonderen Gaben und Kräften und einem daraus hervorgegangenen besonderen Volkscharakter und Bildungstriebe ausgerüstet sind. Hierauf beruht einer Seits die Verschiedenheit und Verwandtschaft der besonderen

Volksrechte, welche letztere um so näher ist, je näher die betreffenden Völker in Bezug auf ihre Abstammung zu einander stehen. Anderer Seits folgt daraus, daß kein Volk für sich allein das Ziel der Menschheit in seiner Allseitigkeit zu verwirklichen im Stande ist. In den Völkern, welche zur Verwirklichung dieses Ziels berufen sind — und das scheinen die auf dem germanischen Boden lebenden und von demselben ausgegangenen Nationen zu sein — muß daher mit der fortschreitenden Entwickelung allmälig nicht nur das Bewußtsein dieses Ziels, sondern auch mit mehrerer oder minderer Klarheit das Bewußtsein erwachen, daß das Ziel nur durch harmonisches Zusammenwirken aller berufenen Nationen verwirklicht werden kann, jede Nation aber dazu mit der ganzen Energie ihrer Nationalität als gleich berufen und gleich berechtigt mit zu wirken hat. Die nothwendige Folge dieses Erwachens ist aber einer Seits das Bestreben jeder berufenen Nation, sich als solche zusammen zu fassen und eins zu werden, um mit dem ganzen Gewicht der Nationalität an dem großen gemeinschaftlichen Werke mit zu arbeiten, anderer Seits die Anerkennung jeder anderen Nation als einer in ihrer Nationalität gleich berufenen und berechtigten Mitarbeiterin. Die daran sich knüpfende Folge ist ferner ein wechselseitiges Geben und Empfangen geistiger Mittheilung, eine Ausgleichung der den friedlichen Verkehr störenden Eigenwilligkeiten, eine fortschreitende Einigung in Bezug auf Beseitigung dessen, was die Verwirklichung des Gemeinschaftlichen hemmt.

Die gegenwärtige Zeit mag von der Verwirklichung dieser Auffassung noch ziemlich entfernt sein, wiewohl das Streben nach beiden Seiten hin in verschiedenen Erscheinungen bereits sichtbar hervorgetreten ist. Auch in Deutschland drängt dieses Streben nach einer Einheit, welche die Deutsche Nationalität, anderen Nationen gegenüber, wahrhaftig und vollständig zur Geltung kommen läßt. **Wir** haben natürlich nur das Recht in's Auge zu fassen.

In dieser Hinsicht kann es scheinen, daß die Französische Nation der Deutschen weit vorausgeeilt sei. Gleich anderen Kreisen des Lebens ist in Frankreich auch das Recht centralisirt worden, so daß für alle Franzosen das eine allgemeine Recht gilt, und alle provinzielle und örtliche Rechtseigenthümlichkeiten mit wenigen Ausnahmen beseitigt worden sind. In Deutschland besteht dagegen eine große Mannigfaltigkeit örtlicher, provinzieller und — für die einzelnen Staaten erlassener — allgemeiner Rechtssatzungen, so daß der Rechtszustand in Deutschland das grade Gegentheil des Rechtszustandes in Frankreich ist, und die Einheit sich lediglich in gewissen Grundzügen kund giebt. Im Hinblicke auf Frankreich ist daher von Vielen die Herstellung eines alle Rechtsgebiete umfassenden allgemeinen Gesetzbuchs als eine unabweisbare Nothwendigkeit bezeichnet worden. Der Weg, der für die Französische Nation der richtige sein mag, ist indessen nicht unser Weg. Dem Deutschen Geiste widerstrebt eine die Selbstbestimmung der Gliederungen nicht bloß ordnende und zusammenfassende, sondern vernichtende Einheit. Eine solche Einheit würde daher die Deutsche Nationalität nicht in ihrer ganzen Energie hervortreten lassen, sondern im Gegentheil schwächen. Demgemäß kann und darf eine Einheit, welche sich nicht bloß in den Grundzügen der Rechtssatzungen kund giebt, sondern in einer alle besonderen Rechtssatzungen beseitigenden allgemeinen Rechtsgestaltung darstellt, für Deutschland nur in Bezug auf die Kreise des Rechtsgebiets erstrebt werden, die sich ihrer Natur nach der eigenen Selbstbestimmung entziehen, oder mit anderen Worten dem allgemeinen Verkehr angehören, und für diesen maßgebend sein sollen. Für das Wechselrecht ist bereits eine solche gemeinsame Rechtsgestaltung gewonnen, für das Handelsrecht ist sie angebahnt, und muß auch für andere den allgemeinen Verkehr wesentlich berührende Rechtsgebiete, insbesondere für das Prozeßverfahren in Civilsachen, wenn auch mit Freilassung untergeordneter Modifikationen für einzelne Staaten und Landestheile, erstrebt werden.

Daß unsere (die Preußische) Prozeßgesetzgebung das Rechtsbewußtsein nicht befriedigt, habe ich bereits in einer früheren Schrift hervorgehoben. Gegenwärtig wird selbst von Vielen, die an sich gegen jede Kodifikation sind, die Nothwendigkeit einer Kodifikation der Prozeßgesetzgebung anerkannt. Auch in anderen Deutschen Staaten ist das Bedürfniß einer anderweiten Feststellung des Prozeßrechts fühlbar geworden. Das Bedürfniß trifft daher mit dem Streben nach einer Einigung zusammen, und der Juristentag wird seinem Beruf entsprechen, wenn er sich energisch für eine einige Prozeßgesetzgebung ausspricht.

Die Herstellung eines gemeinsamen Wechsel-, Handels-, Prozeß-Rechts rc. genügt aber nicht. Dies hat man bei den Berathungen über das Wechselrecht erkannt. In den Leipziger Verhandlungen Seite 260 heißt es: Es liege in der Natur der Sache, daß, ungeachtet der zu erwartenden Einheit der Wechselgesetzgebung, die Auffassung, Anwendung und Rechtsprechung an verschiedenen Orten und in den verschiedenen Deutschen Staaten eine mehr oder weniger verschiedene sein werde, und daß daher ein mehr oder weniger verschiedenes Wechselrecht sich ausbilden und festsetzen könne. Um diesem Uebelstande entgegen zu wirken, wurde, bei dem Mangel eines obersten allgemeinen Gerichtshofes, von einem Abgeordneten vorgeschlagen: daß nach einigen Jahren ein Zusammentritt der Abgeordneten der Deutschen Staaten veranstaltet, und von denselben, nach Zusammenstellung der Präjudizien, dasjenige, was dem Geiste des Gesetzes und der Sache am gemäßesten erscheine, bezeichnet werde, wonächst es jeder Regierung überlassen bleibe, ob und wiefern sie die gefaßten Beschlusse zum formellen Rechte, wenigstens als subsidiäre Rechtsquelle, erheben wolle oder nicht. Sämmtliche Abgeordnete einigten sich demnächst dahin, daß sie den Wunsch ihren Regierungen zur Erwägung und Beschlußnahme vortragen wollten. Ob dies geschehen sei, erhellt nicht, wohl aber steht fest, daß ein Zusammentritt der Abgeordneten seit Einführung der Wechselordnung nicht stattgefunden hat. In der That würde auch die Ausführung des Vorschlages die etwaigen Verschiedenheiten in der Anwendung nicht beseitigt, sondern im Gegentheil weiter geführt haben. Denn wenn die eine Regierung das, was von den Abgeordneten als dem Geiste des Gesetzes am meisten entsprechend bezeichnet worden, zum formellen Rechte erhoben hätte, die andere Regierung dagegen nicht, so würde der Zwiespalt, der durch die Rechtsprechung möglicher Weise wieder beseitigt worden wäre, ein dauernder geworden sein. Zu einer Einheit in der Rechtsanwendung kann nur ein höchster Gerichtshof führen, dessen Zusammensetzung, dauerndes oder zeitweises Zusammentreten, und Wirkungskreis näher zu erwägen sein wird.

Der Präsident Dr. Bornemann.

№. 10.*

Antrag des Herrn Rechtsanwalt Lewald in Berlin.

Ueber die Endziele wird unter den Theilnehmern am Juristentage nicht leicht ein Zwiespalt obwalten: „ein einiges Deutsches Recht." Desto weiter mögen die Ansichten auseinander gehen, wie dieses Ziel zu erreichen. Die größte Kunst wird darin bestehen, sich zu beschränken und nur zunächst Erreichbares in Angriff zu nehmen. Darum gehen auch mehrere der Anträge, welche gedruckt vorliegen, nur dahin, daß der Juristentag gewisse Prinzipien als richtig anerkennen möge. Dies scheint für jetzt der allein richtige Weg zu sein. Die Durchfühung muß dann den Mitgliedern des Juristentages in den einzelnen Staaten überlassen bleiben.

Aber auch bei der Auswahl von Rechtsgrundsätzen wird man sich abermals zu beschränken haben, und zwar auf solche, welche nicht bloß von der Wissenschaft als richtige anerkannt, sondern hauptsächlich auf solche, welche zugleich von der Praxis als brennende Fragen bezeichnet sind.

Für das Strafverfahren, soweit ihm der Anklageprozeß zum Grunde liegt, erscheint als eine solche brennende Frage die Beseitigung des Anklage-Monopols der Staatsanwaltschaft.

---

*) Nr. 9a. - d. der Drucksachen enthielten Mitglieder-Verzeichnisse.

Demgemäß stelle ich den Antrag:

Der Juristentag wolle als seine Rechtsüberzeugung aussprechen:

1. jedem Privatbetheiligten ist die Erhebung der Anklage in solchen Fällen zu gestatten, wo sich die Staatsanwaltschaft dessen weigert;
2. in allen Fällen sind neben der Staatsanwaltschaft den Privatbetheiligten die vollen Rechte einer Partei, welche nicht bloß die Zuerkennung einer Entschädigungssumme, sondern die Verurtheilung des Angeklagten erstreben darf, einzuräumen.
3. Die Parteistellung des Anklägers bedingt es, daß dem Angeklagten gleiche Parteirechte eingeräumt werden, also namentlich
   a) daß er nicht erst nach geschlossener Voruntersuchung, sondern von Anfang an sich eines rechtsverständigen Beistandes als Vertheidigers bedienen darf,
   b) daß dem Vertheidiger gleiche Rechte mit dem Ankläger eingeräumt werden.

Für die Begründung, und im Wesentlichen selbst für die Wortfassung, der Sätze zu 1 und 2 nehme ich für jetzt Bezug auf die den Mitgliedern des Juristentages bereits mitgetheilte Abhandlung des Herrn Dr. Julius Glaser in Wien, betreffend „das Prinzip der Strafverfolgung", indem ich auch für die Begründung von Anträgen das oben aufgestellte Gebot der möglichsten Beschränkung für Pflicht erachte. Bemerkt sei nur noch, daß die gedachte Abhandlung des Herrn Dr. Glaser noch andere Fragen zur Erörterung bringt, aber keine Anträge stellt.

Der Satz zu 3 ist eine unabweisliche Consequenz der beiden ersten Sätze und von unmittelbar praktischer Bedeutung. In welcher Weise die Rechte der Vertheidigung in den einzelnen Deutschen Ländern der Anklage gegenüber beschränkt sind, muß in jedem einzelnen Staate besonders nachgewiesen werden. Für jetzt handelt es sich nur um Anerkennung des Prinzips.

№ 11.

Die Nothwendigkeit einer schleunigen Reform der Gesetzgebung über die deutsche stille Gesellschaft.

Von Herrn Stadtrichter **Primker** in Breslau.

Der Fundamental-Grundsatz des Obligationen-Rechtes, daß der Verpflichtete für die Erfüllung der von ihm eingegangenen Verbindlichkeit mit seinem ganzen Vermögen haftet, fand im Römischen Recht auch auf dem Gebiet der Societät unbeschränkte Anwendung. Auf die Frage, ob der einzelne Socius durch die Handlungen seiner Mitgenossen Dritten gegenüber solidarisch oder nur pro rata oder gar nicht verpflichtet wird, hat das Societäts-Verhältniß, dessen Eigenthümlichkeit wesentlich auf die Gestaltung der inneren Beziehungen der Genossen zu einander hinzielt, keinen bestimmenden Einfluß. Der einzelne Socius als solcher ist nach den Grundsätzen des Römischen Rechts nach Außen hin zur Vertretung der Gesellschaft nicht berechtigt. Durch die von ihm abgeschlossenen Geschäfte wird er in der Regel nur für seine Person berechtigt und verpflichtet. Nur dann, wenn er einen ausdrücklichen Auftrag zur Vornahme eines Geschäftes erhalten, oder als Institor an die Spitze des ganzen Geschäftes oder eines Handelszweiges gestellt ist, verpflichtet er durch die in dieser Eigenschaft und innerhalb der ihm ertheilten Machtvollkommenheit abgeschlossenen Geschäfte seine übrigen

Socii solidarisch. Wenn die Gesellschaft keinen Institor hat, so wird sie nur durch von allen Genossen gemeinschaftlich abgeschlossene Verträge berechtigt und verpflichtet, und geht die Klage alsdann gegen jeden einzelnen Socius pro rata seines Antheiles (ob Kopftheil oder Gesellschafts-Antheil, ist controvers. Vangerow III. S. 453.). Diese Grundsätze galten auch für die Römische Handels-Gesellschaft mit folgenden Ausnahmen:

Paulus l. 44 §. 1. D. de aedilit. edicto (22. 1.).

Wenn mehrere Sklavenhändler gemeinschaftlich einen mit Fehlern behafteten Sklaven verkauft hatten, so sollte die Klage aus dem Edict nicht bloß gegen Alle zusammen, sondern auch gegen Jeden, dessen Geschäftsantheil nicht kleiner ist, als der der Uebrigen, angestellt werden können, damit der Käufer nicht gezwungen würde, mit Vielen zu streiten.

Als Grund dieser Ausnahme ist angegeben, „weil diese Gattung von Menschen geneigt ist, Gewinn auch auf schändliche Weise zu machen."

Umfassender und wichtiger ist die Ausnahme, welche für die Societas argentaria gemacht wurde:

Diese Römischen Geldwechsler, in deren Händen sich der ganze damalige Geldhandel befand, und welche wegen ihrer Wichtigkeit für den Staat mit mannigfachen Privilegien, auch mit einem eigenen Gerichtsstand ausgestattet waren, betrieben ihr Geschäft gewöhnlich gemeinschaftlich. Zur Erleichterung des Geschäftsverkehrs wurde durch Gewohnheitsrecht die Regel anerkannt, daß jedes einzelne Mitglied der Gesellschaft die Klage für die ganze Schuld übernehmen müsse, umgekehrt aber auch zur Einkassirung der ganzen Schuld berechtigt sein solle.

Auct. ad Herennium II. 13. Id quod argentario tuleris expensum, a socio ejus recte repetere possis. Savigny, Oblig.-Recht I. S. 152, 172.

Daß eine gleiche Regel auch für die öffentlichen Gesellschaften der Römer, die societates publicanorum, aurifodinarum, salinarum etc. gegolten habe, wie Troplong, Commentaire du contrat de societé. Bruxelles 1843. in seiner Vorrede XIII. andeutet, läßt sich aus den Quellen nicht nachweisen. l. 9. §. 4, l. 6. D. de publ. 39. 4. sprechen dagegen. Diesen Gesellschaften, non voluntariae zum Unterschied von den gewöhnlichen Handels-Gesellschaften genannt l. 63. §. 8. D. pro socio (17. 2.), war zwar das Recht der juristischen Persönlichkeit und eine gewisse genossenschaftliche Organisation beigelegt, wodurch dieselben unsern modernen Aktien-Gesellschaften nahe gebracht sind, aber die Haftung ihrer Mitglieder regulirte sich im Wesentlichen nach den allgemeinen Grundsätzen. Es galt daher für alle Römischen Handels-Gesellschaften die ausnahmlose Regel, daß die Socii, mochten sie nun in solidum oder bloß pro rata, nach Kopftheilen oder Gesellschaftstheilen haften, Dritten gegenüber für diesen ihren Antheil immer mit dem ganzen Vermögen verpflichtet wurden. Es war zwar zulässig, daß in dem Gesellschaftsvertrag bestimmt wurde, daß ein Genosse nur bis zu dem Betrage einer gewissen Geldsumme oder gar nicht an dem Verluste theilnehmen solle; aber Dritten gegenüber galt solche Stipulation nur, wenn sich der Dritte derselben vertragsmäßig unterworfen hatte. Dann allerdings, wenn der Gläubiger versprochen hatte, sich wegen seiner Forderung nur an den Antheil am Handlungsfonds und nicht an das Privatvermögen eines der Genossen halten zu wollen, war er an diesen Vertrag ebenso gebunden, wie ein Pfandgläubiger, welcher gelobt, sich wegen seiner Forderung nur an das Pfand zu halten und keine Exekution gegen das übrige Vermögen und die Person seines Schuldners nachzusuchen. In allen andern Fällen muß der nach dem Vertrage selbst von jedem Beitrag zum Verlust befreite Socius den Gläubiger befriedigen und kann sich wegen des Gezahlten nur im Regreßwege an seinen Mitgenossen erholen. Vergebens wird er sich dem Gläubiger gegenüber auf den Vertrag berufen. Die Bestimmungen desselben binden nur die Kontrahenten, aber nicht den dabei nicht zugezogenen und außerhalb desselben stehenden Gläubiger. Die Autonomie, welche schon die Solonische Gesetzgebung den Handelsgenossen verliehen, l. 4. D. 47. 22., bezieht sich nur auf die Normirung der inneren Verhältnisse. Dritten gegenüber entscheiden einzig und allein die Grundsätze des Obligationen-Rechts. So war es schon für jeden Römer eine gefährliche Sache, sich bei einer Handelsgesellschaft zu betheiligen. Denn da jedes einigermaßen bedeutende Handels- oder Rhederei-Geschäft die Anstellung eines Institor oder magister navis nothwendig machte, da für den wichtigsten Zweig des Römischen Handels, das Banquier-Geschäft, die solidarische Haftung aller Gesellschafter eingeführt war, so konnte selbst der von jeder Geschäftsführung ausgeschlossene Socius durch unglückliche oder leichtsinnige Spekulationen der Uebrigen um sein ganzes Vermögen kommen, während seine Absicht nur dahin ging, sich mit einem kleinen Theil desselben zu betheiligen. Dem Römer, der diese Gefahr scheute, der aber doch sein Geld des höheren Gewinnes wegen im Handel anlegen wollte, boten sich indeß zwei Wege dar, auf welchen er diesen Zweck sicher erreichen konnte. Er brauchte bloß die zum Handel bestimmte Summe als merx peculiaris einem Sklaven anzuvertrauen. Der Sklave betrieb das Handelsgeschäft. Der Gewinn gehörte dem Herrn allein, welcher gewöhnlich dem Sklaven eine Tantième davon abgab. Ging die Sache schlecht, so konnte sich der Gläubiger nur an das Peculium halten, merci magis credidit. Der Dominus haftete nur auf Belauf dieses Peculii. Die Befriedigung der Gläubiger geschah in einer Art abgekürzten Concursverfahrens durch den Herrn resp. durch einen vom Praetor ernannten Liquidator. Dig. de tributoria actione (14. 4.).

Eine weitere Aushülfe gewährte das foenus nauticum. Wenn ein Römer nämlich zu einem Geschäfte über See Geld brauchte, so konnte er dem Darleiher Zinsen ohne jede Beschränkung versprechen. Der Gläubiger übernahm dafür die Seegefahr. Er verlor also das Kapital, wenn das Schiff mit seinem Schuldner oder den mit dem geliehenen Gelde angeschafften Waaren unterwegs unterging. Dieses ursprünglich zur Begünstigung des Seehandels eingeführte Rechtsinstitut wurde sehr bald als quasi nauticum auf alle Fälle angewendet, wo der Gläubiger überhaupt die Gefahr des Darlehns übernimmt.

l. 5. D. de nautico foenore (22. 2.) erwähnt folgende zwei Fälle: Jemand gab einem Fischer, der für die Werkzeuge zum Fischfang Geld brauchte, dasselbe unter der Bedingung, daß er es nur dann, wenn er etwas gefangen hätte, wiedergeben solle. Ein Anderer gab einem Wettkämpfer, damit derselbe die Kosten für seinen Unterhalt und seine körperlichen Uebungen bestreiten sollte. Der Wettkämpfer war nur dann, wenn er gesiegt hatte, zur Zurückerstattung des Kapitals verpflichtet.

In dieser seiner Ausdehnung war es ein vortreffliches Mittel, wie man an dem Vortheil einer einzelnen Unternehmung Theil nehmen konnte, ohne eine unbegränzte Haftung übernehmen zu dürfen. Dieses foenus nauticum, in Verbindung mit dem Peculiarverhältniß und dem an und für sich hohen Zinsfuß (nach älterem Recht 12 %, seit Justinian 6 %, jedoch 8 % für Kaufleute) reichte vollständig hin, um dem Handel die nöthigen Kapitalien zuzuführen. Das Bedürfniß der Milderung der strengen Haftverbindlichkeit der Handelsgenossen war also für das Römische Recht nicht vorhanden. Dieses Bedürfniß trat aber mächtig hervor, als im Mittelalter nach den Stürmen der Völkerwanderung in den Seestädten Italiens ein blühender, mächtiger auswärtiger Handel entstand. Die Gegenstände desselben waren durchweg kostbar. Die Waaren mußten von den Kaufleuten in Person oder durch ihre Diener aus den Erzeugungsländern geholt und nach den Absatzorten gebracht werden. Die schlechte Beschaffenheit der Straßen und der Seegefäße, der Mangel an Rechtsschutz im Auslande, Land- und Seeräuber aller Art vermehrten die Gefahr des Verlustes. Die enormen Gewinne, welche eine glückliche Unternehmung bei der damals fehlenden Concurrenz abwerfen mußte, machten zwar den Handel schließlich lucrativ, aber doch nur dann, wenn der Kaufmann Geld genug hatte, um große Unglücksfälle überstehen zu können. Die Association, durch welche die Gefahr des Verlustes auf die Schultern Vieler vertheilt wird, war daher unentbehrlich geworden. Die Furcht vor der solidarischen Haftung mit dem ganzen Vermögen mußte aber das Zustandekommen von gemeinschaftlichen Handelsunternehmungen erschweren, zumal mit dem Gebrauch der Firma schon frühzeitig die Regel der gegenseitigen praepositio institoria für die Handelsgenossen entstanden war, wonach jedes Mitglied einer Handels-Gesellschaft als Institor durch den Gebrauch der Firma alle übrigen solidarisch mitverpflichtete, auch wenn dieselben von aller und jeder Geschäftsführung ausgeschlossen waren. Die Römische Ausnahme für die societas argentaria war jetzt Regel geworden. Diese Regel galt jedoch nur für die wirkliche Handels-Gesellschaft, d. h. die Vereinigung mehrer Kaufleute zum Zweck der dauernden Betreibung eines Handels-Gewerbes, nicht aber für die bloße Vereinigung zu einzelnen Gewinngeschäften (Participations-Gesellschaft). Hierfür blieben die Grundsätze des Röm. Rechts maßgebend. Wer also einem Kaufmann Geld anvertraute, um nach Verhältniß desselben an dem Gewinn und Verlust bloß einer einzelnen Unternehmung Theil zu nehmen, konnte sich gegen alle persönliche Haftung schützen, wenn er an der Geschäftsführung weder direct noch durch Auftragsertheilung Theil nahm. Demjenigen, der ein wirkliches Mitglied einer Handels-Gesellschaft geworden war, half eine solche Enthaltsamkeit nichts, da der geschäftsführende Socius als Institor auch ohne speciellen Auftrag, kraft des Gesetzes, seine Präponenten, die Mitgenossen, obligirte. Zu gleicher Zeit mit dieser Vermehrung der inneren Gefahren einer dauernden Association waren aber auch die Mittel, durch welche in früherer Zeit die Kapitalien dem Handel auf andere Weise zugeführt werden konnten (Zinsen-Darlehn, Foenus nauticum, Peculiarverhältniß), mit der Aufhebung der Sklaverei und dem Zinsenverbot des Kanonischen Rechtes, welches auch dem Gebrauch des foenus quasi nauticum für Societätszwecke feindlich entgegentrat (cf. Mittermaier §. 310), verschwunden. Der Verkehr mußte auf neue Wege sinnen, durch welche die Kapitalien für die Zwecke des Handels nutzbar gemacht werden konnten. Für einzelne Unternehmungen fand sich, wie gesagt, leicht Geld, weil es in der Hand eines jedes Participanten lag, jeder persönlichen Haftung zu entgehen. Die Benutzung fremder Kapitalien hat für den Handel jedoch nur dann reellen und nachhaltigen Werth, wenn das Geld längere Zeit in einem bestimmten Geschäft arbeiten kann und nicht nach jeder Unternehmung flüssig gemacht und herausgezahlt werden muß. Die Aufgabe war deshalb, einen Weg zu finden, auf dem es möglich gemacht wurde, daß Jemand ein bestimmtes Kapital einem Kaufmann auf längere Zeit unter der Bedingung anvertrauen konnte, daß er nach Höhe seiner Einlage am Gewinn und Verlust Theil nehme, jedoch nie über seine Einlage hinaus für die Schulden des Geschäfts zu haften habe. Dieses Ziel konnte auf zwei Wegen erreicht werden: der Verkehr konnte sich nämlich dafür aussprechen, daß das aus dem Röm. Recht überkommene Princip der absoluten Haftungspflicht mit dem ganzen Vermögen ein zu strenges und den Handel lähmendes sei, und daß man deshalb nachlassen müsse, daß hiervon unter den Genossen stipulirte Ausnahmen, insbesondere die Beschränkung der Haftung auf die Einlage, nicht nur nach Innen, wie bisher, sondern auch nach Außen gegen jeden Dritten Geltung hätten. Diese Vorstellung von einer Handels-Genossenschaft, bei welcher nur ein Theil mit seinem ganzen Vermögen, ein anderer Theil nur mit seiner Einlage für die Gesellschaftschulden haften würde, konnte zu dieser Zeit nicht entstehen, wo gerade das entgegengesetzte Princip, nämlich die ausnahmlose solidarische Haftung aller Genossen, für ein nothwendiges Bedürfniß der Sicherheit und Solidität des Verkehrs proklamirt worden war. An diesem Fundament der Handels-Societät, daß, wer einmal wirkliches Mitglied einer Handels-Gesellschaft geworden, mit seinem ganzen Vermögen solidarisch haften müsse, konnte und wollte man nicht rütteln.

Es blieb daher nur übrig, auf einen Ausweg zu sinnen, auf welchem es möglich war, daß der Geber des Geldes am Gewinn und Verlust participirte, ohne dadurch wirklicher Theilnehmer des Handels-Gewerbes resp. der Handels-Gesellschaft zu werden.

Dies war schon um deshalb erforderlich, weil sonst der Zweck der Zuführung der Kapitalien nicht vollständig hätte erreicht werden können, indem damals vielen begüterten Klassen die Betreibung eines kaufmännischen Gewerbes verboten war. Diese würden also ihre Kapitalien nicht haben hergeben können, wenn sie durch ihre Betheiligung wirkliche Mitglieder einer Handels-Gesellschaft geworden wären.

Der praktische und in Geschäftssachen nüchtern kalkulirende Sinn der Italiener hat diese Aufgabe glücklich gelöst, und das Institut der Accomandita geschaffen, durch welches dem Bedürfniß des Handelsstandes vollständig Genüge geleistet wurde. Derjenige, welcher einem Kaufmann, sei dies eine Einzel- oder Gesellschafts-Firma, ein Kapital mit der Abrede der limitirten Haftung anvertraut, heißt Accomandans (von commendare im Latein des Mittelalters = deponere, anvertrauen), der Andere Accomandatarius, Inhaber.

Die Grundzüge dieses Rechtsverhältnisses sind folgende:

Während sonst jedes Gesellschaftsverhältniß durch Cirkulare oder auf andere Weise der Geschäftswelt bekannt gemacht wird, damit die Gesellschaft auf den Namen und das Vermögen der Theilnehmer hin Kredit erhält, und damit die Geschäftsleute wissen, wie weit jedes Mitglied zur Zeichnung der Firma legitimirt ist, muß die Betheiligung des bloßen Geldeinlegers verborgen bleiben. Nicht der Kredit, nur das Geld des Accomandans soll dem Accomandatarius Nutzen bringen. Der Geldeinleger darf daher weder als Socius bekannt gemacht werden, noch sein Name in der Firma stehen, widrigenfalls er als wirklicher Gesellschafter in allen Stücken nach Außen hin erachtet wird. Die Einlage geht in das Alleineigenthum des Empfängers über; ist dies also ein einzelner Kaufmann, so entsteht dadurch kein Societätsvermögen, keine Societätshandlung, weshalb ein solcher Kaufmann auch keine Gesellschaftsfirma annehmen, die Accommandita als solche keine Firma haben kann.

Ist dies eine bereits constituirte Gesellschaft, so hat der Stille keinen Antheil am Gesellschaftsfonds. Sein Recht geht während des Bestehens des Verhältnisses nur auf Auszahlung des stipulirten Gewinnantheiles und demnächst nach Beendigung auf Restitution des Kapitals, soweit dasselbe nicht durch die Verluste absorbirt ist. Er darf sich nicht in die Geschäftsführung mischen, er hat kein Recht zum Widerspruch gegen ein projektirtes Geschäft. Sein Inspektionsrecht erstreckt sich nur darauf, daß er von dem Inhaber nicht betrogen wird. Der Letztere betreibt das Geschäft allein auf seinen Namen und auf seinen Kredit. Er ist deshalb auch allein den Gläubigern verantwortlich. Der Geldeinleger haftet den Gläubigern nicht; er muß nur geschehen lassen, daß seine Einlage zu ihrer Befriedigung verwendet wird. Seine Stellung ist von der eines wirklichen Mitgliedes des Handelsgeschäfts wesentlich verschieden: nach Innen dadurch, daß er kein Miteigenthum am Geschäftsfonds hat und daß er von jeder Theilnahme an den Geschäften ausgeschlossen ist; er kann höchstens einen Anspruch darauf machen, daß sein Rath angehört wird; — nach Außen dadurch, daß seine Betheiligung in ein tiefes Geheimniß gehüllt ist.

Sein Kredit kann also die Gläubiger nicht bestimmen, dem Geschäft Kredit zu ertheilen. Sein Einfluß kann nicht die unmittelbare Veranlassung zur Kontrahirung der Gesellschaftsschulden sein. Seine Einlage vermehrt zwar das Vermögen des Empfängers und setzt diesen in Stand, nach Außen hin glänzender aufzutreten und größere Geschäfte zu machen.

Die Gläubiger, welche auf diese äußere Erscheinung hin dem Accomandatarius einen zu großen Kredit ertheilt haben, können indeß im Fall der Insolvenz daraus allein ebensowenig einen Regreß gegen den Geldeinleger herleiten, wie sie dies gegen diejenigen thun können, welche einem unvermögenden Kaufmann Kapitalien als Darlehn oder Depositum gegeben und diesen dadurch in den Stand gesetzt haben, sein Gewerbe in größeren Dimensionen zu betreiben.

Aus diesen Gründen fanden die Italienischen Kaufleute und Juristen es für gerechtfertigt, die beschränkte Haftung des Geldeinlegers eintreten zu lassen. Die Garantien, welche die Annihilirung seines Einflusses auf die Geschäftsführung nach Außen und Innen, das Verbot der Aufnahme seines Namens in die Firma, und sein Ausschluß vom Miteigenthum an dem Geschäftsfonds gewährten, erschienen hinreichend, um diese Ausnahme von der Societätsregel, ohne Schaden für die Sicherheit und Solidität des Verkehrs, zu statuiren. Solchergestalt ist in Italien neben den eigentlichen Handels-Socius der Accomandans getreten, welcher weder bloßer Gläubiger noch voller Socius ist. Die Italienischen Juristen drücken diese Zwitterstellung ganz passend aus, wenn sie sagen: Particeps est, non socius.

Der Florentiner Casaregis, welcher dieses Verhältniß in seinen discurs. legales de commercio. Ed. II. 1719 wissenschaftlich entwickelt hat, sagt: Accomandans habet tantum interesse per participationem pro rata capitalis immissi, non vero per proprietatem in jure formali ipsius negotii. Diese Accomandita oder Societas inita per viam accomanditae hat in Italien große Verbreitung gefunden und ist ein mächtiger Hebel für die bewundernswerthe Handelskraft der Italienischen Städte gewesen. (Troplong Nr. 383.) Das Verhältniß wird schon in den Statuten dieser und der Französischen Städte aus dem 13. Jahrhundert erwähnt; jedoch ist das, was als Komanda bezeichnet wird, häufig nur eine Participations-Gesellschaft, wie im Statut von Montpellier, oder ein foenus quasi nauticum. Es wurde sowohl von Kaufleuten als von Privatleuten zur nutzbaren Anlegung ihrer Kapitalien benutzt. Für die ersteren war es ein bequemes Mittel, wie man an dem Gewinn des auswärtigen Handels ohne allzu große Gefahr theilnehmen konnte. Vordem mußte der Kaufmann, der z. B. von Florenz aus nach Brügge, dem Hauptemporium des Mittelalters, handelte, selbst nach Brügge gehen oder daselbst einen Faktor bestellen, für dessen Geschäftsführung er mit seinem ganzen Vermögen haften mußte. Jetzt vertraute er einem erprobten Diener, dessen er sich sonst als Faktor bedient hätte, ein Kapital als Accomandans an. Der Diener ging hiermit und mit seinen etwaigen Ersparnissen nach Brügge und handelte daselbst auf seinen eigenen Namen, ohne seinen frühern Prinzipal, welcher aber einen Theil des Gewinnes bezog, zu verpflichten. Nach Casaregis hat sich auch in dieser Art die Accomandita in Florenz aus dem Faktoren-Verhältniß heraus entwickelt.

Für Privatleute war es ein beliebtes Mittel geworden, dem Zinsverbot des Kanonischen Rechts zu entgehen. Viel Geld wurde besonders den Lombardischen Campsores, die damals die Banquiers der Welt und der Fürsten waren, anvertraut. So hatten die Peruzzi und Bardi in Florenz, welche im 14. Jahrhundert Bankerutt machen mußten, weil ihnen die Könige von England und Sicilien die schuldigen 1,700,000 Goldgulden nicht zurückzahlten, an solchen Kommanditen-Geldern 550,000 Goldgülden, theils von ihren Mitbürgern, theils von Fremden. (Martens, Ursprung des Wechselrechts S. 26.) Eine Ordre von Louis IX., Hutin den 9. Juli 1315, erklärte nach Troplong Nr. 383 ausdrücklich, daß solche Kapitalsanlegung nicht als Wucher erachtet werden sollte.

In Frankreich, wohin das Institut aus Italien verpflanzt worden (Troplong's Nationalstolz zieht es vor, dasselbe aus dem in Frankreich sehr verbreiteten bail à cheptel, Viehverstellungsvertrag, hervorgehen zu lassen, Nr. 378), wurde dasselbe sehr bald von der Spekulation ausgebeutet. Die Lehre von der Zuläßigkeit der beschränkten Haftung wurde rasch adoptirt. Die Garantien, mit welchen diese Ausnahme in Italien umgeben war, wurden bald als lästige Fessel abgestreift. Aus folgenden, Savary Parères entnommenen Beispielen von solchen Verträgen:

„Der Secretair des Königs, Duclos, vertraut dem nach Indien handelnden Kaufmann Loiseau 50,000 Fr. an. Loiseau ist vollständig unbeschränkt in seiner Geschäftsführung. Duclos hat nur das Recht, Rechnungslegung und Einsicht der Facturen zu fordern.

Delamarre, Langlois, Fournier vereinigen sich zum Betrieb einer Seidenmanufaktur in Lyon, welche Delamarre auf seinen Namen als Techniker leiten soll. Die nöthigen Fonds werden beschafft durch Langlois, welcher zugleich den Einkauf der Rohprodukte in Italien besorgt, und von Fournier, welcher die fertigen Waaren in Paris verkauft. Keiner soll für die von dem Andern gemachten Schulden über seine Einlage haften —"

ergiebt sich, daß, wenn der Associé en commandite ein Kaufmann war, die bescheidene dunkle Stellung des Accomandans mit der Rolle eines nach einer bestimmten Richtung hin für die Gesellschaft thätigen Socius vertauscht worden ist, und daß in Frankreich die in Italien reprobirte Auffassung durchgedrungen war, daß auch ein wirklicher an dem Gesellschaftsfonds als Miteigenthümer betheiligter in der Firma mitbenannter Gesellschafter nur mit seiner Einlage zu haften brauche, sobald dies nur in dem Vertrage so ausgemacht und allenfalls noch öffentlich bekannt gemacht worden ist. Die Ordonnance de commerce von 1673 sanctionirte diese Auffassung, indem darin vorgeschrieben ist, daß der Gesellschafts-Vertrag, ebenso wie bei der regelmäßigen Gesellschaft, societé générale, schriftlich geschlossen und öffentlich bekannt gemacht werden soll, und daß alsdann „les associés en commandite ne sont obligés que jusqu' à la concurrence de leur part." Diese Nothwendigkeit der Bekanntmachung, die erste polizeiliche Beschränkung des Institutes, rechtfertigt sich aus den zahlreichen Mißbräuchen, welche nach den Klagen der Französischen Juristen von der neuen Rechtsregel gemacht wurden.

Es kam nämlich häufig vor, daß der Stille, nachdem er Jahre lang an dem Gewinne Theil genommen, plötzlich wenn eine ungünstige Conjunctur eintrat, im Einverständniß mit seinem Geschäftsfreunde seine Einlage herauszog, dagegen nach wie vor in dem Geschäft äußerlich dieselbe Thätigkeit als Prokurist entfaltete.

Die Gläubiger wurden hierdurch veranlaßt, nach wie vor Kredit zu ertheilen, und sahen erst später zu ihrem Schaden ein, daß der frühere Associé en commandite sein Geld längst heraus gezogen hatte, und daß sie sich an dasselbe nicht mehr halten könnten.

Seit dem Erlaß der Ordonnanz mußte nunmehr die Zurückziehung der Einlage ebenfalls öffentlich bekannt gemacht werden, widrigenfalls im Fall der Insolvenz des Geschäfts der ausgeschiedene Associé en commandite für alle nach seinem Ausscheiden contrahirten Schulden bis auf Höhe seiner Einlage verhaftet blieb. Denn die Wirkung einer kaufmännischen Bekanntmachung bestand immer darin, daß deren Inhalt so lange als den Bekanntmachenden verpflichtend angesehen wird, als etwas Anderes nicht notificirt ist.

Der fernere Uebelstand, daß durch die Aufnahme des Namens in die Firma der Kredit des Associé en commandite für die Gesellschaft benutzt und die Täuschung hervorgebracht werden konnte, daß Letzterer voller Gesellschafter sei; — so wie die weit größere Gefahr, welche daraus entstehen mußte, daß auch der Geldeinleger an die Spitze der Geschäfte gestellt werden konnte, indem ein nur mit einem kleinen Kapital, aber mit einem starken Antheil am Gewinn betheiligter Institor sehr leicht zu waghalsigen Unternehmungen geneigt sein wird; dieses Beides ist erst durch den Code beseitigt, welcher nicht nur an die Unterlassung der Bekanntmachung die Nichtigkeit des Vertrages knüpft, sondern auch bei Strafe der Haftung mit dem ganzen Vermögen verbietet,

a) daß der Name des Commanditaire in die Firma aufgenommen werde, Artikel 25;

b) daß der Commanditaire sich bei der Geschäftsführung in keiner Weise, selbst nicht einmal als Factor oder Commis betheiligen dürfe, Artikel 27.

Außer diesen beiden Beschränkungen ist das Verhältniß dasselbe geblieben. So besteht also nach dem Code neben der Collectiv-Gesellschaft, wo alle Gesellschafter solidarisch haften, eine Societé en commandite, welche ebenfalls eine Handelsgesellschaft ist, und die sich von der ersteren nur dadurch unterscheidet, daß einer oder einige Gesellschafter von der solidarischen Haftung mit dem ganzen Vermögen befreit sind, wenn die Garantien, welche das Gesetz hierfür verlangt, beobachtet worden sind.

Der Commanditaire ist also wirklicher, wenn auch in der Geschäftsführung beschränkter Socius des verantwortlichen Gesellschafters, Complementaire (Commandité). Wenn also der Complementar nur eine einzelne Person ist, dann entsteht durch seinen Zutritt eine Gesellschaftshandlung. Das Verhältniß, wenn auch nicht grade der Name, aber doch jedenfalls die Höhe der Einlage, muß bei Strafe der Nichtigkeit in das Handelsregister eingetragen werden.

Ihm gebührt das Miteigenthum des Geschäftsfonds. Die Gesellschaftsgläubiger sollen deshalb sogar gegen ihn ein directes Klagerecht auf die noch nicht eingezahlte Einlage haben, ohne daß es der vorherigen Klage gegen den Complementar bedarf, wie dies von Pardessus, cours de droit commercial, six. Ed. II. S. 173 gelehrt wird. Diese Grundsätze des Code haben eine weite Verbreitung gefunden. Sie gelten im Wesentlichen in Spanien, Portugal, Sicilien, Sardinien, Kirchenstaat, Parma, Holland, wo indeß von der Nothwendigkeit der Bekanntmachung abgesehen ist; seit 1850 auch in Brasilien und in der Türkei, endlich auch in den Preußischen Rheinprovinzen und in Baden.

In dem übrigen Deutschland hat diese Commanditgesellschaft niemals volles Bürgerrecht erlangt. Im Gegensatz zu der Vorliebe der Franzosen, jedes gewinnverheißende Geschäft in so großem Maßstabe als möglich, aber mit gemeinschaftlichen Kapitalien und beschränkter Haftungspflicht zu betreiben, zog es der solide und vorsichtige Sinn der Deutschen Kaufleute vor, den Handel auf eigene Rechnung lediglich auf eigene Kraft und Erfahrung gestützt zu betreiben. Eine Vereinigung Mehrerer war nur in so weit üblich, als es sich um Errichtung gemeinsamer Anstalten zum Betrieb des Handels, z. B. von Factoreien, oder zu gegenseitigem Schutz handelte. Die Geschichte jener ewig glorreichen Epoche des Hansa-Bundes, wo die Deutsche Flagge in allen Meeren und von allen Staaten Europas gefürchtet ward, wo das jetzt so übermüthige Dänemark nach zweimaliger Plünderung Kopenhagens durch die Hansischen Flotten das Recht verbriefen mußte, daß kein Dänischer König ohne Einwilligung der Hanse den Dänischen Thron besteigen dürfe, — in jener Zeit, wo der gesammte nordische Handel als Monopol in den Händen der Deutschen Kaufleute war, gab es zwar Gesellschaften von England=, Schonen=, Bergen=, Flandern=, Island = Fahrern. Die Bürger der Städte, welche nach diesen Gegenden Handel trieben, thaten sich in solche Societäten zusammen, aber lediglich zu dem Zweck, um die gemeinschaftliche Kosten zu tragen, welche die kostspielige Einrichtung der auswärtigen Factoreien, die Unterhaltung der Stuben und der Mannschaften auf denselben, erheischten. Die Geschäfte selbst wurden auf diesen Hansischen Factoreien zu Bergen, Brügge, Antwerpen, Nowgorod, auf dem Stahlhof zu London und auf den Vitten in Schonen keineswegs mit gemeinschaftlichen Kapitalien betrieben, sondern Jeder handelte auf eigene Gefahr. Jeder trug zu den Schiffen, welche zu bestimmten Perioden, flottenweise von Kriegsschiffen geleitet, abgingen, seinen Beitrag an Gütern zur Befrachtung bei. Gewinn und Verlust trug Jeder allein. Sartorius Geschichte der Hanse, II. S. 370 ff.

Wie wenig aber auch später, nachdem in andern Ländern die Betreibung des Handels durch große Handlungs = Compagnien schon längst üblich geworden (Scherer Welthandel erwähnt, daß schon zur Zeit der Kreuzzüge eine religiöse Gewerbs = und Handlungs = Gesellschaft die Societas humiliorum großartige Wollenwebereigeschäfte in Tyrus betrieben; 1602 geschah die Gründung der Holländisch=Ostindischen Compagnie), die Compagnie = Handlung in Deutschland üblich war, beweist folgende von Satorins III. S. 80, 465 erwähnte Thatsache: 1627 machte Spanien in der Intention, den aufblühenden Handel des ketzerischen Hollands und Englands zu vernichten, durch den Römischen Kaiser der Hanse den Vorschlag zur Gründung einer privilegirten Gesellschaft, durch welche die Hanse in den monopolistischen Besitz des Handels mit den Spanisch = Indischen Waaren im Norden gesetzt werden sollte. Die Hansen wiesen den Vorschlag zurück, weil nach der bei ihnen üblichen Handelsart ein Jeder sein Glück für sich versuchen könne und es unerhört sei, mit einem zusammengeschossenen Fonds unter Aufsicht und Leitung einer Direction Handel zu treiben. Wie schwer sich der Deutsche Kaufmann auch noch in späteren Zeiten mit der Idee der beschränkten Haftung befreunden konnte, zeigt unter Anderm das Statut der Ende des 18. Jahrhunderts gegründeten ersten Triester Assekuranz=Compagnie, welche sich verpflichtete, ihr ursprüngliches Capital immer vollzählig zu erhalten und nach unglücklichen Jahren den Verlust an diesem Kapital wieder zu ergänzen. In Frankreich war schon 1686 eine Assekuranz-Compagnie auf Aktien patentirt worden. Es scheint sonach als ob in früherer Zeit die nöthigen Kapitalien dem Deutschen Handel zugeflossen sind, ohne daß es einer Abänderung der Haftungspflicht bedurft hätte. Brauchte ein einzelner Kaufmann Geld zu einem seine Kräfte übersteigenden Geschäft, so machte er gewöhnlich dasselbe mit einem Andern auf halbe Rechnung à conto meta. Der Hamburger Handelsschriftsteller Büsch, III. Ausgabe von Normann II. S. 333, erzählt, daß in Hamburg das gesammte große Materialwaarengeschäft durch solche vorübergehende Vereinigung von 4—5 Kaufleuten geführt worden.

Bei dem lebhaften Handelsverkehr, welchen Deutschland von der Donau aus mit Italien schon in früher Zeit geführt hat, konnte es indeß nicht ausbleiben, daß die Grundsätze der Accommandita auch nach Deutschland gedrungen waren. Dieses Verhältniß ist als Geldeinlage zu Gewinn und Verlust schon erwähnt in dem Privilegium Kaiser Friedrich's III. für Nürnberg 1464 und in der Nürnberger Reformation von 1564. Von hier aus hat es sich weiter nach Deutschland verbreitet, wie seine Erwähnung in der Frankfurter Reformation 1611, in der Lüneburger Reformation 1670 beweist.

Es war jedoch noch zu Zeiten von Büsch so wenig entwickelt, daß die Kunstsprache für die Contrahenten keine bestimmten Ausdrücke hatte. Büsch, welcher gleich Casaregis die Entstehung an das Factoren-Verhältniß anknüpft, indem er sagt, I. S. 196:

> „Der Eigenhandel wählt oft den Weg, daß ein Kaufmann in einem fremden Handelsplatz eine Handlung unter dem Betriebe eines von ihm ausgewählten Mannes mit seinem Gelde und für seine Rechnung errichtet —"

nennt deshalb denjenigen, der an die Spitze gestellt ist, der die Commandite annimmt, nach der Analogie mit Mandatar, Commanditar und denjenigen, der die Commandite aufträgt, den Stifter derselben, nach der Analogie von Bodmeristen, Commanditisten. Diese Bezeichnung ist denn auch in die Deutsche Rechtssprache übergegangen. Weil jedoch das Französische Recht den Geldeinleger, bailleur de fonds, Commanditaire nennt, so wird der Empfänger der Einlage gewöhnlich Complementar, von complere — vollziehen, abschließen, genannt. Brinkmann Handelsrecht S. 206. In der Handelswelt ist der Name „stiller Gesellschafter" für den Geldeinleger und „stille Gesellschaft" für sein Verhältniß zu dem Empfänger üblich geworden.

Die Grundzüge dieses Rechtsinstitutes sind für das gemeine Recht folgende:

1. Was den Begriff anlangt, so ist eine stille Gesellschaft vorhanden, wenn sich Jemand an dem Betriebe des Handelsgewerbes eines Andern, sei dies eine einzelne Person, eine offene oder eine Aktien-Gesellschaft, mit einer Vermögenseinlage gegen Antheil am Gewinn und Verlust unter der ausdrücklichen Verabredung betheiligt, daß er nur auf Höhe seiner Einlage für die Schulden des Gewerbes haften will. Die Betheiligung kann also auch geschehen mit Geldeswerth, z. B. mit Fabrikgebäuden, mit einer Erfindung; nur muß die Einlage dann auf eine bestimmte Summe taxirt werden. Wer sich am Verlust betheiligt, aber sich bestimmte Zinsen vorbedingt, wird, falls er nicht aus andern Gründen für einen wirklichen Socius erachtet werden muß, nur nach den Grundsätzen von Innominatverträgen beurtheilt. Der sog. Commis intéressé, welcher außer seinem Gehalt eine bestimmte Tantième vom Gewinn bezieht, ist kein stiller Gesellschafter, weil er nicht nach Verhältniß einer Einlage am Verlust participirt. Das Versprechen der Tantième ist nur ein pactum adjectum des Dienstvertrages; doch wird er häufig mit dem Stillen verwechselt. Büsch II. S. 315. Pardessus Nr. 1030.
2. Die Errichtung ist gemeinrechtlich formlos. Eine Bekanntmachung des Verhältnisses ist unüblich, weil das Geheimniß sowohl dem Credit des Kaufmanns, als dem Interesse des Einlegers, welcher seinen Namen nicht öffentlich mit dem Geschäft in Verbindung gebracht wissen will, entspricht. Die Ansichten der beiden Hamburger Büsch und Pöhls, Handelsrecht 1828, S. 221, welche die Bekanntmachung im Interesse

der Gläubiger für nothwendig hielten, sind nicht durchgedrungen.

3. Was die Stellung nach Außen betrifft, so tritt der Stille dieses Geheimnisses wegen in gar keinen obligatorischen nexus zu den Gläubigern, falls sein Name nicht in die Firma aufgenommen, noch er sonst als Gesellschafter schlechthin unter Verschweigung seiner bloß stillen Betheiligung annoncirt worden ist.

Brinkmann und Thöl wollen indeß, weil die Wahl der Firma gemeinrechtlich frei sei, also daraus die Personen der wirklich persönlich haftenden Gesellschafter nicht ersehen werden können, den Namen in der Firma zulassen.

4. Was das Verhältniß des Stillen zu dem Complementar betrifft, so geht die Einlage in das Alleineigenthum des Complementars über, mag dies ein einzelner Kaufmann oder eine Gesellschaft sein. Morstadt S. 69 allein bezweifelt es, aus dem Grunde, „weil das Gesellschaftsvermögen Gemeingut der Socii sei." Der Stille hat deshalb wegen seiner Einlage und der auf dieselbe fallenden Gewinnantheile nur eine persönliche Forderung an den Complementar.

Nur diese Forderung, aber nicht das Recht, welches er auf eine Einsicht in den Gewerbebetrieb des Complementars hat, ist übertragbar.

Er ist zur Theilnahme am Betrieb weder berechtigt noch verpflichtet. Thöl S. 186 räumt ihm das Mitberathungsrecht ein. Er muß also angehört werden; und wenn der Complementar seinen Rath nicht befolgt, so macht dieser sich verantwortlich. Weil sein Interesse lediglich darauf geht, daß ihm am Ende eines jeden Geschäftsjahres Gewinn und Verlust richtig berechnet und der ihm zufallende Gewinn ausbezahlt wird, darf er nicht zu allen Zeiten Einsicht der Bücher begehren, sondern nur zum Zweck der Prüfung der ihm abschriftlich mitzutheilenden Bilanz.

Streitig ist, ob ihm vertragsmäßig das Recht zur Geschäftsführung als Prokurist oder Bevollmächtigter ertheilt werden kann. Thöl S. 186, Brinkmann S. 222, Mittermaier 7. Ausgabe 1847 S. 801 bejahen; Bender Handels-Recht 1824 S. 320, Morstadt S. 68 verneinen.

Dem Complementar gegenüber geht der Stille nur die Verpflichtung ein, für die Passiva höchstens bis zum Belauf der Einlage zu haften. Hieraus folgt zweierlei:

Er ist einmal nicht verpflichtet, die Einlage über den vertragsmäßigen Betrag zu erhöhen, oder die durch Verlust verminderte Einlage zu ergänzen; er muß sich nur gefallen lassen, daß so lange seine ursprüngliche Einlage durch Verlust gemindert ist, der jährliche Gewinn zur Deckung des Verlustes verwendet wird.

Sodann braucht er dem Complementar gegenüber nicht die ganze Einlage zur Befriedigung der Gläubiger herzugeben, sondern nur denjenigen Theil, den er vertragsmäßig am Verlust zu tragen hat. Beträgt bei der Auseinandersetzung die Einlage z. B. 1000 Thlr., die Activ-Masse 2000 Thlr. und die Passiv-Masse 1000 Thlr., so erhält der Stille, falls er die Hälfte des Verlustes zu tragen hat, 500 Thlr. heraus, hat er aber nur $1/10$ zu contribuiren, so gebühren ihm 900 Thlr.

Durch ein solches Herausziehen der Einlage können die Gläubiger sehr benachtheiligt werden, namentlich wenn dies kurz vor Ausbruch des Konkurses über das Vermögen des Complementars geschieht. Sie können eine solche Herauszahlung jedoch nur wie jede andere Veräußerung mit der actio Pauliana anfechten, wenn sie den Nachweis führen, daß in fraudem creditorum gehandelt worden.

Einer Bekanntmachung der Auflösung der stillen Gesellschaft bedarf es nicht. Ist jedoch bei der Errichtung eine Bekanntmachung erfolgt, so wirkt dieselbe nach der jeder kaufmännischen Bekanntmachung innewohnenden Kraft dahin, daß auch die Auflösung bekannt gemacht werden muß, widrigenfalls alle Gläubiger des Complementars, auch die nach dem Austritt hinzugekommenen, berechtigt sind, sich an die ganze Einlage Behufs ihrer Befriedigung zu halten, resp. die zurückgezahlte aus eigenem Recht zurückzufordern. Denselben Effect im Konkurse hat die Bekanntmachung aber auch, wenn die Herausziehung der Einlage noch nicht erfolgt ist, also das Verhältniß noch besteht. Der Stille kann nach gemeinem Recht an und für sich seine Forderung auf Restitution als Privatgläubiger in dem Konkurse des Complementars liquidiren, also in dem gegebenen Beispiele entweder 500 Thlr. oder 900 Thlr.; und da die Handelsgläubiger im gemeinen Recht kein Separationsrecht auf den Handlungsfonds haben, so kann es kommen, daß der Stille tributim mit den Handlungs- und Privatgläubigern befriedigt wird. War dagegen das Verhältniß des Commanditisten, insbesondere auch die Höhe der Einlage bekannt gemacht, so muß die ganze Einlage zur Befriedigung der Handlungsgläubiger verwendet werden. Der Commanditist muß ihnen also seine liquidirte Forderung abtreten, oder falls er etwa mit Einzahlung der Einlage im Rückstande sein sollte, voll einzahlen; und zwar nach Thöl, weil in der Bekanntmachung ein mandatum de credendo, nach Brinkmann, weil darin die Einräumung der Priorität an die Handlungsgläubiger enthalten ist. Letzterer bezieht deshalb die auf Hergabe der ganzen Einlage lautenden Bestimmungen der Nürnberger, Frankfurter, Lüneburger Reformation, ferner der Oesterr. W. O. 1763, der Augsb. W. O. 1778, der Bayer. W. O. 1785 nur auf den Fall, wenn eine Notification erfolgt ist. Die Bekanntmachung hat also zwar im gemeinen Rechte sowohl für den Fall des Konkurses als der Herausziehung der Einlage eine gewisse Bedeutung, sie ist jedoch fakultativ.

Dem Complementar gegenüber findet die Forderung auf Restitution der Einlage nur statt, wenn die Auflösung des Verhältnisses gefordert werden kann. Diese Auflösung tritt, da die Grundsätze der Societät zu Grunde gelegt werden, ein:

1. durch die Eröffnung des Konkurses über das Vermögen des Complementars;
2. durch gegenseitige Uebereinkunft;
3. durch Ablauf der Zeit, auf deren Dauer sie eingegangen ist, resp. durch Aufkündigung eines der beiden Theile, wenn der Vertrag nicht auf eine bestimmte Dauer geschlossen ist;
4. vor Ablauf der bestimmten Zeit resp. ohne vorherige Aufkündigung nur ex justa causa, also wenn das Verhalten eines

der Contrahenten die Fortsetzung dieses auf gegenseitige Innigkeit und Vertrauen basirten Verhältnisses rechtlich oder moralisch unmöglich macht, z. B. schändliche verbrecherische Lebensweise, Unfähigkeit zur Leistung der versprochenen Einlage ꝛc.

Dispositionsunfähigkeit, Tod und Konkurs des stillen Gesellschafters sollen wegen seiner geringen persönlichen Betheiligung die Gesellschaft nicht ipso jure auflösen, sondern dem Complementar nur ein Recht zur Kündigung geben.

Aus diesen vorgetragenen, für das gemeine Recht geltenden und in den Entwurf eines allgemeinen Deutschen Handelsgesetzbuches Art. 236—248. im Wesentlichen, jedoch mit einer Schärfung der Haftungspflicht der Einlage, recipirten Bestimmungen ergiebt sich zugleich die Beantwortung der schwierigen Frage, ob der stille Gesellschafter im Verhältniß zum Complementar als Gläubiger, als Mandans oder als wirklicher Socius anzusehen ist.

Er ist nicht bloßer Gläubiger, weil seine Participation am Gewinn und Verlust, die Pflicht des Complementars zur Rechnungslegung und Gestattung der Einsicht der Bücher, der eigenthümliche Modus der Auflösung sichere Kennzeichen eines bestehenden Societätsverhältnisses sind.

Er ist auch nicht Theilhaber des Handelsgewerbes, weil ihm kein Miteigenthum an dem Handlungsfonds, kein Theilnahmsrecht an der Geschäftsführung und der inneren Verwaltung eingeräumt ist.

Er ist aber wirklicher Theilnehmer an dem Gewinn und Verlust des Handelsgewerbes. Dies allein ist der wesentliche Inhalt und Zweck der eingegangenen Gemeinschaft. Der Commanditist geht die Verpflichtung ein, ein bestimmtes Kapital in das Eigenthum des Complementars zu bringen und dasselbe erst nach Ablauf einer durch Vertrag oder Gesetz bestimmten Zeit zurückfordern. Der Complementar legt seine Industrie in die Wagschale, meist auch noch Geld oder Geldeswerth, unter der Verpflichtung, mit dem zusammengetragenen Fonds ein bestimmtes Handelsgewerbe zu betreiben, den daraus gezogenen Gewinn jährlich auszukehren und das eingeschossene Kapital nach Abzug der vertragsmäßig von dem Geldeinleger zu tragenden Verlustquote zurückzuzahlen, den den Belauf der Einlage überschießenden Verlust aber unter allen Umständen allein zu tragen.

Diese eingegangene Gemeinschaft ist keine Handelsgesellschaft, da die gegenseitige Zusage nicht auf den gemeinschaftlichen Betrieb eines Handelsgewerbes, sondern nur auf die gemeinschaftliche Theilung des aus der von dem Complementar allein betriebenen Handlung entstehenden Gewinnes geht, — aber eine vollständig ausgeprägte civilrechtliche Genossenschaft. Sie wird deshalb auch nicht nach Handelsrecht, sondern nach Civilrecht beurtheilt. Hieraus allein erklärt es sich, daß die Gläubiger wegen der vom Complementar contrahirten Schulden kein direktes Klagerecht gegen den Stillen haben können, weil der Complementar stets im eignen Namen contrahirt.

Hieraus erklärt es sich, weshalb der Complementar nicht als Institor seines stillen Compagnons angesehen werden kann, weil die gegenseitige praepositio institoria nur für die wirkliche Handelsgesellschaft gilt.

So ist also dargethan, daß die stille Gesellschaft des gemeinen Rechtes nicht als Handelsgesellschaft, sondern nur als Betheiligung an dem Gewinn eines Handelsgewerbes aufgefaßt werden kann; und zwar hauptsächlich darum, weil dem stillen Gesellschafter kein Miteigenthum an dem Handlungsfonds verliehen ist und verliehen werden darf.

Das Oesterreichische Gesetzbuch und das Preußische Landrecht haben denselben Standpunkt eingenommen. Ersteres im Art. 1204:

> „Die geheimen Mitglieder einer Handelsgesellschaft, solche nämlich, welche ihr einen Theil des Fonds auf Gewinn und Verlust dargeliehen haben, aber nicht als Mitglieder angekündigt worden sind, haften in keinem Falle mit mehr als dem dargeliehenen Kapital. Die kund gemachten Mitglieder haften mit ihrem ganzen Vermögen,"

neigt sich sogar zu der Auffassung hin, daß das geheime Mitglied bloßer Gläubiger sei, und spricht durch diese Fassung ganz unzweideutig aus, daß dem geheimen Mitgliede kein Miteigenthum an dem Geschäftsfonds zusteht

Im achten Titel des zweiten Theiles des Preußischen Landrechts, wo das Eigenthümliche der Handels-Gesellschaften abgehandelt wird, heißt es §. 651:

> „Derjenige, welcher der Societät ein bestimmtes Kapital anvertraut hat mit der Bedingung, daß er, statt der Zinsen am Gewinne oder Verluste, nach Verhältniß dieses Kapitals Theil nehmen wolle, wird ein stiller Gesellschafter (Associé en commandite) genannt."

Im Wesentlichen stimmt diese Begriffsbestimmung mit der gemeinrechtlichen überein, nur daß die Frage, ob die Einlage auch in einer andern Sache als in einem bestimmten Kapital bestehen kann, durch den Wortlaut des Gesetzes verneinend entschieden ist. Wer also bloß seine Industrie einschießt, ist kein stiller Gesellschafter. Der fernere Zweifel, welchen die Wortfassung erregt, als ob nur einer Societät, aber nicht einem einzelnen Kaufmann ein solches Kapital anvertraut werden könne, schwindet, wenn man berücksichtigt, daß dieses Institut unter der Lehre von der Societät abgehandelt wird, und daß jeder Grund zu der Annahme fehlt, als ob das Landrecht einem einzelnen Kaufmann die Aufnahme von stillen Gesellschaftern habe verbieten wollen. Die Kommanditen, welche Friedrich der Große 1766 errichtet hat, sind sämmtlich mit einzelnen Kaufleuten eingegangen worden: Clemens in Berlin, Wurmb in Hamburg, von Zaanen in Amsterdam, de Somer in Cadix. cf. Büsch II. S. 268.

In dem folgenden §. 652:

> „Ist sein Name in der Firma nicht mit enthalten, noch er sonst als ein Gesellschafter ausdrücklich bekannt gemacht, so haftet er den Societätsgläubigern nur mit seinem in der Handlung stehenden Kapitale, und kann ein Mehreres zu den Societätsschulden beizutragen nicht angehalten werden,"

sind mit glücklichem Griff mehrere gemeinrechtliche Controversen entschieden, nämlich, daß der Name des Stillen nicht in der Firma enthalten sein dürfe, daß er zur Befriedigung der Societätsgläubiger (also nicht der Privatgläubiger) seine ganze Einlage hergeben muß und sich nicht darauf berufen kann, daß er dem Complementar gegenüber zu einer kleineren Verlustquote verpflichtet ist, und drittens, daß eine Bekanntmachung nicht nothwendig ist.

Die Wirkungen einer geschehenen Bekanntmachung regeln sich nach allgemeinen Grundsätzen. Gewiß ist, daß, wenn er schlechthin als Gesellschafter bekannt gemacht worden ist, die Haftung mit dem ganzen Vermögen eintritt (cf. Gelpke, Zeitschrift III. S. 188).

Außer diesen beiden Bestimmungen ist noch im §. 795 desselben Titels ausgesprochen, daß ein Associé en commandite niemals aus einer unter der Firma der Gesellschaft übernommenen Wechselverbindlichkeit wechselmäßig verhaftet sein soll — ein Beweis, daß der Complementar nicht als Institor des Stillen gilt, daß dem Gläubiger kein direktes principales Klagerecht gegen den Stillen zusteht.

Was die Stellung des Stillen im Konkurs anbetrifft, so ist man bei den Berathungen über die neue Konkurs-Ordnung von der Ansicht ausgegangen, daß der Stille gar nicht Socius, sondern ein modificirter Gläubiger sei. Goltdammer, Materialien S. 136. Deshalb hat er, wenn über das Vermögen des Complementars Konkurs ausbricht, selbst nicht den Privatgläubigern gegenüber das sonst jedem wirklichen Socius zustehende Separationsrecht; denn er darf ja nicht Miteigenthümer des Handlungsfonds sein. Er muß seine Forderung, wie im gemeinen Recht, bei dem Konkurse als Privatgläubiger liquidiren. Sein Antrag auf Eröffnung des Konkurses über das Vermögen des Complementars wird lediglich als Antrag eines Gläubigers behandelt. S. 446.

Während ferner nach §. 35 K.-O. dem Gläubiger einer Handelsgesellschaft ein Separationsrecht Behufs ihrer Befriedigung aus dem Handlungsfonds gebührt, ist ihnen ein solches abgesprochen, wenn der in Konkurs verfallene Complementar nur eine einzelne Person ist, und zwar wiederum lediglich aus dem Grunde, weil der stille Gesellschafter kein Miteigenthümer, kein wirklicher Socius ist. Dieselbe Anschauung ist bei der Abfassung des Entwurfes eines Handelsrechts für die Preuß. Staaten 1857 zu Grunde gelegt worden. Motive S. 76.

Eine weitere Entwickelung dieses Rechtsinstituts durch die Gesetzgebung hat in Preußen nicht stattgefunden. Die wenigen aus der Praxis des Ober-Tribunals veröffentlichten Fälle dürften seine geringe Verbreitung beweisen:

a. In dem Erkenntniß vom 19. Sept. 1857, Striethorst Archiv 27 S. 47 ist der unzweifelhafte Satz ausgesprochen, daß der bloß nicht bekannt gemachte Socius noch kein stiller Gesellschafter ist.

b. Das Erk. vom 31. Januar 1856, ibid. B. 10 S. 301, besagt, daß der Stille nicht wirklicher Socius ist, und daß er daher auch der jedem Socius nach §. 126 Tit. 13 Th. I. Allg. L.-R. innewohnenden vermutheten Vollmacht für das Geschäft entbehrt.

c. Präj. 2598 vom 9. August 1845. Entscheidungen des O.-T. B. 12 S. 354 stellt fest, daß das Enthaltensein des Namens des stillen Gesellschafters in der Firma für sich allein noch nicht berechtigt, denselben als wirklichen Socius der Handlung anzusehen, wenn die Firma keine Societätsfirma ist, also keine Veranlassung zu der Annahme des Vorhandenseins einer Gesellschaft bot, weil es sonst unmöglich wäre, daß zwei Personen gleichen Namens eine stille Gesellschaft eingehen könnten.

Das Resultat dieser Darstellung ist, daß auch das Preußische Recht nur eine Betheiligung des stillen Gesellschafters an dem Gewinn und Verlust des Handelsgewerbes, aber keine Commanditgesellschaft im Sinne des Französischen Rechts kennt.

Die Zweifel, welche etwa aus der in dem §. 651 aus der Ordonnance von 1673 aufgenommenen Worten „Associé en commandite“ entnommen werden könnten, geben sich nicht nur dadurch, daß bis auf die neueste Zeit die Praxis und die Gesetzgebung das Verhältniß des stillen Gesellschafters als ein modificirtes Gläubigerverhältniß aufgefaßt und behandelt haben, sondern auch durch die Erwägung, daß das Landrecht nur das zur Zeit seiner Redaction in Deutschland geltende Handelsrecht hat rezipiren wollen, daß zu dieser Zeit aber die Französische Commanditgesellschaft, insbesondere das Princip, daß der stille Gesellschafter Miteigenthümer des Handlungsfonds sei, ganz unbekannt gewesen ist. In der Definition des Landrechts spiegelt sich vielmehr ganz getreu der damals noch nicht scharf ausgeprägte Rechtscharakter des Institutes wieder.

Wer also am Gewinn und Verlust eines Handelsgewerbes nach Verhältniß einer baaren Einlage participirt, bleibt dann als stiller Gesellschafter von der solidarischen Haftung mit dem ganzen Vermögen eximirt, wenn er damit zufrieden ist, nur Theilhaber am Gewinn und Verlust zu sein. Wer aber nach Innen hin außerdem noch alle Rechte eines wirklichen Theilhabers des Handelsgewerbes, also insbesondere das Miteigenthum an dem Handelsfonds, zu seiner größeren Sicherheit prätendirt, resp. vom Complementar sich dies vertragsmäßig zusichern läßt, ist kein stiller Gesellschafter im Sinne des Landrechts mehr, mag er sich im Vertrage auch ausdrücklich so benennen. Das Wesen, nicht der Name, der Ausdruck, mit welchem die Partheien ein Rechtsverhältniß bezeichnen, entscheidet. Er wird zwar vom Gesetz seinem Willen gemäß als wirklicher Theilhaber angesehen, er wird auch in seinen Rechten gegen den Complementar als solcher geschützt werden, aber auf das Beneficium der beschränkten Haftung hat er keinen Anspruch, weil die Bedingung, an welche die Verleihung desselben geknüpft ist, in ihm nicht vorhanden ist, weil diese positive zur Begünstigung des Handels von der Societätsregel gemachte Ausnahme nicht auf andere Fälle ausgedehnt werden kann. Der Ausschluß des stillen Gesellschafters vom Miteigenthum des Geschäftsfonds ist also ein Essentiale des Rechtsverhältnisses und kann durch den Willen der Partheien nicht abgeändert werden.

Ein solcher Geldeinleger, welcher sich das Miteigenthum stipulirt, wird nach der in dem Theil I. Tit. 17 §. 249 des Landrechts mit aller Schärfe ausgesprochenen Grundregel beurtheilt, wonach alle Stipulationen der Genossen unter einander in Bezug auf den Antheil am Verlust, Dritten gegenüber (abgesehen von dem Fall einer speziellen vertragsmäßigen Unterwerfung) gar keine Wirkung haben. Dritten gegenüber wird er also solidarisch mit seinem ganzen Vermögen haften

Hieraus erhellt, daß zur Zeit die Französische Commanditgesellschaft, bei welcher der Commanditaire, nach Innen hin wirkliches Mitglied der Handelsgesellschaft, insbesondere Miteigenthümer des Handlungsfonds ist, auf dem Boden des Gemeinen, Preußischen und Oesterreichischen Rechts keine rechtliche Existenz als stille Gesellschaft führen kann. Unerlaubt wird eine solche Gesellschaft deswegen noch nicht sein, insofern sie nicht anderweitig gegen bestimmte positive Verbotsgesetze verstößt. cf. Fischer, Preußens kaufmännisches Recht Seite 491,

Striethorst Archiv 24. S. 166, 30. S. 74, 34. S. 211. (Eine Veranlassung zu einer decisiven Entscheidung über die rechtliche Natur solcher Gesellschaften haben diese Fälle indeß nicht geboten.)

Wenn daher in den Ländern des Preußischen und gemeinen Rechts das Bedürfniß nach der Französischen Commanditgesellschaft wirklich vorhanden ist, so bedarf es eines Einschreitens der Gesetzgebung, um diesem Institut ein rechtliches Dasein zu geben. Bis jetzt ist hauptsächlich das Bedürfniß nach Commanditgesellschaften auf Actien hervorgetreten.

Der Code gestattet nämlich nicht nur, daß der Complementar mehrere Commanditaire annehmen könne, sondern im Artikel 38, daß das gesammte Kapital, also sowohl der Antheil des Complementars an dem Societätsvermögen als der Antheil, welchen die Commanditaire daran haben, in Actien getheilt wird, jedoch ohne irgend eine andere Abweichung von den für die Commanditgesellschaft aufgestellten Regeln.

Der ganze rechtliche Unterschied liegt also darin, daß die Societätsantheile der Stillen durch die Zerlegung in Actien vollkommen frei und leicht übertragbare Börsenpapiere werden. Von der wirklichen Actien-Gesellschaft unterscheidet sich solche Commanditgesellschaft auf Actien dadurch:

1. Sie unterliegt der Genehmigung und Controle des Staates nicht.
2. Der Inhaber des Geschäftes, der Gerant, Complementar, welcher äußerlich die Stellung der Actien-Direction einnimmt, muß mitbetheiligt sein und solidarisch mit dem ganzen Vermögen haften. Mit seinem Tode oder Austritt hört die Gesellschaft auf.
3. Die Gesammtheit der Actionäre darf weder in der General-Versammlung noch durch das Organ, den Verwaltungsrath, ein wirkliches Directionsrecht über den Complementar haben, sondern nur ein Inspectionsrecht, weil sonst nach Artikel 27 die Haftung mit dem ganzen Vermögen eintritt.

Diese Form wurde in Frankreich sehr bald auf unreelle Weise zu Zwecken der Agiotage ausgebeutet. Ein Kreis von Personen trat zusammen, vereinbarte den Gesellschaftsvertrag, ernannte sich darin gegenseitig zu Geschäftsinhabern und Verwaltungsräthen, zeichnete formell das Actienkapital und stipulirte sich große Vortheile, dem Einen durch Zusicherung von Tantièmen, dem Andern dadurch, daß dessen werthlose Grundstücke, Fabriken und Bergwerke zu enorm hohen Preisen für die Gesellschaft acquirirt wurden. Nach der Constituirung der Gesellschaft wurde das Unternehmen durch die Zeitungen angepriesen; der Schein der Solidität dadurch verschafft, daß eine Anzahl gut klingender Namen gegen schweres Geld erkauft wurden, um eine Zeit lang an der Spitze der Unternehmung zu figuriren. Nachdem der Boden also vorbereitet, wurden die meist auf einen kleinen Betrag gestellten Actien auf die Börse geworfen und an das durch die Verheißung hoher Dividenden verlockte Publikum zu hohen Preisen verkauft, die erzielten Coursgewinne aber unter die Stifter vertheilt. Wenn das Unternehmen sodann wirklich in's Leben trat, wurden häufig auf Grund unrichtiger Bilancen trügerische Dividenden vertheilt, um dadurch den Cours der Actien zu steigern, die Tantième der Leiter zu vergrößern. Wenn das Mark der Gesellschaft durch diese Machinationen aufgesogen, das Kapital ganz oder zum Theil durch die Gehalts- und Dividenden-Zahlungen, so wie durch verunglückte Spekulationen verloren gegangen war, wurde eine ungünstige Conjunctur benutzt, um die Auflösung der Gesellschaft herbeizuführen. Statt der gehofften Reichthümer blieb nur ein Stück entwerthetes Papier in den Händen der getäuschten Actionäre zurück.

Diese Mißbräuche führten endlich ein Einschreiten der Gesetzgebung herbei. Durch das Gesetz vom 23. Juli 1856 wurde bestimmt:

1. Die Gesellschaft ist erst constituirt, wenn die Zeichnung des ganzen Kapitals und die baare Einzahlung des Viertheils durch eine notarielle Erklärung des Geranten nachgewiesen ist. Wenn ein Theilnehmer eine nicht in Geld bestehende Einlage macht oder sich besondere Vortheile stipulirt, so ist die Gesellschaft erst dann constituirt, wenn dies in zwei General-Versammlungen von der Majorität der Anwesenden, welche aber stets ein Viertheil der Actionäre und des Kapitals repräsentiren muß, genehmigt worden ist.
2. Das Actienkapital darf in der Regel nicht in Actien unter

500 Francs zerlegt werden; nur dann, wenn das Kapital blos 200,000 Francs beträgt, sind Actien auf 100 Francs zulässig. Die Actien sind erst négociables, wenn zwei Fünftel eingezahlt worden sind, die ursprünglichen Zeichner bleiben aber trotz der Veräußerung verhaftet und können hiervon auch nicht durch Bestimmungen des Gesellschaftsvertrages befreit werden. Nur die voll eingezahlten dürfen au porteur gestellt werden.

3 Unmittelbar nach der definitiven Constituirung und vor dem Anfang der Geschäfte muß von der General-Versammlung ein Verwaltungsrath von fünf Personen gewählt werden, welcher das Inspectionsrecht hat und solidarisch mit dem Geranten dafür verantwortlich gemacht ist, wenn unrichtige Bilancen aufgestellt oder trügerische Dividenden vertheilt werden.

4. Zuwiderhandlungen wider diese Vorschriften werden theils mit Nichtigkeit des ganzen Vertrages, theils mit Strafen bis zu 6 Monat Gefängniß und 10,000 Francs Geldbuße bedroht. Wegen Escroquerie soll bestraft werden, wer durch Simulation von Unterschriften und Einzahlungen oder durch ähnliche Kunstgriffe das Publikum zur Actienzeichnung verleitet hat.

Die Wirkung dieses Gesetzes war eine prompte und wirksame. Die auf unsoliden Grundlagen errichteten Gesellschaften lösten sich meist auf.

Es bedarf keiner Ausführung, daß diese französische Commanditgesellschaft auf Actien in dem Rechtsgebiet des Gemeinen und Preußischen Rechtes ebenso wenig einen Rechtsboden finden kann, wie dies für die einfache Commanditgesellschaft bereits ausgeführt ist.

Es frägt sich nur, ob auch das Kapital der deutschen stillen Gesellschaft in Actien zerlegt werden kann.

Actien sind ideelle Antheile resp. die Urkunden über Antheile am Eigenthum einer industriellen oder andern Gesellschaft, und der Inhaber einer solchen Actie ist ein Miteigenthümer. Sie unterliegen eigenthümlichen Grundsätzen in Beziehung auf ihre Uebertragung, Vindikation und Amortisation. Savigny Obligationen-Recht II. Seite 113 ff. Daß das Kapital, welches der Complementar in das Geschäft legen will, in solche Actien zertheilt werden kann, unterliegt keinem rechtlichen Bedenken. Denn auch eine Actiengesellschaft kann stille Gesellschafter aufnehmen. Dieselben werden jedoch dadurch nicht Actionäre. Ihre rechtliche Stellung bleibt stets dieselbe, ohne Unterschied ob der Complementar eine einzelne Person, oder eine offene Handelsgesellschaft oder eine Actiengesellschaft ist. Ebenso gewiß ist aber, daß die Einlage des Stillen nicht in Actien in dem technischen und rechtlichen Sinne zerlegt werden kann. Zwar ist es dem Complementar gestattet, stille Theilnehmer in unbegrenzter Zahl aufzunehmen. Dieselben kommen jedoch dadurch unter sich in gar keine rechtliche Verbindung.

Jeder von ihnen übt die durch seine Betheiligung erlangten Rechte auf die jährliche Herauszahlung des Gewinnes (Dividende), auf die Ausübung des ihm zustehenden Inspectionsrechtes, auf die Restitution der Einlage, unabhängig von den Andern lediglich in seinem Interesse aus. Der Austritt des Einen hat keinen Einfluß auf das Verhältniß des Andern. Jeder kann nach seinem Gutdünken kündigen oder vor der bestimmten Zeit ausscheiden, wenn eine justa causa dazu vorhanden. Treten sie unter sich vertragsmäßig in eine Gemeinschaft, so können nur diese Individualrechte der Einzelnen den Inhalt, und deren gemeinschaftliche Ausübung den Zweck der Gemeinschaft bilden. Zu einem dinglichen Rechte, dem Miteigenthum, können sie aber nicht erhoben werden.

Es ist ferner zwar zulässig, daß der Complementar den in eine solche Gemeinschaft getretenen Stillen die unbeschränkte Cession ihrer Antheile mit der Wirkung einräumen kann, daß der Erwerber ganz an die Stelle des Cedenten tritt. Auch können zur Erleichterung dieser Uebertragung von dem Complementar Urkunden über die erfolgte Einzahlung der Einlage ausgestellt werden. Aber dergleichen Urkunden sind keine Actien im Rechtssinne, weil ihr Gegenstand kein Miteigenthum, sondern nur ein parcellirtes Forderungsrecht ist, und werden deshalb in allen Stücken nach den allgemeinen Grundsätzen des Obligationenrechtes beurtheilt. Es kommt dazu, daß in den Ländern des Octroisystems, d. h. da, wo die Genehmigung des Staates zur Errichtung einer Actiengesellschaft vorgeschrieben ist, Actien im technischen Sinn überhaupt nur von den concessionirten Gesellschaften emittirt werden können. Derartige Papiere eignen sich als jeder Sicherheit entbehrend in keiner Weise zum Börsengeschäft und können nicht einmal als Handelspapiere angesehen werden.

Hieraus erhellt, daß eine stille Gesellschaft auf Actien in den Ländern des Preußischen und Gemeinen Rechtes nach der gegenwärtigen Lage der Gesetzgebung rechtlich unmöglich ist, und zwar lediglich darum, weil der deutsche stille Gesellschafter kein Miteigenthum an dem Geschäftsfonds hat. Verleiht ihm die Gesetzgebung dasselbe, so steht der Gründung von solchen Actiengesellschaften rechtlich nichts im Wege.

Der charakteristische juristische Unterschied zwischen der Französischen Commanditgesellschaft und der Deutschen stillen Gesellschaft besteht lediglich in diesem Miteigenthum des Commanditärs. Daß die Bekanntmachung des Verhältnisses nicht nothwendig zum Wesen der ersteren gehört, zeigt das Holländische Recht und das Vorkommen der Bekanntmachung bei der Deutschen stillen Gesellschaft. Andere wesentliche rechtliche Unterschiede existiren nicht.

Es frägt sich nun, ob es an der Zeit ist, daß die Gesetzgebung dem stillen Gesellschafter das Miteigenthum verleiht, also statuirt, daß einem Geldeinleger das Miteigenthum an dem Gesellschaftsfonds überlassen werden kann, ohne daß er dadurch die Rechtswohlthat der beschränkten Haftung verliert. Durch diesen Satz wird die bisherige stille Gesellschaft, die bloße Betheiligung an einem Handelsgewerbe zu einer stillen Handelsgesellschaft mit gemeinschaftlicher Firma und gemeinsamen Handlungsfonds. In Beziehung auf die Gläubiger hat diese Umwandlung kein Interesse, weil ihre Sicherheit dadurch nicht leidet. Es frägt sich daher nur ob diese Reform legislatorisch gerechtfertigt ist, d. h. ob die alte stille Gesellschaft dem Bedürfniß des Verkehrs nicht mehr genügt, ob dieses hervorgetretene Bedürfniß ein berechtigtes ist, und ob das Mittel dem Zweck entspricht? Diese drei Fragen müssen sämmtlich bejaht werden: Die gegenwärtige deutsche stille Gesellschaft krankt seit geraumer Zeit an dem Uebel, daß das Recht des stillen Gesellschafters lediglich in einem persönlichen auf das Vertrauen, welches der Complementar einflößt, gebauten, in den Formen und nach den Regeln des Civilrechts zu realisirenden Forderungsrecht besteht. Den an die Wechselstrenge und die Realsicherheit gewöhnten Kapitalisten, bietet ein solches

Vertrauensverhältniß keine genügende Sicherheit. Die Kapitalien fließen daher auf diesem Wege nur sehr spärlich dem Handel zu. Die Bedeutung der deutschen stillen Gesellschaft ist, wo sie noch besteht, nur eine lokale, und hat keinen bestimmenden Einfluß mehr, wie früher in Italien, wo die der Zinsen entbehrenden Kapitalien in reicher Fülle alle Handelszweige alimentirten und zum mächtigen Aufschwunge des Handels beitrugen. Der deutsche Handel bedarf aber dieser Unterstützung jetzt viel mehr als früher, wenn er sein unverkennbares Ziel, als Großmacht in den auswärtigen Seehandel einzutreten, erreichen soll. Dieses Ziel wird von den Regierungen auf jede Weise, insbesondere durch Abschließung von Handelsverträgen, Errichtung von Consulaten, Absendung von Expeditionen begünstigt. Dem Interesse des Staates entspricht es daher, neue Wege zu öffnen, durch welche dem Handel die erforderlichen Kapitalien zugeführt werden. Die vorgeschlagene Reform ist zur Erreichung dieses Zweckes geeignet. Denn durch die Verleihung des Miteigenthums erhält der Stille nicht nur eine größere Sicherheit, ein Realrecht, sondern auch damit die Möglichkeit, durch die Zerlegung des Kapitals in Actien seinen Antheil rasch zu versilbern, welche Rücksicht in der Neuzeit bei den meisten Kapitalsanlegungen leitend ist.

Das Bedürfniß der oben angeregten Reform wäre also vorhanden. Sollte noch ein Beweis für dasselbe nothwendig sein, so liegt derselbe darin, daß alle Deutschen Handelsrechtsentwürfe die Nothwendigkeit der Reform anerkannt und einstimmig die Einführung der Französischen Commanditgesellschaft befürwortet haben. (Entwurf für Württemberg 1839; für Deutschland 1849; für Preußen 1857; die beiden österreichischen Entwürfe der s. g. ministerielle und revidirte übergehen jedoch die Commanditgesellschaft auf Actien.)

Die in Nürnberg im Jahre 1857 zusammengetretene Commission zur Berathung eines allgemeinen Deutschen Handelsgesetzbuches hat zwar die Deutsche stille Gesellschaft als ein noch brauchbares, durch die Zeit ehrwürdig gewordenes Institut in den für das Gemeine Recht dargestellten Grenzen beibehalten (Protokolle der Berathungen S. 1081) und es neben die moderne Commanditgesellschaft gestellt. Es ist aber mit aller Schärfe ausgesprochen worden, daß der stille Gesellschafter kein Miteigenthum an dem Geschäftsfonds hat, und daß ihm dasselbe auch vertragsmäßig nicht verliehen werden darf, weil dies auf der Grundlage der alten Gesellschaft rechtlich unmöglich sei, und weil die Gesetze über Eigenthumserwerb durch Vertrag nicht abgeändert werden können. (Protokolle S. 1090.) Die bereits dargestellten Grundsätze des Französischen Rechts sind im Wesentlichen für die moderne Commanditgesellschaft beibehalten und nur in folgenden Punkten abgeändert worden:

1. Für die einfache Commanditgesellschaft ist von der Nothwendigkeit der Errichtung eines schriftlichen Vertrages ganz abgesehen, die Bekanntmachung, welche bei der ersten Lesung verworfen worden, ist bei der zweiten Lesung (S. 1099) mit 14 wider 2 Stimmen mit der Wirkung beibehalten, daß wenn die Eintragung in das Handelsregister nicht erfolgt, die Commanditgesellschaft als solche nicht besteht. Es ist ferner nachgelassen, daß der Commanditist für die Gesellschaft Verträge schließen kann, wenn er ausdrücklich erklärt, daß er nur als Prokurist oder als Bevollmächtigter handele.
2. Für die Commanditgesellschaft auf Actien sind die civilrechtlichen Bestimmungen des Gesetzes von 1856 zum Schutz der Actionaire noch dahin geschärft worden, daß die Actien auf Namen lauten müssen, daß für die Kapitalantheile der Geschäftsinhaber keine Actien ausgegeben und daß diese Antheile nicht veräußert werden dürfen, so lange die Geschäftsinhaber in diesem Rechtsverhältniß stehen.

Dagegen sind die Meinungen über die Zweckmäßigkeit dieses Institutes sehr weit auseinandergegangen. Nachdem der von Oesterreich auf Streichung gestellte Antrag bei der ersten Lesung mit 11 wider 5 Stimmen, bei der zweiten mit 9 wider 6 abgelehnt worden, wurde schon in der ersten Lesung mit 12 wider 4 Stimmen nachgelassen, daß es der Gesetzgebung der einzelnen Staaten vorbehalten bleibe, deren Errichtung von einer Regierungsgenehmigung abhängig zu machen (S. 377) und schließlich (S. 1115) mit 10 wider 5 beschlossen, daß es zu ihrer Errichtung stets der Staatsgenehmigung bedürfe (S. 1115), weil sonst die Vorschriften der Staatsgenehmigung zur Errichtung von Actiengesellschaften leicht umgangen werden könnten, weil ferner gerade der Umstand, daß ein verantwortlicher Socius an der Spitze stehe, eine größere Vorsicht nothwendig mache, da diesem eine viel größere Macht über das Kapital der Actionaire eingeräumt sei als dem Vorstand einer Actiengesellschaft, derselbe auch häufig ein bloßer Strohmann und ohne Vermögen sei, und weil endlich vom handelspolitischen Standpunkt aus verhütet werden müsse, daß durch leichtsinnige und schwindelhafte Associationen das Einzelgewerbe zur Unzeit unterdrückt werde; obgleich dagegen hervorgehoben wurde, daß dadurch der Vortheil der stillen Gesellschaften auf Actien illusorisch gemacht werde.

Es könnte nun scheinen, als ob es sich, bei der umfassenden Würdigung, welche das Institut in diesem Entwurfe gefunden hat, nur noch darum handeln könnte, inwieweit die proponirten Bestimmungen angemessen seien, und als ob es ganz unzweckmäßig sei, dasselbe vor der Publication des in Aussicht gestellten Deutschen Handelsgesetzbuchs einer gesetzlichen Regulirung unterziehen zu wollen. Es kann auch nicht geleugnet werden, daß es im Interesse der Einheit des Systems bedenklich ist, eine einzelne Materie des Entwurfes schon jetzt zu dem Gegenstand einer Special-Gesetzgebung zu machen. Diese Bedenken vermindern sich, wenn man erwägt, daß man dabei stets die Grundsätze des Entwurfes zu Grunde legen und dadurch jede Dissonanz vermeiden wird. Diese Bedenken müssen aber überwunden werden, wenn ein unabweisbares Bedürfniß zu einem früheren Einschreiten der Gesetzgebung nachgewiesen wird.

Dieses Bedürfniß ist aber für die vorliegende Frage vorhanden. Einerseits nämlich wird sich die Publication des Deutschen Handelsgesetzbuches im günstigsten Falle noch viele Jahre hinausziehen. Bis jetzt sind noch nicht einmal alle Theile des Entwurfes berathen. Nur ein Theil der Materien ist in die zweite, noch keiner in die dritte Lesung gekommen. Sodann muß der Entwurf erst den einzelnen Regierungen zur Prüfung vorgelegt und demnächst von den gesetzgeberischen Faktoren eines jeden Landes berathen und angenommen werden. Die in Nürnberg zusammen getretene Commission hat nur einen Auftrag zur Berathung erhalten.

Andererseits sind bereits Symptome in der Geschäftswelt aufgetreten, welche das längere Hinausschieben der Reform der Gesetzgebung über die stille Gesellschaft gefährlich und ein sofortiges Einschreiten fast zur gebieterischen Pflicht machen. Es haben sich nämlich in den Rechtsgebieten, in welchen die Französische Commanditgesellschaft noch keine gesetzliche Geltung hat, vielfach solche Handelsgesellschaften und noch dazu auf Actien gebildet. Das ganze Gesellschaftskapital ist in Actien zertheilt. An der Spitze stehen die mit ihrem ganzen Vermögen haftenden Geschäftsinhaber (Complementare) als Direktoren mit festem Gehalt und Tantième. Die anderen Theilhaber werden in den Statuten stille Gesellschafter genannt; es ist ihnen jedoch ausdrücklich das Miteigenthum an dem Gesellschaftsfonds nach Maaßgabe ihrer Antheile zugestanden. Die Kontrole wird ausgeübt durch die Generalversammlung und deren Organ, dem Verwaltungsrath, welchem meist auch ein ausgedehntes Mitdirektions- und Widerspruchsrecht verliehen ist. Viele Millionen sind bereits auf diesem Wege dem Handel und der Industrie zugeflossen, Geld- und Waarengeschäfte, Fabriken, Brennereien ꝛc. gegründet worden. Die meist au porteur gestellten Antheilsscheine kursiren als Actien an allen Börsen, also auch in denjenigen Ländern, wo sich dergleichen Gesellschaften bis jetzt noch nicht gebildet haben.

Diese Gesellschaften sind wesentlich nichts anderes, als das was die Französischen Commanditgesellschaften auf Actien vor dem Gesetz von 1856 waren. Daß sie als solche in dem Rechtssystem der stillen Gesellschaften des Gemeinen und Preußischen Rechts keinen Platz haben, ist bereits dargethan. Ihrer innern Natur nach sind sie reine Aktiengesellschaften, mit dem auch bei diesen ganz zulässigen Zusatz, daß die Direktoren mit ihrem gesammten Vermögen für die Befriedigung der Gesellschaftsgläubiger haften. In denjenigen Ländern, wo es zur Errichtung von Aktiengesellschaften keiner Staatsgenehmigung bedarf, wird ihre rechtliche Beurtheilung keine Schwierigkeit machen. Wo dagegen das Octroisystem herrscht, werden sie, als der Staatsgenehmigung entbehrend, lediglich als Collectivgesellschaften mit genossenschaftlicher Organisation betrachtet werden können. Alle Theilnehmer werden also Dritten gegenüber mit ihrem ganzen Vermögen haften müssen, wenn es auch im Vertrage bestimmt ist, daß sie als stille Gesellschafter Dritten gegenüber niemals über ihre Einlage haften sollen; wie dies der bedeutendste Handelsrechts-Schriftsteller Frankreichs, Pardessus Nr. 1033 für ähnliche Vorkommnisse im Französischen Recht lehrt:

> On ne jugera pas la nature de la société par sa qualification, on s'attachera à la substance de l'acte. S'il en résulte qu'une société annoncée comme en commandite ait tous les caractères d'une société anonyme, elle perdra les avantages de la commandite et cependant, comme on n'aura pas fait ce qui est nécessaire pour qu'elle soit société anonyme, elle pourra être jugée en nom collectif.

Der Rechtszustand dieser Vereine ist also ein precärer. Ob und welche reelle Gefahren für das Publikum und die Actionäre hieraus hervorgehen, soll hier nicht näher untersucht werden, weil schon die bloße Existenz dieser Vereine genügt, um festzustellen, daß der gegenwärtige Zustand des Verkehrs ein derartiger ist, daß ein sofortiges Einschreiten der Gesetzgebung gar nicht mehr umgangen werden kann. Es muß nur das Eine hervorgehoben werden, daß diese jeder Staatskontrolle entzogenen Associationen nicht gezwungen werden können, sich denjenigen Beschränkungen zu unterwerfen, welche das Französische Gesetz von 1856 für ihre Duldung nothwendig erachtet hat, daß sie also sämmtlich den Keim zu jenen Mißbräuchen in sich tragen, welche in Frankreich den Ruin so vieler Privatvermögen veranlaßt haben. Ein Einschreiten der Gesetzgebung, und zwar durch Anerkennung der Französischen Commandit-Gesellschaft ihren wesentlichen Grundzügen nach, ist daher nach allen Richtungen hin nothwendig. Die Keime zu dieser Reform sind in der alten stillen Gesellschaft vorhanden, in deren Adern nur das neue Princip gegossen zu werden braucht, um durch dasselbe in rascheren Pulsschlägen dem Handel die so nöthigen Kapitalien zuführen zu lassen. Es darf nur dem stillen Gesellschafter das Miteigenthum an dem Gesellschaftsfonds verliehen, oder ausgesprochen werden, daß auch der Theilnehmer einer Handelsgesellschaft unter gewissen Garantien (Nichtaufnahme seines Namens in der Firma, Ausschluß von jeder Geschäftsführung &c.) zu dem Beneficium der beschränkten Haftung verstattet werden kann.

Dieses Axiom genügt, um darauf das ganze Gebäude der Commandit-Gesellschaft aufzuführen.

Sollte diese Rechtsregel wirklich schon in der bestehenden Gesetzgebung vorhanden sein, eine Ansicht, von welcher man offenbar bei der Gründung der vorher erwähnten Vereine ausgegangen ist, dann allerdings ist kein Bedürfniß zu einem sofortigen Einschreiten der Gesetzgebung vorhanden, denn dann ist das Grundprincip der Französischen Commanditgesellschaft bereits in Deutschland recipirt, und es bedarf höchstens einer einheitlichen Regulirung, welche im Princip bereits von den Deutschen Regierungen beschlossen, und in dem Entwurf angebahnt ist.

Ist aber, wohin die gesammte Denkschrift zielt, diese Regel dem Rechtssystem des Preußischen und Gemeinen Rechts fremd, dann darf auch mit der Anerkennung derselben nicht bis zur Publication des Allg. Deutschen Handels-Gesetzbuches gezögert werden. —

Demgemäß dürfte sich der Antrag rechtfertigen:

> Der Deutsche Juristentag möge anerkennen, daß das dringende Bedürfniß vorhanden, eine Reform der Gesetzgebung über die stille Gesellschaft in Deutschland noch vor dem Zustandekommen eines Deutschen Handels-Gesetzbuches vorzunehmen.

Ungedruckte Anträge.

I.

Entwurf eines Statuts und einer Geschäftsordnung für den Deutschen Juristentag.

(Von Herrn Notar Dr. **Uchatzy** in Reichenberg in Böhmen.)

A. Statut.

§. 1.

Zweck des Deutschen Juristentages.

Der Deutsche Juristentag ist eine Vereinigung Deutscher Rechtsgelehrter und dazu bestimmt, diejenigen Anstalten und Vorbereitungen, welche die Bedingungen des gemeinsamen Deutschen Rechtslebens abgeben, zu fördern, somit

a) durch den lebendigen Meinungsaustausch und den persönlichen Verkehr eine Vereinigung unter den Deutschen Juristen zu bilden;

b) Maßregeln zu treffen, welche auf den Gebieten des materiellen und formellen Rechtes den Forderungen nach einheitlicher Entwickelung entsprechen, daher insbesondere die Hindernisse, welche dieser Entwickelung entgegenstehen, zu bezeichnen und sich über Vorschläge zu verständigen, welche geeignet sind, die Rechtseinheit in den Deutschen Staatengebieten zu fördern, so auch zum Zwecke dessen Entwürfe solcher Gesetze zu bearbeiten, deren Erlassung für das gesammte Deutschland ein allgemeines Interesse hat;

c) das vermittelnde Organ zu bilden, womit die angenommenen Gesetzentwürfe zur Kenntniß und Beachtung der gesetzgebenden Staatsgewalten gelangen mögen;

d) Auskünfte über das in den einzelnen Deutschen Ländern geltende besondere Recht zu ertheilen und diesfalls gestellte Fragen zu beantworten.

§. 2.

Mitglieder des Deutschen Juristentages.

Zur Mitgliedschaft berechtigt sind die deutschen Richter, Staatsanwälte, Advokaten und Notare, die Aspiranten des Richteramtes, der Staatsanwaltschaft und des Notariats, die Lehrer an den Deutschen Hochschulen, die Mitglieder der gelehrten Akademien und die rechtsgelehrten Verwaltungsbeamten. Die Mitgliedschaft beginnt mit dem Empfange der Mitgliedskarte; sie berechtigt zur Theilnahme an den Verhandlungen und an der Abstimmung.

Jedes Mitglied hat zur Bestreitung der auflaufenden Kosten einen Jahresbeitrag von 3 Thalern zu entrichten, welcher Beitrag für das Jahr 1860 innerhalb 4 Wochen nach der von der Versammlung des Deutschen Juristentages erfolgten Genehmigung dieses Statutes, für jedes folgende Jahr innerhalb 4 Wochen nach Beginn des neuen Jahres einzuzahlen ist, widrigenfalls derselbe durch Postvorschuß eingezogen wird. Nimmt ein Mitglied den mit Postvorschuß beschwerten Brief nicht an, so wird dies einer Austrittserklärung gleich geachtet. Die Jahresbeiträge können über Entscheidung der Plenarversammlung nach Bedarf auch erhöht werden.

§. 3.

Vertretung des Deutschen Juristentages.

Der Deutsche Juristentag wird

a) durch die Versammlung sämmtlicher Mitglieder (Plenarversammlung),

b) außerdem durch eine ständige Deputation und die in den einzelnen Staatengebieten zu bestellenden Secretaire vertreten.

§. 4.

Plenarversammlung.

Die Plenarversammlung des Deutschen Juristentages findet alljährlich am . . . . an dem von der Versammlung durch absolute Stimmenmehrheit bestimmten Orte statt. Die Dauer desselben wird vom Präsidenten bestimmt.

Vor Schluß der Plenarversammlung hat dieselbe den Ort der nächstfolgenden Versammlung zu bestimmen.

Den Plenarverhandlungen vorbehaltene Gegenstände sind:

a) die Wahl des Präsidenten und seiner Stellvertreter, so wie der ständigen Deputation und der zur Ausarbeitung von Gesetzentwürfen oder Gutachten zu berufenden Commissionen;

b) die Erledigung des von der ständigen Deputation abzulegenden Jahres- und Rechnungsberichtes;

c) Berathung und Schlußfassung über von den einzelnen Sectionen oder Mitgliedern erstattete Berichte und Anträge;

d) die Abänderung der Statuten;

e) die immerwährende oder zeitliche Auflösung des Juristentages.

Den Plenarverhandlungen gehen in der Regel Sectionsberathungen voraus. Zu diesem Zwecke werden durch freiwillige Einzeichnungen der Mitglieder folgende Abtheilungen (Sectionen) gebildet:

I. für Privatrecht;

II. für Handels-, Wechsel-, See- und internationales Recht;

III. für Strafrecht, Strafprozeß und Gefängnißwesen;

IV. für formelles Recht (Gerichtsverfassung, Civilprozeß) und juristisches Studium.

§. 5.

Ständige Deputation.

Die ständige Deputation des Deutschen Juristentages geht aus der Gesammtheit aller Mitglieder hervor; sie besteht aus fünf Personen, welche von der Plenarversammlung alljährlich vor Schluß derselben gewählt werden.

Ihre Rechte und Obliegenheiten bestehen in Folgendem:

a) sie wählt aus ihrer Mitte einen Vorsitzenden, dessen Wohnort der Standort der Deputation ist;

b) sie vertritt den deutschen Juristentag nach Außen;

c) sie ernennt die für die einzelnen Länder zu bestellenden Schriftführer;

d) sie ist das vermittelnde Organ zur Auskunftsertheilung in Sachen positiver Gesetzgebung;

e) sie hat die von der Plenarversammlung gefaßten Beschlüsse in Ausführung zu bringen, besorgt die Drucklegung der Protokolle und Vorlagen nach eigenem Ermessen, so wie deren Vertheilung an die Mitglieder;

f) sie erläßt die Einladungen zur Plenarversammlung und stellt die vorläufige Tagesordnung auf;

g) sie nimmt die Beitrittserklärungen neuer Mitglieder entgegen, führt ein Mitglieder-Verzeichniß, fertigt die Mitgliedskarten aus, empfängt die Jahresbeiträge, bestreitet die Ausgaben und legt der folgenden Plenarversammlung den Jahres- und Rechnungsbericht;

h) sie verwahrt alle Acten und Schriftstücke des Juristentages;

i) und ergänzt sich selbst, im Falle eines oder mehrere Mitglieder im Laufe des Geschäftsjahres ausscheiden.

§. 6.

Auswärtige Secretaire.

Die ständige Deputation des Deutschen Juristentags wählt mit absoluter Stimmenmehrheit für jedes Deutsche Staats- oder Rechtsgebiet aus der Mitte der dem betreffenden Lande angehörigen Mitglieder einen Schriftführer, dessen Obliegenheit darin zu bestehen hat, daß er die an ihn von der ständigen Deputation ergehenden Anfragen entweder selbst beantworte oder beantworten lasse, daß er ferner begehrte Berichte erstatte und die von einzelnen Mitgliedern an ihn gerichteten, für den Juristentag bestimmten Eingaben und Vorlagen an die ständige Deputation befördere.

Der Gewählte hat sogleich nach der ihm bekannt gegebenen Wahl sich zu erklären, ob er die Wahl annehme oder ablehne. Ist der Gewählte nicht anwesend, so hat er diese seine Erklärung binnen 8 Tagen nach Erhalt der ihm von der ständigen Deputation durch die Post zuzumittelnden Verständigung an diese schriftlich zu erstatten, widrigens die Annahme als abgelehnt betrachtet wird. Ist die Annahme der Wahl ausdrücklich oder stillschweigend abgelehnt, so findet eine neue Wahl statt.

Die gewählten Schriftführer sind sämmtlichen Mitgliedern bekannt zu machen.

§. 7.
Verlust der Mitgliedschaft.

Die Mitgliedschaft und die hiemit verbundenen Rechte und Pflichten hören auf

a) durch den Tod;

b) durch ausdrückliche oder stillschweigende Austrittserklärung (§. 2).

§. 8.
Auflösung des Juristentages.

Die Auflösung des Juristentages kann nur in Folge Beschlusses der Plenarversammlung und unter der Bedingung stattfinden, wenn mindestens zwei Drittheile der anwesenden Mitglieder zustimmen.

Ueber das vorhandene Archiv verfügt sodann die ständige Deputation.

Das dem Vereine angehörige reine Baarvermögen wird der Förderung eines juristischen Zweckes gewidmet; die Bestimmung und Verwendung bleibt der ständigen Deputation überlassen.

B. Geschäftsordnung.

§. 1.

Die Verhandlungen des Deutschen Juristentages werden parlamentarisch geführt.

§. 2.

Die Plenarversammlung wählt:

a) in einem einzigen Scrutinium durch Stimmzettel mit relativer Stimmenmehrheit aus ihrer Mitte einen Präsidenten und zwei Stellvertreter. Bei Stimmengleichheit entscheidet das Loos.

Die Gewählten haben sich sogleich nach bekannt gegebenem Wahlresultate über die Annahme oder Ablehnung der Wahl zu erklären. Ist die Wahl abgelehnt, so findet eine Neuwahl statt; ist sie angenommen, so ernennt der gewählte Präsident vier Schriftführer und die erforderliche Anzahl von Stenographen.

b) Die aus fünf Personen bestehende ständige Deputation in einem einzigen Scrutinium mit relativer Stimmenmehrheit. Im Falle der sogleich vom Gewählten zu erklärenden Wahlablehnung tritt eine Neuwahl ein.

§. 3.

Der Präsident ordnet nach Nothwendigkeit und Ermessen die Plenarverhandlungen an, führt hierbei den Vorsitz, eröffnet und schließt die Sitzungen, wacht über die Beobachtung der Geschäftsvorschriften, ertheilt das Wort, stellt die Fragen zur Abstimmung, spricht das Ergebniß der letztern aus, gestattet auch Nichtmitgliedern als Zuhörer den Zutritt und beseitigt jede Ruhestörung.

Er bestimmt die Tagesordnung und kann einzelne Berathungsgegenstände ohne Vorberathung der Abtheilungen unmittelbar zur Plenarverhandlung bringen, und ist das repräsentative Organ der Versammlung.

§. 4.

Der erste, und wenn dieser verhindert ist, der zweite Präsident-Stellvertreter übernimmt für den Fall und die Dauer der Verhinderung des Präsidenten sämmtliche Rechte und Obliegenheiten desselben.

§. 5.

Den Schriftführern liegt es ob, die Verhandlungsprotokolle zu führen, in welche alle zur Verhandlung gekommenen Anträge mit dem Namen der Antragsteller, die wörtliche Fassung der zur Abstimmung gebrachten Fragen, das Ergebniß der Abstimmungen und die gefaßten Beschlüsse aufgenommen werden müssen. Sie entwerfen alle in Folge der gefaßten Beschlüsse nöthigen Ausfertigungen, falls diese nicht einer besonderen Commission übertragen werden, und verzeichnen in der Reihenfolge die Namen derjenigen, die das Wort verlangen.

§. 6.

Die stenographischen Aufzeichnungen sind ungesäumt in Currentschrift zu übertragen und beim Präsidenten zur Durchsicht der Redner durch zwei Stunden nach der Verhandlung aufzulegen. Die stenographischen Protokolle sind in Druck zu legen und jedem Mitgliede in einem Exemplare auszufolgen.

§. 7.

Jede der durch freiwillige Einzeichnung gebildeten Abtheilungen wählt in einem einzigen Wahlacte aus seiner Mitte einen Vorsitzenden, einen Berichterstatter und einen Schriftführer mit absoluter Stimmenmehrheit. Bei Stimmengleichheit entscheidet das Loos.

Die Rechte und Obliegenheiten des Vorsitzenden und der Schriftführer sind analog jenen des Präsidenten und der Schriftführer der Plenarversammlung (§§. 3, 4, 5).

Hat eine Abtheilung ihre Berathung über einzelne Gegenstände geschlossen, so hat sie den Präsidenten der Plenarversammlung zu verständigen und ihre Anträge schriftlich durch den Berichterstatter zu fassen.

§. 8.

Bei allen Beschlüssen der Plenarversammlung und Abtheilungen entscheidet die absolute Stimmenmehrheit.

Jeder selbstständige Antrag, mit Ausnahme jenes auf Uebergang zur Tagesordnung, ist, vom Antragsteller unterzeichnet, schriftlich zu stellen und dem Präsidenten zu übergeben.

Der Präsident bestimmt die Reihenfolge der zur Berathung oder Abstimmung übergebenen Anträge.

Dem Antragsteller wird eine möglichst kurze Begründung gestattet und sodann vom Präsidenten die Unterstützungsfrage gestellt. Ein

Antrag, welcher nicht wenigstens von 10 Mitgliedern unterstützt ist, wird hinterlegt.

Der Antrag auf Uebergang zur Tagesordnung wird vor Allem zur Abstimmung gebracht.

§. 9.

Jedem Mitgliede steht es frei, an einem vom Präsidenten zu bestimmenden Tage des Juristentages mittelst schriftlichen Antrags Gegenstände zu bezeichnen, über welche in der nächstfolgenden Jahresversammlung Gesetzesentwürfe vorgelegt werden sollen. Die diesfälligen Anträge werden nach Ermessen des Präsidenten entweder den einschlägigen Abtheilungen oder einem mit relativer Stimmenmehrheit von der Plenarversammlung zu wählenden, aus fünf Mitgliedern bestehenden Comité zur Vorberathung mit der Weisung übergeben, in der nächsten Plenarsitzung Bericht zu erstatten, über welche angetragenen Gegenstände Gesetzentwürfe zu verfassen seien.

Hierüber entscheidet die Plenarversammlung und wählt mit relativer Stimmenmehrheit sodann aus ihrer Mitte ein aus fünf theoretisch und aus fünf praktisch gebildeten, verschiedenen deutschen Staaten angehörigen Juristen bestehendes Comité, welches zum nächsten Juristentag einen Gesetzentwurf vorzulegen hat. Werden mehrere Gesetzentwürfe beantragt, so wählt die Versammlung für jeden Gesetzentwurf ein besonderes Comité.

Jedes Comité hat zu dem Ende aus seiner Mitte einen Vorsitzenden, dem die Leitung der Berathungen, Bestimmung des Ortes der Zusammenkunft und Beschlußfassung obliegt, dann einen Berichterstatter, welcher die Ausarbeitung des Gesetzentwurfes sammt umfassender Begründung zu veranlassen hat, zu wählen. Der verfaßte Entwurf wird sodann vom Comité redigirt, der ständigen Deputation zur Drucklegung eingesandt und mindestens vier Wochen vor der nächsten Plenarversammlung an die Mitglieder vertheilt.

Das Comité beschließt durch absolute Stimmenmehrheit.

Der zur Plenarverhandlung so vorbereitete Entwurf wird zur Berathung auf die Tagesordnung des Juristentages gebracht und in pleno hierüber berathen.

Ist ein Gesetzentwurf von der Plenarversammlung angenommen worden, so ist über die Art und Weise, wie derselbe zur Kenntniß und Beachtung der betreffenden gesetzgebenden Staatsgewalten gebracht werden möge, Beschluß zu fassen und das Conclusum an die ständige Deputation zur Ausführung abzugeben.

§. 10.

Die Abstimmung findet in der Regel durch Aufstehen oder Sitzenbleiben statt.

Ist das Ergebniß zweifelhaft, so wird die Gegenprobe gemacht; giebt auch diese nach der Ansicht des Präsidenten kein sicheres Ergebniß, so wird von den Schriftführern die Zählung für und wider vorgenommen. Abstimmung durch Namensaufruf mit ja oder nein findet nur über Erkenntniß des Präsidenten statt.

Bei Stimmengleichheit wird die Frage als verneint angesehen; der Präsident stimmt niemals ab.

§. 11.

Die ständige Deputation bestimmt sich ihre Geschäftsordnung selbst im Einklange mit der für den Deutschen Juristentag angenommenen.

§. 12.

Wird von einem Mitgliede die Auskunft über das in einem Deutschen Lande geltende besondere Recht durch den Juristentag begehrt, so ist die Frage bei der ständigen Deputation einzureichen, welche sie sodann an den Schriftführer des betreffenden Landes zur Beantwortung übersendet. Derselbe hat die Anfragen entweder selbst zu beantworten, oder durch einen fachkundigen Juristen seines Landes beantworten zu lassen, in welcher Beziehung denn auch sämmtliche Mitglieder des Deutschen Juristentages die gegenseitige Verpflichtung übernehmen, über den Stand der Gesetzgebung und Praxis ihres Landes die entsprechende Auskunft zu ertheilen.

Die in der Regel binnen vier Wochen zu erstattende Antwort wird dem Anfragenden wieder durch die ständige Deputation zugemittelt.

Ungeeignete Anfragen, wozu auch solche von allzu umfassender Natur gehören, ist die ständige Deputation zurückzuweisen berechtigt.

Die Kosten der Anfrage und ihrer Beantwortung werden vom Anfragenden getragen und nöthigen Falls durch Postvorschuß eingezogen.

II.

Antrag des Herrn Assessors Dulheuer in Duisburg,

betreffend

die Organisation des Deutschen Juristentages.

Der Deutsche Juristentag wolle Folgendes beschließen:

Zur erfolgreichen Durchführung der im §. 6 der „Vorläufigen Ordnung für den Deutschen Juristentag" angeordneten Abtheilungsberathungen und zur Anbahnung eines einheitlichen Deutschen Rechts wird Folgendes bestimmt.

§. 1.

Jede der im §. 6 a. a. O. aufgeführten Abtheilungen zerfällt in eben so viele Unterabtheilungen, als Deutsche Länder auf dem Deutschen Juristentage vertreten sind.

§. 2.

Diejenigen Mitglieder des Deutschen Juristentages, welche bereit sind, in eine Abtheilung einzutreten, haben ihren vollständigen Namen, Character und Wohnort unter Angabe des Obergerichts-Departements in diejenige Columne einzutragen, welche für die betreffende Unterabtheilung bestimmt ist.

§. 3.

Die Unterabtheilungen wählen ihre Vorsitzenden, Schriftführer und Berichterstatter, welche ihren Vorstand bilden.

§. 4.

Die Hauptabtheilung wird definitiv gebildet und besteht aus den Vorstandsmitgliedern der betreffenden Unterabtheilungen.

§. 5.

Die Unterabtheilungen haben den Beruf, auf dem ihnen zugetheilten Rechtsgebiete nach einem von der Hauptabtheilung festgestellten und für sämmtliche Unterabtheilungen maaßgebenden Systeme ihr heimathliches Recht in Form eines Gesetzentwurfs in kurzer und präziser Fassung auszuarbeiten.

§. 6.

Die Abtheilungen haben den Beruf, auf dem betreffenden Rechtsgebiete die wichtigsten abweichenden Rechtsnormen der Deutschen Partikulargesetzgebungen in systematischer Ordnung nebeneinander darzustellen, zu diesem Zwecke die Arbeiten der Unterabtheilungen zu fördern und zu unterstützen und über die Resultate an die Plenarversammlung des Deutschen Juristentages gutachtlich zu berichten.

§. 7.

Die Vorsitzenden zweier oder mehrerer Unterabtheilungen sind befugt, die Vereinigung der von ihnen vertretenen Unterabtheilungen durch einstimmigen Beschluß anzuordnen. Die Geschäfte des Vorstandes werden alsdann bis zum nächsten Juristentage von denjenigen Mitgliedern wahrgenommen, welche bisher in der größten, vereinigten Unterabtheilung den Vorstand gebildet haben.

§. 8.

Im Laufe des Jahres hat der Vorsitzende einer jeden Haupt- und einer jeden Unterabtheilung durch seinen Schriftführer eine ordentliche Generalversammlung zu berufen. Eine zweite ordentliche Generalversammlung ist in gleicher Weise für jede Unterabtheilung am zweitletzten, für jede Hauptabtheilung am vorletzten Tage vor dem alljährlichen Juristentage anzuordnen.

Fernere außerordentliche Versammlungen kann der Vorsitzende auf den Wunsch der Majorität der Mitglieder anordnen.

§. 9.

Am letzten Tage vor dem alljährlichen Juristentage findet eine Versammlung der Abtheilungsdirigenten statt, welche der Vorsitzende des Juristentages beruft und leitet.

§. 10.

Jedes Vorstandsmitglied kann sich in Verhinderungsfällen durch ein selbstgewähltes Mitglied des Juristentages vertreten lassen.

§. 11.

Die Mitglieder der verschiedenen Versammlungen haben das Recht, andere Mitglieder des Juristentages in die Versammlung einzuführen, Fremde jedoch nur mit Zustimmung des Vorsitzenden.

§. 12.

Die Mitglieder der Abtheilungen und Unterabtheilungen sind in ihren Privatverhandlungen und Correspondenzen keinen Beschränkungen unterworfen. Sie sind jedoch verpflichtet, einem jeden Vorsitzenden auf besondere Anfrage Auskunft zu ertheilen, ohne zur Vorlegung von Originalien verpflichtet zu sein.

§. 13.

Andere Anfragen von Mitgliedern des Deutschen Juristentages außer den im §. 12 gedachten sind an die ständige Deputation zu richten, welche darüber zu befinden hat, ob und eventuell an welchen Vorsitzenden dieselben zur Erledigung abzugeben, sowie darüber, ob und in welcher Weise die desfallsigen Verhandlungen zu asserviren sind.

§. 14.

Den Schriftführern liegt ob, bei jeder Wahl und Neuwahl die Namen der Vorstandsmitglieder der ständigen Deputation anzuzeigen.

III.

Antrag des Herrn Ober-Tribunalsraths v. Sternenfels in Stuttgart,

betreffend die Erwählung der „Preuß. Gerichtszeitung" zum Organ des Deutschen Juristentages.

Die Fortbildung der so zeitgemäß angeregten Idee der einheitlichen Entwickelung unseres Rechts durch den Deutschen Juristentag macht ein gemeinsames Organ zur Besprechung dieser Interessen auch für die Zwischenzeit zum dringenden Bedürfniß.

Die bisher unter dem Titel „Preußische Gerichtszeitung" in Berlin bestehende Zeitschrift erscheint als das zweckmäßigste Organ für diesen Zweck.

Der Unterzeichnete stellt daher den Antrag:

Der Juristentag wolle beschließen:

1. daß die in Berlin erscheinende Zeitschrift „Preußische Gerichts-Zeitung" als gemeinschaftliches Organ für Besprechung der Zwecke und näheren Ausbildung des Deutschen Juristentages erklärt werde;
2. daß die ständige Deputation des Juristentages zur Ausführung dieses Beschlusses mit der Redaction der genannten Zeitschrift sich ins Einvernehmen setze, auch dahin wirke, das diese Zeitschrift sich als gleichzeitiges Organ für den Deutschen Juristentag ankündige.

IV.

Antrag des Herrn Ober-Tribunalsraths Meyer in Berlin.

Zur Begründung eines allgemeinen Deutschen Hypothekengesetzes ist eine Commission zu ernennen, welche zum nächsten Juristentage die Grundprincipien sowohl für das materielle als formale Hypotheken-Recht zu prüfen hat: insbesondere ob das Hypothekenbuch ein Grund- oder nur ein reines Hypothekenbuch sein solle, welche Grenzen der Publicität, Specialität und Legalitätsprüfung zu setzen, und welche einfache und sichernde Formen das Verfahren regeln sollen; ob namentlich Hypothèques au porteur ausgestellt werden dürfen; ob das obligatorische Verhältniß von dem hypothekarischen gänzlich zu scheiden; ob die Hypotheken-Buchführung bei den Gerichten stattfinden solle.

Das Material zu dieser Feststellung wird mit Ausschluß des Römischen und Französischen Rechtes auf Deutschem Boden zu suchen sein, also in Deutschem Recht, Deutscher Rechtswissenschaft und Praxis und den Bedürfnissen des Lebens. Hiernächst wird an einem ferneren Juristentage ein vollständiges Hypothekengesetz vorgelegt werden können.

V.

Antrag des Herrn Advocat-Anwalts, Justizrath König in Cleve.

Der Deutsche Juristentag wolle folgende Sätze erwägen und anerkennen:

1. Das dem Preußischen und anderen Germanischen Hypothekenrechten zum Grunde liegende Legalitätsprincip ist verwerflich.
2. Das Französische Recht huldigt diesem Princip nicht; hierin besteht ein Vorzug desselben, wiewohl es an sonstigen erheblichen Mängeln leidet.
3. Ausmerzen läßt sich in denjenigen Gesetzgebungen, wo das Legalitätsprincip gilt, dieses Princip ohne Revision des ganzen Civilrechts nicht; auch muß darüber, welches Hypothekensystem an die Stelle eines aufzuhebenden zu setzen, hauptsächlich die Erfahrung entscheiden.
4. Deshalb ist anzurathen, daß in denjenigen Landestheilen, wo das Legalitätsprincip gilt, vorläufig daran festgehalten, und in denjenigen Landestheilen, wo das Französische Hypothekensystem Geltung hat, auf der Basis des Antilegalitätsprincips die sonstige Reform des Hypothekengesetzes vorgenommen wird, damit demnächst und dereinst, wenn es sich von der Einführung eines einzigen Deutschen Civilgesetzbuchs handelt, die Zeit mehr berufen und reifer sei, über die Art der Beseitigung des Legalitätsprincips ein Urtheil zu fällen.

VI.

Anträge des Herrn Geheimen Raths, Prof. Dr. Mittermaier in Heidelberg.

Der Juristentag wolle beschließen:

1. daß durch eine von der Versammlung zu wählende Commission der nächsten Versammlung ein Gesetzes-Entwurf vorgelegt werde über:

   die Regelung des Verhältnisses der Polizeibehörden, des Staatsanwalts und Untersuchungsrichters in Bezug auf den Umfang der jedem dieser Beamten zustehenden Befugnisse in der strafrechtlichen Voruntersuchung;

2 daß durch eine Commission ein Gesetzes-Entwurf bearbeitet werde über:

   die Stellung der Ehefrau in Bezug auf Vornahme von Rechtsgeschäften, und über das eheliche Güterrecht.

Aus der Einsicht der Verhandlungen der Germanisten in Lübeck von 1847 S. 205 werden sich die Mitglieder des Juristentages überzeugen, daß die Lübecker Versammlung den oben bezeichneten Gegenstand für so wichtig hielt, daß sie eine aus 20 Mitgliedern bestehende Commission wählte, um den Gesetzes-Entwurf zu bearbeiten Der Juristentag wird durch Wiederaufnahme des Beschlusses würdig an seine Vorgängerin, die Lübecker Versammlung, sich anschließen.

VII.

Antrag des Herrn Professors Dr. Unger in Wien.

Der Juristentag wolle

1. aussprechen: es sei dringend wünschenswerth, daß im Anschluß an das Deutsche Wechsel- und Handelsrecht und zur Anbahnung eines gemeinsamen Deutschen Civilgesetzbuchs sofort die Abfassung eines allgemeinen Deutschen Gesetzes über Obligationenrecht unternommen werde; und
2. die ständige Deputation beauftragen, die deshalb erforderlichen Schritte bei den Deutschen Regierungen zu thun.

VIII.

Antrag des Herrn Advocaten und Notars Judeich in Dresden.

Für die Einheit des Rechtswesens in Deutschland ist seit Einführung der Allgemeinen Deutschen Wechselordnung nichts so wichtig gewesen als der Zusammentritt der Commission in Nürnberg, welche dem großen Gesammtvaterlande ein Handelsgesetzbuch geben soll. Eine Unterstützung dieser Commission, die mit Sachkenntniß und redlichster Bemühung sich ihrer schwierigen Aufgabe unterzogen, ist Sache jedes Deutschen Juristen. Der bereits ausgegebene Entwurf eines Allgemeinen Deutschen Handelsgesetzes enthält in Titel V. des dritten Buches die Bestimmungen über „das Frachtgeschäft", und hat die Nürnberger Commission in diesem Titel allen Bedürfnissen der Neuzeit nach dieser Richtung hin Rechnung getragen, so daß sowohl der Frachtführer (namentlich die Eisenbahnverwaltungen), als der Frachtgeber (namentlich die Handelswelt) die proponirten Bestimmungen als zweckentsprechende und segensreiche begrüßen können. Von Seiten der Deutschen Handelswelt und der Presse ist nun auch, wie der ganze Gesetzentwurf, so namentlich diese nothwendige Regelung des Frachtgeschäfts mit Dank und Freude aufgenommen worden. Da dieser Titel des Entwurfes jedoch hie und da in eine bisher gänzlich unbeschränkte Freiheit der Eisenbahnverwaltungen bei Anfertigung ihrer Betriebsreglements regelnd eingreift, so haben unterm 12. December 1859 diese Verwaltungen eine Denkschrift an die Deutschen Regierungen erlassen, welche bedeutende, zu Gunsten des Frachtführers vorzunehmende Abänderungen des Nürnberger Entwurfes erzielt, Abänderungen, durch welche sich die Handelswelt in ihren Interessen verletzt fühlt. In vielen Theilen Deutschlands hat sich in Folge dessen eine rege Opposition der Vertreter des Handelsstandes erhoben, und Gegenschriften sind den Regierungen mit der Bitte um Aufrechterhaltung des Nürnberger Entwurfes unterbreitet worden. Der Deutsche Handel, diese materielle Basis der intellectuellen Einheit, kann wohl erwarten, das der Deutsche Juristentag ebenfalls der sorgfältig prüfenden Nürnberger Commission ein Vertrauensvotum abgebe, und beantrage ich daher:

> daß der Erste Deutsche Juristentag den Männern der zu Nürnberg tagenden Deutschen Handelsgesetzgebungs-Commission ein Votum des Vertrauens, ein Votum des Dankes abgebe für Schaffung des in allen Theilen, auch im Titel „vom Frachtgeschäft" als segensreich aufrecht zu erhaltenden Entwurfes eines Allgemeinen Deutschen Handelsgesetzbuches, und mit kürzlicher Abfassung dieses schriftlichen Votums sein Präsidium beauftrage.

IX.

Antrag des Herrn Staatsanwalts a. D. Dr. Klauhold in Hamburg.

In Erwägung,

daß ein hauptsächlicher Grund der verschiedenartigen Ausbildung des Deutschen bürgerlichen Rechtes in älterer und neuerer Zeit in dem Mangel übereinstimmender Rechtsprechung durch einen obersten Gerichtshof zu finden ist; daß die aus der Verschiedenartigkeit der Rechtsentwickelung hervorgehenden Nachtheile einerseits in dem an keine politischen Grenzen gebundenen Verkehrsleben besonders drückend empfunden werden, andererseits auf dem Gebiete des Handelsrechts leichter als in anderen Zweigen des bürgerlichen Rechtes zu beseitigen sind,

spricht der Deutsche Juristentag seine Ueberzeugung dahin aus,

daß unabhängig von der Frage, ob ein gemeinsames Deutsches Handelsgesetzbuch zu Stande gebracht wird oder nicht, die Errichtung eines obersten Gerichtshofes zur Entscheidung von Handelsrechtsfragen eine nothwendige Voraussetzung zur ferneren gleichmäßigen Ausbildung des Deutschen Handelsrechts ist,

und empfiehlt als einen zur Erreichung dieses Zwecks beachtenswerthen Vorschlag, daß durch Auftrag sämmtlicher Deutschen Staaten das Ober-Appelationsgericht der vier freien Städte, unter Verstärkung dessen Personals auf allgemeine Kosten, als Gerichtshof zur Entscheidung von handelsrechtlichen Fragen in letzter Instanz, bestellt werde.

X.

Antrag des Herrn Privatdozenten Dr. v. Holtzendorff in Berlin.

Der Juristentag wolle die Deutschen Regierungen ersuchen:

In Verbindung oder im Zusammenhange mit den strafstatistischen Tabellen in regelmäßig wiederkehrenden Zeitschriften Berichte über den Zustand der Gefängnisse und die Resultate der Strafvollstreckung durch den Druck bekannt zu machen.

XI.

Antrag des Herrn Notars Dr. Uchatzy in Reichenberg.

Der Juristentag wolle beschließen:

Es sei das Rechtsinstitut der Friedensgerichte für die Rechtspflege der Deutschen Staaten in staatsbürgerlicher und politischer Beziehung von gemeinsamen Interesse, dessen Einführung auf eine mit den concreten Rechtsinstitutionen der einzelnen Staaten vereinbare Weise wünschenswerth, demnach ein Gesetzentwurf mit umfassendem Gutachten hierüber zu verfassen und hiebei insbesondere in principieller Richtung der Einfluß der Friedensgerichte im summarischen Prozeßverfahren und im Gebiete der freiwilligen Gerichtsbarkeit, dann ihre thunliche Vereinigung mit dem Notariatsinstitute, zur Geltung zu bringen.

XII.

Antrag des Herrn Kreisrichters Zenthöfer in Nicolai.

Der Juristentag wolle folgende Grundsätze in Betracht nehmen und dem Gesetzgeber zur Erwägung anempfehlen:

1. Jedem ordentlichen Civil-Prozesse, der nicht schleuniger Natur ist und nicht mit einem unbedingten Mandate anhebt, geht ein Mandats-, und auf Antrag des Verklagten ein Sühne-Verfahren voraus.
2. Das Mandat wird auf Antrag des Klägers vom Richter in duplo gegen sofortige Erlegung der Gebühren ertheilt. Kläger hat diesen Antrag in Person oder durch einen geeigneten Vertreter unter Vortrag des Sachverhalts mündlich zu nehmen.
3. Der Richter verweigert, falls er den Anspruch für unbegründet erachten sollte, das Mandat und ertheilt hierüber auf Erfordern dem Kläger kostenfreie Bescheinigung.
4. Die Insinuation des Mandats an den Verklagten besorgt auf mündlichen Antrag des Klägers ein Gerichtsbote oder das Ortsgericht. Sie wird vom Insinuanten auf beiden Mandats-Exemplaren bescheinigt. Kläger läßt sich das eine Exemplar gegen Zahlung der zu quittirenden Insinuations-Gebühren zurückgeben.
5. Der Verklagte kann innerhalb einer zu bestimmenden Frist Widerspruch oder Antrag auf einen Sühnetermin bei dem

Richter, in Person oder durch einen geeigneten Stellvertreter, mündlich erheben. Dieser Antrag schließt den Widerspruch in sich.

6. Das Mandat muß enthalten:
   a) genaue Bezeichnung der Partheien, des Klagefundaments und des Umfanges der Forderung,
   b) den Befehl, innerhalb einer zu bestimmenden Frist entweder den Kläger klaglos zu stellen oder Widerspruch resp. Antrag auf einen Sühnetermin zu erheben,
   c) die Warnung, daß bei ungenütztem Ablaufe der Frist das Mandat auf Antrag des Klägers werde für vollzugsfähig erklärt werden.
7. Wird Widerspruch erhoben oder Sühnetermin beantragt, so ertheilt der Richter auf dem ihm vorzulegenden Mandate dem Verklagten kostenfreie Bescheinigung hierüber, die für den letzteren Fall zugleich den Tag zur Sühne bezeichnet. Verklagter giebt dem Kläger unter Mittheilung des Mandats von diesem Termine Nachricht.
8. Gelingt die Sühne, so nimmt der Richter ein von den Partheien zu unterzeichnendes und von ihm aufzubewahrendes Protokoll auf, welches die Natur eines vollzugsfähigen Erkenntnisses hat und Bestimmungen über den Kostenpunct enthält. Partheien können hiervon sofort Ausfertigung gegen Zahlung der Kosten verlangen.

   Gelingt die Sühne nicht oder kann sie wegen Ausbleibens des Klägers nicht vorgenommen werden, so steht dem erschienenen Verklagten frei, den Widerspruch aufrecht zu erhalten. Macht Verklagter hiervon keinen Gebrauch oder ist derselbe ausgeblieben, so gilt der Widerspruch als weggefallen.
9. Kläger kann nach ungenütztem Ablauf der Widerspruchsfrist das Mandat auf Höhe der erhobenen Forderung und der gezahlten Kosten für vollzugsfähig erklären lassen, zu welchem Ende er sein Mandats-Exemplar dem Richter vorzulegen hat.
10. Für den Fall des Widerspruchs hat Kläger eine förmliche Klage einzubringen und zwecks Zulassung derselben das Mandat mit

der Bescheinigung des Widerspruchs beizulegen. Falls das Mandat abgeschlagen worden, genügt zur Zulassung der Klage die Beibringung der hierüber erlangten Bescheinigung.

11. Der Richter hält zur Ertheilung von Mandaten und Bescheinigungen an bestimmten Tagen unter Zuziehung eines Gerichtsschreibers öffentliche Sitzungen.

12. Der Richter führt eine umfassende Liste, aus welcher die jedesmalige Lage des Mandatsverfahrens, so weit dieses ihn angeht und der deservirte resp. erlegte Kostenbetrag ersichtlich ist.

Motive.

Der bedingte Mandats-Prozeß verdient verallgemeinert zu werden. Ein großer Theil der durch Ungehorsamserkenntniß, Anerkennungsbescheid und Vergleich beendeten Prozesse würde bei der Anwendung des vorgeschlagenen Mandats-Verfahrens förmliche Klagen gar nicht erforderlich gemacht haben.

Es erscheint zweckmäßig, das Institut der Schiedsmänner zu beseitigen. Die vielgerühmte segensreiche Wirkung desselben stellt sich bei genauerer Untersuchung als sehr zweifelhaft heraus.

Ein Vergleichsverfahren kann nicht gut entbehrt werden, dasselbe ist geeignet viele Prozesse im Entstehen zu ersticken. Der beste Vergleichsmann ist der Richter. Derselbe besitzt diejenigen Rechtskenntnisse, welche, um sachgemäße Vergleichsvorschläge machen zu können, unentbehrlich sind und dem Schiedsmanne in der Regel abgehen. Der Impuls zu dem Vergleichsversuche muß von dem Verklagten ausgehen; es hängt doch meistentheils lediglich von dessen Willen das Zustandekommen eines Vergleichs ab.

Das ganze in Vorschlag gebrachte Verfahren ist auf das Minimum der Förmlichkeiten und des Schreibwerks zu reduciren. Zwecklose Formen verursachen nur unnütze Arbeiten und Lasten.

Die Partheien müssen dem Richter gegenüber so frei als möglich dastehen und die Leitung des Prozesses in Händen behalten. Die Thätigkeit des Richters ist nur da gerechtfertigt, wo seine Autorität unumgänglich angerufen werden muß, oder wo es sich um Constatirungen handelt, welche weitere entscheidende Schritte bedingen. Erweitert der Staat den Kreis der richterlichen Functionen, so nimmt er damit die Staatsangehörigen ungerechtfertigter Weise unter seine Vormundschaft und compromittirt hierbei sehr oft seine Würde.

Ein Protokolliren der Ertheilung von Mandaten und Bescheinigungen ist nicht erforderlich, vielmehr kommt es nur darauf an, die Wirksamkeit des Richters zu constatiren, und nebenbei die deservirten und eingegangenen Kosten zu controliren; hiezu genügt aber die Führung einer mit den sich als nothwendig ergebenden Spalten angelegten Liste.

Zuweit ausgedehnte Bevormundung und Vielschreiberei erweckt Mißtrauen im Publico und hat in jeder Beziehung mehr Schaden als Nutzen zur Folge.

Bei dem proponirten mündlichen Verkehr des Publicums mit dem Richter wäre für Winkelconsulenten gar kein Feld übrig. Unzulässige Klagen würden auf Vorstellung des Richters meistens unterbleiben. Derartige Wirkungen sind nicht hoch genug anzuschlagen.

Die Einführung des fraglichen Verfahrens erfordert keine totale Reorganisation der Gerichte und könnte schon jetzt versuchsweise ins Leben gerufen werden.

Dieses Verfahren erscheint erst recht nothwendig, wenn die Partheien gezwungen werden sollten, sich während des ordentlichen Prozesses durch Rechtsanwälte vertreten zu lassen.

XIII.

Anträge des Herrn Rechtsanwalts, Kreis-Justizrath a. D. Dr. Straß in Berlin.

---

1. Der Deutsche Juristentag wolle eine Commission von 6 bis 8 Mitgliedern erwählen, um den Entwurf zu einem Allgemeinen Deutschen Prozeßgesetz, verbunden mit eine Executions-Ordnung, auszuarbeiten.

2. Der Deutsche Juristentag wolle eine Commission niedersetzen mit dem Auftrage, einen Entwurf zu einer Allgemeinen Deutschen Advocaten-Ordnung auszuarbeiten.

In den Eingangsworten zu dem Antrage ad 2 wird kurz darauf hingewiesen, daß auf dem Gebiete der Anwaltschaft am leichtesten eine Uebereinstimmung in ganz Deutschland zu erzielen sein dürfte.

XIV.

Antrag des Herrn Rechtsanwalts und Notars Krieger in Goldap.

Der Deutsche Juristentag wolle

die Frage über die Nothwendigkeit einer allgemeinen Deutschen Notariats-Ordnung

in Berathung nehmen und für den Fall, daß das Bedürfniß anerkannt wird, sich über Vorschläge zur Befriedigung desselben verständigen.

Wenn in dem Antrage Nr. 4. Deutscher Jur.-Tag 1860. mit Recht Klage geführt wird, daß in dem Preußischen Strafgesetzbuche das Französische unser Deutsches Recht verdrängt habe, und in erster Reihe verlangt wird, daß das Deutsche Recht wieder zur vollen Geltung gebracht werde, so erscheint bei vorliegendem Antrage, welcher allerdings von untergeordnetem Werthe sein mag, das Gegentheil wünschenswerth und das Verlangen gerechtfertigt: daß Deutschland die practischen Einrichtungen der romanischen Staaten, namentlich Frankreichs in Betreff der Ausfertigung öffentlicher Urkunden überall sich zu eigen mache.

Es ist zweckmäßig und nothwendig:

1. daß sämmtliche öffentliche Urkunden, sowohl die zur Beglaubigung, als auch die zur Begründung der Rechts-

geschäfte dienenden, von dazu bestellten Notaren ausgefertigt;

2 daß Notarien-Kammern errichtet;

3. daß das Notariat von der Advocatur getrennt;

4. daß den Gerichten die „freiwillige Gerichtsbarkeit" abgenommen;

und 5. daß für ganz Deutschland Eine allgemeine Deutsche Notariats-Ordnung erlassen werde.

XV.

Antrag des Herrn Advocaten Dr. Mayersohn in Aschaffenburg.

Auch der Juristentag wolle seine Ueberzeugung aussprechen und zur Kenntniß der sämmtlichen Regierungen der Deutschen Bundesstaaten bringen:

> daß ein allgemeines Gesetz über den Vollzug der rechtskräftigen civilrechtlichen Erkenntnisse als ein sehr dringendes Bedürfniß für alle Deutschen Bundesstaaten erkannt werde.

In den Motiven führt der Antragsteller aus, es sei die Aufgabe des Ersten Deutschen Juristentages, in der Richtung nach seinem Hauptzwecke, der Anbahnung einer Rechtseinheit in unserm Deutschen Vaterlande, vor Allem das Erreichbare so schnell als möglich zu erstreben; insbesondere sei er berufen, ohne Verzug Alles aufzubieten, um wenigstens die Entfernung derjenigen Uebel in der Rechtspflege der einzelnen Staaten zu erwirken, welche besonders schädlich und nur geeignet seien, den Deutschen auch bei Verfolgung seiner wohlerworbenen Rechte jeden Augenblick das Bild der Zerrissenheit seines Vaterlandes vor die Augen zu führen. Wenn auch der Angehörige eines größeren Bundesstaates die Wichtigkeit und das Bedürfniß eines Gesetzes, das den Vollzug rechtskräftiger Urtheile in allen Deutschen Bundesstaaten sichre, vielleicht nicht ganz erkenne, empfinde doch der Angehörige eines Deutschen Bundesstaates, der, wie der Antragsteller, mit den Bewohnern von sieben anderen in fast täglichem unmittelbaren Verkehr stehe, schwer den nachtheiligen Einfluß, welchen der Mangel eines solchen Gesetzes auf Handel, Industrie und selbst die Moral des Volkes ausübe. — Eine allgemeine Deutsche Civilgesetzgebung halte er für möglich; vor der Vollendung eines solchen Riesenwerks müsse aber dasjenige in Angriff genommen werden, was sofort zu erreichen sei. Sein Antrag sei dringlich, und bei seiner Beschränkung auf civilrechtliche Urtheile, sofort ausführbar. Von der Gleichmäßigkeit der Vollstreckung, die ebenfalls wünschenswerth, könne vorläufig noch abgesehen werden, weil die Bearbeitung des betreffenden Gesetzentwurfes bei der Fülle des vorhandenen Materials einen zu bedeutenden Aufwand an Zeit erfordern würde.

Das Herzogthum Nassau sei übrigens bereits durch ein Gesetz vom 16. Juli 1851 mit gutem Beispiele vorangegangen. Der §. 1 desselben spreche aus:

> Jedes in einem zum Deutschen Bunde gehörenden Staate erlassene und in demselben vollstreckbare richterliche Urtheil ist auf Anrufen des obsiegenden Theiles zu vollziehen.

Die andern Deutschen Staaten seien diesem Beispiele indeß nicht gefolgt, und so habe die Herzoglich Nassauische Regierung sich genöthigt gesehen, durch Verordnung vom 27. April 1859 festzusetzen,

> daß der Vollzug ausländischer Urtheile von dem Nachweise abhänge, daß der auswärtige Staat die Urtheile der Nassauischen Gerichte ebenfalls vollziehe.

Auch die Nürnberger Handelsrechts-Commission habe sich mit dem Gegenstande beschäftigt; bisher ohne definitives Resultat.

Die Erörterung desselben durch den Juristentag sei einerseits dem Publikum gegenüber wünschenswerth, welches practische Resultate von den bevorstehenden Berathungen erwarte, und andererseits würde das Urtheil des Juristentages immer ein Hebel mehr sein, die Erledigung der obschwebenden Frage ihrem Ziele näher zu bringen.

XVI.

Antrag des Herrn Gerichts-Assessors Sutro in Münster.

Der Deutsche Juristentag wolle erklären, daß eine in ganz Deutschland geltende, allgemeine Eides-Norm mit den Eingangsworten:

„Ich schwöre bei Gott, dem Allmächtigen und Allwissenden",

und mit den Schlußworten:

„So wahr mir Gott helfe! Amen!"

wünschenswerth sei.

Motive.

Die Verschiedenheit der Eidesformel in den einzelnen Deutschen Staaten, selbst Staatstheilen, und je nach den verschiedenen Glaubensbekenntnissen. In einigen Deutschen Staaten lautet die Eides-Norm schon so, wie beantragt. — Diese Formel ist ausreichend. Sie thut der Heiligkeit des Eides keinen Abbruch, zumal der Act der Eidesleistung selbst mit der entsprechenden Würde und Feierlichkeit zu umgeben ist.

Endlich ist die angestrebte Einheit und Gleichmäßigkeit auf einzelnen Gebieten und bei einzelnen Fragen leichter und schneller herzustellen, als im Großen und Ganzen. — Die Einheit im Einzelnen führt zur Einheit im Ganzen.

XVII.

Antrag des Herrn Advocatur-Candidaten Dr. Costa in Laibach.

Der Erste Deutsche Juristentag wolle folgende Sätze zum Beschluß erheben:

1. Die Nothwendigkeit der Errichtung eigener Lehrkanzeln an den Deutschen Hochschulen für vergleichende Rechtsgeschichte, Gesetzgebungswissenschaft und Justizpolitik wird anerkannt und den Regierungen zur möglichsten Beachtung empfohlen.
2. Es wird in Erwägung gezogen, durch welche directen Mittel (etwa Aussetzung eines entsprechenden Preises) die Abfassung eines den wissenschaftlichen und practischen Zwecken entsprechenden Handbuchs der „Justizpolitik" gefördert werden könnte.
3. Es wird als höchst zweckentsprechend und nothwendig anerkannt, größere und wichtigere Gesetze, deren Beendigung einen Aufschub zuläßt, durch Veröffentlichung des Entwurfes im Druck der allgemeinen freien Beurtheilung anheimzugeben.

Der Antragsteller motivirt die Puncte ad 1 und 2 durch den Hinweis auf die Wichtigkeit der theoretischen Vorbildung für die, in der Neuzeit meist von parlamentarischen Versammlungen und anderen Associationen ausgeübte, legislative Thätigkeit. Für eine solche theoretische

Vorbildung, die hauptsächlich in dem Studium der vergleichenden Weltgeschichte bestehen und gleichzeitig die eigentliche Technik der Gesetzesabfassung in ihren Kreis ziehen müsse, sei auf den Deutschen (und besonders den Oesterreichischen) Universitäten nicht gesorgt, denn weder Gesetzgebungswissenschaft, noch Gesetzgebungspolitik hätten dort eine selbstständige Vertretung.

Zur Begründung des Antrages ad 3 bezieht er sich auf die Ausführung Mohl's in Bluntschli's Staatswörterbuch Bd. IV. S. 284. und bemerkt, daß die von der Theorie längst anerkannte Richtigkeit des Satzes in der Praxis mehrfach (und namentlich in Oesterreich) noch nicht die genügende Beachtung gefunden habe.

XVIII.

Antrag des Herrn Professors Dr. Aegidi in Hamburg.

In Wetzlar besteht der Rest eines Deutschen Reichs-Archivs. Soweit Preußen dasselbe retten konnte, hat es — Dank der Fürsorge Seiner Majestät des Königs — diese Pflicht der Pietät gegenüber der Nation erfüllt.

Es ist dort ein Material aufgehäuft von unschätzbarem Werth, sowohl für die Rechtswissenschaft als auch für die juristische Praxis. Aber bis auf die wenigen Mittheilungen von Wigand ist der reiche Inhalt noch gänzlich unbekannt.

Indessen es handelt sich hier nicht um eine Anregung, diese Schätze zu heben — der Bestand des Archives ist in Frage gestellt. Verbürgter Nachricht zufolge ist die Vertheilung seiner Reichthümer in die Provinzial-Archive beabsichtigt.

Wie hart der Schlag für Wissenschaft und Praxis sein würde, läßt sich nur ahnen; daß der Verlust dieses wahren Reichs-Archivs ein großer wäre, ist unzweifelhaft.

Demgemäß erlaube ich mir den Antrag zu stellen:

„Der Erste Deutsche Juristentag wolle sich für die Erhaltung des reichskammergerichtlichen Archivs zu Wetzlar in seiner gegenwärtigen Einheit erklären und dieselbe der Fürsorge der hohen Staatsregierung dringend empfehlen."

Verzeichniß
der
Mitglieder des Deutschen Juristentages.

Angefertigt am 6. September 1860.

Nr	Name.	Stand.	Wohnort.
1	Aarons	Advokat	Schwerin.
2	Dr. Adami	Obergerichtsanwalt	Bremen.
3	Dr Aegidi	Professor	Hamburg.
4	Ahlemann	Rechtsanwalt	Samter.
5	Albrecht	Obergerichtsanwalt	Hannover.
6	Albrecht	Appellationsrath	Hildburghausen.
7	Albrecht	Kreisrichter	Lauenburg i. P
8	Alschefski	Rechtsanwalt	Magdeburg.
9	Dr André	Obergerichtsanwalt	Osnabrück (Hannover)
10	Dr. Anschütz	Professor	Greifswald.
11	Anschütz	Advokat	Leipzig.
12	Anz	Kreisgerichtsrath	Tilsit.
13	Arends	Gerichts-Assessor	Berlin, Ritterstr. 20.
14	Arndts	Staatsanwalt	Mohrungen.
15	Arnold	Kammergerichts-Auscultator	Cöpenick
16	Dr Aronheim	Obergerichts-Advokat	Braunschweig.
17	Aschenborn	Rechtsanwalt	Arnswalde
18	Assig	Gerichts-Assessor	Ohlau (Schlesien).

Nr.	Name	Stand	Wohnort
19	Dr Joseph Bach	Hof- und Gerichts-Advokat	Wien.
20	Bacher	Rechtsconsulent	Stuttgart.
21	Bader	Kreisgerichtsrath	Heiligenstadt
22	Baehr	Obergerichtsrath	Cassel
23	Bahr	Bürgermeister, Advokat	Fürstenberg (Mecklenbg)
24	Balan	Stadt- und Kreisgerichtsrath	Magdeburg.
25	Ballhorn	Ober-Tribunalsrath	Berlin, Charlottenstr 86
26	Balthasar	Gerichts-Assessor	Greifswald.
27	Bartolomäus	Kreisrichter	Jacobshagen i. P.
28	v. Bastian	Kanzlei-Vice-Direktor a. D.	Altona.
29	Dr Bauer	Hof- und Gerichts-Advokat	Wien
30	Bauermeister	Advokat	Grabow
31	Bauermeister	Obergerichtsanwalt	Hannover.
32	Dr Baumeister	Obergerichtsrath	Hamburg.
33	Bäumer	Bezirksgerichtsrath	Hof (Bayern).
34	Becher	Justizrath, Rechtsanwalt	Berlin, Commandantenstraße 84.
35	Becker	Ober-Appellationsrath	Oldenburg.
36	Behrend	Gerichts-Assessor	Berlin, Ritterstr. 45.
37	Berendt	Kreisrichter	Elbing.
38	Dr. Berger	Hof- und Gerichts-Advokat	Wien, Stadt 427.
39	Bergmann	Kreisrichter	Oranienburg.
40	Bergmann	Kammergerichts-Referendar	Berlin, Lindenstr. 101.
41	Berndt	Kammergerichtsrath	Berlin, Neuenburgerstraße 31.
42	Dr. Berner	Professor	Berlin, Anhaltische Communication 13.
43	Berner	Justizrath, Rechtsanwalt	Mohrungen.
44	Beschorner	Finanz-Prokurator	Dresden.
45	Dr. Beseler	Geh. Justizrath u. Professor	Berlin, Kochstr 18
46	Bidzowski	Auditeur im 2. Husaren-Regiment	Welz (Ober-Oesterreich).
47	Bierwirth	Obergerichts-Assessor	Lüneburg.
48	Billerbeck	Justizrath, Rechtsanwalt	Anclam
49	Binseel	Kammergerichts-Auscultator	Berlin, Askanischer Pl. 2

Nr.	Name.	Stand.	Wohnort.
50	Black	Staatsanwalt	Creutzburg.
51	Block	Rechtsanwalt	Burg.
52	Dr. Bluntschli	Professor	München.
53	Bock	Gerichts-Direktor a. D.	Hagen.
54	Bock	Kreisrichter	Pasewalk
55	Bode	Kreisrichter	Braunschweig.
56	Boele	Justizrath, Rechtsanwalt	Münster.
57	Bodstein	Kreisrichter	Habelschwerdt.
58	Dr. Bolze	Advokat	Bernburg.
59	Bopp	Gerichts-Assessor	Berlin, Behrenstr. 65.
60	Borchardt	Stadtgerichtsrath	Berlin, Französ. Str. 32.
61	Borchers	Ober-Appellationsgerichts-Anwalt	Celle (Hannover).
62	Dr. Bornemann	Zweiter Präsident des Ober-Tribunals	Berlin, Potsdamerstraße 125/6.
63	Bothe	Rechtsanwalt	Trzemeszno.
64	Böck	Justizrath, Rechtsanwalt	Berlin, Bernburgerst. 15.
65	Böhmer	Kreisgerichtsrath	Stettin, Paradepl. 21.
66	Brachvogel	Justizrath, Rechtsanwalt	Bromberg.
67	Brachvogel	Justizrath, Rechtsanwalt	Wollenstein.
68	Brachvogel	Rechtsanwalt	Berlin, Neue Friedrichstraße 37.
69	Brauer	Hofgerichtsrath	Bruchsal
70	Brebeck	Rechtsanwalt	Lötzen.
71	Bremer	Ober-Appellationsgerichts-Sekretair	Lübeck.
72	Breymann	Obergerichtspräsident	Wolfenbüttel.
73	Dr. Brix	geprüft. Advokatur-Candidat	Wien, Stadt 641.
74	Brockhoff	Kammergerichts-Auskultator	Berlin, Prenzlauerstr. 39.
75	Bromme	Rechtsanwalt	Naumburg a. S.
76	Dr. Brüel	Obergerichtsrath	Verden (Hannover).
77	Buddee	Kammergerichtsrath	Berlin, Ritterstr. 36.
78	Buddee	Gerichts-Assessor	Berlin, Ritterstr. 36.
79	Burchard	Kreisrichter	Spandau.
80	Burchardt	Justizrath, Rechtsanwalt	Berlin, Brüderstr. 7.

Nr.	Name.	Stand.	Wohnort.
81	Dr. Burmeister	Advokat	Plön (Holstein).
82	v. Busse	Kreisrichter	Neiße.
83	Bussenius	Rechtsanwalt am Ob.-Trib.	Berlin, Oranienstr. 107.
84	Buttel	Advokat	Neu-Strelitz (Mecklenburg).
85	Buttmann	Kammergerichts-Referendar	Berlin, Oranienstr. 101 u. 102.
86	Büchtemann	Kammergerichts-Auscultator	Berlin, Kochstr. 73.
87	Dr. Caesar	Obergerichtsrath	Detmold.
88	Calm	Rechtsanwalt	Bernburg.
89	Casper	Justizrath, Rechtsanwalt	Berlin, Markgrafenst. 44.
90	Chomse	Kreisrichter	Culm.
91	Dr. Cizek	Advokatur-Concipient	Prag.
92	Dr. Cnytim	General-Postdirektions-Sekretair	Frankfurt a. M.
93	Cohn	Advokat	Neu-Strelitz.
94	Dr. Costa	geprüft. Advokatur-Candidat	Laibach (Oesterreich).
95	Dr. Czyhlarz	Advokatur-Concipient und Dozent an der Universität	Prag.
96	Danner	Justizrath	Mühlhausen.
97	v. Dazür	Rechtsanwalt	Ostrowo.
98	Decker	Ober-Tribunalsrath	Berlin, Bernburgerst. 30.
99	Dr. Dedekind	Obergerichtsanwalt	Wolfenbüttel.
100	Deegen	Gerichts-Assessor	Berlin, Louisenstr. 34.
101	Delbrück	Advokat	Cöln.
102	Dr. Demel	Landes-Advokat	Teschen (Oesterreich).
103	Detmann	Stadtgerichtsrath	Berlin, Augustſtr. 68.
104	v. Dewitz	Justizrath, Rechtsanwalt	Stettin.
105	Diehl	Hofgerichtsrath	Dillenburg (Nassau).
106	Dietmar	Kreisgerichtsrath	Bernau.
107	Dr. Dietrich	Advokat	Proppau.
108	Dr. Dietzel	Professor	Leipzig.
109	Dobert	Gerichts-Assessor	Berlin, U. d. Linden 34.
110	Dr. Doktor	Finanz-Prokurator für Böhmen	Prag.

Nr.	Name.	Stand.	Wohnort.
111	Dorn	Justizrath, Rechtsanwalt am Ober-Tribunal	Berlin, Besselstr. 21.
112	Dr. Dove	Privat-Dozent	Berlin, Burgstr. 19.
113	Dönniges	Justizrath, Rechtsanwalt	Posen.
114	Dr. Drechsler	Bürgermeister	Parchim, (Mecklenburg-Schwerin).
115	v. Dresler	Kreisgerichtsrath	Greetz.
116	Dr. Drewke	Kammergerichts-Referendar	Berlin.
117	Dr. Droop	Amtsrichter	Leer.
118	Dr. Dugge	Advokat	Rostock.
119	Dulheuer	Gerichts-Assessor	Duisburg.
120	Dr. Eberty	Kreisgerichtsrath	Wittenberg.
121	v. Eckenbrecher	Kreisgerichts-Direktor	Bergen auf Rügen.
122	Ehlers	Advokat	Rostock.
123	Eichler	Kammergerichts-Referendar	Berlin, Dessauerstr. 40.
124	Elbers	Rechtsanwalt	Hagen.
125	Elbers	Gerichts-Assessor	Berlin, Wilhelmspl. 4.
126	v. Enckevort	Appellationsgerichtsrath	Stettin.
127	Engelhardt	Justizrath, Rechtsanwalt	Posen.
128	Engels	Kreisrichter	Alt-Landsberg.
129	Enzian	Gerichts-Assessor	Sonnenburg (Meining.).
130	Epstein	Gerichts-Assessor	Berlin, Grenadierstr. 34.
131	Euler	Notar	Düsseldorf
132	Faber	Ober-Tribunals- u. vortrag. Rath im Justiz-Minister.	Stuttgart.
133	Fiebiger	Rechtsanwalt	Halle a. S.
134	Dr. Filehne	Kreisrichter	Ratibor.
135	Dr. Fischel	Gerichts-Assessor	Berlin, U. d. Linden 49.
136	Dr. Fischer	Landes-Advokat, Präsid. der Advok.-Kammer Böhmens	Prag.
137	Fischer	Justizrath, Rechtsanwalt	Breslau.
138	Dr. Fischer	Kreisgerichtsrath	Schweidnitz.
139	Dr. Fischer sen.	Advokat	Dresden.
140	Fischer	Rechtsanwalt	Magdeburg.
141	Dr. Fischer	Kammergerichts-Referendar	Berlin, Melchiorstr. 30.

Nr.	Name.	Stand.	Wohnort.
142	Dr. Flach	Präsident des Hof- und Appellationsgerichts	Wiesbaden.
143	Fleischauer	Appellationsgerichtsrath	Magdeburg.
144	Flittner	Stadtgerichtsrath	Berlin, Lindenstr. 23.
145	Flottwell	Regierungsrath	Potsdam.
146	Dr. Flögel	Advokat	Jungbunzlau (Böhmen).
147	Forkel	Justizrath, Rechtsanwalt	Coburg.
148	Förster	Advokat	Pirna.
149	Francke	Obergerichts-Vicedirektor	Lüneburg.
150	Francke	Advokat	Dresden.
151	Franken	Advokat	Crefeld.
152	Franz	Justizrath, Rechtsanwalt	Naumburg a. S.
153	Fränkel	Advokatanwalt	Elberfeld.
154	Frech	Staatsanwalt	Berlin, Hirschelstr. 27a.
155	Fretzdorff	Justizrath, Rechtsanwalt	Berlin, Kochstr. 37.
156	Freund	Kreisgerichtsrath	Halle a. S.
157	v. Freydorf	Ministerialrath	Carlsruhe.
158	Friccius	Justizrath, Rechtsanwalt	Berlin, Seegershof 8.
159	Dr. Friedberg	Geh. Ober-Justizrath, vortr. Rath im Justiz-Minister.	Berlin, Hafenplatz 2.
160	Dr. Friedenthal	Landrath	Berlin, Müllerstr. 185.
161	Dr. Friederici	Obergerichtsadvokat	Leipzig.
162	Friedländer	Geh. Ober-Justizrath	Berlin.
163	Friedländer	Kreisrichter	Wittenberge.
164	Gareis	Staatsanwalt	Pirna.
165	v. Garnier	Rechtsanwalt	Beuthen (Ob.-Schlesien).
166	Gärtner	Obergerichtsrath	Wolfenbüttel.
167	Gebhardi	Gerichts-Assessor	Berlin, Louisenstr. 21.
168	Geck	Kreisrichter	Werden a. R.
169	Dr. Gehbler	Kreisrichter	Filehne.
170	Dr. v. Geldern	Wirklicher Geheimer Rath	Gera.
171	Gelineck	Justizrath, Rechtsanwalt	Breslau, Gartenstr. 32b.
172	Dr. Georgi	Advokat	Leipzig.
173	Dr. v. Gerber	Kanzler und Professor	Tübingen.
174	v. Gerhard	Syndikus	Königsberg i. P.

Nr.	Name.	Stand.	Wohnort.
175	Gerhard	Advokat	Leipzig.
176	Dr. Gerhard	Staatsanwalts-Gehülfe	Labiau O.-S.
177	Gerlach	Ober-Staatsanwalt	Marienwerder.
178	Gesenius	Stadtrichter	Berlin, Potsdamerstr. 38.
179	Dr. Geßler	Professor	Tübingen.
180	Dr. Getz	Advokat	Frankfurt a. M.
181	Giehlow	Staatsanwalt	Danzig.
182	Gierse	Rechtsanwalt	Münster.
183	Giesinger	Kreisrichter	Wollenstein.
184	Dr. Glaser	Professor	Wien.
185	Glasewald	Kreisrichter	Naumburg a. S.
186	Glasser	Advokat	Roda (Altenburg).
187	Dr. Gneist	Professor	Berlin, Mohrenstr. 6.
188	Goedecke	Justizrath, Rechtsanwalt	Halle a. S.
189	Goltdammer	Ober-Tribunalsrath	Berlin, Askanischer Pl. 4.
190	Gotthardt	Obergerichtsadvokat	Braunschweig.
191	Gottschalk	Kreisrichter	Bielefeld.
192	Göpel	Staatsanwalt	Weida in Weimar.
193	Dr. Görner	Advokat	Budweis (Böhmen).
194	Götting	Obergerichtsanwalt	Hildesheim.
195	Graßhof	Kreisgerichtsrath	Halberstadt.
196	v. Grävenitz	Staatsanwalt	Danzig.
197	Grisebach	Obergerichtsrath	Hameln an der Weser (Hannover).
198	Groddeck	Rechtsanwalt	Schwetz.
199	Grolp	Rechtsanwalt	Neustadt i. Westpreußen.
200	Gropius	Ober-Staatsanwalt	Naumburg a. S.
201	Groschuff	Kammergerichts-Auscultator	Berlin, Molkenmarkt 6.
202	Freiherr v. Groß	Ober-Staatsanwalt	Eisenach.
203	Gubitz	Notar	Berlin, Heiligegeiststr. 13.
204	Guradze	Gerichts-Assessor	Berlin, Kommandantenstraße 85.
205	Haack	Rechtsanwalt	Glogau.
206	Haagen	Staatsanwalt	Berlin, Alexandrinenstraße 37.

Nr.	Name.	Stand.	Wohnort.
207	Haase	Advokat	Haynichen (Sachsen).
208	Haase	Rechtsanwalt	Zehdenick.
209	Hachtmann	Appellationsgerichtsrath	Naumburg a. S.
210	Haeckel	Kreisrichter	Freienwalde a. O.
211	Haenisch	Rechtsanwalt	Colberg.
212	Haertel	Rechtsanwalt	Berlin, Königsstr. 28.
213	Hahn	Advokat	Neubrandenburg.
214	Hallbauer	Finanz-Prokurator	Meißen (Sachsen).
215	Hammerfeld	Rechtsanwalt	Berlin, Burgstr. 29.
216	Hanff	Justizrath, Rechtsanwalt	Frankfurt a. O.
217	Dr. Hanisch	Advokatur-Candidat	Wien, Alsergrund, Widtenburggasse 22.
218	v. Harleßem	Obergerichtsanwalt	Hannover.
219	v. Hartmann	Kreisgerichts-Direktor	Habelschwerdt.
220	Dr. Harum	Professor der Rechte	Pesth.
221	Hase	Advokat und Bürgermeister	Schmölln in Altenburg.
222	Dr. Hauschild	Landes-Advokat	Prag.
223	Haushalter	Rechtsanwalt	Wernigerode.
224	Havemann	Advokat	Grabow.
225	Hay	Rechtsanwalt	Insterburg.
226	Hayn	Justizrath, Rechtsanwalt	Breslau, Ring 19.
227	Heffter	Geh. Ober-Tribunalsrath und Professor	Berlin, Leipziger Pl. 19.
228	Heidsieck	Rechtsanwalt	Rahden (R.-B. Minden).
229	Heilborn	Gerichts-Assessor	Berlin, Bendlerstr. 23.
230	Heimbrod	Kreisgerichts-Direktor	Rybnick.
231	Dr. Heimsoeth	Geh. Ober-Justizrath und Präsident	Cöln.
232	Heldman	Rechtsanwalt	Detmold.
233	Helfer	Advokat	Leipzig.
234	Hellmann	Bezirksgerichtsrath	Hof (Bayern).
235	Hempel	Justizrath, Rechtsanwalt	Weißenfels.
236	Dr. Henle	Advokat	München.
237	Dr. Herbst	Professor	Prag.
238	Hermanni	Stadtgerichtsrath	Berlin, Louisenstr. 25.

Nr.	Name.	Stand.	Wohnort.
239	Herms	Gerichts-Assessor	Berlin, Mohrenstr. 56.
240	Dr. Herrmann	Advokat	München.
241	Herzfeld	Rechtsanwalt	Insterburg.
242	Herzfeld	Rechtsanwalt	Sprottau.
243	Heß	Kreisgerichtsrath	Glatz.
244	Dr. Hesse	Advokat	Dresden.
245	Heubner	Advokat	Zwickau.
246	Dr. Heydemann	Geh. Justizrath u. Professor	Berlin, Johannisstr. 2.
247	Dr. Hierl	Bezirksgerichts-Assessor	München, Nymphenburgstraße 34.
248	Hiersemenzel	Stadtrichter	Berlin, Hirschelstr. 32.
249	Dr. Hildenbrand	Professor	Würzburg.
250	Hilse	Kammergerichts-Auscultator	Berlin, Linienstr. 132.
251	Hinrichs	Kreisrichter	Halle a. S.
252	Hinschius	Justizrath und Rechtsanwalt	Berlin, Burgstr. 16.
253	Hoerner	Ober-Justizrath	Eßlingen
254	Hoffmann	Kreisgerichtsrath	Graudenz
255	Holder-Egger	Polizeianwalt	Berlin, Anhaltstr. 16.
256	v. Holleben	Ober-Tribunalsrath	Berlin, Anhaltische Communikation 7.
257	Holthoff	Rechtsanwalt	Halberstadt.
258	Dr. F. v. Holtzendorff	Privat-Docent	Berlin, Schellingsstr. 2.
259	Horn	Kreisgerichts-Direktor und Ober-Landesgerichtsrath	Naumburg a. S.
260	Horst	Justizrath, Rechtsanwalt	Breslau.
261	Dr. Horwitz	Rechtsanwalt	Liebenwerda.
262	Höyr	Direktor der Strafanstalten	Vechta (Großh. Oldenburg).
263	Hölder	Rechtsconsulent	Stuttgart.
264	Höniger	Gerichts-Assessor	Berlin, Alexanderstr. 44.
265	Huck	Kreisrichter	Zehden.
266	Humbert	Kreisgerichtsrath	Berlin, Matthäikirchstraße 11.
267	Hundrich	Rechtsanwalt	Waldenburg (O.-Schl.).
268	Dr. v. Huze	Hof- und Gerichts-Advokat	Wien.

Nr.	Name.	Stand.	Wohnort.
269	Hübener	Stadtgerichts-Direktor	Berlin, Grabenstr. 34.
270	Hübener	Kammergerichts-Referendar	Berlin, Neuenburgerstraße 11.
271	Dr. Hüffer	Privat-Dozent	Bonn.
272	Jacobi	Kammergerichtsrath	Berlin, Potsdamerst. 13.
273	Jaeger	Gerichts-Assessor	Berlin, Zimmerstr. 80.
274	Jancke	Direktor der Gerichts-Deputation	Rathenow.
275	Jaques	Ober-Appellationsrath	Celle.
276	Dr. Jaques	Verwaltungsrath der Handels-Akademie	Wien
277	Dr. Jäger	Rechtsanwalt	Nürnberg.
278	Dr. Jenny	Sektionsrath im Ministerium des Innern	Wien, Graben 1134.
279	Jeschke	Gerichts-Assessor	Halberstadt.
280	Jester	Justizrath, Rechtsanwalt	Königsberg.
281	Dr. Jhering	Professor	Gießen.
282	Joël	Gerichts-Assessor	Berlin, Taubenstr. 10.
283	Jßmer	Justizrath, Rechtsanwalt am Ober-Tribunal	Berlin, Friedrichsstr. 18.
284	Judeich	Advokat	Dresden, Moritzstr. 9.
285	Jung	Geh. Justizrath, Rechtsanwalt am Ober-Tribunal	Berlin, Schifferstr. 7.
286	Just	Justizrath, Rechtsanwalt	Neu-Stettin.
287	Kanngießer	Ober-Staatsanwalt	Greifswald.
288	Karlowa	Auditeur	Bückeburg (L.-Bückebg.).
589	Dr. Karsten	Kanzlei-Advokat	Rostock.
290	Keibel	Gerichts-Assessor	Berlin, Stralauerstr. 52.
291	v. Kehler	Kreisrichter	Berlin, Wilhelmsst. 100.
292	Kelch	Rechtsanwalt	Potsdam.
293	Dr. v. Keller	Geh. Justizrath u. Professor	Berlin, Oranienburgerstraße 75.
294	Dr. Keller	Ober-Staatsanwalt	Wien, Stadt 72.
295	Keller	Hof- und Appellationsgerichts-Procurator	Dillenburg (Nassau).

Nr.	Name.	Stand.	Wohnort.
296	Kempe	Rechtsanwalt	Stargardt (Pommern).
297	Dr. Edler v. Kerstorf	Hofrath, Advokat	Augsburg.
298	Keßler	Staatsanwalt	Burg (bei Magdeburg).
299	Dr. Ritter v. Kindinger	Gerichtsadjunkt	Wien (St. Schottenhof).
300	v. Kitzing	Appellationsgerichtsrath	Münster.
301	Dr. Klauhold	Staatsanwalt a. D.	Hamburg.
302	Klotz	Kreisgerichtsrath	Berlin, Schönebergerstraße 27.
303	Kneusel	Rechtsanwalt	Ratibor.
304	Kneusel	Kreisrichter	Cosel.
305	Knorr	Rechtsanwalt	Culm in Preußen.
306	Koch	Kreisgerichts-Direktor	Rothenburg O.-L.
307	Koch	Staatsanwalt	Trebnitz.
308	Koch	Gerichts-Assessor	Halberstadt.
309	Kochann	Stadtgerichtsrath	Berlin, Hollmannsstr. 20.
310	Koerner	Geh. Rath u. Departements-Direktor im K. Sächsischen Ministerium des Innern	Dresden.
311	Kohli	Kreisrichter	Gandersheim.
312	Kolk	Kreisgerichtsrath	Berlin, Bernburgerst. 31.
313	Korb	Rechtsanwalt	Breslau, Junkerstr. 31.
314	Korn	Gerichts-Assessor	Quedlinburg.
315	Kortenbeit'l	Kreisrichter	Templin.
316	Kortum	Gerichts-Assessor	Halberstadt.
317	Kosche	Kreisrichter	Goldberg (Schlesien).
318	Kosmann	Appellationsgerichtsrath	Berlin, Potsdamerstr. 82.
319	Dr. Kotovic	Bezirksgerichts-Actuar	Prag 307/I.
320	König	Justizrath, Advokatanwalt	Cleve.
321	Köpp	Obergerichts-Prokurator	Wolfenbüttel.
322	v. Kraewel	Appellationsgerichtsrath	Naumburg a. S.
323	Dr. Krafft	Advokat	Nürnberg.
324	Kraut	Hofrath und Professor	Göttingen.
325	Krech	Gerichts-Assessor	Berlin, Friedrichsst. 126.
326	Kremkow	Rechtsanwalt	Gleiwitz.
327	Kremnitz	Justizrath, Rechtsanwalt	Berlin, Wallstr. 7.

Nr.	Name.	Stand.	Wohnort.
328	Kretschmann	Rechtsanwalt	Burg (bei Magdeburg).
329	Kretschmar	Advokat	Lichtenstein.
330	Krieger	Rechtsanwalt	Goldap (Ostpreußen).
331	Krug	Appellationsgerichtsrath	Naumburg a. S.
332	Krüger	Advokat	Rostock.
333	Krüger	Kreisrichter	Schönau (Schlesien).
334	Krüger	Gerichtsaktuar und Richter	Zittau.
335	Kuhr	Kreisrichter	Grottkau.
336	Dr. Kulenkamp	Oberappellations- und Niedergerichts-Prokurator	Lübeck.
337	v. Kunowski	Direktor des K. Kreisgerichts	Beuthen (Ob.-Schles.).
338	Dr. Kuntze	Professor	Leipzig.
339	Kuntzsch	Advokat	Chemnitz.
340	Kuwert	Rechtsanwalt	Kaukehmen.
341	Kühn	Justizrath, Rechtsanwalt	Pyritz.
342	Kühnemann	Geh. Finanzrath und Haupt-Bank-Justitiar	Berlin.
343	Dr. Kühns	Privat-Dozent	Berlin, Köthenerstr. 17.
344	Küttner	Appellationsgerichtsrath	Posen.
345	Lange	Advokat	Rostock.
346	Langhans	Ober-Appellationsrath	Wiesbaden.
347	Lasker	Gerichts-Assessor	Berlin, Neustädtische Kirchstraße 2.
348	Lauenstein	Obergerichtsanwalt	Lüneburg.
349	Lauhn	Advokat	Dresden, Liliengasse 13.
350	Lauhn	Advokatur-Candidat	Dresden.
351	Lefeldt	Kreisrichter	Beuthen.
352	Dr. Leidesdorf	Advokat	Wien, Stadt 850.
353	Leißring	Appellationsger.-Referendar	Halle a. S.
354	Lent	Rechtsanwalt	Glatz.
355	Dr. Lenz	Hof- und Gerichts-Advokat	Wien, Stadt 613.
356	Dr. Leo	Advokat	Hamburg.
357	Leo	Kammergerichts-Referendar	Berlin, N. Königsstr. 18.
358	Leonhard	Rechtsanwalt	Beuthen (Ob.-Schles.).
359	Leonhard	Rechtsanwalt	Grüneberg (Ob.-Schl.).

Nr.	Name.	Stand.	Wohnort.
360	Lepsius	Appellationsgerichtsrath	Naumburg a. S.
361	Leske	Staatsanwalt	Schneidemühl
362	Dr. Lette	Präsident des Revis.-Colleg. für Landeskultursachen	Berlin, Linkstr. 43.
363	Graf v. Leutrum	General-Staatsanwalt und Ober-Tribunalsrath	Stuttgart.
364	Levy	Kammergerichts-Referendar	Berlin, Neu-Kölln am Wasser 19.
365	Lewald	Rechtsanwalt	Berlin, Kurstr. 51.
366	Lewald	Stadt- und Kreisrichter	Danzig, Holzmarkt 1.
367	Liebert	Justizrath, Rechtsanwalt	Danzig.
368	Liebmann	Stadtgerichtsrath	Berlin, Leipzigerstr. 17.
369	Limann	Stadtrichter	Berlin, Leipziger Pl 12.
370	Lincke	Gerichtsrath	Pirna.
371	Dr. v Lindelof	Justiz-Minister	Darmstadt.
372	Lindner	Kreisrichter	Behrend bei Danzig.
373	Lindner	Advokat	Nürnberg.
374	Lintz	Kreisrichter	Greifswald.
375	Lipke	Rechtsanwalt	Schwetz.
376	Graf zur Lippe	Staatsanwalt	Berlin, Dorotheenstr 28.
377	Lippold	Advokat	Altenburg.
378	Loeper	Rechtsanwalt	Wittenberg.
379	Loreck	Rechtsanwalt	Heiligenstadt.
380	Dr. Louis	Kreisgerichtsrath	Berlin, Victoriastr. 32.
381	v. Löper	Justizrath, Rechtsanwalt	Berlin, Kochstr. 58.
382	Löwenberg	Kammergerichts-Auscultator	Berlin, Bellevuestr. 14.
383	v. Luck	Staatsanwalt	Potsdam.
384	Dr. Lürmann	Senator	Bremen.
385	Maaß	Staatsanwalt	Sagan.
386	Mager	Staatsanwalt	Magdeburg.
387	Makower	Gerichts-Assessor	Berlin, Behrenstr. 5.
388	Dr. Malß	Rechtsanwalt	Frankfurt a. M.
389	Dr. Mann	Syndikus	Rostock.
390	Marggraff	Gerichts-Assessor	Berlin, Sophienstr. 12
391	Dr. Martin	Justizamtmann	Kreuzburg.

Nr.	Name	Stand.	Wohnort.
392	Martiny	Rechtsanwalt	Kaukehmen.
393	Dr. Mayersohn	Rechtsanwalt	Aschaffenburg.
394	Mayet	Justizrath, Rechtsanwalt	Berlin, Werderschen Markt 4.
395	Dr. Märcker	Privat-Dozent	Berlin, Oranienburgerstraße 65.
396	Mehner	Assessor	Radeberg bei Dresden.
397	Meibauer	Kreisrichter	Schivelbein.
398	v. Meibom	Geh Justizrath	Gotha.
399	Meinecke	Gerichts-Assessor	Greifswald.
400	Mencke	Appellationsrath	Oldenburg.
401	Meyen	Staatsanwalt	Berlin, Charlottenstr. 97.
402	Meyer	Geh. Justiz- u. vortragender Rath im Justiz-Minister.	Berlin, Eichhornstr. 1.
403	Meyer	Ober-Tribunalsrath	Berlin, Schellingstr. 5.
404	Dr. Meyer	Staatsanwalt	Thorn.
405	H. Meyer	Rechtsanwalt	Insterburg.
406	Gustav Meyer	Gerichts-Assessor	Berlin, Französischestr. 23.
407	Siegm. Meyer	Gerichts-Assessor	Berlin, Victoriastr. 6.
408	Meyn	Rechtsanwalt	Berlin, Brüderstr 2.
409	Michaelis	Kreisrichter	Worbis.
410	Minsberg	Rechtsanwalt	Bunzlau (Schlesien).
411	Dr Mittermaier	Geh. Rath und Professor	Heidelberg.
412	Model	Stadtgerichtsrath	Berlin, Grabenstr. 3.
413	Molitor	Ober-Appellationsgerichts-Direktor	München.
414	Dr. Mommsen	Professor, Mitglied der Akademie der Wissenschaften	Berlin, Neuenburgerstraße 31.
415	Moritz	Rechtsanwalt	Torgau.
416	Moßner	Rechtsanwalt	Wormditt.
417	von u. zur Mühlen	Wirkl. Geh. Ober-Justizrath	Berlin.
418	Dr. v. Mühlenfels	Appellationsgerichtsrath	Greifswald.
419	Dr. v. Mühlfeld	Hof- und Gerichts-Advokat	Wien, Stadt 622.
420	v. Müller	Kreisgerichtsrath	Rothenburg O.-L.
421	Müller	Kreisgerichtsrath	Bromberg.

Nr.	Name.	Stand.	Wohnort.
422	Müller	Staatsanwalt	Berlin.
423	Müller	Amtsrichter	Schopfheim im Badischen Wiesenthale.
424	Müller	Advokat	Leipzig.
425	Mützel	Kreisrichter	Posen.
426	Neumann	Kreisgerichtsrath	Brandenburg a. H.
427	Neumann II.	Advokat	Celle.
428	Dr. Neußer	Landesadvokat	Biala.
429	Niedt	Rechtsanwalt	Labiau.
430	Niemand	Kirchspielvogt	Dithmarschen (Holst.).
431	Niewandt	Justizrath	Weißenfels
432	Dr. Nißen	Privat-Dozent	Leipzig.
433	Nitzsch	Advokat	Kiel.
434	Noah	Geh. Ober-Regierungs- und vortr. Rath i. Min. d. Inn.	Berlin.
435	Dr. Noël	Advokat	München.
436	Oberkampff	Rechtsanwalt	Tilsit.
437	Oehr	Rechtsanwalt	Gleiwitz.
438	Oelschläger	Staatsanwaltsgehülfe	Schwetz.
439	Oelzen	Kreisgerichtsrath	Merseburg.
440	Opitz	Reg.-Assessor u. Spec.-Commiss. der Gen.-Comm. zu Merseburg	Cölleda (Reg.-Bez. Merseburg).
441	Oppermann	Staatsanwalt	Berlin, Leipzigerstr. 2
442	Orthmann	Ober-Staatsanwalt	Cöslin.
443	v. Oßowski	Stadtgerichtsrath	Berlin, Linksstr. 11.
444	Palmié	Kreisrichter	Halberstadt.
445	Panse	Rechtsanwalt	Cölleda (Reg.-Bez. Merseburg).
446	Pappritz	Kreisrichter	Cüstrin.
447	Parrisius	Kreisrichter	Brandenburg a. H.
448	v. Patow	Staats- u. Finanz-Minister	Berlin.
449	Petermann	Advokat	Strelitz (Mecklenburg).
450	Peters	Rechtsanwalt	Wittenberg.
451	Petersen	Appellationsgerichts-Direktor	München.

Nr.	Name.	Stand.	Wohnort.
452	Petiscus	Rechtsanwalt	Oels.
453	Petsch	Gerichts-Assessor	Berlin, Grenadierstr. 26.
454	Pezenburg	Rechtsanwalt	Frankfurt a. O.
455	Pfeffer	Landesgerichts-Assessor	Cleve.
456	Dr. Pfeiffer	Professor	Tübingen.
457	Dr. Pfeiffer	Advokat	Bremen.
458	Philippi	Landesgerichts-Präsident	Elberfeld.
459	Pietsch	Bezirksgerichts-Direktor	Pirna.
460	Pietzker	Justizrath, Rechtsanwalt	Naumburg a. S.
461	Dr. Pilling	Advokat	Dresden.
462	Pinckert	Justizrath, Rechtsanwalt	Erfurt.
463	v. Piper	Kreisgerichtsrath	Wriezen.
464	Pitzschky	Justizrath, Rechtsanwalt	Stettin.
465	Dr. Planck	Professor	Kiel.
466	Planck	Obergerichts-Assessor a. D.	Göttingen.
467	Plathner	Kammergerichtsrath	Berlin, Friedrichsstr. 16.
468	Plathner	Justizrath, Rechtsanwalt	Breslau.
469	Plato	Rechtsanwalt	Colberg.
470	Dr. Pleßing	Advokat	Lübeck.
471	Plettner	Stadtrichter	Friedland (Mecklenburg-Strelitz).
472	Dr. Plitt	Richter	Lübeck.
473	Pohlandt	Kreisgerichtsrath	Spandau.
474	Pohle	Magistrats-Gerichts-Direktor und Syndikus	Schwerin in Mecklenbg.
475	Dr. Polaczek	Landes-Advokat	Reichenberg in Böhmen.
476	Polenz	Rechtsanwalt	Sprottau.
477	Dr. Preisenhammer	Advokatur-Candidat	Brünn.
478	Primker	Stadrichter	Breslau.
479	Probst	Rechtsconsulent	Stuttgart.
480	Pudor	Kammergerichts-Auscultator	Berlin, Schönhauser Allee 134.
481	Pündter	Landgerichts-Assessor	Eschenbach in Bayern.
482	Dr. Pütter	Professor	Greifswald.
483	Quenstedt	Kammergerichts-Auscultator	Berlin, Markgrafenst. 94.

Nr.	Name.	Stand.	Wohnort.
484	v Radecke	Staatsanwalt	Torgau.
485	Raht	Prokurator	Weilburg (Nassau).
486	Dr. Randa	Bezirksgerichts-Aktuar und Dozent an der Universität	Prag 307/I.
487	Dr Raudnitz	Advokatur-Candidat	Prag.
488	Recken	Landoberschultheißerei-Verwalter	Weilburg (Nassau).
489	de Rége	Geh. Ober-Justizrath	Berlin.
490	Alfred Regner von Bleyleben	Professor	Brünn.
491	Rhamm	Obergerichts- und Consistorialrath	Wolfenbüttel.
492	Rheder	Klostersyndikus	Preetz (Holstein).
493	Ribbeck	Geh. Regierungs- u. vortrag. Rath im Min d. Innern	Berlin, Schellingstr. 15.
494	Ribbentropp	Landgerichtsrath	Posen.
495	Richter	Appellationsger.-Referendar	Osterburg.
496	Frhr v. Richthofen	Kreisrichter	Habelschwerdt (Schles.).
497	Riedel	Kammergerichts-Referendar	Berlin, Klosterstr. 76.
498	Rieß	Gerichts-Assessor	Berlin.
499	Rieß	Kammergerichts-Referendar	Berlin, Neue Promen. 1
500	Dr. Rießer	Advokat	Hamburg.
501	Romberg	Gerichts-Assessor	Stettin.
502	Romeiß	Rechtsanwalt	Sangerhausen.
503	Rommel	Gerichts-Assessor	Berlin, Jerusalemerst. 30.
504	Rosenthal	Kammergerichts-Referendar	Berlin, Neuen Markt 4.
505	Dr. Rossi	Landes-Advokat	Iglau (Mähren).
506	Röber	Kreisrichter	Lindow.
507	Dr. Röder	Appellationsger.-Referendar	Arnsberg.
508	Dr. Rubo	Kammergerichts-Referendar	Berlin, Potsdamerst. 139
509	Rudolph	Kreisrichter	Märkisch Friedland.
510	Dr. Ruhwandl	Advokat	München.
511	Rumpelt	Staatsanwalt	Löbau (Sachsen).
512	Dr. Runde	Gerichts-Assessor	Berlin, Mohrenst. 13/14
513	Runde	Advokatanwalt	Wolfenbüttel.

Nr.	Name.	Stand.	Wohnort.
514	Runnenberg	Stadtgerichtsrath	Detmold.
515	Rüdorff	Kammergerichts-Referendar	Berlin, Marienstr 14.
516	Sack	Gerichts-Assessor	Bielefeld.
517	Saling	Gerichts-Assessor	Berlin, Matthäikirch-straße 18.
518	Salzmann	Justizrath, Rechtsanwalt	Breslau, Junkerstr 27
519	Dr. Sammter	Stadtrath	Posen.
520	Sander	Gerichts-Assessor	Berlin, Grabenstr 42.
521	Saran	Gerichts-Assessor	Hamburg, Bahnhofspl 1.
522	Sartorius	Kreisrichter	Angerburg.
523	Dr. Schaffrath	Rechtsanwalt	Dresden.
524	Scharff	Kreisgerichtsrath	Jauer (Schlesien)
525	Schäfer	Stadt- und Kreisrichter	Wollmirstedt.
526	Dr. Schäffer	Hofgerichtsrath	Gießen
527	Scheller	Justizrath, Rechtsanwalt	Elbing.
528	Dr. Schenck	Notar	Altenburg.
529	Schepler	Amtmann	Leer
530	Scheurich	Rechtsanwalt	Crossen.
531	Schiebler	Kreisrichter	Straußberg.
532	v Schimmelpfennig	Rechtsanwalt	Gerdauen
533	Dr. Schletter	Professor	Leipzig.
534	Schlieben	Kreisrichter	Stargard i. P.
535	Schloß	Staatsanwalt	Kornenburg (Oesterr.).
536	Dr. Schmelkes	Landes-Advokat	Nikolsburg in Mähren.
537	Dr. Schmieder	Advokat u erster Stadtrath	Döbeln (Königr. Sachs.).
538	Schmidt	Regierungs-Assessor	Potsdam.
539	Schmidt	Advokat	Dresden, Landhausst. 14.
540	Schmidt	Kreisrichter	Hainau (Schlesien).
541	Schmidt	Kammergerichts-Referendar	Berlin, Dorotheenstr 63.
542	Schneider	Obergerichtsrath u. Referent im Justiz-Ministerium	Hannover.
543	Schober	Staatsanwalt-Vertreter	Wien, Herrnals 311
544	Scholmeyer	Kreisrichter	Cremmen.
545	Schöneseiffen	Advokat	Gladbach.
546	Schönstedt	Kreisrichter	Seehausen i. d. Altmark.

Nr.	Name.	Stand.	Wohnort.
547	Schörke	Rechtsanwalt	Belgard.
548	Schreck	Advokat	Pirna.
549	Schröder	Advokat	Bernburg.
550	Schuhmann	Geh. Regierungsrath	Berlin.
551	Dr. Schulte	Professor	Prag.
552	Schultz	Rechtsanwalt	Wanzleben.
553	Schultze	Kreisrichter	Neuwied.
554	Schulz	Ober-Statsanwalt	Wolfenbüttel.
555	Schulz	Gerichts-Assessor	Berlin, Leipzigerstr. 14.
556	Schulz	Kammergerichts-Auscultator	Berlin, Frankfurterstraße 118a.
557	Schulze	Rechtsanwalt	Spandau.
558	Schulze	Stadtrichter	Berlin, Kupfergraben 6.
559	Schuster	Rechtsanwalt	Eisleben.
560	Schück	Strafanstalts-Direktor	Breslau.
561	Schütz II.	Ober-Tribunalsrath	Berlin, Ritterstr. 33.
562	Schütze	Kreisrichter	Braunschweig.
563	Schwarck	Ober-Staatsanwalt	Berlin.
564	Schwarz	Rechtsanwalt	Berlin, Jüdenstr. 18.
565	Dr. Schwarze	Ober-Staatsanwalt	Dresden.
566	Schwerin	Gerichts-Assessor	Guben.
567	Graf von Schwerin-Putzar	Staats- und Minister des Innern	Berlin.
568	Dr. v. Seckendorff	Ober-Tribunalsrath	Berlin, Potsdamerst. 20.
569	Seehann	Notar	St. Pölten (Nieder-Oesterreich).
570	Seemann	Kreisgerichts-Direktor	Spremberg.
571	Sehlmacher	Rechtsanwalt	Pyritz.
572	Dr. Seuffert	1. Direktor des Appellationsgerichts	Passau (Oesterreich).
573	v. Seydewitz	Kreisrichter	Wittenberg.
574	Dr. Siegfried	Geh. Justiz- und Ober-Landesgerichtsrath	Dessau (Anhalt-Dessau)
575	Siemens	Rechtsanwalt am Ob.-Trib.	Berlin, Markgrafenst. 94.
576	Dr. Siemens	Amtsrichter	Hannover.

Nr.	Name.	Stand.	Wohnort.
577	Dr. Sierig	Hülfsarbeiter bei der Staatsanwaltschaft	Leipzig.
578	Dr. Silberschlag	Stadt- und Kreisrichter	Magdeburg.
579	Simens	Kammergerichts-Auscultator	Jüterbogk.
580	Simon	Justizrath, Rechtsanwalt	Breslau, Junkerstr. 2.
581	Simon	Kreisrichter	Nauen.
582	Dr. Simonis	Senator	Rostock.
583	Simonis	Advokat	Rostock.
584	Dr. Simons	Justiz-Minister	Berlin.
585	Simonson	Rechtsanwalt	Berlin, Französische-straße 33 c.
586	Simson	Rechtsanwalt	Berlin, Jägerstr. 23.
587	Dr. Sintenis	Ober-Landesger.-Präsident	Dessau.
588	Slevogt	Justizrath, Rechtsanwalt	Berlin, Mühlendamm 5.
589	Sönderop	Rechtsanwalt	Stargard (Pommern).
590	Spangenberg	Kammer-Direktor	Carolath.
591	Spiegelthal	Rechtsanwalt	Calbe a. S.
592	Spinola	Kammergerichts-Referendar	Berlin, Louisenstr. 56.
593	Stegemann	Rechtsanwalt	Halberstadt.
594	Steinbeck	Kreisgerichts-Direktor	Brandenburg a. H.
595	Steinhausen	Stadtgerichtsrath	Berlin.
596	v. Stelzer	Kreisgerichts-Direktor	Potsdam.
597	Stelzer	Rechtsanwalt	Torgau.
598	Stephany	Kreisrichter	Spandau.
599	Frhr. v. Sternenfels	Ober-Tribunalsrath	Stuttgart.
600	Stölzel	Obergerichts-Referendar	Cassel.
601	Stöpel	Staatsanwalt	Potsdam.
602	v. Stöphasius	Kreisgerichts-Präsident	Berlin, Oranienstr. 91.
603	Stößell	Kreisrichter	Stolp.
604	v. Stößer	Hofgerichtsrath	Bruchsal.
605	Dr. Straß	Kreisjustizrath a. D., Rechtsanwalt	Berlin, Leipzigerstr. 65.
606	Stremel	Advokat	Zittau.
607	Dr. Strümpell II.	Advokatanwalt	Wolfenbüttel.
608	Dr. v. Stubenrauch	Professor	Wien.

Nr.	Name.	Stand.	Wohnort.
609	Stubenrauch	Rechtsanwalt	Cüstrin.
610	Summa	Advokat	Oettingen (Bayern).
611	Sutro	Gerichts-Assessor	Münster.
612	Sydow	Appellationsgerichtsrath	Berlin, Neue Friedrichsstraße 79.
613	Tafel sen.	Rechtsconsulent	Stuttgart.
614	Teichen	Gerichts-Assessor	Weißenfels.
615	Teichmann	Rechtsanwalt	Breslau, Tauenzienpl. 6.
616	Teichs	Amtsrichter	Harzburg.
617	Tellemann	Gerichts-Assessor	Naumburg a. S.
618	Tepler	Appellationsgerichtsrath	Naumburg a. S.
619	Teßmar	Kreisgerichts-Direktor	Lüneburg i. P.
620	Theremin	Gerichts-Assessor	Berlin, Albrechtstr. 6.
621	v. Thielenfeld	Justizrath. Rechtsanwalt	Frankfurt a. O.
622	Tiede	Kreisgerichtsrath	Trebnitz (Schlesien).
623	v. Tippelskirch	Ober-Staatsanwalt	Stettin.
624	Treff	Rechtsanwalt	Wittenberg.
625	Tscharmann	Advokat	Leipzig.
626	v. Twardowski	Kammergerichts-Referendar	Berlin.
627	Twesten	Stadtgerichtsrath	Berlin, Commandantenstraße 84.
628	Dr. Uchatzy	Notar	Reichenberg (Böhmen).
629	Dr. Ulrichs	Obergerichtsanwalt	Bremen.
630	Dr. Unger	Professor	Wien.
631	Graf v. Unruh	Gerichts-Assessor	Berlin.
632	Dr. Uterhart	Advokat	Rostock.
633	Dr. v. Uttenhoven	Staatsrath	Meiningen.
634	Vißering	Obergerichtsanwalt	Aurich (Hannover).
635	Vogel	Kreisrichter	Cölleda (Reg.-Bez. Merseburg).
636	Vogler	Justizrath, Rechtsanwalt	Berlin, Unterwasserst. 9a.
637	Voigt	Kreisgerichtsrath	Greiffenhagen.
638	Volkelt	Notar	Prag.
639	Volkmar	Justizrath, Rechtsanwalt am Ober-Tribunal	Berlin, Lindenstr. 3.

Nr.	Name.	Stand.	Wohnort.
640	Volkmar	Kammergerichts-Referendar	Berlin, Französischeſt.48.
641	Vorwerk	Obergerichtsrath	Wolfenbüttel.
642	Völtz	Justizrath u. Rechtsanwalt	Danzig.
643	Wagner	Geh. Justiz- u. Appellationsgerichtsrath	Altenburg.
644	Wagner	Justizrath, Rechtsanwalt am Ober-Tribunal	Berlin, Ritterstr. 36
645	Wache	Gerichts-Assessor a. D.	Berlin, Neuer Markt 4.
646	Wachsmuth	Advokat	Leipzig.
647	Wackermann	Gerichts-Direktor	Arnswalde.
648	Dr. Wahlberg	Professor	Wien.
649	Dr. Waldeck	Ober-Tribunalsrath	Berlin, Linksstr 19
650	Dr Wallaschek	Notar	Brünn.
651	Dr. Graf v Wartensleben	Stadtgerichtsrath	Berlin, Kochstr. 73.
652	Dr. Waßerschleben	Professor	Gießen.
653	Dr. v. Wächter	Geh. Rath und Professor	Leipzig.
654	Dr. Wächter	Notar	Hamburg, Gr. Reichenstraße 49.
655	Weber	Obergerichtsanwalt	Stade (Hannover)
656	Weber	Justizrath, Rechtsanwalt	Berlin, Brüderstr. 11
657	Weber	Justizrath, Rechtsanwalt	Quedlinburg.
658	Weber	Advokat	Elberfeld.
659	Weber	Gerichts-Assessor	Berlin.
660	Max Weber	Dr jur	Bielefeld.
661	Weckmann	Senator	Rostock.
662	Wedigen	Gerichts-Assessor	Berlin.
663	v. Wegner	Ober-Tribunalsrath	Berlin.
664	Wegner	Justizrath, Rechtsanwalt	Berlin, Poststr. 15.
665	Wegner	Kreisrichter	Stolp.
666	Wegner	Gerichts-Assessor	Berlin, Poststr 15
667	Wehnert	Justitiar beim ritterschaftl. Gerichtsvereine zu Crivitz und Advokat	Crivitz in Mecklenburg.
668	Weickert	Advokat	Zwickau.

Nr.	Name.	Stand.	Wohnort.
669	Dr. Weiske	Professor	Leipzig.
670	Weiß	Landesgerichtsrath	St. Pölten (Nieder-Oesterreich).
671	Weizsäcker	Postdirektions-Revisor	Stuttgart.
672	Wendler	Kammergerichts-Referendar	Berlin.
673	Wentzel	Kreisrichter	Wriezen a. O.
674	Wenzel	Stadtgerichtsrath	Berlin, Linkstr. 2.
675	Dr. Wenzig	Stadtrichter	Berlin, Mohrenstr. 61.
676	v. Werner	Rechtsanwalt	Schlawe.
677	Werner	Kammergerichts-Referendar	Berlin, Mühlendamm 22.
678	Werther	Stadtgerichtsrath	Berlin, Friedrichsstr 127.
679	Dr. Wesely	Professor	Prag.
680	Weßel	Gerichts-Assessor	Berlin, Neue Grünstr. 24.
681	Westphal	Appellationsgerichtsrath	Naumburg a. S.
682	Westphal	Kammergerichts-Referendar	Berlin, Behrenstr. 46.
683	Dr. Wiedenfeld	Hof- und Gerichts-Advokat	Wien.
684	Wiener	Rechtsanwalt	Ohlau (Schlesien).
685	Wilberg	Stadtgerichtsrath	Berlin, Thierarzneischulplatz 4.
686	Wilke	Rechtsanwalt	Berlin, Heiligegeiststr. 51
687	Wilke	Gerichts-Assessor	Berlin, Potsdamerst. 139.
688	v. Wilmowski	Geh. Finanzrath	Berlin, Bendlerstr. 22.
689	v. Winter	Geh. Regierungs- u. vortr. Rath i. Minist. d. Innern	Berlin.
690	Dr. v. Wittgenstein	Kammergerichts-Auscultator	Berlin, Mittelstr. 51.
691	Wolf	Stadt- und Kreisrichter	Magdeburg.
692	Dr. Wolf	Anwalts-Aspirant	Dresden.
693	Wolff	Justizrath, Rechtsanwalt am Ober-Tribunal	Berlin, Dorotheenstr 47.
694	Wolff	Obergerichts-Advokat	Holzminden.
695	Wolff	Rechtsanwalt	Berlin, Neue Friedrichsstraße 50.
696	Wolff	Rechtsanwalt	Prenzlau.
697	Wollheim	Kreisgerichtsrath	Cammin in Pommern.
698	Wollny	Stadtgerichtsrath	Berlin, Kochstr. 19.

Nr.	Name.	Stand.	Wohnort.
699	Wölfel	Gerichts-Assessor	Berlin, Brandenburgstraße 45.
700	Dr. Wurzel	Landes-Advokat	Jung-Bunzlau (Böhm.).
701	Dr. Zachariae	Professor	Göttingen.
702	Dr. Zastrow	Senator	Rostock.
703	v. Zastrow	Staatsanwaltsgehülfe	Drammburg (Pommern).
704	Zenker	Finanz-Prokurator	Dresden.
705	Zenthöfer	Kreisrichter	Nicolai (Ob.-Schlesien).
706	v. Ziehlberg	Rechtsanwalt	Tuchel (Westpreußen).
707	Dr. Zöllner	Gerichts-Assessor	Berlin.

Programm
für
den Ersten Deutschen Juristentag.

Montag, den 27. August.

Abends 7 Uhr im Odeum (Thiergartenstr. Nr. 22): Gesellschaftliche Zusammenkunft zur gegenseitigen Begrüßung. (Bewirthung durch die Juristische Gesellschaft.)

Dienstag, den 28. August.

Vormittags ½9—11 Uhr in der Singakademie: Plenar-Versammlung.

Vorläufige Tagesordnung:

1. Ordnung für den Deutschen Juristentag (Nr. 1 der Drucksachen).
2. Wahl des Präsidenten.
3. Antrag des Obergerichtsraths Baehr in Kassel (Nr. 2 der Drucksachen).

Event.:

4. Wahl der Referenten in Gemäßheit des §. 3 des Baehr'schen Antrages.

Mittags 12—2 Uhr im Odeum: Sitzung der Ersten Abtheilung.

Vorläufige Tagesordnung:

1. Wahl des Vorsitzenden, des Schriftführers und des Referenten.
2. Antrag des Geh. Raths Prof. Dr. Mittermaier in Heidelberg (Nr. 5 der Drucksachen).

Mittags 12—3 Uhr im Odeum: Sitzung der Zweiten Abtheilung.

Vorläufige Tagesordnung:

1. Wahl des Vorsitzenden, des Schriftführers und des Referenten.
2. Antrag des Stadtrichter Primker in Breslau (Nr. 11 der Drucksachen).

Mittags 12—3 Uhr in der Singakademie: Sitzung der Dritten Abtheilung.

Vorläufige Tagesordnung:

1. Wahl des Vorsitzenden, des Schriftführers und des resp. der Referenten.
2. Antrag des Appellationsgerichtsraths v. Kräwel zu Naumburg in Verbindung mit dem Antrage des Professors Dr. Wahlberg in Wien (Nr. 4 und 6 der Drucksachen).

Mittags 12—3 Uhr im Odeum: Sitzung der Vierten Abtheilung.

Vorläufige Tagesordnung:

1. Wahl des Vorsitzenden, des Schriftführers und des resp. der Berichterstatter.
2. Antrag des Ober-Tribunalsraths Dr. Waldeck zu Berlin in Verbindung mit dem Schreiben des Präsidenten Dr. Bornemann in Berlin (Nr. 3 und 8 der Drucksachen).
3. Antrag des Kammergerichtsraths Buddee in Berlin (Nr. 7 der Drucksachen).

Nachmittags 4 Uhr im Odeum: Gemeinschaftliches Mittagsmahl.
(à Couvert 20 Sgr.)

Abends 9 Uhr: Empfang bei Sr. Excellenz dem Herrn Justiz-Minister Dr. Simons.

Mittwoch, den 29. August.

Vormittags 9—12 Uhr im Odeum: Sitzung der Ersten Abtheilung.
Die Tagesordnung wird besonders bekannt gemacht werden.

Vormittags 9—12 Uhr im Odeum: Sitzung der Zweiten Abtheilung.
Die Tagesordnung wird besonders bekannt gemacht werden.

Vormittags 9—12 Uhr in der Singakademie: Sitzung der Dritten Abtheilung.
Die Tagesordnung wird besonders bekannt gemacht werden.

Vormittags 8—12 Uhr im Odeum: Sitzung der Vierten Abtheilung.
Die Tagesordnung wird besonders bekannt gemacht werden.

Nachmittags 1½ Uhr: Fahrt nach Potsdam bis zur Wildparkstation, wo Wagen bereit stehen.

Nachmittags 2½ Uhr: Vorstellung bei Sr. Königl. Hoheit dem Prinzen Friedrich Wilhelm von Preußen im Neuen Palais. Fahrt durch die Königl. Gärten.

Nachmittags 5½ Uhr: Gemeinsames Mittagsmahl im Saale der Casino-Gesellschaft daselbst. (à Couvert 20 Sgr.)

Abends 8¼ Uhr: Rückfahrt nach Berlin.

Donnerstag, den 30. August.

Vormittags von 8½—3 Uhr in der Singakademie: Plenar-Versammlung.
Die Tagesordnung wird besonders bekannt gemacht werden.

Nachmittags 4 Uhr im Odeum: Festessen. (à Couvert 1 Thlr. 10 Sgr.)

Bemerkungen.

1. Die geehrten Mitglieder des Deutschen Juristentages werden ganz ergebenst ersucht, in dem hierselbst Mohrenstraße Nr. 48, 1 Treppe hoch, befindlichen Vereins-**Bureau** die Drucksachen, soweit solche nicht bereits verabfolgt sind, gütigst in Empfang zu nehmen, so wie Sich geneigtest in eine der vier Abtheilungen einzuzeichnen.
2. Nur während des Festessens am 30. August werden Toaste ausgebracht werden, und zwar nach stattgehabter desfallsiger Verabredung mit der unterzeichneten Commission.
3. Vom 27. bis 30. August ist der Eintritt in das Odeum nur gegen Vorzeigung der Mitgliedskarte gestattet.
4. Der Extrazug nach Potsdam und zurück, sowie die Wagen an der Wildparkstation werden von der Juristischen Gesellschaft gestellt. Die Mitgliedskarte für den Deutschen Juristentag dient als Legitimation

Die Commission

der Juristischen Gesellschaft für Ausschreibung eines Deutschen Juristentags.

Stenographische Berichte.

Erste Sitzung
des Deutschen Juristentages
am Dienstag den 28. August 1860
im Saale der Singakademie.

Die Sitzung wird um 9 Uhr 15 Minuten durch den Stadtgerichtsrath Grafen v. Wartensleben eröffnet.

Präsident Graf v. Wartensleben: Die Sitzung des Ersten Deutschen Juristentages erkläre ich für eröffnet.

Den Herrn Schriftführer der Juristischen Gesellschaft ersuche ich, dieses Amt auch hier zu übernehmen und sich zu meiner Rechten zu begeben.

Meine Herren! Sie sind der Einladung der hiesigen Juristischen Gesellschaft nachgekommen, um einen lebendigen Meinungsaustausch mit Fachgenossen aus allen Deutschen Staaten auf den Gebieten des Privatrechts, des Prozesses und des Strafrechts herbeizuführen.

Als Präsident der Juristischen Gesellschaft habe ich die Ehre, die hohe Versammlung zu begrüßen. Gestatten Sie mir, meine Herren, daß ich zuvörderst den Erwartungen gegenüber, welche man von dieser Versammlung hegt, in wenigen Worten über die Stellung mich ausspreche, welche der Verein, den wir zu stiften beabsichtigen, den Deutschen Regierungen sowie der Deutschen Nation gegenüber, einzunehmen haben dürfte.

Die Einladung zu dieser Versammlung ist von einer Gesellschaft ausgegangen, welche sich zunächst nur die Aufgabe gestellt hatte, den Juristen Berlins einen Vereinigungspunkt zu gewähren, zugleich aber, soweit es in ihren Kräften stehe, die Rechtswissenschaft zu fördern. Als nun in dieser Gesellschaft der Gedanke der Ausschreibung eines allgemeinen Deutschen Juristentages entstand, so konnte nur der Wunsch dabei leitend sein: es möchte in allen Theilen Deutschlands die Rechtswissenschaft durch eine Vereinigung der Fachgenossen gefördert werden. Die besonnene Thätigkeit eines jeden Zeitalters soll ja, wie unser Savigny vor Decennien bereits aussprach, darauf gerichtet sein, den mit innerer Nothwendigkeit gegebenen Stoff des Rechtes zu durchschauen, zu verjüngen und frisch zu erhalten. Wenn der Deutsche Juristentag seinerseits zur Lösung dieser Aufgabe beitragen will, so wird er sich einer Prüfung der in Deutschland geltenden Privatrechte, Prozeß-Ordnungen und Strafgesetzbücher, und zwar vom Standpunkte der Deutschen Rechtsanschauung aus, zu unterziehen haben. Auf die Erreichung jenes Zieles einer Rechts-Einheit wird die besonnen berathende Stimme des Juristentages, wie sie in Ihren Beschlüssen ihren Ausdruck finden wird und eben nur von dem, was Noth thut, Zeugniß geben kann, nicht ohne Einfluß bleiben.

Man wende gegen die Thätigkeit des Juristentages nicht ein, daß demselben keine Macht zu Gebote stehe, um seinen Vorschlägen in den einzelnen Staaten Deutschlands Geltung zu verschaffen. Es steht ihm allerdings eine Macht zu Gebote: es ist die Macht der allgemeinen Ueberzeugung! — Gelingt es, diesen mächtigen Anwalt bei der Deutschen Nation für die Vorschläge des Juristentages zu gewinnen, so werden dieselben auch Eingang in die Deutschen Gesetzgebungen finden.

Unsere Tage scheinen endlich die so lang gehegte Hoffnung auf eine Rechts-Einheit im Deutschen Vaterlande ihrer Erfüllung näher bringen zu wollen. Zu den günstigen Anzeichen hierfür rechne ich, daß Seine Königliche Hoheit, der Prinz von Preußen, Regent, sowie die andern erlauchten Deutschen Fürsten auf diesen Juristentag und dessen Bestrebungen mit Vertrauen blicken. —

Hiermit darf ich mich zu unserer nächsten Aufgabe wenden: der

Beschlußnahme über die „Vorläufige Ordnung" des Juristentages, welche im Schoße der Commission der Juristischen Gesellschaft für Ausschreibung des Juristentages berathen worden ist und sich gedruckt in Ihren Händen befindet. Ich ersuche den Herrn Schriftführer diese Ordnung nochmals zu verlesen.

(Schriftführer Stadtrichter Hiersemenzel verliest dieselbe.*)

Präsident **Graf v. Wartensleben**: Meine Herren! Als wir diesen Statuten-Entwurf beriethen, nahmen wir an, daß die Mitgliederzahl des Vereins sich höchstens auf 300 belaufen würde; deshalb hatten wir damals auch zwei Vice-Präsidenten für hinreichend erachtet. Jetzt, wo die Anzahl der Mitglieder sich auf mehr als das Doppelte herausgestellt hat, erachtet die Commission, welche bisher die Sache in der Hand hielt, es für nothwendig, durch mich den Antrag stellen zu lassen, Sie mögen dieses Statut mit der Maßgabe annehmen, daß statt zweier vier Vice-Präsidenten für das Plenum ernannt werden. — Im Uebrigen würde ich die Discussion über diese Statuten jetzt eröffnen, und für den Fall, daß Sie dieselben, wie ich zu hoffen wage, unter Vorbehalt einer Revision annehmen sollten, dann sofort zur Wahl des Präsidenten übergehen. Ich darf wohl daran erinnern, daß die Zeit von drei Tagen so kurz abgemessen ist, daß wir nicht in einer Plenar-Versammlung die Statuten zweckmäßiger Weise berathen können. Es liegt überdies eine große Menge von Abänderungsanträgen bereits vor; andere sind angekündigt; und das Werk, in den Statuten ein zweckmäßiges Fundament für unser Wirken herzurichten, erfordert eine sorgfältige Erwägung.

Wenn nun Herren sich zum Worte melden sollten, so ersuche ich sie, unter Nennung ihres Namens vom Platze aus zu sprechen. (Pause.)

Da Niemand sich zum Worte gemeldet hat, so schreite ich zur Abstimmung. Diejenigen, Herren, welche sich für die vorläufige Beibehaltung und Anerkennung des Statutes mit der von mir im Auftrage der Commission in Vorschlag gebrachten Maßgabe erklären, ersuche ich, sich vom Platze zu erheben.

(Die ganze Versammlung erhebt sich.)

Das Statut ist einstimmig angenommen.

---

*) Vgl. S. 3 ff.

Wir gehen nun zur Wahl des Ersten Präsidenten über. Es ist gestattet, denselben durch Stimmzettel zu erwählen. Ich möchte aber vorschlagen, denselben durch Acclamation zu ernennen, und erwarte, ob Jemand von den Herren gegen diesen Wahlmodus eine Einwendung zu machen hat. (Ruf: Acclamation!)

Ich schlage Ihnen Herrn Carl Georg v. Wächter zum Präsidenten vor.

(Die Mitglieder erheben sich überall und stimmen dem Vorschlage mit lebhaftem Bravo bei.)

Herr Carl Georg v. Wächter ist durch Acclamation zum Präsidenten des Ersten Deutschen Juristentages ernannt! Ich ersuche denselben, diesen Platz einzunehmen. Gott segne unsere Arbeit! (Lebhaftes Bravo.)

(Graf v. Wartensleben verläßt den Präsidentenstuhl, der von Herrn v. Wächter eingenommen wird.)

Präsident v. **Wächter**: Es ist wahrlich für einen Juristen Deutschlands die größte Ehre, von 700 Fachgenossen, die aus allen Gauen unseres Vaterlandes heute hier zusammen gekommen sind, an ihre Spitze gestellt und zum Leiter ihrer Verhandlungen gewählt zu werden. Sie haben mich, m. H., zu dieser Aufgabe berufen, und zwar auf eine Weise berufen, von der ich wohl sagen kann, daß sie mich auf das Tiefste ergriffen hat. Erlauben Sie mir, daß ich Ihnen hierfür meinen wärmsten, innigsten Dank ausdrücke! Aber gestatten Sie mir auch, daß ich mit diesem Danke die dringende Bitte verbinde, nicht zu viel von mir zu erwarten. Ich verhehle mir die großen Schwierigkeiten nicht, welche mit der Aufgabe, die Sie mir anvertraut haben, verbunden sind, und ich bin weit entfernt von der Selbsttäuschung, daß ich mir sagen könnte, es stünde in meiner Kraft, aller dieser Schwierigkeiten Herr zu werden. Aber ich unterwerfe mich Ihrem Rufe; ich unterwerfe mich demselben in der Zuversicht, daß Sie gütige Nachsicht üben, daß Sie mir mit Ihrer Unterstützung treu zur Seite stehen werden, und daß mir das Vertrauen, welches Sie mir schenken, die nöthige Kraft geben wird. Wir Alle sind ja heute hier zusammen gekommen, um Hand in Hand einträchtig zusammen zu wirken und für eine Aufgabe thätig zu sein, die in die wichtigsten Interessen unsers theuren Vaterlandes eingreift, und durch deren Lösung wir ein neues festes Band, das unsere Deutschen Bruderstämme umschlingen soll, und zwar eines der festesten und stärksten Bande, gewinnen.

Lassen Sie uns dies Ziel unverrückt im Auge behalten: dann, glaube ich, werden wir die Schwierigkeiten überwinden und sagen können, nicht vergeblich hierher gekommen zu sein. —

Ehe ich aber auf unsere Geschäfte übergehe, gestatten Sie mir, daß ich noch einem Gefühle Worte gebe, das Sie gewiß Alle, ohne Ausnahme, mit mir theilen, und dessen Ausdruck Sie mir gern vergönnen werden.

Die Juristische Gesellschaft in Berlin hat den Gedanken gefaßt, den Juristentag ins Leben zu rufen. Man könnte bei einigem Bedenken diesen Gedanken einen kühnen nennen; aber, m. H., sollen wir nicht wagen, und sollen wir nicht unsere Personen einsetzen, wenn es gilt, ein schönes Ziel zu erreichen, das unserem Vaterlande frommen könnte?! So dachte die Juristische Gesellschaft. Eine Commission aus ihrer Mitte nahm die Sache in die Hand; und mit welcher Tüchtigkeit, mit welcher Umsicht, mit welcher Hingebung und mit welcher Aufopferung diese Commission, deren verehrter Präsident und ihr gewandter und unermüdlicher Schriftführer diese Aufgabe gelöst haben, darüber wird wohl nur eine Stimme in diesem Saale sein. Der Beweis davon ist, daß wir in dieser gegenwärtigen großen Versammlung in so überraschender Weise die Wissenschaft und die Praxis der Deutschen Jurisprudenz vertreten sehen. Diesen verehrten Männern, ich darf es wohl aussprechen, zollt hiermit die ganze Versammlung ihre volle Anerkennung und ihren innigsten Dank.

(Die ganze Versammlung erhebt sich unter lautem, lebhaftem Beifall.)

Es ist, m. H., nun unsere Sache, das Werk dieser Commission fortzuführen. Möchten wir das Werk in dem Geiste, in dem es begonnen worden, fortführen können; dann bin ich überzeugt, daß wir ersprießliche Früchte davon erndten werden. Möge eine gütige Vorsehung unser Bestreben segnen! — (Bravo!)

Sie haben, m. H., mir durch die Annahme des Statutes die Ermächtigung ertheilt, vier Vice-Präsidenten zu bezeichnen. Ich hoffe in

Ihrem Sinne zu handeln, wenn ich folgende vier Herren ersuche, die Stellen der Vice=Präsidenten anzunehmen:

1. Herrn Stadtgerichtsrath Grafen von Wartensleben aus Berlin,
2. Herrn Ober=Staatsanwalt Keller aus Wien,
3. Herrn Geh. Ober=Justizrath Dr. Friedberg aus Berlin und
4. Herrn Advokaten Dr. Ruhwandl aus München.

Ich ersuche diese Herren in meiner Nähe Platz zu nehmen.

Dann erlaube ich mir folgende vier Herren zu ersuchen, das Schrift=führer=Amt zu übernehmen:

1. Herrn Rechtsanwalt Dr. Horwitz aus Liebenwerda,
2. Herrn Rechtsconsulenten Hölder aus Stuttgart,
3. Herrn Staatsanwalt Meyen aus Berlin und
4. Herrn Professor Dr. Unger aus Wien.

Ich ersuche die Herren Schriftführer zu meiner Rechten und Linken Platz zu nehmen. —

In Beziehung auf unsere Berathungen erlaube ich mir das zu wiederholen, was mein verehrter Herr Vorgänger bereits ausgesprochen hat. Ich ersuche die Herren, welche das Wort nehmen wollen, von ihrem Platze aus zu sprechen, indem die Rednertribüne nur für die Herren Berichterstatter bestimmt ist. Ich ersuche Sie, — und Sie werden mir gewiß zugeben, daß wir unsere Berathungen nicht anders zu einem gedeihlichen Ende führen können, — Sich jedesmal bei dem Schriftführer zu meiner Rechten mit Angabe Ihres Namens und Wohnortes zum Worte zu melden, damit ich der Versammlung den Redner bezeichnen kann. —

Es sind, wie Ihnen bereits bekannt ist, eine Menge Anträge an den Juristentag gebracht worden. Ein Antrag ist von der Commission, die uns die Sachen übergeben hat, auf die heutige Tagesordnung gesetzt, und werden wir denselben in der heutigen Plenar=Versammlung berathen. Dagegen wird es in Betreff aller übrigen Anträge am geeignetsten sein, dieselben sofort an die Abtheilungen zu verweisen, damit die betreffenden Abtheilungen diese Anträge vorberathen und uns über=

morgen durch ihre Referenten Bericht darüber erstatten können. Sollten Sie damit einverstanden sein, so werde ich mir die Ehre geben, Ihnen die eingegangenen Anträge mitzutheilen und zugleich die Vorschläge beizufügen, an welche Abtheilung jeder einzelne Antrag gehen soll. Ich gehe dabei davon aus, — ich bin indeß gern bereit mich berichtigen zu lassen, — daß die Erste Abtheilung für Privatrecht, Obligationen- und Pfandrecht auch die geeignetste wäre, solche Fragen, die unsere Geschäftsordnung betreffen, in ihren Bereich zu ziehen und uns darüber ihr Gutachten zu erstatten. Sollten Sie damit einverstanden sein, so erlaube ich mir Ihnen die Anträge in Folgendem vorzulegen:

1. Antrag des Gerichts-Assessors Dulheuer in Beziehung auf den §. 6 der vorläufig angenommenen Statuten. — Derselbe würde an die erste Abtheilung gehen.
2. Entwurf eines Statuts und einer Geschäftsordnung für den Juristentag von dem Notar Dr. Uchatzy, — an die erste Abtheilung.
3. Antrag des Obertribunalsraths Meyer in Berlin, das Hypothekenrecht betreffend. Derselbe gehört ganz in den Bereich der ersten Abtheilung.
4. Antrag von König in Cleve, über das sogenannte Legalitäts-Princip im Hypothekenrecht. Gehört ebenfalls in die erste Abtheilung.
5. Antrag von Mittermaier aus Heidelberg über Bearbeitung von Gesetz-Entwürfen, betreffend die Regelung der Verhältnisse der Polizei, der Staatsanwälte und deren Stellung, und das eheliche Güterrecht. Der erste Theil des Antrages gehört in die dritte Abtheilung — die sogenannte Criminal-Abtheilung. Der zweite Theil — ehel. Güterrecht — in die erste Abtheilung.
6. Ein Antrag von Mayersohn aus Aschaffenburg, dahin lautend:

   „Auch der Juristentag wolle als seine Ueberzeugung aussprechen und zur Kenntniß der sämmtlichen Regierungen der Deutschen Bundesstaaten bringen, daß ein allgemeines

Gesetz über den Vollzug der rechtskräftigen, civilrechtlichen Erkenntnisse als ein sehr dringendes Bedürfniß für alle Deutschen Bundesstaaten erkannt werde."

Derselbe geht an die vierte Abtheilung.

7. Antrag des Justizraths Dr. Straß auf Niedersetzung einer Commission zur Berathung einer Prozeß- und Executions-Ordnung. Derselbe geht an die vierte Abtheilung.

8. Der Antrag desselben Antragstellers auf Ausarbeitung eines Entwurfes einer allgemeinen Deutschen Advokaten-Ordnung. Derselbe geht zur vierten Abtheilung.

9. Antrag des Rechtsanwalts Krieger in Goldap, eine Notariats-Ordnung betreffend.

Man könnte Zweifel haben, ob derselbe an die erste oder an die vierte Abtheilung gehen soll. Er hängt mit dem materiellen Recht zusammen, aber auch mit dem Prozeßrecht. Wir wollen ihn vorläufig der vierten Abtheilung zuweisen.

10. Antrag des Notars Dr. Uchatzy auf Ausarbeitung eines Gesetzes über allgemeine Einführung von Friedensgerichten. Derselbe geht an die vierte Abtheilung.

11. Antrag von Sutro in Münster auf Einführung einer allgemeinen Eidesnorm. Ich verweise denselben an die vierte Abtheilung, obwohl auch die dritte Abtheilung dabei betheiligt ist, da ein Antrag doch nur von einer Abtheilung vorberathen werden kann.

12. Antrag des Kreisrichters Zenthöfer in Nicolai über den Civil-Prozeß. Vierte Abtheilung.

13. Antrag von Klauhold auf Errichtung eines Handelsgerichtes für ganz Deutschland. — Ich bin zweifelhaft darüber, ob derselbe der Handels- und Wechsel-Abtheilung, also der zweiten, zu überweisen ist.

Der Herr Antragsteller hat das Wort.

Staatsanwalt a. D. **Klauhold** aus Hamburg: Ich möchte als Antragsteller mir den Vorschlag erlauben, meinen Antrag der vierten Abtheilung zu überweisen, weil er im wesentlichen Zusammenhange steht mit ähnlichen Anträgen, die noch kommen werden, namentlich dem Bornemann'schen.

Präsident: Nun, wollen Sie den Antrag an die vierte Abtheilung verweisen, meine Herren? (Zustimmung in der Versammlung.)

Der Antrag des Herrn Dr. Costa aus Laibach betrifft:

1) die Nothwendigkeit der Errichtung eigener Lehrkanzeln an den Deutschen Hochschulen für vergleichende Rechtsgeschichte, Gesetzgebungswissenschaft und Justizpolitik;
2) die Beförderung der Ausarbeitung entsprechender Handbücher;
3) die Zweckdienlichkeit der Veröffentlichung wichtigerer Gesetzentwürfe behufs allgemeiner freier Beurtheilung.

Diesen Antrag werden wir wohl an die vierte Abtheilung verweisen müssen, der das Studium überhaupt zugewiesen ist. — Dann sind mir noch jetzt eine Reihe weiterer Anträge zugekommen.

Zunächst der Antrag des Herrn Professor Aegidi in Hamburg. — Vorauszuschicken erlaube ich mir bei diesen Anträgen, daß ich die Motivirungen derselben werde übergehen müssen, weil es zu weit führen würde, und es Sache des Berichterstatters ist, in der nächsten Sitzung über die Motivirung das Nothwendige zu sagen.

Der Antrag des Herrn Professor Aegidi geht dahin:

„Der erste Deutsche Juristentag wolle sich für die Erhaltung des reichskammergerichtlichen Archivs zu Wetzlar in seiner gegenwärtigen Einheit erklären und dieselbe der Fürsorge der hohen Staatsregierung dringend empfehlen."

Seinem Inhalte nach scheint mir dieser Antrag wohl der vierten Abtheilung zuzugehören; denn der Abtheilung, vor welche das Prozessualische gehört, würden wir auch alles Registraturwissenschaftliche zuweisen müssen. (Heiterkeit und Zustimmung.)

Der Antrag des Stadtrichter Primker aus Breslau lautet:

„Der Deutsche Juristentag möge anerkennen, daß das dringende Bedürfniß vorhanden, eine Reform der Gesetzgebung über die stille Gesellschaft in Deutschland noch vor dem Zustandekommen eines Deutschen Handels-Gesetzbuches vorzunehmen."

Dieser Antrag bildet das Actenstück Nr. 11 der Drucksachen, welches bereits vertheilt ist, und wird an die Handels- und Wechselrechts-Commission zu gehen haben.

Der Antrag des Obertribunals-Raths Freiherrn v. Sternenfels lautet:

Der Juristentag wolle beschliessen:

1) daß die in Berlin erscheinende Zeitschrift „Preußische Gerichts-Zeitung" als gemeinschaftliches Organ für Besprechung der Zwecke und nähern Ausbildung des Deutschen Juristentages erklärt werde; (Lebhaftes Bravo!)

2) daß die ständige Deputation des Juristentages zur Ausführung dieses Beschlusses mit der Redaction der genannten Zeitschrift sich in's Einvernehmen setze, auch dahin wirke, daß diese Zeitschrift sich als gleichzeitiges Organ für den Deutschen Juristentag ankündige. (Bravo!)

Ueber den Antrag selbst, m. H., habe ich keinen Zweifel; ich bin blos darüber zweifelhaft, an welche Abtheilung er zu verweisen sein wird. (Ruf: an die Erste!)

Wollen wir ihn an die erste Abtheilung gehen lassen? (Zustimmung.)

Der Antrag des Professors Dr. Unger aus Wien geht dahin:

Der Juristentag wolle

1) aussprechen: es sei dringend wünschenswerth, daß im Anschluß an das Deutsche Wechsel- und Handelsrecht und zur Anbahnung eines gemeinsamen Deutschen Civilgesetzbuchs sofort die Abfassung eines allgemeinen Deutschen Gesetzes über Obligationenrecht unternommen werde, und

2) die ständige Deputation beauftragen, die deshalb erforderlichen Schritte bei den Deutschen Regierungen zu thun.

Dieser Antrag geht an die erste Abtheilung.

Außerdem liegen keine weiteren Anträge vor, wenn ich nicht etwa einen solchen übersehen haben sollte. Somit würden wir nun zunächst zu unserer heutigen Tagesordnung übergehen. Ich erlaube mir in dieser Beziehung vorläufig — ich werde noch am Schlusse der heutigen Sitzung darauf besonders zu sprechen kommen — zu bemerken, daß wir also für die nächste Sitzung, welche Donnerstag stattfindet, die Berichte der verschiedenen Abtheilungen erwarten; wir würden dabei natürlich voraussetzen, daß die verschiedenen Abtheilungen in der Form und Art der Berichterstattung auf die so kurz uns zugemessene Zeit geeignete Rücksicht nehmen werden; und dann will ich mir erlauben, eben diese Berichte, die wir hier zu berathen haben werden, auf die Tagesordnung der nächsten Sitzung zu setzen. Ich glaube, daß, durch diese Berichte veranlaßt, alle Interessen, die der Juristentag zu wahren hat, zur Sprache gebracht werden, und so Gelegenheit gegeben wird, sie in dieser Versammlung geltend zu machen. —

Der einzige Gegenstand unserer heutigen Tagesordnung wäre der Antrag des Herrn Obergerichts-Raths Baehr aus Kassel. Wenn Sie es wünschen, will ich ihn noch einmal verlesen lassen. (Zustimmung und Widerspruch.)

Ich bitte, den Antrag zu verlesen.

(Der Schriftführer Dr. Horwitz verliest den Baehr'schen Antrag.*)

M. H., ich erlaube mir, die Debatte über diesen Antrag zu eröffnen; — der Herr Antragsteller wünscht noch einige Worte zu sprechen.

Obergerichts-Rath **Baehr**: Meine Herren! Was Sie als selbstständigen Antrag, in meinem Namen formirt, hier vor sich sehen, war ursprünglich nur ein von mir bei der hochverehrten Commission angeregter Gedanke. Die Commission ist so freundlich gewesen, ihn als förmlichen Antrag anzunehmen, und ich darf daraus wohl schließen, daß sie dadurch selbst ihr Programm hat erweitern wollen; davon zeugt auch, wie mir scheint, die Stellung des Antrages auf die heutige Tagesordnung. Danach würde ich es für zweckmäßiger erachten, wenn der Antrag etwa in gleicher Weise behandelt würde, wie das übrige Statut der Gesellschaft: daß er nicht im Einzelnen zur Diskussion gelange, sondern nur insofern, daß sich die hohe Versammlung mit meinem Gedanken überhaupt einverstanden erklärt und ihn im Allgemeinen approbirt, dagegen die Ausführung im Einzelnen der Redaction und Behandlung der Abtheilung, wohin die ganzen Statuten gehören, vorbehalten

---

*) Vergl. S 7 f.

bleibt. Nur auf einen einzigen Punkt möchte ich noch aufmerksam machen, von dem ich glaube, daß er hier von Jedermann behandelt werden kann. Es ist nämlich da der Deputation eine Stellung angewiesen, welche sie zu etwas Anderem macht, als sie nach den ursprünglichen Statuten sein würde. In dem §. 10 der Statuten ist die Deputation als eine Korporation oder als ein Colleg gedacht, welches aus Mitgliedern besteht, die an verschiedenen Orten ihren Sitz haben. Es geht das namentlich daraus hervor, daß darin gesagt ist: „Die Deputation wählt aus ihrer Mitte einen Vorsitzenden, dessen Wohnort der Sitz der Deputation ist. Zur Gültigkeit ihrer Beschlüsse ist die Einladung sämmtlicher Mitglieder, so wie die Mitwirkung von wenigstens drei Mitgliedern erforderlich."

Ich halte, aus andern Gründen noch, eine collegialische Thätigkeit für eine solche zusammengesetzte Deputation für eine sehr große Schwierigkeit. Sollte aber der von mir gestellte Antrag die Billigung der Versammlung erhalten, so würde eine solche Deputation geradezu unmöglich sein. Es müßte in Ausführung des von mir gestellten Antrags ein gewisser Bureaudienst eingerichtet werden, — wenn ich mich so ausdrücken darf, — und dies könnte nur angehen, wenn die Deputation innerhalb derselben Stadt ihren Sitz hat. Ob dafür eine Stadt bleibend in Aussicht genommen oder damit gewechselt werden soll, lasse ich dahin gestellt sein.

Ich möchte nur in Betreff der Beschlußfassung im Voraus darauf aufmerksam machen, daß die Deputation an einem festen Orte, wenigstens zeitweise, ihren gemeinschaftlichen Sitz haben muß.

Nur ein Wort muß ich noch hinzufügen, weil es im Zusammenhange steht mit etwas, was schon vorgekommen und großen Anklang gefunden hat. Es ist dies der Schlußparagraph meines Antrages. Ich bitte zu erwägen, ob nicht ein Organ zu schaffen sei für den gesammten Deutschen Juristentag, worin Veröffentlichungen, zumal in solchen Fällen, in denen eine Uebersicht der verschiedenen Partikulargesetzgebungen Deutschlands von großem wissenschaftlichen Interesse ist, vorgenommen werden können. Ich glaube, daß der Antrag so gestellt ist, daß die Motive sich von selbst ergeben.

Präsident: Herr Gerichts-Assessor Saran aus Potsdam hat das Wort.

Gerichts-Assessor **Saran**: Ich wollte nur eine kurze Bemerkung zu dem Zusatz-§. 8 machen, die schon theilweise durch die Bemerkung des geehrten Herrn Antragstellers erledigt ist. Ich halte es nämlich für empfehlenswerth, daß der Zusatz-§. 8 dahin gefaßt werde:

„Die Ergebnisse der Anfragen sind durch die Zeitung oder Zeitschrift des Deutschen Juristentages zu veröffentlichen."

Präsident: Der Herr Ober-Staatsanwalt v. Tippelskirch aus Stettin hat das Wort.

Ober-Staatsanwalt **v. Tippelskirch**: Meine hochverehrten Herren! Der Antrag des Herrn Obergerichts-Raths Baehr aus Kassel ist, wie mir scheint, einer der wichtigsten, über welchen während der ganzen Verhandlungen Beschluß gefaßt werden soll, weil er den eigentlichen Lebensnerv der Versammlung bildet. Der Zweck des Juristentages, der heute hier zusammentritt, ist ausgesprochenermaßen der, ein einheitliches Recht in seinen verschiedenen Zweigen, womöglich für ganz Deutschland anzubahnen. Etwas mehreres kann für jetzt wohl nicht gesagt werden; denn das Werk ist ein so ungeheures, daß es in vielen Jahren nicht zu Ende geführt werden kann. Es kann nur die Rede davon sein, den Anfang zu machen und die Sache anzubahnen. Wenn ich mir die Frage vorlege, in welcher Weise es denn möglich ist, für diesen Zweck zu wirken, so scheint mir die Antwort einfach: wenn man etwas Neues, Ganzes schaffen will, so muß man vor allen Dingen wissen, was bereits da ist.

Wenn es sich also darum handelt, ein einheitliches Recht für Deutschland herzustellen, — ich lasse die Frage der Zeit dahin gestellt sein, — so muß man zunächst fragen: was gilt denn in den verschiedenen Ländern Deutschlands für Recht? Und in dieser Beziehung halte ich den Antrag für durchaus wichtig, daß unsere Juristen vereint dahin wirken sollen, diese Frage, die eine sehr große und schwierige ist, dem Einzelnen leicht zu machen, und dadurch etwaige Entwürfe, die ausgearbeitet werden sollen, vorzubereiten.

Ich halte es für unmöglich, einen solchen Gesetzentwurf zu machen, ohne daß man weiß, was bisher bestanden hat. Und dies zu wissen ist um so schwieriger, als wir in den verschiedenen Deutschen Ländern ein so mannichfaltiges Recht haben.

Es bedarf also eines Organes, welches über diese verschiedenen Rechte einen Ueberblick hat oder doch in der Lage ist, sich solchen Ueberblick leicht zu verschaffen. Es kommt daher vor allen Dingen darauf an, daß in Deutschland, gleichviel an welchem Orte, ein Mittelpunkt gebildet werde, an den man sich wenden kann, um zu erfahren, was gilt hier oder dort für Recht.

Es ist in Bezug auf den Antrag des Herrn Obergerichts-Rath Bachr die Frage aufgeworfen worden, was unter dem in den einzelnen Ländern geltenden, besonderen Recht verstanden werde; und es ist dabei die Meinung aufgetaucht, ob darunter nicht auch die Rechtsfragen und Gutachten über dieselben verstanden wären.

Ich glaube, das ist nicht die Absicht des Herrn Antragstellers; es handelt sich hier nur darum, zu wissen, welch ein Recht in einem bestimmten Lande gilt. Ich lasse es dahin gestellt sein, ob diese Frage für die Praxis oder nur für den Juristentag aufgestellt ist, aus dem Grunde, um ein einheitliches Recht für ganz Deutschland herzustellen. Ich glaube letzteres. Aber wenn es auch für die Praxis geltend gemacht wird, so kann es sich immer nur darum fragen, was für ein Recht an dem einen oder dem anderen Orte gilt. In dem Preußischen Staate haben wir bekanntlich dreierlei Recht. Wo ein jedes gilt, darüber wird kaum ein Zweifel sein. Aber wir haben es außerdem noch mit verschiedenen Provinzial-Rechten zu thun, und diese kann nicht ein Jeder kennen. Wenn wir z. B. in Pommern in den Städten Statutar-Rechte haben und auf dem Lande wieder andere Partikular-Rechte, und es will Jemand wissen, was gilt hier oder da für ein besonderes Recht, so würde dies Organ jene Frage sehr leicht beantworten können, indem es sich an die geeigneten Persönlichkeiten wendet und so die Kenntniß vermittelt. Genug, ich halte diesen Antrag sowohl in Beziehung auf die Praxis, als auch im Interesse des Juristen-Vereins für höchst wichtig. Aber je mehr ich davon durchdrungen bin, um so mehr scheint es mir auch, daß über den Antrag, wie er hier vorliegt, unmöglich en bloc oder im Einzelnen jetzt schon abgestimmt werden kann, sondern daß der Antrag erst einer Vorberathung bedarf. Ich möchte also unmaßgeblich vorschlagen, diesen Antrag an eine der bestehenden Abtheilungen zu verweisen oder, wenn es beliebt werden sollte, aus dem ganzen Plenum eine Commission zu ernennen, die zunächst über diesen Antrag ein Gutachten abgiebt und sich vor allen Dingen die Frage vergegenwärtigt: wie soll dieser gemeinsame Mittelpunkt, in welchem sich die Gesammtrechte von ganz Deutschland repräsentiren, gebildet werden? Es würde seine Schwierigkeiten haben, wenn die Mitglieder des Centralvereins, die zusammen kommen müssen, nicht an einem Orte wohnen, und es würde nöthig sein, daß ein bestimmter Ort festgestellt würde, von welchem aus den verschiedenen Deutschen Ländern die gewünschten Mittheilungen zugänglich wären. Ueber eine solche Organisation kann in einer so großen Versammlung nicht abgestimmt werden. Ich erlaube mir also vorzuschlagen, daß wir diesen Antrag an eine besondere Commission verweisen oder ihn einer der Abtheilungen zur Vorberathung zugehen lassen.

Präsident: Der Herr Antragsteller hat auch noch um das Wort gebeten. Ich glaube aber in seinem Sinne zu handeln, wenn ich zuvörderst dasjenige, was er mir schriftlich zustellen ließ, in Beziehung auf seinen Antrag der Versammlung vorlese.

(Der Antragsteller verlangt nähere Aufklärung, da er den Präsidenten nicht verstanden.)

Ich werde Ihr Amendement zu Ihrem eignen Antrage vorlesen.

Der Herr Antragsteller hat das Amendement zu seinem Antrage eingebracht, daß sein Antrag in die erste Abtheilung, die für alles dasjenige bestimmt ist, was unsere Geschäfte betrifft, verwiesen werden solle, und wir nicht weiter über diesen Antrag für jetzt, sondern erst in nächster Sitzung berathen möchten. (Beifall.)

Es ist dieses beschlossen.

Und nun, m. H., haben wir unsere heutige Tagesordnung erschöpft.

Aber der Herr Director Molitor aus München hat mich ersucht, ihm das Wort zu geben, und werden Sie damit einverstanden sein.

Appellationsgerichts=Director **Molitor**: Empfangen Sie, hochverehrte Herren, vor Allem den freundlichen Gruß und brüderlichen Handschlag der Mitglieder aus Bayern!

Auch uns führt die Begeisterung für die große Sache herbei, welche hier gefördert werden soll. Auch wir lassen uns nicht zurückschrecken von den unendlichen Schwierigkeiten, welche sich, — ich muß es gestehen, — einem so großen Unternehmen entgegen stellen. Allein wir sind auch der Meinung, daß diese Schwierigkeiten nur geeignet sind, unsern Muth und unsere Beharrlichkeit zu stählen. (Beifall.)

M. H., ich habe mir die Freiheit genommen, um das Wort zu bitten zu einem doppelten Zwecke. Ich glaubte, es würde Ihnen vielleicht interessant sein, die neuesten Ergebnisse der Gesetzgebung in Bayern zu vernehmen. In der allerneuesten Zeit sind da große Fortschritte gemacht worden, wie Sie sich dessen erinnern werden. Doch zuvor liegt mir noch Etwas auf dem Herzen, was ich auch gern Ihnen vortragen möchte. Es knüpft sich an an die Bemerkung eines sehr verehrten Mannes, den wir, so viel ich weiß, mit Bedauern in der heutigen Versammlung vermissen.

Es wurde von diesem Manne die Bemerkung gemacht, daß, wenn wir Etwas erzielen wollten, unsere Thätigkeit sich in gewissen Grenzen bewegen solle. Ich knüpfe daran an und möchte es anregen, daß ein solches Maßhalten nicht nur in Beziehung auf die Grenzen des Stoffes nöthig sein möchte, sondern auch in Beziehung auf die materielle Behandlung dieses Stoffes. Wir müssen, glaube ich, vor Allem den Boden scharf im Auge behalten, auf dem wir bauen wollen. Wir dürfen uns nicht zu sehr in's Ideale verlieren. Je positiver wir auf diesem Boden bleiben, um so besser für unser Wirken. Napoleon hat uns Deutsche „Ideologen" genannt. Nun wir können dieses Scheltwort, wenn es ein solches sein soll, uns gefallen lassen, denn die Bezeichnung, welche damit als Vorwurf gegeben wird, hängt zusammen mit den schönsten Eigenschaften des Deutschen Nationalcharakters; und es ist eine angenehme Erinnerung, die wohl hierher gehört, daß die Deutschen Ideologen dem eisernen Mann am Ende recht warm gemacht haben. (Beifall.)

Ich meine also, wir werden um so sicherer darauf zählen können, praktische Resultate zu erzielen, je mehr wir uns von der Klippe entfernt halten, die ich bezeichnet habe, und je mehr wir unser Augenmerk darauf richten, was besteht, und das uns anzueignen suchen, was sich durch die Erfahrung bewährt hat. Wenn das Gute gegeben ist, braucht man es nicht erst zu erfinden; was sich erprobt hat, braucht man nicht zu probiren.

Ich stelle keinen Antrag auf eine Beschlußfassung in diesem Sinne, denn ein solcher dürfte sich schwer formuliren lassen; es ist das mehr ein allgemeiner Gesichtspunkt, den ich nach meiner Herzensüberzeugung Ihnen Allen anempfehle. Möge Jeder daraus machen, was er daraus machen kann; nur gehe man auch nach der anderen Seite hin nicht zu weit. —

Nun, m. H., komme ich zu meiner Mittheilung über den Stand und die Fortschritte der Gesetzgebung in Bayern. Dieselben sind recht erfreulicher Art. Die neuesten Phasen unserer Gesetzgebung auf dem Gebiete des Strafrechts sind Ihnen Allen bekannt. Es hat große Anstände gegeben über das vorgelegte Strafgesetzbuch, und die Uneinigkeit zwischen Regierung und ständischen Ausschüssen schien das Zustandekommen des Werkes zu gefährden. Da trat die Weisheit unseres Monarchen in die Mitte und beseitigte die Schwierigkeit durch neu erwählte Rathgeber. Durch gegenseitiges Entgegenkommen und Vertrauen sind jetzt die großen Principien und Grundzüge des Werkes festbestimmt, und es wird kein Hinderniß mehr vorliegen, daß dasselbe auf dem nächsten Landtage, der am Ende des Jahres stattfinden wird, zum gesetzlichen Abschlusse gelange.

Noch größer waren die Schwierigkeiten in Betreff der delikaten Materie der Polizei-Strafgesetzgebung. Auch sie sind beseitigt worden, und auch da wird die Gesetzgebung die Sache demnächst vollenden.

Die größte Frage unserer Zeit im Gebiete der Rechtsverwaltung ist unstreitig die, wie am zweckmäßigsten das Civilverfahren geordnet werden soll. In dieser Beziehung befindet sich Bayern in einer ganz ähnlichen Lage wie Preußen und Hessen. Diese Länder haben im Jahre 1816 bekanntlich Provinzen auf dem linken Rheinufer überkommen und haben da ein fremdes Recht, gegeben durch den Eroberer, vorgefunden, welches jedoch in vielen Beziehungen sich anknüpft an recht ursprünglich Deutsche Einrichtungen. Ich erinnere nur an das Geschworenengericht! Diese Rechtszustände waren den Bevölkerungen werth geworden, und man war deshalb mit hohem Danke dafür erfüllt, daß die Regierungen in ihrer Weisheit sowohl in dieser Beziehung als in anderen das Bestehende nicht antasteten. Ueberdies, m. H., hat Deutsche Gründlichkeit in Wissenschaft und Praxis diesen Rechtszustand von vielen Schlacken gereinigt, womit er in Frankreich behaftet war und es immer bleiben wird.

Der rheinische Notar z. B. ist kein Geldmann, der seine für theueren Preis erkaufte Etüde ausbeutet; sondern er ist, was er nach dem Geiste des Gesetzes sein soll: ein erfahrener, freier und uneigennütziger Rathgeber. Auch die Advokaten zeigen sich der hohen Stellung, welche ihnen die Gesetzgebung am Rhein anweist, im großen Durchschnitte vollkommen würdig. Ebenso ist in den Händen Deutscher Richter die Pflege des fremden Rechtes wohl besorgt.

Es war natürlich, daß die Regierungen darauf dachten, dasjenige, was sich dort bewährt hatte, auch nach den andern Ländern diesseits des Rheines herüberzunehmen. In dieser Richtung wurde denn auch in Bayern vorgegangen, indem ein Gesetz vom Jahre 1848 die Grundlagen aufstellte, nach denen die Reform ausgebildet werden sollte; die Gesetzgebung über das Strafverfahren wurde 1848 vollendet. Der Entwurf einer auf öffentliches und mündliches Verfahren gegründeten Civil-Prozeßordnung ist vor zehn Jahren ausgearbeitet. Er hat nach Ueberwindung neuerlicher Schwierigkeiten in neuester Zeit einer durch den Stand der Wissenschaft und der Gesetzgebung gebotenen Revision unterlegen, welche vor wenig Tagen vollendet wurde und nun der höheren Genehmigung entgegensieht.

(Der Präsident unterbricht den Redner mit dem Ersuchen, sich kurz zu fassen in Rücksicht auf die noch bevorstehenden Abtheilungs-Sitzungen.)

Ich bin gleich fertig. Auch in Bezug auf die materielle Civil-Gesetzgebung herrscht in Bayern eine freudige Thätigkeit; das Obligationen-Recht ist vollständig entworfen. —

Ich zweifle nicht daran, daß Sie, m. H., durch Publikation unserer Arbeiten in nicht entfernter Zeit werden in den Stand gesetzt werden, zu prüfen, ob wir den großen Anforderungen, welche an solche Arbeiten jetzt zu stellen sind, Genüge geleistet haben.

Das ist Alles gut und schön, höre ich Sie sprechen; aber das ist ja eitel Particularismus! Habt Ihr denn keinen Sinn für die Regelung des allgemeinen Rechtszustandes des ganzen großen Deutschen Vaterlandes? M. H., setzen Sie sich an die Stelle der Bayerischen Regierung. Konnte sie zögern gegenüber dem anerkannten dringenden Bedürfnisse, dem Voranschreiten anderer Deutschen Regierungen und der wenig ermunternden Dauer der Verhandlungen über das Deutsche Handelsgesetzbuch? — Wenn wir etwas Gutes zu Stande gebracht haben, so wird es für Alle ein Gewinn sein, und als ein Baustein für das große Ganze dienen können.

Der hohen Intelligenz, welche sich hier die gemeinsame Gesetzgebung Deutschlands zu ihrer Aufgabe gemacht hat, ist es gegeben, die Bahnen aufzusuchen, auf denen jenes hohe Ziel erreicht werden kann, zur Ehre und zum Wohl des großen Vaterlandes! (Beifall.)

Präsident: M. H.! Es sind hier interessante Fragen berührt, welche wir seiner Zeit noch eingehend behandeln werden.

Advokat **Kuntzsch** aus Chemnitz: Ich bitte um's Wort. Es wird ein Antrag von dieser Seite gemacht werden.

Präsident: Es ist mir soeben ein Antrag zugekommen. Ich werde zunächst die Namensunterschriften vorlesen. Die Herren werden entschuldigen, wenn ich die Namen ohne Beisatz lese, wie sie hier stehen:

Advokat Kuntzsch aus Chemnitz; Petermann aus Strelitz; Liebmann aus Berlin; Wölfel, Assessor.

Der Antrag geht dahin:

„Aufhebung des Beschlusses über Verweisung des Bähr'schen Antrages an die erste Abtheilung und vielmehr Verweisung an eine besondere Commission."

Motive.

„Ueberhäufung der ersten Abtheilung mit Anträgen und Wichtigkeit des Bähr'schen Antrages als präjudicirlich für die künftige Stellung des Juristentages."

M. H., erlauben Sie mir die Bemerkung: wir dürfen doch das Beispiel nicht geben, auf eine bereits beschlossene Sache zurückzukommen. (Bravo!)

Es ist ja auch der ersten Abtheilung unbenommen, sich noch andere Kräfte hinzuzuziehen, und, wenn dies geschieht, wird wohl die Last für die erste Abtheilung nicht zu groß sein. Ich glaube im Sinne der Versammlung zu handeln, wenn ich über jenen Antrag zur Tagesordnung übergehe. (Zustimmung.)

Nun, m. H., erlaube ich mir noch Einiges zu Ihrer Kenntniß zu bringen. Die nächste Plenarsitzung findet Donnerstag um halb neun Uhr in diesem Saale statt. Die Tagesordnung kann sich natürlich nur richten nach dem Stoffe, den die Abtheilungen uns geben werden. Ich werde mich bemühen, es möglich zu machen, daß die Tagesordnung am Donnerstag früh den Mitgliedern durch den Druck bekannt gemacht werde.

Morgen, Mittwoch, ersuche ich die Herren Vice-Präsidenten und die Präsidenten der Abtheilungen, die heute noch werden gewählt werden, mit mir zu einer Conferenz zusammenzutreten. Wir haben eine vorbereitende Sitzung zu halten, und ich bitte die Herren, morgen um 12 Uhr so mit mir auf dem Potsdamer Bahnhofe zusammenzutreffen, daß sie gleich vom Bahnhof aus mit mir nach Potsdam fahren können. Dann bemerke ich, daß die Mitglieder, welche an der Fahrt nach Potsdam Theil nehmen wollen, sich um ein Viertel nach Ein Uhr auf dem Bahnhofe einfinden müssen, denn um 1/2 2 Uhr wird der Zug abgehen. Ich bitte die Herren, nicht ihre Mitgliedskarten zu vergessen.

Den stenographischen Bericht über die heutige Sitzung hoffe ich morgen um 11 Uhr im Odeum zur Einsicht der Herren, welche gesprochen haben, auslegen zu können.

Sollten die Herren Collegen noch eine Auskunft von mir über die Fahrt nach Potsdam oder sonst wünschen, so werden Sie mich heute beim Mahle zu jeder Auskunft bereit finden. —

(Schluß der Sitzung gegen 10 1/2 Uhr.)

Tagesordnung

für die

Plenarsitzung am 30. August 1860.

---

1. **Verlesung der beiden Protokolle über die letzte Plenar-Sitzung.**
2. **Berichte der Ersten Abtheilung.**

   Berichterstatter: Professor Dr. Jhering aus Gießen:

   a) Bericht über die Ordnung des Juristentages und ev.
   b) Wahl der ständigen Deputation;
   c) Bericht über den Bähr'schen Antrag (Drucksachen Nr. 2);
   d) Bericht über den Antrag wegen Bestimmung der Preußischen Gerichtszeitung zum Organ des Deutschen Juristentages;
   e) Bericht über den Antrag in Betreff einer gemeinsamen Civilgesetzgebung und über den Antrag des Geh. Raths Professor Dr. Mittermaier (Nr. 5 der Drucksachen).
3. **Berichte der Zweiten Abtheilung.**

   Berichterstatter: Gerichts-Assessor **Makower** aus Berlin:

   a) über den Antrag des Stadtrichters Primker (Drucksachen Nr. 11);
   b) über Errichtung eines obersten Deutschen Gerichtshofes für handelsrechtliche Fragen;
   c) über die Behandlung des Frachtgeschäfts in dem Nürnberger Entwurf des Handelsgesetzbuchs.

4. **Berichte der Dritten Abtheilung.**

Berichterstatter: Ober-Staatsanwalt v. **Groß** aus Eisenach:
Bericht über die Anträge des Appellationsgerichtsraths v. Kräwel und des Professors Dr. Wahlberg (Drucksachen Nr. 4 und 6).

Berichterstatter: Ober-Staatsanwalt **Schwarck** aus Berlin:
Bericht über den Antrag des Rechtsanwalts Lewald (Drucksachen Nr. 10).

Berichterstatter: Privatdocent Dr. v. **Holtzendorff** aus Berlin:
a) über den Antrag des Geh. Raths Professor Dr. Mittermaier in Betreff der Organisirung der gerichtlichen Polizei;
b) über einen Antrag in Betreff des Gefängnißwesens.

5. **Berichte der Vierten Abtheilung.**

Berichterstatter: Justizrath **Volkmar** aus Berlin:
Bericht über die Anträge des Ober-Tribunalsraths Dr. Waldeck, Präsidenten Dr. Bornemann und Justizraths Straß.

Berichterstatter: Ober-Tribunalsrath Dr. **Waldeck** aus Berlin:
Bericht über die übrigen der Vierten Abtheilung zugewiesenen auf Civilproceß, Gerichtsverfassung und Rechtsstudium bezüglichen Anträge.

Berlin, den 29. August 1860.

Der Vorsitzende der Plenar-Versammlung.
Dr. Wächter.

Zweite Sitzung
des Deutschen Juristentages
am Donnerstag den 30. August 1860.

Die Sitzung wird um 9 Uhr durch den Präsidenten, Geheimen Rath Professor Dr. v. Wächter eröffnet.

Präsident: Indem ich mir, meine verehrten Herren! die Ehre gebe, die zweite Sitzung der Plenar-Versammlung des Juristentages zu eröffnen, erlaube ich mir, über unsere Thätigkeit in den Abtheilungen während der letzten Tage eine kurze Rechenschaft abzulegen. Ich glaube zwar, im Ganzen liegt die Rechenschaft in dem Blatte, in welchem ich mir erlaubte, die Tagesordnung mitzutheilen.

Die Abtheilungen saßen vorgestern den ganzen Tag, soweit nicht die Plenar-Versammlung sie in Anspruch nahm; sie saßen gestern den größten Theil des Tages und haben in einer Weise, die gewiß unsere Anerkennung verdient, die an sie gelangten Anträge gründlich zu erledigen gesucht. Sämmtliche Anträge konnten allerdings nicht erledigt werden; aber über die meisten derselben werden Sie nun die Referate zu hören bekommen, um über die Anträge, welche die Abtheilungen in Bezug auf die Vorlagen stellen, Beschluß zu fassen. Ich glaube, daß namentlich, was die Anträge materieller Natur betrifft, besonders die Abtheilungen, in welche die Sachverständigen sich gesondert haben, competent zur Entscheidung solcher materiellen Fragen sein werden. Ich erlaube mir dabei, Sie darauf aufmerksam zu machen, daß unsere Zeit eine sehr beschränkte ist, da uns der Saal nur bis um 3 Uhr zur Disposition steht. Ich darf also wohl darauf zählen, daß Jeder, der an der Berathung Theil nimmt, auf diese beiden Umstände eine billige Rücksicht nehmen wird.

Und nun schreite ich zur Tagesordnung selbst und lasse Ihnen zunächst die Protokolle der letzten Sitzung vorlesen.

(Das erste Protokoll der Sitzung vom 28. August wird durch den Stadtrichter Hiersemenzel verlesen.)

Präsident: Genehmigt die Versammlung das Protokoll? (Allseitige Zustimmung.)

Dann bitte ich das zweite Protokoll vorzulesen.

(Geschieht durch den Schriftführer Rechtsanwalt Dr. Horwitz.)

Wird das Protokoll genehmigt? (Ja!)

Es sind beide Protokolle genehmigt.

In Bezug auf das Protokoll der heutigen Sitzung erlaube ich mir noch eine Bemerkung anzuknüpfen.

Es kann natürlich das Protokoll der heutigen Sitzung der ganzen Versammlung zur Genehmigung nicht vorgelegt werden. Haben Sie das Vertrauen zum Präsidium und zu dem Büreau, und wollen Sie diesem die Feststellung des Protokolls überlassen? (Ja!)

Und nun gehen wir an den zweiten Gegenstand der Tagesordnung, an die Berichte der Ersten Abtheilung. — Ich erlaube mir, den Herrn Professor Dr. Ihering aus Gießen einzuladen, die Tribüne zu besteigen und die Berichte zu erstatten.

In Bezug auf die formelle Behandlung der Sache möchte ich vorschlagen, daß nicht der ganze Entwurf der Ordnung des Juristentages, worüber der erste Bericht sich zunächst verbreitet, sondern nur diejenigen Paragraphen, zu denen die Abtheilung einen Antrag macht, mit dem Antrage der Abtheilung verlesen werden. Ich will damit keineswegs aussprechen, daß irgend ein Paragraph unserer Diskussion und Beschlußfassung entzogen werden soll. Es steht natürlich jedem Mitgliede frei, zu jedem Paragraphen einen Antrag zu machen und denselben unserer Berathung zu unterbreiten.

Ich will zunächst den ganzen Bericht über die Ordnung des Juristentages vortragen lassen.

Berichterstatter Professor Dr. Jhering: Indem ich als Berichterstatter der ersten Abtheilung der mir gewordenen Aufgabe nachkomme, bemerke ich, daß ich, der Aufforderung des Herrn Präsidenten an die Berichterstatter entsprechend, mich der möglichsten Kürze befleißigen und darauf beschränken werde, die Resultate der in der ersten Abtheilung gepflogenen Verhandlungen, und diese wiederum auch nur insoweit mitzutheilen, als sie der ersten Abtheilung Veranlassung gegeben haben, an die Plenarversammlung einen Antrag zu stellen.

Die erste Abtheilung erlaubt sich durch mich folgende Anträge zu stellen:

Hinsichtlich der Ordnung für den Juristentag beantragt sie die Annahme derselben, jedoch mit folgenden Modifikationen:

1. Zu §. 3 beantragt sie nach den Worten „Mitglieder der gelehrten Akademien" die Worte „Doctoren der Rechte" zu setzen.
2. Zu §. 6 Nr. 4 nach den Worten „Civilprozeß und juristisches Studium" den Zusatz „und praktische Ausbildung" zu machen.

Von der Vereinigung der Abtheilungen 1 und 2 wird bei §. 10 die Rede sein. Zu §. 10 hat die Abtheilung eine Veränderung sowohl in der Zusammensetzung als in der Befugniß der ständige Deputation für nothwendig erachtet und beantragt deshalb folgende Abänderungen dieses Paragraphen:

1. Folgende Fassung am Anfang desselben: „Vor dem Schlusse eines jeden Juristentages wird auf Vorschlag des Vorsitzenden von der Plenar-Versammlung durch Acclamation oder durch Stimmzettel in einem einzigen Scrutinium eine aus 14 Mitgliedern und dem Präsidenten des letzten Juristentages als Ehrenpräsidenten bestehende ständige Deputation gewählt."

   Der Satz schließt dann: „Von jenen 14 Mitgliedern müssen sieben am Orte des letzten Juristentages, sieben außerhalb wohnen."

2. Zu Nr. 2 des §. 10 hinter den Worten „Tagesordnung auf" den Zusatz: „bei welcher in der Regel nur diejenigen Vorlagen zu berücksichtigen sind, welche bis zum 31. Mai des laufenden Jahres eingegangen sind."
3. Nach Nr. 4 eine Nr. 5 folgenden Inhalts einzuschalten: „sie bereitet Abänderungsvorschläge in Betreff der Geschäftsordnung für die Plenarversammlung vor, und setzt erforderlichen Falls Aenderungen provisorisch ins Werk."

   Die erste Abtheilung will mit diesem Vorschlage zugleich die mehrfach als wünschenswerth bezeichnete Vereinigung der ersten mit der zweiten Abtheilung dem Ermessen der ständigen Deputation anheimgestellt haben.
4. Für den Schlußsatz des §. 10 wird dann folgende Fassung vorgeschlagen: „Die Deputation wählt aus ihrer Mitte einen Vorsitzenden und einen Schriftführer, welcher Letztere ein von der Deputation festzusetzendes Pauschquantum für baare Auslagen erhält. Der Sitz der Deputation ist der Ort des letzten Juristentages. Zur Gültigkeit ihrer Beschlüsse ist die Einladung sämmtlicher Mitglieder, sowie die Mitwirkung von wenigstens fünf Mitgliedern erforderlich."

Die erste Abtheilung hat geglaubt, der ständigen Deputation einen möglichst weiten Spielraum ihres Ermessens geben zu sollen, um derselben Gelegenheit zu lassen, auf Grund der gemachten Erfahrungen dem nächsten Juristentage die erforderlichen Vorschläge zu unterbreiten. Von diesem Gesichtspunkte ist sie auch hinsichtlich der Wahl des Ortes für die nächste Versammlung geleitet worden. Es wird sich für das gegenwärtige Jahr die letztere Maßregel um so mehr empfehlen, als es zur Zeit an allen vorbereitenden Schritten und Informationen fehlt, denen sich bei ähnlichen Versammlungen die Deputation hinsichtlich der Wahl des Ortes zu unterziehen hat.

Präsident: Ich bringe den Bericht der Ersten Abtheilung zur Discussion. Hinsichtlich des größeren Theiles der Paragraphen ist von der Abtheilung keine Abänderung vorgeschlagen worden, weil sie eine solche nicht für nothwendig hielt. Ich werde aber jeden Paragraphen einzeln zur Discussion stellen, und dabei bemerken, ob die Abtheilung zu demselben einen Antrag gestellt hat, oder nicht.

Zu §. 1 hat die Abtheilung keinen Antrag gestellt.

Dr. Klauhold aus Hamburg hat das Wort.

Staatsanwalt a. D. Dr. **Klauhold**: Es ist in der gestrigen Abtheilungs-Versammlung, wie auch in den Berichten vorübergehend erwähnt worden ist, die Frage aufgetaucht, ob die Wahl des nächsten Ortes — — (Unruhe in der Versammlung) ich spreche nur zur Geschäftsordnung — — bei welcher Gelegenheit, nach der von dem Berichte beliebten Behandlung der Sache, ein solcher neuer Antrag — — —

Präsident: Dies wird später zu erledigen sein. Ich bitte, nur den §. 1 zu lesen, der nur von dem Zwecke des Juristentages handelt. Zu §. 2 ist kein Antrag gemacht; er enthält nur die Bestimmung, daß der Juristentag alljährlich zusammentritt. Es scheint auch dagegen kein Widerspruch stattzufinden.

§. 3 handelt über die Mitgliedschaft. Hier ist von der Abtheilung der Antrag gemacht, daß Doctores juris unter die zur Mitgliedschaft Befähigten aufgenommen werden sollen. — Es scheint auch hiergegen sich Niemand auszusprechen.

Dr. Kühns aus Berlin hat das Wort.

Privatdozent Dr. **Kühns**: Ich vermisse in dem vorläufigen Entwurf der Ordnung für den Juristentag die Bestimmung, ob auch ehemalige, außer Aktivität gesetzte Staatsbeamte demselben angehören können. Ich meine: Mitglieder der Collegien und Behörden würden, wenn sie außer Aktivität wären, vielleicht ausgeschlossen werden können. Ich würde deshalb um den Zusatz bitten: „gleichviel, ob die zur Mitgliedschaft berechtigten Staatsbeamten in oder außer Dienst sind."

Präsident: Der Herr Berichterstatter hat das Wort.

Professor Dr. **Ihering**: Ich will nur bemerken, daß dieser Punkt in der Abtheilung zur Sprache gebracht ist. Die Abtheilung ging davon aus, daß dies sich von selbst verstehe, und daß auch Richter, die ihr Amt niedergelegt haben, dadurch ihre Fähigkeit, Mitglieder des Juristentages zu sein, nicht verlieren. (Allgemeine Zustimmung.)

Privatdozent Dr. **Kühns**: Es fragt sich nur, ob der Ausdruck „Mitglieder der Verwaltungsbehörden" nicht zu Zweifeln führen kann.

Präsident: M. H.! Lassen Sie das Sache der Redaktion sein, wenn Sie selbst im Wesen einverstanden sind. (Bravo!)

§. 4 betrifft das Beginnen der Mitgliedschaft; darüber wird keine Bemerkung zu machen sein. — Auch zu §. 5 ist keine Bemerkung gemacht. — Wir kommen nun zu §. 6. Hier hat die Commission blos in Bezug auf die Abtheilungsberathungen zu Nr. 4 ein Amendement gemacht. Es heißt da nämlich, es soll die vierte Abtheilung für Civilprozeß und juristisches Studium thätig sein; und es wird vorgeschlagen, hinzuzufügen:

„und praktische Ausbildung."

Dies wird wohl keinen Anstand finden, und ich nehme an, daß der §. 6 mit diesem Zusatz genehmigt ist. — §. 7 bestimmt, daß ein Vorsitzender die Verhandlungen leite und zwei Stellvertreter ernenne, u. s. w. Es hat auch hier die Abtheilung keinen Antrag gestellt. Ich glaube aber, nach dem, was in der ersten Sitzung beschlossen wurde, werden wir sagen müssen: „zwei bis vier Stellvertreter." Es könnte allerdings sein, daß eine Versammlung des Juristentages wenig zahlreich wäre, so daß dann zwei Stellvertreter genügten; es ist aber doch wahrscheinlich und wünschenswerth, daß sie immer sehr zahlreich besucht wird, und dann werden vier stellvertretende Präsidenten nöthig sein.

(Es meldet sich ein Mitglied zum Wort.)

Präsident: Woher?

Das Mitglied: Aus Potsdam. (Heiterkeit.)

Präsident: Sie haben das Wort.

Gerichts-Assessor **Saran**: Es ist, wenn ich nicht irre, der Grundsatz ausgesprochen worden, daß die Plenarsitzungen öffentlich sein sollen. Ich stelle anheim, darüber einen Beschluß herbeizuführen.

Präsident: Wir haben den Grundsatz der Oeffentlichkeit bereits adoptirt und würden, wenn wir Lokale dazu hätten, auch die Abtheilungssitzungen für die Oeffentlichkeit einrichten; denn die Abtheilungen haben in den letzten Tagen sehr eingehende und interessante Verhandlungen gehabt, die der Oeffentlichkeit nicht entzogen werden sollten. Ich glaube: das Büreau des Juristentages wird stets bemüht sein, dem hier ausgesprochenen Wunsche möglichst Rechnung zu tragen. Darüber wird wohl in der ganzen Versammlung eine Stimme herrschen, daß wir die Oeffentlichkeit möglichst überall festhalten. (Lebhaftes Bravo!)

Bei §. 8 über die Stimmenmehrheit liegt kein besonderer Antrag vor.

Bei §. 9 über den Schluß der Debatte ebenfalls kein Antrag.

Was den §. 10 betrifft, so will ich den Antrag zunächst doch noch einmal durch den Herrn Berichterstatter vorlesen lassen. Derselbe betrifft die ständige Deputation. Es ist nämlich in dem Entwurfe vorgeschlagen, daß eine ständige Deputation so zu sagen den Juristentag bis zu seinem Wiederzusammentritt repräsentiren und seine Arbeiten vorbereiten solle; und hat in dieser Hinsicht die Abtheilung ein Amendement zu den Bestimmungen des Entwurfes vorgeschlagen. Ich ersuche den Herrn Berichterstatter, den Antrag noch einmal zu verlesen.

(Der Berichterstatter Professor Jhering verliest den Antrag zu §. 10 nochmals.)

Wir wollen dabei stehen bleiben. Die Fragen sind zu trennen. Es liegen nämlich verschiedene Fragen in diesem Amendement. Von der Wahl der Deputation wollen wir nachher sprechen. Vorher müssen wir einen Beschluß darüber fassen, wie die Deputation überhaupt bestimmt und zusammengesetzt werden soll. Darüber, m. H., wird wohl kein Zweifel sein, daß eine solche Deputation überhaupt nothwendig ist? (Zustimmung.)

Ich erlaube mir nun zunächst die Frage: soll die Deputation aus 14 Mitgliedern und dem Präsidenten des letzten Juristentages bestehen? (Zustimmung.)

Auch das ist genehmigt. Nun erst wird die Frage über die Wahl der Deputation an die Reihe kommen. Es ist beantragt, daß die Wahl der Deputation von der Plenarversammlung durch Acclamation oder Stimmzettel geschehen soll. Natürlich müßte, wenn von einer Acclamation die Rede sein soll, das Präsidium es sein, welches die betreffenden Mitglieder vorschlägt. (Zustimmung.)

Ich erlaube mir nun, m. H., zunächst zu fragen, ob Jemand über diesen Gegenstand das Wort nehmen will?

Professor Anschütz aus Greifswald hat das Wort.

Professor Dr. **Anschütz**: Ich habe einen Antrag gestellt, zwischen §. 9 und 10 über die Befugniß der Deputation betreffs der Wahl des Versammlungsortes eine Bestimmung einzuschalten.

Präsident: Bei dem Versammlungsort sind wir noch nicht.

Professor **Anschütz**: Ich werde mir erlauben, den Antrag bei §. 10 wieder vorzubringen — — —

Präsident (den Redner unterbrechend): Ihr Antrag betrifft blos die Wahl des Ortes.

Professor **Anschütz**: Ich habe einen eventuellen Antrag gestellt, den zweiten — — — (Unruhe.)

Präsident: Dann können wir Ihren Antrag jetzt noch nicht vornehmen, sondern erst dann, wenn der erstere Antrag verworfen wird.

(Der Professor Anschütz bemerkt, daß er bei den Befugnissen der Deputation auf seinen Antrag zurückkommen werde.)

Präsident: Ich glaube nicht Unrecht zu haben, wenn ich Ihren event. Antrag, der für einen Fall gestellt ist, bei welchem wir noch nicht sind, zurückgestellt habe. Aber ich will Ihren anderweiten Antrag vorlegen. Sie beantragen, daß, abgesehen von der Personenzahl der Deputation, der erste Satz aus §. 10 der vorläufigen Ordnung beibehalten werde, mithin die Wahl der ständigen Deputation von der Plenarversammlung durch Stimmzettel in einem einzigen Scrutinium zu erfolgen habe. Dieser Antrag und der der Abtheilung sind einander grade entgegengesetzt; ich glaube daher, m. H., es ist vollkommen gleichgültig, über welchen Antrag ich abstimmen lasse.

Obergerichtsrath Bähr aus Cassel hat das Wort.

(Professor Dr. Schulte aus Prag bemerkt, daß er zuerst ums Wort gebeten.)

Dann haben Sie das Wort.

Professor Dr. **Schulte**: Ich glaube, es findet keine Wahl statt, wenn das Präsidium 14 Mitglieder vorschlägt und man dann durch

Acclamation oder durch Stimmzettel 14 Mitglieder wählen soll. Ich kann mir nicht denken, wie man von 14 vorgeschlagenen Mitgliedern 14 wählen soll. Man muß es also entweder einfach dem Präsidio überlassen, 14 Mitglieder vorzuschlagen oder man muß in einer Sitzung durch Stimmzettel wählen, wie dies in der ursprünglichen Geschäftsordnung vorgesehen war.

Präsident: Herr Obergerichtsrath Bähr aus Cassel hat das Wort.

Obergerichtsrath **Bähr:** Ich will nur dem Ausdruck verleihen, was, wie ich glaube, Herr Anschütz hat bemerken wollen.

Es ist die Absicht eines Theils der Gesellschaft, die Frage, in welcher Weise die Deputation constituirt werden soll, ob auf Vorschlag des Herrn Präsidenten oder lediglich durch Stimmzettel, zum Theil davon abhängig zu machen, in welchem Umfange der Deputation Befugnisse eingeräumt werden, namentlich in welchem Umfange ihr das Recht eingeräumt wird, über den Ort der Versammlung zu beschließen. Ich glaube daher, daß es im Sinne Derjenigen, welche diese Ansicht theilen, liegt, wenn ich darauf antrage, die Frage über die Zusammensetzung der Deputation auszusetzen, bis über diesen Punkt Beschluß gefaßt ist. (Zustimmung der Versammlung.)

Präsident: Es haben sich noch zwei Herren zum Worte gemeldet.

Es scheint aber die Ansicht, welche Herr Dr. Bähr ausgesprochen hat, Anklang zu finden, und wir könnten wohl die weitere Debatte abschneiden. Mir scheint kein Anstand gegen den Antrag des Herrn Dr. Bähr vorzuliegen. Wir können die Frage über die Wahl noch unentschieden lassen; ebenso auch die, ob der Deputation 7 Mitglieder von dem Sitz des letzten Juristentages und 7 Mitglieder von außerhalb angehören sollen.

Wir wollen diese beiden Fragen — also aus welcher Kategorie die Mitglieder der Deputation zu nehmen sind und über die Wahl der Deputation — vorläufig aussetzen, bis die andern Fragen erledigt sind. (Allgemeine Zustimmung.)

Zunächst kommen wir zu Nr. 2 des §. 10.

Die Abtheilung wünscht, daß die Vorlagen für den Juristentag, welche von der Deputation berücksichtigt werden sollen, spätestens bis 31. Mai jeden Jahres eingereicht werden sollen. — Was sind die Motive?

Berichterstatter Professor Dr. **Jhering**: Daß die Anträge die nöthige Vorbereitung Seitens der Deputation finden und die Vorlagen rechtzeitig gedruckt werden können.

Präsident: Herr Rechtsanwalt Block aus Burg hat das Wort.

Rechtsanwalt **Block**: Wann wird der Juristentag stattfinden?

Präsident: Ende August jeden Jahres. Wir müssen auf die Gerichts- und Universitäts-Ferien Rücksicht nehmen.

Herr Ober-Staatsanwalt v. Groß aus Eisenach hat das Wort.

Ober-Staatsanwalt v. **Groß**: Ich bitte den Antrag zu verwerfen. Ich glaube, daß er dem Juristentage unnöthige Fesseln auflegt.

Berichterstatter Professor Dr. **Jhering**: Der Vorschlag lautet: „in der Regel nur diejenigen Vorlagen zu berücksichtigen." Es bleibt also der Deputation überlassen, auch später einlaufende Anträge zu berücksichtigen.

Präsident: Herr Justizrath Straß aus Berlin hat das Wort.

Rechtsanwalt, Justizrath Dr. **Straß**: Ich halte den Antrag für sehr zweckmäßig; es ist nicht möglich, einen so reichhaltigen Stoff zu bewältigen, wenn nicht Zeit genug gegeben ist. Wir haben diese Erfahrung schon diesmal gemacht. (Ruf: Schluß!)

Präsident: Ich mache darauf aufmerksam, daß nach dem Vorschlage bloß in der Regel die Deputation später eingehende Vorlagen zurückzuweisen das Recht haben soll. Und sie wird gewiß möglichst wenig Gebrauch davon machen.

Der Herr Justizrath Vogler aus Berlin hat das Wort. (Ruf: Schluß!) Wir wollen das von dem Herrn gestellte Amendement wenigstens hören.

Rechtsanwalt, Justizrath **Vogler**: Ich möchte vorschlagen, der Deputation das ihr zuzuweisende Recht nur unter dem Vorbehalt der Entscheidung der Plenar-Versammlung einzuräumen.

Präsident: Die Plenar-Versammlung kann nicht über etwas beschließen, was hinter ihr liegt. — Ich frage also: Soll der ursprüngliche Antrag der Abtheilung, wie er vorliegt, angenommen werden? (Ruf: Ja! Ja!)

Dann kommen wir zu Nr. 4 und 5. Es ist ein Zusatz zu 4 beantragt. Der Entwurf sagt, daß die Deputation sich selbst ergänze, falls eines oder mehrere ihrer Mitglieder während des Geschäftsjahres ausscheiden. Dazu ist beantragt: „Sie bereitet Abänderungen der Geschäftsordnung für die Plenarversammlung vor und setzt erforderlichen Falls dergleichen Abänderungen provisorisch ins Werk."

Ich bitte den Herrn Berichterstatter sich darüber auszusprechen, wie das gemeint ist?

Professor Dr. Jhering: Der ständigen Deputation soll vorläufig das Recht reservirt werden, von gewissen Bestimmungen abzugehen, wenn Noth eintreten sollte, namentlich was die Bildung der vier Abtheilungen betrifft. Es soll der Deputation zustehen, etwa mit Rücksicht auf die Erfahrungen, welche gemacht sind, die Abtheilungen 1 und 2 zu vereinigen. Das war das praktische Motiv der Bestimmung.

Präsident: Wir wollen doch die Anträge trennen. Also erstens: daß die Deputation Abänderungen für die Plenarversammlung vorbereiten soll; darüber wird wohl kein Bedenken sein. —

Der zweite Antrag ist, daß die Deputation erforderlichen Falls Abänderungen provisorisch ins Werk setzen könne.

Herr Obergerichtsrath Bähr aus Cassel hat das Wort.

Obergerichtsrath Bähr: Ich will bemerken, daß die Absicht nicht war, der Deputation die Befugniß ein für allemal zuzusprechen, sondern daß dies nur bis zum nächsten Juristentage geschehen sollte. Der nächste Juristentag soll alsdann eine definitive Bestimmung in der angeregten Frage treffen. Dies tritt in der Fassung allerdings nicht deutlich hervor; das schadet aber auch nichts, denn es wird Sache der Redaction sein, den Zusatz klarer und bestimmter zu formuliren.

Präsident: Herr Advocat Berger aus Wien hat das Wort.

Hof- und Gerichts-Advocat Dr. Berger: Ich sehe die Autonomie der ganzen Versammlung als Prinzip an und halte es nicht für statthaft, der Deputation das Recht einzuräumen, Veränderungen der Geschäftsordnung vorzunehmen; denn dieses Recht würde jene Autonomie aufheben. Statt, wie angedeutet worden ist, Abtheilungen zu vereinigen, möchte ich als Abtheilungspräsident eher vorschlagen, dieselben aufzulösen, weil die Abtheilungen, wie sie jetzt sind, zu groß und deshalb unlenksam sind und nicht mehr die Natur von Comité's haben.

Präsident: Es ist also der Antrag etwas modifizirt worden, dahin, daß er nur bis zum nächsten Juristentage Geltung haben soll. Ich erlaube mir, in diesem Sinne die Frage Ihnen zur Entscheidung vorzulegen.

Soll also der ständigen Deputation das Recht eingeräumt werden, für das nächste Jahr vorläufige Aenderungen an der Geschäftsordnung zu treffen? (Widersprechende Rufe.)

Darf ich diejenigen Herren, welche diesen Antrag annehmen wollen, ersuchen, aufzustehen. (Geschieht.)

Es scheint die Minderzahl zu sein.

Nun bitte ich, die Gegenprobe zu machen: daß also Diejenigen aufstehen, welche die Frage verneinen. (Geschieht.)

Es ist die Majorität.

Nun komme ich an den Schlußantrag der Abtheilung.

Sie beantragt einen Zusatz des Inhaltes:

> „Die Deputation wählt aus ihrer Mitte einen Vorsitzenden und einen Schriftführer, welchem eine von der Deputation festzusetzende Pauschsumme für Bureauauslagen zur Verfügung zu stellen ist. Der Sitz der Deputation ist der Ort, an welchem der letzte Juristentag versammelt war."

Ich erinnere zur Erklärung dieses Zusatzes daran, daß die Deputation nach dem Antrage der Abtheilung aus 14 Mitgliedern bestehen soll, aus 7 Mitgliedern an dem Sitze der Deputation und 7 außerhalb dieses Ortes, und daß der Präsident des letztvorangegangenen Juristentages ihr Ehrenpräsident sein soll.

Es wird dann weiter vorgeschlagen:

„Zur Gültigkeit ihrer Beschlüsse ist die Einladung sämmtlicher Mitglieder, sowie die Mitwirkung von wenigstens 5 Mitgliedern erforderlich."

Ich bitte, sich zur Discussion zu melden, und bemerke nur, daß weder von dem Orte des Juristentages, noch von der Wahl der Mitglieder der Deputation hier die Rede ist.

Sind Sie also, Letzteres Beides vorbehalten, mit dem Vorschlage einverstanden?

(Assessor Lasker aus Berlin meldet sich zum Wort; es erfolgt jedoch von allen Seiten der Ruf nach Schluß der Debatte.)

(Der Präsident wiederholt, nachdem der Schluß der Debatte von der Versammlung beliebt worden, die Frage, welche bejaht wird.)

Es hat nun die Abtheilung gleich hieran den Antrag des Herrn Ober-Tribunalsraths von Sternenfels aus Stuttgart angeknüpft. Ich glaube jedoch die Berathung desselben verschieben und zunächst auf den Bericht über den Antrag des Herrn Ober-Gerichtsraths Bähr (Drucksachen Nr. 2) übergehen zu sollen.

Ich lade also den Herrn Berichterstatter ein, uns den Bericht der Abtheilung über diesen Antrag mitzutheilen.

Berichterstatter Professor Ihering: Die Erste Abtheilung schlägt die Annahme dieses Antrags vor, jedoch mit folgender Aenderung:

Der §. 2 erhält statt der bisherigen folgende Fassung:

„Zu dem Ende übernehmen die Mitglieder des Deutschen Juristentages die Verpflichtung, sich gegenseitig derartig zu unterstützen, daß sie in Bezug auf einzelne Rechtsfragen über den Stand der Gesetzgebung und der Praxis ihres Landes die entsprechende Auskunft ertheilen."

§. 3 erhält folgende Fassung:

„Vermittelt wird diese Auskunftsertheilung durch die ständige Deputation des Juristentages, und einzelne, den betreffenden Ländern angehörige Mitglieder, mit welchen sich dieserhalb die ständige Deputation ins Vernehmen zu setzen hat."

Im §. 4 würde dem entsprechend der Ausdruck „Schriftführer" wegfallen und zu ersetzen sein durch „Mitglieder aus den betreffenden Ländern."

Präsident: Diese Anträge setzen voraus, daß der Antrag des Herrn Bähr angenommen wird. Ich muß aber die Vorfrage stellen, ob wir überhaupt auf diesen Antrag eingehen wollen? — Der Antrag geht dahin, daß die ständige Deputation die Hand bieten soll (ich will es vorläufig so nennen), um jedem Anfragenden Auskunft über Deutsches Partikularrecht zu verschaffen.

Herr Rechtsanwalt Horwitz aus Liebenwerda hat das Wort.

Schriftführer Rechtsanwalt Dr. **Horwitz:** M. H., ich bin nicht hierher gekommen, um eine Rede zu halten; ich bitte Sie daher nur, meinen Antrag auf motivirte Tagesordnung zu hören und anzunehmen. (Liest.)

In Erwägung:

daß der Antrag des Obergerichtsraths Bähr in seiner Ausführung auf große ökonomische und technische Schwierigkeiten stoßen würde, derselbe jedenfalls auch mit Rücksicht auf die eigentlichen und nächsten Zwecke des noch in der Organisation begriffenen Juristentages verfrüht erscheint,

beschließt der Juristentag:

in Anerkennung der löblichen Intentionen des Antragstellers über den Antrag des Obergerichtsraths Bähr zur Tagesordnung überzugehen.

Präsident: Es stehen etwa 2 Dutzend Unterschriften unter diesem Antrage. Ich frage: verlangt Jemand das Wort? (Pause.)

Dann möchte ich zunächst diesen Gegenantrag des Herrn Dr. Horwitz zur Abstimmung bringen.

Ich frage also die geehrte Versammlung: Soll der Antrag des Herrn Dr. Horwitz angenommen werden? Ich bitte Diejenigen, welche für die beantragte motivirte Tagesordnung sind, sich zu erheben. (Geschieht.)

Es scheint eine sehr große Majorität dafür zu sein. Der Antrag ist angenommen. Die übrigen Anträge sind dadurch gefallen.

Gehen wir nun auf die beiden vorbehaltenen Fragen über, auf die Fragen nämlich: wer den Ort der nächsten Zusammenkunft bestimmen und wie die Deputation zusammengesetzt werden soll? Ich glaube, die Frage: wer den Ort der nächsten Zusammenkunft bestimmen soll, werden wir doch wohl als die zweite betrachten können. Dieses Geschäft wird nicht so groß sein, daß man davon die Zahl und die Wahl der Deputation abhängig machen könnte. Wenn Sie nichts dagegen zu erinnern haben, will ich daher zuerst fragen: Soll nach dem Antrage der Abtheilung die Deputation aus vierzehn Mitgliedern und dem Präsidenten des letzten Juristentages, also im Ganzen aus funfzehn Personen bestehen? Sind Sie damit einverstanden? (Zustimmung.)

Sodann: Sollen die 14 Mitglieder von dem jedesmaligen Präsidium des Juristentages vorgeschlagen werden, so daß durch Acclamation gewählt werden kann? Oder soll durch Stimmzettel gewählt werden? Ich muß natürlich zum Zweck der Abstimmung diese beiden Fragen trennen.

Herr Präsident Dr. Lette aus Berlin hat das Wort.

Präsident Dr. Lette: M. H.! Der Herr Professor Schulte aus Prag hat einen Widerspruch darin gefunden, daß der Vorschlag der Mitglieder ausgehen solle von dem Herrn Präsidenten, und daß dessen ungeachtet durch Acclamation, in eventum erst durch Stimmzettel gewählt werden könne. Dieser Widerspruch wird gelöst, wenn es dem Herrn Präsidenten gefällt, nicht blos selber die Herren Mitglieder vorzuschlagen, sondern auch Vorschläge dieser Art aus der Plenar-Versammlung zu hören. Und darum möchte ich antragen: daß es dem Herrn Präsidenten gefalle, nicht blos selber Vorschläge zu machen, sondern auch den Mitgliedern die Vorschläge von Namen zu gestatten. Ich berufe mich auf die Praxis sämmtlicher Congresse in Deutschland, bei denen es ebenso gehalten wird. Dadurch wird der Widerspruch gehoben, wenn es nicht blos auf Acclamation, sondern auf Stimmenabgabe ankommt, ob man für einen der Candidaten des Herrn Präsidenten sich entscheiden, oder den andern, von den Mitgliedern vorgeschlagenen, annehmen will.

Präsident: Herr Kuntzsch aus Chemnitz hat das Wort.

Advocat Kuntzsch: Es wäre wünschenswerth, daß der ständigen Deputation Mitglieder aus allen Abtheilungen angehörten; daß die

Abtheilungs-Vorstände je zwei oder ein Mitglied aus ihrer Abtheilung vorschlügen, und die Versammlung dann darüber entschiede: durch Acclamation; denn die Abstimmung durch Stimmzettel würde wenigstens Stunden lang dauern.

Präsident: Herr Anschütz hat das Wort.

Professor Dr. **Anschütz** aus Greifswald: Ich bitte meinen Antrag zu verlesen.

Präsident: Der Antrag geht dahin: daß der erste Satz des §. 10 in der vorläufigen Ordnung beibehalten werde, nach welchem die Wahl der ständigen Deputation durch die Plenar-Versammlung in einem einzigen Scrutinium erfolgen soll.

Herr Klauhold hat das Wort.

Staatsanwalt a. D. **Klauhold** aus Hamburg: Der Grund der Aussetzung des Beschlusses über den Wahlmodus in der Versammlung war der, daß erst die Befugniß der Deputation festgestellt sein müßte, damit man überhaupt wisse, welche Bedeutung der Frage der Wahl beizulegen sei. Wenn also der Herr Präsident jetzt über den Wahlmodus abstimmen lassen will, ehe er über die Wahl des Ortes der nächsten Zusammenkunft entscheiden läßt, so geht er von seiner vorherigen Entscheidung ab.

Präsident: Bei der früheren Entscheidung handelte es sich darum, daß der Deputation eine Arbeit auferlegt werden wollte, die große Mühe und viel Zeit hätte kosten können: dieß war der Bähr'sche Antrag. Deßwegen mußten wir diesen Antrag vorher berathen. Die Wahl des Ortes können wir hier nicht hineinmischen. Erst müssen wir über die Deputation entschieden haben.

Herr Professor Herbert hat das Wort.

Professor Dr. **Herbert** aus Prag: Ich glaube, daß der Grund, weshalb wir die Bestimmung über den Ort der Zusammenkunft und den Wahlmodus der Deputation ausgesetzt haben, der war, daß wir annahmen, die Bestimmung des Ortes der nächsten Zusammenkunft sei unter allen Befugnissen die wichtigste. Wegen dieser Befugniß der Deputation traten alle anderen in den Hintergrund, und es wäre ein

Widerspruch, wenn, nachdem wir über die minder wesentlichen Befugnisse entschieden haben, wir die wichtigste, die Wahl des Ortes, aussetzten.

Präsident: Ich gestehe, daß ich die Sache anders auffasse. Ich glaube, eine sehr bedeutende Geschäftslast wäre es gewesen, wenn wir den Bähr'schen Antrag angenommen hätten, und nach dieser hätte sich die Zusammensetzung der Deputation ganz wesentlich bestimmen müssen. Anders dagegen verhält es sich mit der Wahl des Ortes des Juristentages. -- Ob Sie ihr diese, wenn auch noch so wichtige Obliegenheit, die aber gar keine zeitraubende genannt werden kann, noch zulegen wollen, das wird auf die Frage, wie die Deputation gewählt und zusammengesetzt werden soll, ohne Einfluß sein. Natürlich würden wir, wenn Sie die Deputation wählen, oder das Präsidium damit beauftragen wollten, tüchtige Geschäftsmänner zu wählen suchen. Es fragt sich aber, da dieses in Anregung gebracht wird: ob die Versammlung zunächst über alle Functionen, welche die Deputation zu versehen habe, abstimmen will.

Ich muß jedoch, ehe ich diese Frage förmlich stelle, eine Ungenauigkeit, die ich vorher beging, berichtigen. Es sind zwei Fragen, um die es sich handelt: einmal, was wollen wir in das Statut aufnehmen? uud wie wollen wir dann dasselbe anwenden? Es ist in dem Statut die Alternative gesetzt, entweder daß die Versammlung durch Stimmzettel, oder daß sie durch Acclamation wähle. Das wird jedenfalls in dem Statut bleiben können, da es jede Versammlung in der Hand hat, einen oder den anderen Modus zu beschließen. Ich werde erst diese Frage stellen, und dann die zweite: Welchen Weg will die Versammlung für dieses Mal einschlagen für die Wahl der Deputation? Ich frage daher — ob Sie diese Frage vor der über die Wahl des Ortes oder nachher entscheiden wollen, ist gleich — um das Statut in seinem Wortlaut in Ordnung zu bringen: Soll nach dem Abtheilungsantrage in dem Statut bestimmt werden, daß die Wahl der Deputation entweder durch Stimmzettel oder durch Acclamation geschieht? (Ruf: Ja!)

Es scheint mir der Antrag angenommen. Und nun die zweite Frage: Welchen Modus wollen wir heute befolgen?

Es ist in dieser Hinsicht zunächst die Frage: Wann soll die Entscheidung über die Wahl des Ortes erfolgen? Vor der Wahl der Deputation oder nach derselben? Es ist der Vorschlag gemacht, die Wahl des Ortes zuerst vorzunehmen. (Ja! Nein!)

Nun so muß ich bitten, daß Diejenigen, welche die Frage über die Wahl des Ortes zuerst vornehmen wollen, sich erheben. (Geschieht.)

Nun bitte ich Diejenigen, welche die Wahl des Ortes secundo loco vornehmen wollen, sich zu erheben. (Geschieht.)

Es ist die Mehrheit dafür, sofort die letztere Frage vorzunehmen. Ich eröffne daher die Discussion über die Frage: Soll der zu wählenden ständigen Deputation die Wahl des nächsten Ortes des Juristentages überlassen werden?

Herr Rechtsanwalt Block aus Burg hat das Wort.

Rechtsanwalt **Block**: Meine hochgeehrten Herren, lassen Sie uns doch nicht in Fehler verfallen um einzelner Specialitäten willen. Der Juristentag muß lebendig sein und leben können; der Ort ist ganz gleich, wenn die Vereinigung nur auf Deutschem Boden stattfindet. Grade durch die Wahl der Versammlung werden partikularistische Interessen hervortreten. Es muß mit Rücksicht auf die Größe der Versammlung selbstverständlich eine große Stadt sein. Wenn wir eine Deputation wählen, müssen wir ihr auch Vertrauen schenken. (Von allen Seiten Ruf: Schluß! Schluß!)

Präsident: Ich frage also, da die Versammlung den Schluß beschlossen hat:

> Soll die Wahl des Ortes der nächsten Zusammenkunft des Juristentages der ständigen Deputation überlassen werden?

(Ein Theil der Versammlung erhebt sich.)

Ich glaube, daß die Majorität dafür ist.

Ich bitte nun Diejenigen, die dagegen sind, sich zu erheben. (Geschieht.)

Mir scheint die Minderheit dagegen zu sein. (Widerspruch.) Ich glaube, wenn ich recht gesehen habe, und auch das Bureau theilt meine

Ansicht, daß die Majorität dafür ist, der Deputation die Bestimmung des Ortes zu überlassen. Und nun kommen wir zu der Frage, m. H.:

Soll die ständige Deputation für diesmal — wir haben ja zwischen beiden Wahlmodis zu wählen — durch Acclamation oder Stimmzettel gewählt werden?

Ich will einmal zunächst die Stimmzettel zur Abstimmung bringen.

Der Herr Professor Schulte aus Prag hat das Wort.

Professor **Schulte**: Ich wollte mir erlauben, folgenden Zusatz vorzuschlagen:

„wählt aus 30, vom Präsidium in der Tagesordnung namhaft zu machenden Mitgliedern durch Stimmzettel in einem Scrutinium."

Präsident: Was für einen Antrag wollen Sie machen?

Professor **Schulte**: Das Präsidium mache 30 Mitglieder in der Tagesordnung der letzten Plenarsitzung namhaft; aus diesen 30 werde die Deputation in einem Scrutinium gewählt.

Präsident: Da Niemand weiter das Wort begehrt, so frage ich:

Will die Versammlung durch Stimmzettel, also durch ihr Scrutinium, die Mitglieder der ständigen Deputation wählen?

Wer dafür ist, den bitte ich, sich zu erheben. (Geschieht.)

Ist abgelehnt ... also durch Acclamation.

Der Herr Justizrath Jester aus Königsberg hat das Wort.

Rechtsanwalt, Justizrath **Jester**: Ich erlaube mir den Antrag zu stellen, daß principaliter durch Acclamation gewäht werde. (Ruf: Schon angenommen!)

Präsident: Dadurch, daß die Versammlung das Scrutinium abgelehnt hat, ist die Acclamation angenommen. — Nun glaube ich, wird die Acclamation wohl kaum anders geschehen können, als daß der Präsident einen Vorschlag macht. Ich gestehe offen, als mir gestern Abend der Antrag der Abtheilung zukam, habe ich allerdings gedacht, es wäre eine Möglichkeit, daß die Versammlung es in meine Hände legen würde, Ihnen Vorschläge zu machen. Darauf mußte ich mich vorbereiten. Ich nahm daher mit mehreren Mitgliedern Rücksprache, um, wenn die geehrte Versammlung einen solchen Beschluß fassen sollte, möglichst im Sinne der Versammlung zu wählen. Hiernach habe ich eine Liste gemacht, mit der ich zurückgetreten wäre, wenn Sie selbst das Scrutinium vorgenommen hätten.

Herr Kreisrichter Meibauer hat das Wort.

Kreisrichter **Meibauer**: Ich habe nur den Antrag machen wollen, über den Antrag des Herrn Präsidenten Lette abstimmen zu lassen.

Präsident: Der ist beseitigt. (Ruf: Nein! Nein!)

(Zum Präsidenten Lette gewandt.)

Wollen Sie Ihren Antrag noch ein Mal wiederholen?

Präsident **Lette**: Mein Antrag geht dahin, daß es dem Herrn Vorsitzenden gefallen möge, auch Vorschläge einzelner Namen aus der Versammlung zu vernehmen. Ich habe allerdings kein schriftliches Amendement eingebracht, sondern es nur dem Herrn Präsidenten freigestellt.

Präsident: Es kann dies dem Präsidenten, dem Sie ein solches Recht eingeräumt haben, nur erwünscht sein. Ob wir die Deputation jetzt ernennen oder zwei Stunden später, das ist gleich. Ich glaube, jenen Antrag können wir unbedenklich und unbeschadet der Sache annehmen. Wenn Sie damit einverstanden sind, werde ich die Wahl der Deputation an einem mir geeignet scheinenden Zeitpunkte der Sitzung einschieben. (Allseitige Zustimmung.)

Der Herr Präsident Heimsoeth hat das Wort.

Geheimer Ober-Justizrath, Präsident Dr. **Heimsoeth** aus Cöln: Ich wollte mir den Vorschlag erlauben, daß der Herr Präsident die Güte haben möchte, seine Intentionen mitzutheilen. Es würde dies viel zur Vereinfachung des Geschäfts beitragen.

Präsident: Allerdings, m. H., treffen vielleicht die Vorschläge, die Sie machen wollen, mit den meinigen zusammen. Bei der Zusammensetzung der Deputation ging ich davon aus, daß sieben Mitglieder dieser Deputation ihren Wohnsitz am Ort des letzten Juristentages, also diesmal in Berlin, haben müssen, und daß die sieben Anderen aus dem übrigen Deutschland zu wählen sind. Leider können bei blos sieben Mitgliedern nicht alle Stämme unsres Vaterlandes repräsentirt werden. (Heiterkeit.)

Aus Berlin würde ich vorschlagen:

1) Ober-Tribunals-Präsident Dr. Bornemann,
2) Advocat, Justizrath Dorn,
3) Geheimer Ober-Justizrath Dr. Friedberg,
4) Geheimer Rath, Professor Dr. Heydemann,
5) Stadtrichter Hiersemenzel,
6) Advocat, Justizrath Volkmar,
7) Stadtgerichtsrath Graf von Wartensleben.

Aus dem übrigen Deutschland — ich habe die Namen nach dem Alphabet verzeichnet; wir haben hier einige Professoren mehr, und ich hoffe, daß auf dem nächsten Juristentage dieses Element zahlreicher vertreten sein werde, als es auf dem gegenwärtigen leider der Fall ist —:

1) Professor Dr. Bluntschli aus München,
2) Ober-Tribunalsrath Faber aus Stuttgart,
3) Professor Dr. Glaser aus Wien,
4) Professor Dr. Ihering aus Gießen,
5) Ober-Staatsanwalt Dr. Keller aus Wien,
6) Ober-Staatsanwalt Dr. Schwarze aus Dresden,
7) Hofgerichtsrath von Stoeßer aus Bruchsal.

Wir gehen nun zu dem Antrage des Herrn Ober-Tribunalsraths von Sternenfels über.

Berichterstatter Professor Dr. **Ihering**: Die Abtheilung empfiehlt den Antrag dahin, daß die „Preußische Gerichtszeitung" zum Organe des Deutschen Juristentages gewählt, und die nähere Ausführung der ständigen Deputation überlassen werde.

Präsident: Der Juristentag sollte allerdings ein Organ haben. Wir haben schon eine Zeitschrift, welche in der juristischen Welt allseitige Anerkennung gefunden hat, und an welche nach dem Antrage der Juristentag sich anschließen soll. Ein besonderes Organ können wir nicht gut gründen, denn wir kennen das Schicksal solcher Unternehmungen. Im Anfange versprechen Alle ihre Mitwirkung, und wenn dann etwas geliefert werden soll, hat in der Regel Keiner Zeit. (Heiterkeit.)

Wir thun deßhalb besser, uns an ein wohlbegründetes Organ anzuschließen, dem wir seinen früheren Beruf lassen. Und in dieser Beziehung schlägt nun die Abtheilung vor, sich an die „Preußische Gerichtszeitung" anzuschließen und dieselbe als Organ des Juristentages zu benutzen. Es fragt sich, ob Sie mit diesem Vorschlage einverstanden sind? (Zustimmung.)

Herr Advocat Malß aus Frankfurt a. M. hat das Wort.

Advocat Dr. **Malß**: Ich glaube, es würde sich in diesem Falle von selbst verstehen, daß die „Preußische Gerichtszeitung" den Namen „Deutsche Gerichtszeitung" annähme. (Widerspruch — Nein! Nein! Ja! Ja!)

Präsident: Da wir kein neues, besonderes Organ gründen können, so können wir nur die „Preußische Gerichtszeitung" als solches anerkennen. Zur Aenderung ihres Namens können wir sie nicht verpflichten.

Advocat Dr. **Malß**: Ich glaube, daß die „Preußische Gerichtszeitung" für die Ehre, Organ des Deutschen Juristentages zu werden, ihren Namen wechseln kann.

Berichterstatter Professor Dr. **Ihering**: M. H., ich glaube, daß diese Frage der Deputation überlassen bleiben muß und nicht in die Plenarversammlung gehört.

Präsident: Wenn Sie das beruhigen kann, so glaube ich die Ueberzeugung aussprechen zu können, daß die „Preußische Gerichtszeitung", sobald sie allgemeinen Anklang als Organ des Juristentages bei den Juristen Deutschlands findet, sich in eine „Deutsche Gerichtszeitung" gewiß sehr gern umwandeln wird.

Der Herr Ober-Tribunalsrath Waldeck hat das Wort.

Ober-Tribunalsrath **Waldeck** aus Berlin: Ich bin der Meinung, daß, wenn hier beschlossen wird, die „Preußische Gerichtszeitung" zum Organ des Juristentages zu machen, es sich von selbst versteht, daß sie nunmehr den Namen „Deutsche Gerichtszeitung" annehmen muß und wird; denn „Preußische Gerichtszeitung" würde keinen richtigen Sinn mehr haben. Und — was ich noch hinzufügen will — da sie auch eine größere, viel größere Ausdehnung erhält, als sie jetzt hat, so glaube ich auch, ist es angemessen, daß wir jetzt aussprechen, daß die „Preußische Gerichtszeitung" unter dem Namen: „Deutsche Gerichtszeitung" das Organ des Juristentages werde.

Präsident: Ich glaube gewiß, daß die Redaktion der „Preußischen Gerichtszeitung," sobald sie sieht, daß es ihr möglich ist, die Sache durchzuführen, ihr Organ sehr gern in ein Deutsches verallgemeinern wird, und diesem Resultat werden wir wohl entgegensehen können.

Ober-Tribunalsrath **Waldeck**: Ich bitte über den Antrag abstimmen zu lassen. Denn es kann unmöglich der Deputation überlassen bleiben, darüber zu bestimmen.

Präsident: Ich hatte geglaubt, daß es der Deputation überlassen bleiben könnte; bin aber gern bereit, den Antrag zur Abstimmung zu bringen.

Der Herr Staatsanwalt Leske aus Schneidemühl hat das Wort.

Staatsanwalt **Leske**: M. H.! Ich glaube, wir gehen über unsre Competenz hinaus, wenn wir einer bereits bestehenden Redaktion vorschreiben wollen, was sie thun soll. Wir können nur den Wunsch aussprechen, und müssen erwarten, ob die Redaktion dadurch sich verpflichtet fühlt, demselben nachzukommen. Denn sonst müßten wir ein besonderes Organ gründen. (Ruf: Schluß!)

Präsident: Wenn ich die Frage zu formuliren mir erlauben soll, so möchte ich auf den folgenden Gesichtspunkt dabei hinweisen. Wollen wir ein Organ des Juristentages selbstständig gründen, so können wir ihm jeden beliebigen Titel geben; wollen wir uns aber an ein bereits bestehendes Organ anschließen, so werden wir der Redaktion wohl nur unseren Wunsch zu erkennen geben können, aber eine Bestimmung haben wir wohl nicht zu treffen. Ich will daher die Frage so proponiren, und dann fragen, ob Jemand gegen die Fragestellung etwas zu erinnern hat. (Pause.)

Die Frage wäre also: „Wollen wir der Redaktion der „Preußischen Gerichtszeitung" den Wunsch zu erkennen geben, wenn sie darauf eingeht, Organ des Deutschen Juristentages zu werden, ihren Titel zu verallgemeinern?" Hat Jemand gegen diese Fragestellung vielleicht noch etwas einzuwenden?

Herr Justizrath Vogler hat das Wort.

Justizrath **Vogler** aus Berlin: Der Antrag geht nicht dahin, daß die „Preußische Gerichtszeitung" eine Deutsche werde, sondern, daß der

„Preußischen Gerichtszeitung" die Bedingung gestellt werden soll, wenn sie Organ des Deutschen Juristentages wird, sich „Deutsche Gerichtszeitung" zu nennen.

Ober-Tribunalsrath **Waldeck**: Ich bin mit der Ausführung des Herrn Präsidenten einverstanden und bitte die Fassung, welche derselbe vorgeschlagen hat, anzunehmen.

Präsident: Ich wiederhole also die Frage. Die Versammlung hat beschlossen, daß für den Juristentag ein Organ gegründet werden soll; und daß dies Organ die „Preußische Gerichtszeitung" sein soll, hat sie ebenfalls beschlossen. Will sie nun aber bei dieser Gelegenheit gegen die Redaction der „Preußischen Gerichtszeitung" den Wunsch aussprechen, daß sie ihre Zeitung fortan nicht „Preußische", sondern „Deutsche Gerichtszeitung" nennen möge? Soll dieser Antrag angenommen werden? (Zustimmung und Widerspruch.)

M. H.! Die Versammlung hat beschlossen, daß wir die „Preußische Gerichtszeitung" zu unserem Organ wählen; nun ist von unserem Collegen Waldeck der Antrag gemacht worden, — der mir von der rechten Seite negirt zu werden scheint, — daß an die Redaction der „Preußischen Gerichtszeitung", wie ich es auffaßte, der Wunsch ausgesprochen werde, sich künftig „Deutsche Gerichtszeitung" zu nennen. Es wurde aber der Gegenantrag gemacht, daß wir diese Titeländerung der „Preußischen Gerichtszeitung" als ausdrückliche Bedingung stellen sollen. Ich glaube, daß in diesem Antrage ein Widerspruch mit unserem Beschlusse liegt. Denn da wir bereits beschlossen haben, die „Preußische Gerichtszeitung" zu unserem Organ zu nehmen, so können wir ihr nicht eine Bedingung stellen, durch welche sie aufhören würde, „Preußische Gerichtszeitung" zu sein. (Lebhafte Zustimmung.)

(Bei steigender Unruhe spricht der Präsident noch einige Sätze, denen die größte Zustimmung zu Theil wird, die jedoch am Stenographentisch nicht verstanden worden.)

(Der Präsident fährt fort:)

Gewiß sind wir alle Deutsche und Deutsch gesinnt. In Betreff des Titels eines Buches oder einer Zeitschrift, da glaube ich, ist diese Frage nicht maßgebend. Wollen Sie nun in der genannten Richtung an die Redaction der „Preußischen Gerichtszeitung" den Wunsch aussprechen? Ich bitte diejenigen Herren, welche die Frage bejahen sich erheben zu wollen. (Geschieht.)

Es ist die große Majorität.

Herr Ober-Tribunalsrath von Sternenfels aus Stuttgart hat das Wort.

Ober-Tribunalsrath **von Sternenfels**: Da die Versammlung den Antrag auf Erwählung eines gemeinsamen Organs angenommen hat, so erlaube ich mir zur Ausführung des Beschlusses den Wunsch vorzutragen, daß die Redaction der „Preußischen Gerichtszeitung" besorgt sein möge, sofort, noch im Laufe des heutigen Sitzungstages, eine Subscriptionsliste auszulegen.

Präsident: Herr Obergerichtsrath Grisebach aus Hameln hat das Wort. (Ruf: Schluß!)

Obergerichtsrath **Grisebach** (unter wiederholtem Schlußrufen): Wenn dieser Vorschlag des Herrn von Sternenfels angenommen wird, so ist für meine Subscription maßgebend, ob in der Subscriptionsliste sich die Redaction schon „Redaction der Deutschen Gerichtszeitung" nennen wird.

Ein Mitglied: Es wäre zu wünschen, daß die Herren Schriftführer Abonnements auf die Gerichtszeitung in Empfang nähmen.

Präsident: Ein solches Unternehmen, wie eine allgemeine Gerichtszeitung, kann nicht existiren ohne kräftige Unterstützung, und wenn der Juristentag seine Theilnahme hierfür durch die That zu erkennen giebt, so wird das Unternehmen den gedeihlichsten Fortgang haben. Ich glaube meine Rechte nicht zu überschreiten, wenn ich die Ermächtigung ertheilt habe, daß die Herren Schriftführer Subscriptionen entgegen nehmen. —

Wir haben nun das ganze Statut berathen und festgestellt, und kommen zu den anderen Anträgen, über welche die Abtheilung noch Bericht zu erstatten hat. Ich ersuche den Herrn Berichterstatter das Wort zu nehmen.

Professor Dr. **Ihering**: Der nächste Antrag ist der des Geheimen Raths Mittermaier aus Heidelberg, über die Bearbeitung von Gesetzentwürfen durch Commissionen des Juristentages, Nr. 5 der Drucksachen.*) Derselbe wurde von der Abtheilung wegen seiner practischen Unausführbarkeit fast mit Einstimmigkeit abgelehnt. Für die Realisirbarkeit des Antrages würden zwei Erfordernisse vorhanden sein müssen, über welche der Juristentag nicht gebietet. Einmal, daß die Mitglieder der Commissionen in der Lage seien, sich ausschließlich dieser Aufgabe zu widmen, und zweitens, daß sie sich beständig an demselben Orte aufhielten.

Präsident: Die Abtheilung, deren Sitzungen ich beiwohnte, ging von der Ansicht aus, daß, wenn es sich um Abfassung von Gesetzbüchern, namentlich eines Deutschen gemeinsamen Gesetzbuches handle, — was die Abtheilung allerdings für ein dringendes Bedürfniß und gar wohl ausführbar hielt, — es nicht Sache des Juristentages oder der ständigen Deputation sein könne, diese Gesetzentwürfe auszuarbeiten. Denn soll die Arbeit gut werden, so kostet sie viel Kraft und Zeit, und wo Kraft und Zeit aufgewendet werden müssen, da muß auch viel Geld aufgewendet werden. Alles das steht aber dem Juristentage nicht in der erforderlichen Weise zu Gebote. Es ist der Juristentag, wie die Sache wohl auch von den Regierungen aufgefaßt werden wird, nur in der Lage, einzelne Fragen zu berathen und durch das Gewicht seiner Stimme das Bedürfniß gemeinsamer Gesetzgebung zur Geltung zu bringen. Eine solche Wirkung wird man wohl dem Votum der 700 Mitglieder beilegen können.

Es ist also der Antrag gestellt, über den Antrag des Geh. Raths Mittermaier zur Tagesordnung überzugehen; sind Sie damit einverstanden? (Zustimmung.)

Der Herr Berichterstatter hat das Wort.

Professor Dr. Ihering: Der 5. Antrag ist der des Herrn Professor Unger aus Wien.**) Herr v. Wächter erweiterte den Antrag in der Sitzung der Abtheilung dahin: man möge aussprechen, daß, da die Abfassung eines gemeinsamen Gesetzbuches höchst wünschenswerth, ja ein dringendes Bedürfniß sei, die Umstände zur Zeit aber die Ausführung dieses Unternehmens nicht gestatten, die Deutschen Regierungen ersucht

*) Vergl. S. 60.
**) Vergl. S. 128.

werden möchten, mindestens eine gemeinsame Gesetzgebung über das Obligationenrecht herbeizuführen. Nachdem der Antragsteller sich dieser Erweiterung angeschlossen, erklärt sich die Abtheilung um so mehr für den Antrag, als wir bereits ein gemeinsames Wechselrecht haben, ein gemeinsames Handelsrecht in Aussicht steht, und ein gemeinschaftliches Obligationenrecht ein dringendes Bedürfniß ist.

Präsident: Herr Kreisrichter Lefeldt hat das Wort.

Kreisrichter Lefeldt aus Beuthen: Es ist der Antrag gestellt worden, die Regierungen möchten ersucht werden, eine gemeinsame Gesetzgebung herbeizuführen. Ich glaube, der Juristentag muß sich als Princip vorsetzen, nicht die Regierungen zu ersuchen, sondern nur schriftliche Ausarbeitungen zu liefern und gewisse Punkte als wünschenswerth hinzustellen. Der Juristentag ist keine Corporation und hat kein Petitionsrecht. Wir könnten Formfehler machen, die nicht angenehm wären. Ich kann es nur für wünschenswerth halten, uns durch Schriften gegen das Publikum und die Regierungen auszusprechen, aber keine Petitionen an die Regierungen zu richten.

Präsident: Ich erlaube mir darauf zu bemerken, daß der Juristentag allerdings keine Corporationsrechte hat, daß aber jede Privatperson Petitionen an die Regierungen richten kann.

(Ruf: Ja einzelne Personen, aber nicht in Collectivnamen.)

Herr Präsident Lette aus Berlin hat das Wort.

Präsident Lette: Ich will nur die Thatsache constatiren, daß die vierte Abtheilung in ausführlicher Debatte angenommen hat, solche Ersuchen niemals an die Regierungen zu richten, und zwar aus zwei Gründen: Einmal würde der Juristentag seinen neutral-wissenschaftlichen Boden verlieren, wenn er sich in Complikationen mit den Regierungen einließe. Der zweite Grund ist der, daß diejenigen Mitglieder, die als Minister oder als Ministerialräthe mit den Regierungen im Zusammenhange stehen, in die Lage versetzt werden würden, zu fragen: Ist es denn nach den Verhältnissen, die bestehen, in deinem Vaterlande möglich auszuführen? Es würde ihnen also die Gleichberechtigung fehlen.

Ich wünsche daher, daß der Eingang fortbliebe, wie es von der vierten Abtheilung beschlossen worden ist.

Präsident: Herr Kreisjustizrath Straß aus Berlin hat das Wort.

Justizrath Dr. **Straß** aus Berlin: Ich glaube, das ist nicht durchgreifend. Ich habe zu dem Juristentage das Vertrauen, daß er sich sein Recht nicht nehmen lassen werde, und daß die Beamten dadurch keineswegs captivirt werden. (Ruf: Schluß! Schluß!)

Rechtsanwalt **Block** aus Burg: Meine Herren, es handelt sich hier um eine Principienfrage; dieselbe kommt aber noch bei der dritten Abtheilung zur Sprache. Der Juristentag ist zusammengetreten, folgend dem Gefühle der Zusammengehörigkeit der Berufsgenossen, dem Gefühle der Zusammengehörigkeit aller Deutschen Juristen. Er vertritt die öffentliche Meinung der Sachverständigen. Was er beschließt, soll hinaushallen, hinaustönen zu allen Deutschen Regierungen und zu allen Deutschen Kammern. Er verliert aber seine Stellung, wenn er sich petitionsweise an die einzelnen Regierungen wendet. Entweder wird er abhängig, oder er kommt in Opposition. Beides ist keine richtige Stellung. Sprechen wir Grundsätze aus als freie Männer, wie die Regierungen sie erwarten und wie sie ausführbar sind! (Bravo!)

Präsident: Die Frage kommt zwar noch bei der dritten Abtheilung zur Sprache. Ich glaube aber, daß sie schon hier in allgemeiner Richtung entschieden werden kann. Es fragt sich daher, ob ich die Frage jetzt zur Abstimmung bringen soll, oder erst bei dem Bericht der dritten Abtheilung.

Oberstaatsanwalt Dr. **Schwarze** aus Dresden: In der dritten Abtheilung ist darüber kein Zweifel gewesen, daß wir berechtigt und befugt sind, Gesuche an die Regierungen zu stellen. Wir wollen nicht bloß reden, sondern auch wirken; und dazu ist es nothwendig, daß unsere Anträge an die maßgebenden Stellen gelangen. Wenn wir Juristen Deutschlands unsere Erfahrungen zusammenstellen und unsere Wünsche den Regierungen vortragen, so werden die Regierungen auch auf solche Stimme hören. Wir machen uns dadurch nicht abhängig. Weder durch eine ablehnende, noch durch eine zustimmende Antwort können wir gebunden werden, weil wir nur unsere Ueberzeugung aussprechen und den Regierungen die Entscheidung überlassen, ob sie den Anträgen beitreten oder nicht. Ich glaube auch nicht, daß diejenigen, welche den Beamtenkreisen angehören, in ihrem Amte irgend wie präjudicirt werden, wenn wir unsere Ansichten frei aussprechen und den Regierungen mittheilen.

Präsident: Herr Rechtsanwalt Lewald aus Berlin hat das Wort

Rechtsanwalt **Lewald:** Ich möchte nur eine Thatsache berichtigen. Ich habe in dem Vortrage des letzten Herrn Redners eine Anführung zu berichtigen, oder wenigstens vor einem Mißverständniß zu warnen Es ist in der dritten Abtheilung nie davon die Rede gewesen, und die Frage ist gar nicht erörtert worden, ob man sich an die Regierungen wenden darf oder nicht. Ich glaube, man hat dies übersehen oder doch darüber geschwiegen. Jetzt, wo die Sache hier zur Sprache gekommen ist, bin ich durch die Gegengründe so vollständig überzeugt worden, daß ich mich nie einer Petition anschließen würde. Also die dritte Abtheilung hat nicht beschlossen, mit Anträgen an die Regierungen zu gehen. (Rufe: Doch! ja wohl!)

Präsident: Der Herr Kreisrichter Meibauer aus Schievelbein hat das Wort.

Kreisrichter Meibauer: Einer der Herren Vorredner stellte die Regierungen als die einzigen Faktoren der Gesetzgebung in den einzelnen Deutschen Ländern hin; das ist aber thatsächlich nicht der Fall. Auch die Kammern gehören zu diesen Faktoren, und wir würden also consequent mit unseren Petitionen auch an sämmtliche Deutsche Kammern gehen müssen. Das führt aber zu noch größeren Weitläufigkeiten und würde ein Grund mehr sein, auf den Petitionsweg überhaupt zu verzichten.

Präsident: Der Herr Rechtsanwalt Block aus Burg hat das Wort.

Rechtsanwalt **Block:** Es ist nicht übersehen, sondern stillschweigend vorausgesetzt worden, wovon der vorletzte Redner gesprochen. Ferner erinnere ich daran, daß in den meisten Ländern die Kammern nicht die Initiative der Gesetzgebung haben.

Kreisrichter Lefeldt: Ich möchte nur über die Wortfassung etwas sagen. Meine Ansicht geht dahin, daß allerdings die Regierungen Mittheilung erhalten von dem was hier geschieht; nur nicht in Form einer

Petition, sondern in Form von Erklärungen, daß der Juristentag dies oder jenes für wünschenswerth erachtet.

(Rechtsanwalt Block meldet sich zum Wort, wird aber durch Rufe nach Schluß unterbrochen.)

Präsident: Ich muß zunächst einen Beschluß darüber herbeiführen, ob die Debatte fortgesetzt werden soll oder nicht. Ich bitte diejenigen, welche für die Fortsetzung der Debatte sind, sich zu erheben. (Geschieht.)

Ich muß die Gegenprobe machen und bitte nun diejenigen, die für den Schluß der Debatte sind, sich zu erheben. (Geschieht.)

Ich habe dem Herrn Rechtsanwalt Block noch das Wort zu ertheilen.

Rechtsanwalt **Block:** Es ist von dem Herrn Vorredner hervorgehoben, daß wir an die Regierungen gehen müßten, wenigstens um ihnen Erklärungen zu machen. M. H., diejenigen Justiz-Minister, die von den Beschlüssen des Juristentages keine Kenntniß bekommen oder nicht darauf hören, die hören auch nicht auf Petitionen. (Heiterkeit. Bravo.)

Präsident: Nun glaube ich, davon ausgehen zu können, daß in dem Bericht der dritten Abtheilung nichts Neues in dieser Beziehung vorkommt, und möchte Ihnen proponiren, daß wir jetzt die Frage entscheiden. (Zustimmung.)

Ich glaube nach diesen Debatten und den verschiedenen Anträgen am zweckmäßigsten gleich die eine, äußerste Seite der Frage zur Abstimmung bringen zu müssen. Es ist der Sinn von vielen Rednern und ist derselbe auch zum Antrag formulirt, daß die Versammlung ihre Ueberzeugung über dasjenige, was an sie gebracht oder als Antrag an sie gestellt ist, ausspreche, aber nicht die Beschlüsse in irgend einer offiziellen Weise an die Regierungen bringe.

Wer für diesen Antrag ist, daß also die Versammlung bloß durch ihr moralisches Gewicht wirke, blos ihre Ueberzeugung ausspreche, den bitte ich, sich zu erheben. (Geschieht.)

Es ist mit großer Majorität beschlossen.

Nun kommen wir zu dem weiteren Antrage der ersten Abtheilung, dem nämlich, auszusprechen, daß es nicht nur wünschenswerth, sondern auch ein dringendes Bedürfniß und wohl ausführbar sei, eine gemeinsame Deutsche Civil-Gesetzgebung zu erhalten. Die Abtheilung hat sich aber nicht verhehlen können, daß sich manche Schwierigkeiten, seien es wirkliche oder vermeinte, einem solchen Werke entgegenstellen würden.

Sie glaubte deshalb zunächst, indem sie sich im Allgemeinen auf die angeführte Weise ausspricht, ihren speziellen Antrag auf das beschränken zu sollen, was am meisten Noth thut. Wir haben ein gemeinsames Wechselrecht, wir sollen ein gemeinsames Handelsgesetzbuch bekommen, also einen Torso eines Obligationenrechts. Es ist vor allen Dingen nothwendig, diesen Torso durch die Codifikation des ganzen Obligationenrechts wenigstens annähernd zu einem Ganzen zu machen, also Ein Obligationenrecht für ganz Deutschland zu veranlassen. Sind Sie damit einverstanden? (Ruf: Ja!)

Wir haben nun die Berichte der ersten Abtheilung durchgegangen; ich erlaube mir den Vorschlag zu machen, eine Pause von einer halben Stunde eintreten zu lassen. (Wird angenommen.)

(Pause von etwa 3/4 Stunden.)

Präsident: Wir kommen, m. H., zur Berathung der Anträge der zweiten Abtheilung.

Erlauben Sie aber, daß ich vorher noch zwei Punkte berühre!

Es ist an mich eine Frage und eine Beschwerde gekommen. Eine Beschwerde über mich, als Präsidenten, daß ich einen Antrag eines Mitgliedes nicht zur Berathung und Abstimmung gebracht habe: nämlich den des Herrn Anschütz aus Greifswald, der aber die Beschwerde selbst nicht erhoben hat. Ich habe den Antrag nicht zur Abstimmung gebracht, weil er durch einen vorangegangenen Beschluß erledigt war. Der Antrag bezog sich darauf, die Wahl des Ortes unserer nächsten Zusammenkunft durch relative Stimmenmehrheit hier zu entscheiden. Nun aber hat die Versammlung beschlossen, der Deputation die Wahl des Ortes zu überlassen, und dadurch ist dieser Antrag, der nur als sekundärer für den Fall, daß die Versammlung die Wahl bestimmen sollte, gestellt war, ebenfalls abgemacht. (Bravo!)

Die Frage bezog sich auf den Beschluß, den wir vorhin gefaßt: Es glaubten nämlich einige Mitglieder, daß die ständige Deputation die Ermächtigung habe, sich an die Regierungen zu wenden und ihnen unsere Verhandlungen mitzutheilen. Ich habe mich dagegen ausgesprochen in Folge des gefaßten Beschlusses. Die Deputation kann sich nicht an die Deutschen Regierungen wenden, wird aber mit Vergnügen dazu bereit sein, wenn die Regierungen über irgend etwas Auskunft wünschen, darüber Mittheilungen zu machen. Das ist wohl die Meinung der Versammlung? (Ruf: Ja!)

Nun ersuche ich den Herrn Berichterstatter der zweiten Abtheilung, seinen Bericht vortragen zu wollen. Der Herr Assessor Makower hat das Wort.

Berichterstatter Gerichts-Assessor **Makower** aus Berlin: M. H. Der Antrag des Herrn Stadtrichters Primker aus Breslau, Nr. 11 der Drucksachen, geht dahin:

> „Der Deutsche Juristentag möge anerkennen, daß das dringende Bedürfniß vorhanden, eine Reform der Gesetzgebung über die „stille Gesellschaft" in Deutschland noch vor dem Zustandekommen eines Deutschen Handelsgesetzbuches vorzunehmen." *)

Bei der Berathung dieses Antrages in der zweiten Abtheilung ist von allen Seiten anerkannt worden, daß eine gesetzliche Regulirung dieses Gegenstandes Bedürfniß sei.

Neben dem althergebrachten Institute der Deutschen stillen Gesellschaft ist in verschiedenen Deutschen Ländern thatsächlich das Institut der Kommanditgesellschaft in Aufnahme gekommen, und zwar bei wichtigeren Unternehmungen vielfach in Gestalt von Kommandit-Aktien-Gesellschaften. Eine gesetzliche Feststellung der Rechtsverhältnisse bei diesem Institute wird aber in den meisten Deutschen Ländern zur Zeit vermißt. Hierdurch entstehen Zweifel der wichtigsten Art, deren Behebung als eine Aufgabe der Gesetzgebung anerkannt werden muß. Es war deshalb dem Antragsteller darin beizupflichten, daß die gesetzliche Regelung dieses Gegenstandes mit Rücksicht auf die Entwickelung des neuen Verkehrslebens in Deutschland wünschenswerth sei. Es mußte ferner deren Dringlichkeit zugegeben werden. Es konnte jedoch dem wei-

*) Vergl. S. 72 ff.

tergehenden Antrage: darauf hinzuwirken, daß diese Reform noch vor dem Zustandekommen eines Deutschen Handelsgesetzbuchs erfolge, nicht beigestimmt werden.

M. H., in der Abtheilung herrschte Einmüthigkeit darüber, daß gegenwärtig alle Kräfte und Bestrebungen darauf gerichtet sein müßten, das baldige Zustandekommen des Deutschen Handelsgesetzbuches zu bewirken; daß es für den Juristentag verdienstlich sein würde, dies Werk der Einigung durch sein Votum zu befördern. Die Abtheilung benutzt daher diese Gelegenheit, Ihnen zu empfehlen, das volle Gewicht Ihrer Stimme für den baldigen Abschluß dieses nationalen Werkes in die Waagschaale der öffentlichen Meinung zu legen. Der vorliegende Antrag, welcher die Ordnung einer einzelnen Frage vor Vollendung jenes großen und tiefeingreifenden Gesetzbuches bezweckt, würde, wenn angenommen, die Erreichung jenes Zieles, welches wir herbeisehnen, vielleicht verzögern. Mit der Beschleunigung des ganzen Werkes, in welchem die hier speziell angeregte Materie ganz nach den Wünschen des Antragstellers geregelt ist, wäre übrigens dessen Antrag seinem Wesen nach erfüllt.

Es hat deshalb die zweite Abtheilung sich dahin geeinigt, Ihnen folgenden Beschluß zur Annahme vorzuschlagen:

> „In Erwägung, daß die gesetzliche Regulirung der Verhältnisse der stillen Gesellschaft vor Publikation des Deutschen Handelsgesetzbuchs die Vollendung des nationalen Werkes nur von Neuem verzögern würde, geht der Juristentag über den Antrag des Herrn Stadtrichters Primker zur Tagesordnung über. — Der Deutsche Juristentag spricht jedoch hierbei die Erwartung aus, daß die Regierungen Alles aufbieten werden, damit die Bearbeitung des Deutschen Handelsgesetzbuchs so rasch als möglich zum Abschluß gebracht werde, und das Gesetzbuch selbst ins Leben trete."

M. H. In der Abtheilung ist dieser Beschluß einstimmig angenommen. Ich erlaube mir, Ihnen denselben zur Annahme in gleicher Weise zu empfehlen. (Bravo!)

Präsident: Wünscht Jemand das Wort über den Antrag zu nehmen?

Der Herr Obergerichtsrath Grisebach aus Hameln hat das Wort.

Obergerichtsrath **Grisebach**: Ich wollte nur eine kleine Redactionsveränderung vorschlagen: statt „Erwartung" „Hoffnung" zu setzen. (Widerspruch.)

Präsident: Es scheint mir, daß die Versammlung bei der Erwartung stehen bleiben will. Ich frage also nun: soll dieser eben von dem Herrn Berichterstatter vorgetragene Antrag der Abtheilung angenommen werden? (Ja!)

Der Antrag ist angenommen. Wir gehen weiter.

Berichterstatter Gerichts-Assessor **Makower**: Die zweite Abtheilung hat ferner den Antrag des Herrn Staatsanwalts a. D. Klauhold aus Kurhessen in Berathung gezogen, welcher wie folgt lautet:

> „Der Deutsche Juristentag spreche seine Ueberzeugung dahin aus, daß unabhängig von der Frage, ob ein gemeinsames Deutsches Handelsgesetzbuch zu Stande gebracht wird oder nicht, die Errichtung eines obersten Gerichtshofes zur Entscheidung von Handelsrechtsfragen eine nothwendige Voraussetzung zur ferneren gleichmäßigen Ausbildung des Deutschen Handelsrechts ist, und empfehle als einen zur Erreichung dieses Zweckes beachtenswerthen Vorschlag, daß durch Auftrag sämmtlicher Deutschen Staaten das Ober-Appellationsgericht der vier freien Städte, unter Verstärkung dessen Personals auf allgemeine Kosten, als Gerichtshof zur Entscheidung der handelsrechtlichen Fragen in letzter Instanz bestellt werde." *)

Die Abtheilung hat erwogen, daß der Vorschlag des Staatsanwalts Klauhold mit Rücksicht auf seine Spezialitäten bei dem gegenwärtigen Stande der Gesetzgebung in Deutschland und der Verschiedenheit des materiellen und des Prozeßrechts in Handelssachen nicht ausführbar sei; daß der richtige Zeitpunkt zur Erörterung, ob ein höchster Gerichtshof für Deutschland einzurichten sei, dann eintreten werde, wenn das Handelsgesetzbuch eine gemeinschaftliche Grundlage wenigstens im materiellen Handelsrecht geschaffen haben wird; daß jedoch der Gegen-

*) Vergl. S. 131.

stand des vorliegenden Antrages in dieser allgemeinen Auffassung von der vierten Abtheilung zu berathen sein werde.

Mit Rücksicht hierauf ist die zweite Abtheilung über den Antrag des Staatsanwalts Klauhold zur Tagesordnung übergegangen.

Präsident: Ich erlaube mir zu bemerken, daß es wohl zweckmäßig sein wird, diesen Punkt noch der Berathung über die Berichte der vierten Abtheilung vorzubehalten, indem dort die Frage noch in einer weiteren Richtung vorgebracht wird. Gehen wir also jetzt zur Tagesordnung über, so hat dieselbe den Sinn, daß wir in diesem Augenblicke über den Antrag weg gehen, damit er bei der vierten Abtheilung zur Sprache komme. (Zustimmung.)

Berichterstatter Assessor **Makower**: Den dritten Gegenstand der Berathung bildete der Antrag des Herrn Advokaten Judeich aus Dresden.*) Dieser Antrag wird motivirt durch die Wichtigkeit der Interessen an der Haftbarkeit der Eisenbahnen für Beschädigung und Verlust der Frachtgüter und ist dahin gerichtet:

> „Der Deutsche Juristentag wolle den Männern der in Nürnberg tagenden Handelsgesetzgebungs-Commission ein Votum des Vertrauens, ein Votum des Dankes abgeben für die Schaffung des in allen Theilen, auch im Titel vom Frachtgeschäft als segensreich aufrecht zu erhaltenden Entwurfs eines Allgemeinen Deutschen Handelsgesetzbuchs, und mit kürzlicher Abfassung dieses schriftlichen Votums sein Präsidium beauftragen."

Dieser Antrag ist insoweit, als es sich um ein Vertrauensvotum für die Nürnberger Konferenz handelt, abgelehnt worden, weil ein solches in der Beschlußfassung über den Primker'schen Antrag bereits liege. Dagegen wurde im Uebrigen der Antrag von Herrn Advokaten Kuntzsch aus Chemnitz in anderweiter Fassung dahin formulirt:

> „Der Juristentag wolle den Wunsch aussprechen, daß die Deutschen Regierungen den Interessen des Handelsstandes bei den Bestimmungen über die Haftung der Eisenbahn-Verwaltungen in Betreff des Frachtverkehrs thunlichst Rechnung tragen möchten."

---

*) Vergl. S. 129.

Dieser Antrag ist angenommen, und zwar aus folgenden Gründen: Ohne der Frage vorgreifen zu wollen, ob die Bestimmungen des Entwurfs zum Handelsgesetzbuche über das Frachtgeschäft im Einzelnen einer Abänderung bedürfen, hat die Abtheilung doch sich für die darin enthaltenen prinzipiellen Entscheidungen in Betreff der Haftbarkeit der Eisenbahn-Verwaltungen erklärt.

Es wurde anerkannt, daß gegenüber dem Monopole, welches die Eisenbahnen für den größeren Frachtverkehr thatsächlich besitzen, der Grundsatz der unbedingten Vertragsfreiheit nicht durchzuführen sei; wie denn auch von den verschiedensten Gerichtshöfen die Andeutung gegeben sei, daß die bestehende Gesetzgebung in dieser Beziehung nicht ausreiche. Es müßten deshalb den Eisenbahnen gewisse Grenzen ihrer Haftung gezogen werden, denen sich dieselben durch Vertrag, d. h. durch ihre Reglements nicht entziehen könnten. Hierdurch würden die Interessen der Handeltreibenden vor einer übermäßigen Einwirkung der Eisenbahnverwaltungen geschützt. Daß diesen großen Interessen aber die möglichste Berücksichtigung werde, wurde als ein Gebot des Rechts und der Billigkeit für dringend nothwendig erachtet. — Aus diesen Gründen empfiehlt die zweite Abtheilung den Kuntzsch'schen Antrag dem Juristentage zur Annahme.

Präsident: Herr Rechtsanwalt Block aus Burg hat das Wort.

Rechtsanwalt **Block:** Mit Rücksicht darauf, daß diese Anträge für den Juristentag viel zu speciell sind und in Parteifragen, die jetzt durch die Zeitschriften gehen, eingreifen, beschließt die Versammlung zur Tagesordnung überzugehen. — Dies ist mein Antrag!

Präsident: Herr Advokat Kuntzsch aus Chemnitz hat das Wort.

Advokat **Kuntzsch:** Als Antragsteller muß ich mir zur Rechtfertigung meines Antrages einige Worte erlauben, um zunächst den Einwand zu widerlegen, daß es sich um Specialien handle. Allerdings ist der Antrag seiner Materie nach ein specieller, aber seiner geographischen Bedeutung nach ein genereller. Denn ganz Deutschland leidet unter diesem Mangel, der durch die beschränkte Gesetzgebung in Bezug auf die Eisenbahnverwaltungen sich eingeschlichen hat. Der Antrag beruht allerdings auf mehreren Voraussetzungen. Die eine ist die, daß es anerkannt sei daß der Handelsstand seit längerer Zeit über die Eisenbahnverwaltungen Beschwerde geführt hat. Ich darf voraussetzen, daß dies bekannt ist. Denn der Handelsstand aus ganz Deutschland hat dies gethan.

Der Antrag hat eine zweite Seite; es ist die, daß die Beschwerden nicht ganz aus der Luft gegriffen sind, denn wenn der Handelsstand von ganz Deutschland Beschwerde führt, dürfen wir wohl voraussetzen, daß Etwas daran ist. Von diesen Voraussetzungen aus scheint mir der Antrag nicht unannehmbar.

Ich erlaube mir weiter zu bemerken, daß der Antrag nicht darauf hinausgeht, ein Urtheil über den Werth der Beschwerden auszusprechen, sondern er intendirt nur, die Beschwerden zur Berücksichtigung zu empfehlen. Jeder Beschwerdeführer, wenn er eine Beschwerde führt, findet Berücksichtigung, der deutsche Handelsstand aber, der einen der wichtigsten Factoren des Staates ausmacht, und daher wohl einen Anspruch darauf hat, mit seinen Beschwerden Berücksichtigung zu finden, findet dieselbe nicht, weil ihm die Vertretung fehlt, während die Deutschen Eisenbahnverwaltungen ein solches Element in den Regierungen haben.

Er hat Vertrauen zu dem Juristentage, weil er in ihm das Element sieht, das seine Wünsche zur Geltung oder wenigstens zur Cognition der Regierungen bringen wird, so daß Letztere beschließen müssen. Meine Herren! Täuschen wir dies Vertrauen nicht, tragen wir den Wünschen des Handelsstandes Rechnung! Und wir können dies um so leichter thun, als die Beschwerden des Handelsstandes uns gerechtfertigt erscheinen müssen. (Ruf: Schluß! Schluß!)

Meine Herren, rufen Sie nicht Schluß, wo es sich um Interessen handelt, die den ganzen Deutschen Handelsstand berühren! (Bravo!) Ueber so große Fragen kann man nicht mit dem Flederwisch hinfahren.

Präsident: Mit diesen Worten sollten Sie nicht schließen. Sie haben volle Freiheit, fortzusprechen, und ich werde Ihnen dies Recht wahren. Fahren Sie fort.

Advokat **Kuntzsch:** Ich bin zu Ende.

Präsident: Der Herr Rechtsanwalt Völtz aus Danzig hat das Wort.

Rechtsanwalt, Justizrath **Völtz:** Ich muß bemerklich machen, daß ich in der zweiten Abtheilung gegen diesen Antrag gestimmt habe, weil ich meine, daß er eine Specialität ist, auf die wir uns nicht einlassen können, wie es noch viele andre Angelegenheiten giebt, auf die wir hier nicht eingehen können. Specialitäten zu berathen, ist nicht unser Zweck. Der Standpunkt, den wir einzunehmen haben, ist vorerst ein allgemeiner, und ich bitte Sie deßhalb, sich dem Antrage auf Tagesordnung anzuschließen.

Präsident: Herr Advokat Hofrath v. Kerstorf aus Augsburg hat das Wort.

Advokat Dr. Edler v. **Kerstorf:** Meine Herren, in der Abtheilung hat man die mildeste Form des Ausdruckes, die eines Wunsches, einer Erwartung gewählt. Ganz anders war auf dem Tapet die Kehrseite der Sache. Man hatte für gut befunden, hier nicht Ankläger zu sein; man hatte für gut befunden, sich in Specialitäten mit nichten einzulassen. Man hatte für gut befunden, das nicht zu wiederholen, was in einer großen Zahl von Denkschriften Alles vor Ihnen liegt; man hat es nicht geeignet gefunden, in die Gesetzgebung einzugreifen, oder auch nur den Schein einer solchen Einmischung von hier aus auf sich nehmen zu wollen. Man hat die sehr nahe liegende Bekämpfung der bekannten Denkschrift der Eisenbahnverwaltungen nicht aufnehmen und hier nicht in Specialitäten irgendwie eingehen wollen. Aber die Kehrseite der Sache, wenn sie auch nicht mit directen Worten berührt werden sollte, ist das Wesentliche des Antrags. Der ganze Handelsstand sieht mit Erwartung dem entgegen, und Sie wissen Alle, von allen Orten, woher Sie kommen, — nicht Einer kann es nicht wissen, — daß der ganze Handelsstand mit Erwartung und Spannung einer Aeußerung des Juristentages über diesen Gegenstand in Beziehung auf die Verschiebung der Competenz in der Gesetzgebung entgegensieht. Man ist auf dem besten Wege, Gesetze durch dazu Unberufene entstehen, ich möchte sagen, in das Privatrecht Grundsätze eingeführt zu sehen auf dem Wege der Reglements. Meine Herren, das ist unsere Sache; das Recht, das Gesetz soll der machen, der durch die Verfassung dazu berufen ist! (Bravo!)

Deswegen muß, m. H., ein lautes Wort über die Sache hier gesprochen, und dem Publikum in ganz Deutschland von hier aus der

Anker geboten werden, um sein Rechtsbewußtsein, sein Rechtsgefühl zu stärken! (Bravo!)

Präsident: Wünscht noch Jemand das Wort zu nehmen? —

Der Antrag der Kommission geht dahin:

„Der Juristentag wolle den Wunsch aussprechen, daß die Deutschen Regierungen den Interessen des Handelsstandes bei den Bestimmungen über die Haftung der Eisenbahnverwaltungen in Betreff des Frachtverkehrs thunlichst Rechnung tragen möchten."

Das ist der Antrag des Herrn Advokaten Kuntzsch und der Abtheilung; ein andrer Antrag liegt nicht vor.

Ich frage: will der Juristentag sich für diesen Antrag aussprechen? (Ja! Ja!)

Derselbe ist wohl ohne Widerspruch angenommen? (Nein! Nein!)

Dann bitte ich diejenigen, welche dagegen sind, sich zu erheben. (Geschieht.)

Der Antrag ist mit großer Majorität angenommen.

Wir kommen nun zur Berathung der Berichte der dritten Abtheilung. Der Herr Oberstaatsanwalt Dr. Schwarze aus Dresden hat das Wort.

Oberstaatsanwalt Dr. **Schwarze:** Meine hochverehrten Herren! Als Präsident der dritten Abtheilung und gegenwärtig, wenn Sie mir diesen Titel gestatten wollen, als Referent des Büreaus, erlaube ich mir, einen Antrag an das Präsidium und die Versammlung zu richten. Der Beschluß des Pleni in Bezug auf die Stellung des Juristentages zu den Regierungen ist von der Art, daß die Anträge, welche die dritte Abtheilung Ihnen vorzulegen beschlossen hat, in ihrer großen Mehrheit sich von selbst formell erledigen würden. Die hohe Versammlung würde diese Anträge ohne Weiteres als formell unbegründet zurückweisen, dadurch aber, nach Ansicht des Büreaus, der Sache selbst ein großer Schaden zugefügt werden, weil, wie wir Alle glauben und sogar überzeugt sind, es wünschenswerth ist, daß mindestens der Juristentag seine Ueberzeugung über die Wichtigkeit und Bedeutung der vorliegenden Fragen ausspreche. Um nun diese Sache formell in Ordnung zu bringen, erlaubt sich das Büreau, an die hohe Versammlung die Bitte zu stellen, daß es ihr gefallen möge, die Abtheilungsmitglieder im Allgemeinen zu befragen, ob sie damit einverstanden sind, daß die gedachten Anträge allenthalben von den Referenten dahin modificirt vorgetragen werden:

„Es spricht der Juristentag seine Meinung dahin aus, daß ein dringendes Bedürfniß in der und der Richtung vorhanden sei."

Ich kann nur bitten, daß die Herren bei der Wichtigkeit der Sache die Aenderung der Form entschuldigen, um die Sache durch die Form nicht untergehen zu lassen.

Präsident: In der Sache bin ich ganz einverstanden mit dem Herrn Redner, kann aber in der Form seinem Wunsche nicht entsprechen. Wir können hier keine Abtheilungsberathungen pflegen lassen und keine Abtheilung kann hier Beschlüsse fassen. Wir sind hier blos eine Plenarversammlung. Ich bitte daher die Herren Berichterstatter, die Anträge so vorzutragen, wie sie in der Abtheilung gefaßt worden sind.

Oberstaatsanwalt Dr. **Schwarze:** Ich muß um Entschuldigung bitten, daß ich nicht wußte, daß mein Antrag formell unzulässig sei. In Sachsen wird die Sache alle Tage so gehandhabt. (Heiterkeit.)

Präsident: Ich ersuche den Herrn Oberstaatsanwalt v. Groß aus Eisenach, uns nunmehr den Bericht der dritten Abtheilung vorzutragen.

Berichterstatter Oberstaatsanwalt Dr. Frhr. v. Groß: M. H. Der Antrag, daß der Deutsche Juristentag sich für die Erlassung eines allgemeinen Deutschen Strafgesetzbuchs aussprechen möge, ist, wie Ihnen bekannt, zunächst durch Herrn v. Kraewel aus Naumburg eingebracht worden.*) Die Denkschrift dieses Herrn ist in Ihrer Aller Händen. Zu dem Antrage desselben ist eine Reihe von Zusatzanträgen eingegangen. Ueber diese sämmtlichen Anträge wurde in der dritten Abtheilung berathen. Es ist mir nun von der dritten Abtheilung der ehrenvolle Auftrag geworden, diejenigen Anträge unter kurzer Motivirung bei Ihnen einzubringen, welche die Abtheilung zu den ihrigen machen will. Der erste dieser Anträge lautet:

---

*) Vergl. S. 37 ff.

„Der Deutsche Juristentag wolle anerkennen, daß ein allgemeines Deutsches Strafgesetzbuch ein dringendes Bedürfniß ist."

Es widerstrebt mir, Ihnen für diesen Antrag eine ausführliche Motivirung vorzutragen. Es ist das Bedürfniß, um das es sich hier handelt, so allgemein anerkannt, daß unter einer Versammlung von Juristen hierüber kaum Zweifel stattfinden werden. Es kommt hinzu, daß Sie mit der beregten Denkschrift des Herrn von Kraewel eine Motivirung bereits in Händen haben. Auf diese Motivirung, so wie auf zwei bedeutsame Erscheinungen in der neueren criminalistischen Literatur gestatten Sie mir lediglich Bezug zu nehmen. Die beiden Erscheinungen in der Literatur, welche dieselbe Frage beleuchtet haben, sind zunächst ein Aufsatz des Herrn von Wächter in den Schletter'schen Jahrbüchern, in denen er vor vier Jahren erschien; ferner das Buch des Herrn Geh. Raths Krug in Dresden „Ideen für eine allgemeine Deutsche Strafgesetzgebung."

Es steht fest, daß gerade auf dem Gebiete des Strafrechts in Deutschland eine große Verschiedenheit herrscht; es besteht eine Reihe verschiedener und bestimmter Codificationen: ein ausgleichendes und ergänzendes allgemeines Deutsches Strafrecht existirt nicht. Das sogenannte gemeine Deutsche Strafrecht hat zwar noch in einem kleinen Theile Geltung, kommt aber nur in Betracht als das partikulare Strafrecht eben dieses kleinen Theiles von Deutschland; als gemeines Recht für ganz Deutschland ist es nicht mehr lebendig. Eine gemeinschaftliche Deutsche Strafrechtswissenschaft kann uns diesen Mangel nicht ersetzen. — Was diese Wissenschaft anbelangt, so ist zunächst so viel sicher, daß wir eine Theorie eines gemeinschaftlich bestehenden Strafrechts — so wenig wie dieses Strafrecht selbst — nicht haben können. Dagegen haben wir allerdings eine gemeinschaftliche Wissenschaft in Deutschland, die sich mit Fragen des Strafrechts beschäftigt, namentlich mit Philosophie des Strafrechts, mit Geschichte des Strafrechts, wozu ich für ganz Deutschland die Theorie des sogenannten gemeinen Deutschen Strafrechts mitrechne; ferner mit vergleichender Jurisprudenz. So wichtig wie das ist für die Vergleichung und das Verständniß der partikularen Strafrechtsbücher, so ist doch klar, daß derjenige Theil der Strafrechtswissenschaft, der zu der

Praxis in der lebendigsten Beziehung steht, sich dahin richten muß, die partikularen Strafrechtsbücher zu erläutern und sie wissenschaftlich zu durchdringen. Es folgt daraus, daß wir in Bezug auf die Wissenschaft nicht allein nicht auf einem und demselben Punkte stehen, sondern uns immer mehr von einander entfernen. Die bezeichnete Richtung der Strafrechtswissenschaft ist eine partikularisirende, eine sich zersplitternde. Es geht daraus hervor, daß gerade die Strafrechtswissenschaft in Deutschland, die sich zum Oefteren vermessen hat, daß sie der Nation ein gemeinschaftliches Strafrecht ersetzen könne, dringend einer Vereinigung in Bezug auf das positive Recht bedarf, wenn sie nicht einer unerfreulichen Zukunft entgegengehen soll. Der Zeitpunkt für das angestrebte Gesetzgebungswerk ist in jeder Beziehung günstig. Es hat auf dem Gebiete der Strafrechtswissenschaft in dem letzten halben Jahrhundert eine ganz außerordentlich rege Thätigkeit sich gezeigt. Nun ist es zwar richtig, daß der Abschluß dieser Thätigkeit nicht eingetreten ist, daß ein System, welches gar nicht mehr angefochten und allgemein anerkannt würde, noch nicht aufgestellt ist. Aber wer möchte für eine solche Thätigkeit, die nicht rasten und ruhen soll, einen Abschluß verlangen? Jedenfalls giebt es wohl keine wichtigere Frage des Strafrechts, die nicht schon allseitig beleuchtet wäre. — Es kommt hinzu, daß wir in den vielen verschiedenen Partikular-Strafgesetzbüchern mindestens ebenso viele Experimente haben, die von dem Gesetzgeber eines gemeinsamen Deutschen Strafrechtes benutzt werden können. Da ist auch nicht ein einziger haltbarer Vorschlag, der nicht schon in einem Strafgesetzbuche gestanden hätte, und über den nicht positive Erfahrungen vorliegen. Man kann wohl sagen, daß zu keiner Zeit ein Gesetzgeber in einer günstigeren Lage gewesen ist, wie derjenige, der jetzt ein allgemeines Deutsches Strafgesetzbuch aufzustellen hätte. Er wird fast überall nur zu wählen, nicht zu entdecken haben. Daß der gegenwärtige Zeitpunkt für unser Werk günstig ist, stellt sich auch heraus, wenn wir unsern Blick auf die einzelnen Deutschen Staaten werfen. Namentlich günstig ist die Lage der Dinge in dieser Beziehung in Oesterreich — (Unruhe)

In Oesterreich galt bis zum Jahre 1852 das Strafgesetzbuch von

1803. Von diesem Strafgesetzbuch wurde am 7. Mai 1852 nur eine neue Ausgabe publicirt. Man beschränkte sich darauf, die wichtigsten Nachtragsverordnungen und Interpretationen in diese neue Ausgabe aufzunehmen und die allernothwendigsten Verbesserungen zu treffen. Wie wir aus dem bedeutungsvollen Commentar von Hye erfahren, waren die Intentionen der Oesterreichischen Gesetzgebung in dieser Beziehung früher andere. An maßgebender Stelle erkannte man schon damals, daß das Strafgesetzbuch von 1803 eigentlich nicht auf der Höhe der Wissenschaft in Deutschland und in Oesterreich stehe. Indessen man hätte Zeit verloren, wenn man ein vollständig neues Strafgesetzbuch hätte erlassen wollen. Man verzichtete deshalb darauf. Es ist somit so viel klar, daß die ursprünglichen Intentionen der Oesterreichischen Gesetzgebungs-Behörde damals nur vertagt wurden, und daß sie recht erfüllt werden würden, wenn jetzt zu einem allgemeinen Strafgesetzbuch für ganz Deutschland geschritten würde.

Gestatten Sie mir, auf Preußen und Bayern einen Blick zu werfen. (Unruhe.)

M. H. Wir können uns nicht jede ernste Arbeit ersparen und diesen wichtigen Gegenstand über's Knie brechen!

Ich will nur ganz kurz erwähnen, daß in Preußen, wo ein wohl berathenes Strafgesetzbuch von 1851 besteht, allerdings die Lage der Dinge in dieser Beziehung eine andere ist. Es ist klar, daß wenn Preußen nur sein partikulares Bedürfniß frägt, es nicht dahin kommen würde, jetzt ein neues Strafgesetzbuch zu publiziren. Indeß gebe ich mich dennoch der Hoffnung hin, daß Preußen unser Werk unterstützen werde. Diese Hoffnung stützt sich auf die patriotische Bereitwilligkeit der Preußischen Regierung, das zu fördern, was Deutsch-nationales Bedürfniß ist; sie stützt sich auf den für Preußen besonders wichtigen Zusammenhang mit dem übrigen Deutschland. Bei der Gemeinsamkeit des Rechts und der Rechtswissenschaft unter der Mehrheit der Verbündeten hat für alle Verbündeten eine kräftige Förderung die ersprießlichsten Folgen. Für die größeren und mächtigeren folgt daraus, wie aus jeder neuen Berührung mit den Anderen, eine Erweiterung ihres Einwirkens, ihres Einflusses. Dabei geben zwar die größeren Staaten am meisten, aber ohne sich des Gegebenen zu entäußern, und nicht ohne Werthvolles wieder zu empfangen. Es kommt hinzu, daß sich schon jetzt voraussehen läßt, daß das gemeinschaftliche Werk für Preußen schroffe Veränderungen in seinem Strafrecht nicht zur Folge haben wird. Besonders was den speciellen Theil des Preußischen Strafgesetzbuchs anlangt, sind die Bestimmungen so präcis und vollständig, daß allzu viele wesentlich abändernde Bestimmungen in einem künftigen Strafgesetzbuch nicht werden getroffen werden. Einzelne Aenderungen sind allerdings wünschenswerth, und zwar besonders im allgemeinen Theil die Beseitigung einzelner Französischer Principien.

Ich glaube aber, daß diese Aenderungen auch Verbesserungen sein würden Jedenfalls stehen meiner Ansicht in dieser Beziehung die Ansichten namhafter Preußischer Juristen zur Seite.

Nun nur noch ein paar Worte über Bayern.

Bayern ist eben mit der Abfassung eines neuen Strafgesetzbuches beschäftigt; es besitzt einen werthvollen Entwurf von 1854. Ueber diesen wird der Bericht der Kammer-Deputation eben gedruckt. Dennoch glaube ich die Hoffnung aussprechen zu dürfen, daß, wenn dieses allgemeine Deutsche Strafgesetzbuch bald unternommen wird, die Bayerische Regierung auf dem Wege, den sie jetzt betreten, ihren Schritt hemmen und sich dem allgemeinen Deutschen Unternehmen anschließen wird. Das kann aber nur geschehen unter der Voraussetzung, daß bald an das gemeinschaftliche Werk geschritten wird.

Was die übrigen Deutschen Staaten anlangt, so ist klar, daß die Vortheile einer Gemeinschaftlichkeit des Gesetzbuches und der Wissenschaft, die sie eintauschen für ihre partikularen Gesetzbücher, so überwiegend sind, daß darüber kein Zweifel statt finden kann, daß auch sie sich anschließen werden. (Ruf: Schluß!)

Nun komme ich zum Schluß, indem ich die Stimmung der Herren berücksichtige, aber mein Bedauern ausspreche, daß die Versammlung sich jeder ernsten Arbeit heut entziehen zu wollen scheint. (Große Unruhe. Von vielen Seiten Ruf: zur Ordnung!)

Präsident: Der Herr Redner hat im Flusse der Rede die Tribüne mit dem Präsidentenstuhle verwechselt. (Bravo!)

Oberstaatsanwalt Dr. Freiherr **von Groß**: Hierdurch ist der erste Antrag Ihrer Abtheilung motivirt:

„Der Deutsche Juristentag wolle anerkennen, daß ein allgemeines Deutsches Strafgesetzbuch ein dringendes Bedürfniß ist."

Die Abtheilung war allerdings der Meinung, daß es mit dieser Anerkennung nicht genug sei; die Abtheilung wollte Ihnen in Bezug auf die Mittel und Wege, welche zu ergreifen sein möchten, um das Ziel, welches Alle erstreben, zu verwirklichen, noch besondere Anträge stellen. Ich beschränke mich darauf, lediglich diese Anträge der Abtheilung, mit deren Einbringung ich beauftragt bin, vorzulesen. Sie lauten:

2) Eine auf Einführung — — —

Präsident (den Redner unterbrechend): Ich glaube, die drei folgenden Vorschläge beziehen sich blos auf Eingaben an die Regierungen, und da können wir, mit Rücksicht auf den von uns gefaßten Beschluß, lediglich zur Tagesordnung übergehen. Ich frage, wünscht Jemand das Wort über den Antrag der Abtheilung in Betreff der Dringlichkeit eines gemeinsamen Deutschen Strafgesetzbuches.

Herr Sander aus Berlin hat das Wort.

Gerichts-Assessor **Sander**: Ich glaube, daß die Abtheilung dem Antrage des Herrn von Kraewel die Spitze abgebrochen hat, indem sie die Worte fortläßt: „welches diejenigen Grundsätze adoptirt, die in den Gesetzbüchern der einzelnen Deutschen Staaten enthalten sind, soweit sie in der Deutschen Rechtswissenschaft und dem Deutschen Rechtsleben ihre Begründung finden."

Wenn man die Motive durchliest, so findet man, daß das Streben des Antragstellers namentlich dahin gerichtet ist, das fremde Recht, welches seit 1848 in weitere Kreise Deutschlands eingeführt ist, aus unseren Strafgesetzbüchern wieder hinwegzumerzen. Ich erinnere Sie, m. H., nur an das Preußische Strafgesetzbuch, welches anerkanntermaßen eins der besten ist, und bitte Sie, zu berücksichtigen, welche Abweichungen von dem Deutschen Rechte darin liegen, daß man aus dem Französischen Rechte die Dreitheilung der Vergehen, ferner das Institut der polizeichen Aufsicht bei uns angenommen hat; daß man weiter die Theilnahme und die wirkliche Handlung gleich stellt in Beziehung auf die Strafe, und ebenso den Versuch und die vollendete That. Diese Dinge sind dem Deutschen Rechtsleben fremd, und darum halte ich es für unsere Pflicht, dem Deutschen Rechtsbewußtsein dadurch Ausdruck zu verleihen, daß wir gerade die erwähnten Worte des Herrn v. Kraewel adoptiren.

Präsident: Ich bitte diejenigen, welche sich zum Worte melden, ihren Namen und ihren Wohnort auf ein Stück Papier zu schreiben.

Herr Rechtsanwalt Calm aus Bernburg hat das Wort.

Rechtsanwalt **Calm:** Alles dasjenige, was der letzte Redner erwähnt hat, ist reiflich im Schoße der Abtheilung erwogen worden, und trotzdem ist man darauf zurückgekommen, den Antrag des Herrn von Dazür aus Ostrowo anzunehmen, und zwar schon aus dem einfachen Gesichtspunkte, daß Kürze des Ausdruckes immer empfehlenswerth ist, daß es immerhin zweifelhaft bleibt, was eigentlich Französisch- und Deutschrechtlich ist, daß man endlich wohl der Erwartung leben kann, ein Deutscher Juristentag werde auch ein Deutsches Rechtsbuch schaffen, unbekümmert um Römisch- und Französisch-rechtliche Anschauungen aus anderen Ländern. (Beifall.)

Präsident: Es scheint Niemand mehr das Wort zu verlangen? — Der Herr Advokat-Anwalt, Justizrath König aus Cleve begehrt noch das Wort.

Justizrath König: Ich wundere mich, daß der vorletzte Herr Redner mit solcher Entschiedenheit einzelne Grundsätze des Französischen Rechts, die in das Preußische Gesetzbuch übergegangen sind, als antigermanisch erachtet. Ueber solche Fragen, wie z. B. ob die Dreitheilung eine zweckmäßige ist, läßt sich sehr streiten, und ich glaube, daß eine so zahlreiche Versammlung, wie die gegenwärtige, schwerlich geeignet ist, dieselben zu entscheiden. Ich für meinen Theil halte gerade diese Dreitheilung für einen der vernünftigsten Grundsätze, die wir aus dem Französischen Strafrecht herübergenommen haben, und halte mich für verpflichtet, dies im Interesse der Rheinprovinz hier auszusprechen.

Präsident: Herr Block aus Burg hat das Wort.

Rechtsanwalt **Block:** Mit Rücksicht darauf, daß es wohl Anklang gefunden hat, eine einheitliche Strafgesetzgebung für wünschenswerth zu erklären, in Erwägung aber, daß wir als Männer versammelt sind, die eine solche Frage längst bei sich erwogen haben, und wenn sie plötzlich vor uns gebracht wird, ein Bedenken über ihre Beantwortung nicht mehr hegen können, bitte ich, die Debatte zu schließen. (Heiterkeit.)

Präsident: Es hat Niemand mehr um das Wort gebeten. Ich erlaube mir, bei dieser Frage folgenden Weg einzuschlagen. Ich will zunächst den Antrag der Abtheilung zur Abstimmung bringen, indem ich mir vorbehalte, wenn der Antrag angenommen ist, das Amendement zu demselben zur Abstimmung zu stellen. Soll also der Antrag der Abtheilung, die Dringlichkeit und das Bedürfniß einer gemeinsamen Strafgesetzgebung anzuerkennen und auszusprechen, angenommen werden? (Allseitiger Ruf: Ja!)

Der Antrag ist einstimmig angenommen worden; und nun stelle ich die zweite Frage: Soll in Beziehung auf das Preußische Strafgesetzbuch oder überhaupt in Beziehung auf diese Richtung noch Etwas von uns ausgesprochen werden? (Allgemeiner Ruf: Nein!)

Ich bitte Diejenigen, welche es verneinen, sich zu erheben. (Geschieht.) Weitere Anträge sind abgelehnt.

Der Herr Oberstaatsanwalt Schwarck hat das Wort.

Berichterstatter Oberstaatsanwalt Schwarck aus Berlin: M. H.! Ich bedaure, meinen Bericht über den tief einschneidenden Antrag des Rechtsanwalts Lewald *) nur in wenigen Worten erstatten zu können. Ich wünschte, es wäre mir Gelegenheit gegeben, darüber ausführlicher zu sprechen.

Der Gegenstand desselben ist die Frage, ob in Zukunft einem Jeden das Recht der Privatanklage zustehen solle, und einige andere, damit in Verbindung stehende Fragen.

In der dritten Abtheilung ergab sich eine sehr große Divergenz über diese wichtige Frage, so daß wir noch nicht weit in die General-Diskussion hineingekommen waren, als bereits die Zeit für die Berathung der Sache abgelaufen war. Und so ist denn der Antrag zum Beschluß erhoben worden: (liest)

> daß die Plenarversammlung den Antrag des Herrn Lewald und die dazu gestellten übrigen Anträge der ständigen Depu-

---

*) Vergl. S. 70.

tation zur Prüfung und zur Vorlage beim nächsten Juristentage überweisen möge.

Ich kann Ihnen diesen Antrag nur zur Annahme empfehlen.

Präsident: Der Rechtsanwalt Lewald hat das Wort.

Rechtsanwalt **Lewald:** M. H.! Jetzt ergreife ich das Wort nicht nur in meinem Namen, sondern auch in Gemeinschaft mit dem Herrn Ober-Tribunalsrath v. Seckendorff, der einen Verbesserungsantrag gemacht hat. Wir Beide wünschen diese Frage ganz speciell zur Entscheidung zu bringen. Wir glauben, daß, wie immer der Beschluß der Abtheilung ausgefallen sein mochte, er nimmer für den Juristentag hätte schmerzlicher ausfallen können, als diese Vertagung ist. Wäre jener Antrag verworfen, würde das System, das ich mit dem jetzt gang und gebe gewordenen „Anklage-Monopol der Staatsanwaltschaft" bezeichnen will, verworfen, dann freilich müßte die Wissenschaft von Neuem arbeiten und die Ueberzeugung von Neuem sich bilden. So liegt die Sache aber nicht.

M. H.! Es kann hier nicht davon die Rede sein, daß es sich um eine specielle Frage des Strafrechts handelt, und daß Sie Bedenken tragen könnten, dasjenige, was etwa die Abtheilung, die vorzugsweise aus Denjenigen besteht, die sich für das Strafrecht interessiren, beschlossen hat, abzuändern.

M. H., ich erinnere daran, fünf Sechstel der großen Versammlung sind Preußen, und es ist im Jahre 1858 fast kein einziges Programm ausgegeben worden als Instruktion für die Abgeordneten, in welchem nicht der Satz gestanden hätte, das Anklage-Monopol der Staatsanwaltschaft sei abzuschaffen. Es ist also eine Frage, die bereits durch das ganze Volk gegangen ist, und der Juristentag von Deutschland wird nicht sagen dürfen: wir müssen uns noch ein Jahr vorberathen. — Was soll denn eigentlich die ständige Deputation für Sie berathen?

M. H.! Wer innerhalb der zehn Jahre, seit welchen sich das Volk mit der Frage beschäftigt, sich noch nicht hierüber eine Meinung gebildet hat, der wird es vermuthlich auch im elften Jahre nicht vermögen. Die Frage der Privatanklage ist so reif, wie die Frage, ob Censur oder Preßfreiheit. Wer hierüber noch nicht aufgeklärt ist, wird es auch nicht werden.

Sie mögen, m. H., Gegner des Antrages sein; dagegen sage ich nichts; wir sprechen eben unsere Ueberzeugung aus. Die Sache liegt aber einfach so, daß eine Entscheidung getroffen werden soll. Davon ist nun gar nicht die Rede, daß, wenn Sie den Satz annehmen, nun nicht mehr die Staatsanwaltschaft das Recht haben soll, nach wie vor Jeden zu verfolgen, der einen Andern in seiner Ehre und seiner Freiheit verletzt hat, sondern nur davon, daß außerdem jeder Verletzte sich selbst zu schützen vermöge. Dies ist völlig klar, und darum müssen Sie jetzt zu der Entscheidung kommen und sagen: wir wollen es oder wir wollen es nicht! Sprechen Sie das Princip — nur darum handelt es sich — einfach aus. Es liegt eben so, wie bei der Frage der Censur. Mit Aufhebung der Censur ist noch nicht jedem Einzelnen das Recht gegeben, einen Andern beliebig zu beleidigen, sondern es heißt nur: die Censur ist aufgehoben, es bedarf daher eines Preßgesetzes. Gerade eben so versteht es sich ganz von selbst, daß wenn Sie den Grundsatz, den ich beantragt habe, annehmen, eine Gesetzgebung nachfolgen muß, welche die Privatanklage regelt. Denn nimmermehr soll jeder beliebige Mensch ohne Weiteres vor den Richter hintreten und gegen den Angeklagten die Untersuchung einleiten lassen können. Welche Vorbedingungen dazu zu erfüllen, gehört in das Gesetz. Hier handelt es sich allein um Aussprechen eines Princips, das nach meiner Ueberzeugung das Wichtigste am ganzen Juristentage ist. Denn ob wir ein einiges Rechtsbuch votiren, ist im Wesentlichen nichts Anderes, als der allgemeine Wunsch, wir möchten überhaupt ein einiges Deutsches Volk sein. Der Antrag, den ich gestellt habe, ist das Palladium für die bürgerliche Freiheit; und ich bitte Sie: Sprechen Sie es aus, daß Sie das Anklagemonopol beseitigen wollen!

Präsident: Der Herr Oberstaatsanwalt v. Tippelskirch hat das Wort.

Oberstaatsanwalt v. Tippelskirch aus Stettin: Wenn ich Gegner dieses Antrages bin, so geschieht dies nicht, weil ich principieller Gegner wäre. Im Gegentheil, wenn ich diesen Antrag durchlese, so möchte ich ihm in Vielem beistimmen. Ich kann aus eigener Erfahrung bestätigen, daß die gänzliche Ausschließung der Privat-Anklage in vielen einzelnen Fällen Niemandem verletzlicher gewesen ist, als gerade den

Beamten der Staatsanwaltschaft; und insofern hätte ich nichts dagegen, das Anklage-Monopol der Staatsanwaltschaft aufzuheben. Allein es ist auch die Absicht der Abtheilung nicht gewesen, diesen Antrag des Rechtsanwalts Lewald abzuweisen, sondern sie hat ihn nur einer tiefern und gründlicheren Erörterung unterwerfen wollen, als es hier bei der Kürze der Zeit möglich gewesen wäre. Und eine solche tiefe und gründliche Erörterung scheint mir nothwendig zu sein, um sich vor allen Dingen erst die Tragweite eines solchen Antrages klar zu machen. Es ist wunderbar gewesen, daß, als in der dritten Abtheilung darüber gesprochen wurde, gerade die meisten Preußischen Beamten dafür waren; sie hatten zwar andre Amendements gestellt, allein im Ganzen waren sie fast Alle dafür. Eben so wunderbar könnte es scheinen, daß ein anderes Mitglied, der Thüringische Oberstaatsanwalt v. Groß aus Eisenach, dagegen war. „Wie kommt das?" so könnte man fragen. Die Antwort darauf ist einfach: der Grund, weshalb die Preußen dafür waren, liegt darin, daß wir in Preußen eine Privatanklage so gut wie gar nicht haben — sie existirt nur bei Injurienklagen und Körperverletzung im Civilprozeß — und das ist, wie gesagt, schmerzlich empfunden worden. Etwas ganz Anderes ist die Sache in Thüringen, wo ein sehr vollständiges System der Privatanklage in der neuen Prozeß-Ordnung durchgeführt worden ist. Ich habe mich selbst mit dem geehrten Collegen in Verbindung gesetzt und seine persönlichen Erfahrungen zu erhalten gewünscht, und er hat sich dahin geäußert, daß in einzelnen Fällen sich die Privatanklage recht gut bewährt, daß sie aber in anderen Fällen eine völlige Demoralisirung herbeigeführt habe. Er führte an, daß kleine Vergehen, Diebstahl 2c. zu den Uebertretungen gerechnet werden, für welche das Institut der Privatanklage besteht, und daß dies die erste Gelegenheit sei, das Diebeslaster auszubilden. Denn es liegt auf der Hand, daß eine Herrschaft, die vom Gesinde bestohlen ist, nicht hingehen wird und Klage führen; das ist zu weitläuftig. Das ist ein entschiedener Nachtheil. Wenn wir also fragen wollen: soll eine Privatanklage stattfinden? so ist es unmöglich, dies in abstracto aufzufassen. Die ganze Frage läßt sich nur beurtheilen, wenn man die einzelnen Paragraphen des Strafgesetzbuches zu dem Ende revidirt, um zu sehen, wo auch die Privatanklage angebracht sei.

So stellt die Sächsische Prozeßordnung drei Kategorien auf. In der einen tritt allein der Staatsanwalt auf, in der zweiten der Staatsanwalt und die Privatanklage cumulirt, in der dritten die Privatanklage allein.

Soviel steht fest, daß man sich diesen Gegenstand in einzelne Fälle zerlegen muß, denn es ist nicht möglich, darüber in abstracto sich auszusprechen. Ich glaube, alle Berücksichtigung, welche der Antrag Lewald finden kann, ist die, daß man die Sache der ständigen Deputation überweist. Ein dringendes Bedürfniß, sofort und übereilt und ohne Prüfung darauf einzugehen, liegt nicht vor. Der Antrag kann noch ein Jahr vertagt werden, und kann nur gewinnen, wenn er um so eingehender erschöpft wird.

Präsident: Der Rechtsanwalt Calm hat das Wort.

Rechtsanwalt **Calm** aus Bernburg: Von mir, meine Herren, ist gestern der Antrag auf diese Verweisung an die ständige Deputation und auf den Vortrag beim nächsten Juristentag ausgegangen. Dieser Antrag liegt nach meiner Ansicht ganz in der Natur der Sache, und ich würde mich bei jeder Versammlung in der Lage befinden, denselben Antrag wieder zu stellen. Man kann aus vollster Seele für jedes Moment sein, welches der Rechtsanwalt Lewald vorgebracht hat, und muß doch wieder auf meinen Antrag kommen. Der Rechtsanwalt Lewald nennt seinen Antrag eine „brennende Frage". Wenn wir alle brennenden Fragen hier erörtern wollen, dann giebt es eine sehr feurige Disputation. Die Prügelstrafe in den Ländern des gemeinen Criminalprozesses, als Wahrheitsbeförderungsmittel, ist auch eine „brennende Frage"; die Gerichtshöfe zur Entscheidung der Competenz-Conflicte, der Mangel an Schwurgerichten in diesem und jenem Lande sind auch „brennende Fragen". Die Mängel und Lücken in dem Rechtsverfahren müssen vorläufig noch erduldet werden. Herr Lewald will, daß wir ein Recept verschreiben für einige Krankheiten und einige Patienten, während hundert andere Kranke von ganz anderen Krankheiten ergriffen sind, und während es vorläufig nur darauf ankommt, der frischen Luft Eingang zu verschaffen. — Der Herr Rechtsanwalt Lewald will, daß ein Weg, eine

Chaussee angelegt wird, die nicht einmal Alle, sondern nur Einzelne betreten können. Rings herum aber ist viel Terrain noch nicht geebnet, liegt noch Viel im Argen.

Darum, glaube ich, geht der Antrag über die Kraft unseres Berufs hinaus, wenigstens über die Kraft des Berufes der diesmaligen Versammlung und der ihr so karg zugemessenen Zeit. Nach Jahr und Tag wird die Stimmung in dieser Beziehung eine geklärtere, und dann der Zeitpunkt da sein, diese brennende Frage einzureihen in dasjenige, was wir vielleicht schon über's Jahr schaffen können: in ein allgemeines Deutsches Criminalrecht. (Lebhaftes Bravo.)

Präsident: Herr Vogler aus Berlin hat das Wort.

Rechtsanwalt, Justizrath **Vogler:** Meine Herren! Da wir wenig Zeit haben, so werde ich auch wirklich nur wenig sagen.

Es handelt sich um eine Frage der Gerechtigkeit. Es handelt sich nicht um ein Recept, sondern darum, zwei Principien auszusprechen. Deshalb habe ich den Antrag eingebracht, einfach auszusprechen, daß der Juristentag die Beseitigung des Monopols der Staatsanwaltschaft zur Anklage und die Gleichstellung der Staatsanwaltschaft und der Vertheidigung für wünschenswerth halte. Das, meine Herren, sind zwei Principien. Darüber müssen wir einig sein; es muß Jeder wissen, was wir über diese Principien denken. Es ist nicht nöthig, daß wir das an die Commission verweisen, daß wir, wie man es in Deutschland immer zu machen pflegt, die Commission dies aussprechen lassen. Zur Motivirung jener beiden Principien habe ich weiter nichts zu sagen, als daß das Monopol in Deutschland nicht mehr Rechtens ist, und um so weniger da sein darf, wo es sich um die Ausübung der Gerechtigkeit im Strafrechte handelt. — In anderer Beziehung habe ich zu sagen, daß die Gleichstellung der Vertheidigung mit der Staatsanwaltschaft sich von selbst versteht. Wo eine Anklage gegeben, wo ein Ankläger ist, müssen dem Vertheidiger auch gleiche Rechte mit dem Ankläger eingeräumt werden, müssen diesem dieselben Waffen gewährt werden. — Man kann nicht sagen, daß derjenige ein Advokat sei, welcher nicht das Recht ebenso wahrnimmt, wie der Staatsanwalt. Man kann ebensowenig sagen, daß die Staatsanwaltschaft auch den Unschuldigen in Schutz zu nehmen habe. Meine Herren! Niemand kann aus seiner Haut heraus. Meine Herren! wer auf die Anklage zugeschnitten ist, wird die Vertheidigungsmomente übersehen. (Ruf: Schluß.)

Darum bitte ich Sie dringend, nicht blos mit Ungeduld diese Principien zu beseitigen, sondern einmal offen auszusprechen, was Rechtens sein soll in Deutschland: ob der Angeklagte und sein Vertheidiger gleiche Rechte haben sollen mit dem, der Jagd auf ihn macht, (Unruhe) ob der Staatsanwalt zu bestimmen hat, was Rechtens sei.

Präsident: Es haben sich noch vier Redner gemeldet. Wollen Sie dieselben noch anhören? (Ruf: Schluß!)

M. H., ich sehe die vorliegende Frage für eine Reihe von anderen, noch vorkommenden Fragen als präjudizirlich an; es handelt sich darum, ob wir noch jetzt in den wenigen Stunden, die uns noch zugemessen sind, auf die Materie eingehen, namentlich, ob wir die Rechtsfragen discutiren wollen. Es haben sich noch vier Redner zum Worte gemeldet; wollen Sie die Freundlichkeit haben, dieselben noch zu hören? (Zustimmung.)

Der Herr Kreisgerichtsrath Wollheim hat das Wort.

Kreisgerichtsrath **Wollheim** aus Cammin: Wirklich nur einige Worte! Ich kann die faktischen Behauptungen des Herrn Antragstellers, daß in der von ihm angegebenen fulminanten Zahl und Weise bei den Ständeversammlungen Petitionen gegen das sogenannte Anklagemonopol der Staatsanwaltschaft eingegangen seien, als richtig nicht zugeben, und bitte Sie daher, auch aus diesem Grunde dem Antrage der Abtheilung beizutreten.

Präsident: Herr Dr. v. Seckendorff aus Berlin hat das Wort.

Ober-Tribunalsrath Dr. v. **Seckendorff:** Mein Name ist genannt, und das veranlaßt mich, wenige Worte zu sagen: insbesondere, um den Antrag in dem Sinne zu beschränken, wie ich ihn angenommen zu sehen wünsche.

Was über das gleiche Recht des Anklägers und des Angeklagten gesagt worden ist, bedarf meines Erachtens einer weiteren Erwägung. Das war ein Hauptgrund, warum die Nummern 2, 3 und 4 des Antrags des Herrn Rechtsanwalts Lewald in der Abtheilung nicht zur Erörterung gekommen sind. Für jetzt möchte ich nur den Satz an der

Spitze des Antrages ausgesprochen haben, weil er meines Erachtens bis zur gegenwärtigen Einrichtung der Staatsanwaltschaft in einigen Ländern Deutschlands eines Jeden Recht gewahrt hat.. Jedermann im Volke durfte bis dahin die Behörde, die berufen ist, unparteiisch Recht zu sprechen über Handlungen, die im allgemeinen Interesse unter das Strafgesetz gestellt sind, angehen; und die Frage ist nun die: soll jetzt durch die Staatsanwaltschaft der Weg zu dem Gerichte verschlossen sein oder nicht? Ich weise den Ausdruck: die Staatsanwaltschaft habe ein „Anklage-Monopol" meinerseits zurück. Das Wort „Monopol" ist für ein so wichtiges Amt, wie es die Staatsanwaltschaft bekleidet, ein ungehöriges, und für die Länder, wo dies Institut seit Jahrhunderten besteht, ein durchaus unwürdiges. (Bravo!) Aber, m. H., ich will, daß eine Mauer zwischen demjenigen, der durch eine strafbare Handlung in seinem Rechte verletzt ist, und dem Gerichte nicht bestehe, und daß eine solche in der Staatsanwaltschaft nicht vorhanden sei. Ich will, daß einem Jeden, der durch ein Verbrechen in seinem Rechte verletzt worden ist, wenn die Staatsanwaltschaft eine Anklage nicht erhebt, der Weg zum Gerichte offen stehe, und daß Letzteres dann zu beschließen habe, ob eine Untersuchung eingeleitet werden soll oder nicht. Und das bitte ich auszusprechen, daß dies Rechtens ist.

Präsident: Herr Professor Dr. Geßler aus Tübingen hat das Wort.

Professor Dr. **Geßler:** M. H.! Es hat sich bei der Abtheilung eine entschiedene Rechtsüberzeugung wohl nur dafür gebildet, daß in bestimmten Fällen das Recht der Privatanklage bestehen soll. Hätten wir einen Antrag gestellt, der dahin ginge, daß zum mindesten in gewissen Fällen die Privatanklage erhoben werden könne, so würde sich wohl auch die Abtheilung in ihrer Mehrheit dafür ausgesprochen haben. Dieser Antrag ist bis jetzt nicht gestellt, und auch ich sehe mich meinerseits nicht veranlaßt ihn zu stellen, weil ich eine gründlichere Vorberathung, als sie hier beim Juristentage geschehen kann, vorziehe. Da ich der Ansicht bin, daß der Juristentag sich nur dann mit Bestimmtheit über einen solchen Antrag aussprechen kann, wenn die Mitglieder sich vorher über eine bestimmte Ansicht geeinigt haben, so stimme ich für eine Aussetzung der Verhandlung über den vorliegenden Antrag bis zum nächsten Juristentag.

Präsident: Herr von Gerhard aus Königsberg hat das Wort.

Syndikus **von Gerhard:** Ich habe mir erlaubt, einen Antrag zu stellen, um, wie auch schon von Herrn v. Seckendorff hervorgehoben worden ist, aus dem noch nicht ganz geklärten Stoffe das zu retten, was am dringendsten nothwendig ist. Ich wünsche auch, wie Herr v. Seckendorff, daß Sie nur beschließen mögen, daß die ausschließliche Befugniß der Staatsanwaltschaft zur Erhebung der Anklage nicht aufrecht erhalten bleibe, daß vielmehr im Wege der Gesetzgebung die Möglichkeit eröffnet werde, den Richter darüber bestimmen zu lassen, ob eine Untersuchung stattfinden soll oder nicht. Das ist die Hauptsache. Alles Andere ist nur Mittel zum Zweck. So insbesondere auch die Privatanklage: sie soll nur den betreffenden Fall vor den Richter bringen. — Es giebt aber auch noch andere Mittel; denn die einfache Beschwerde über eine zurückweisende Verfügung des Staatsanwaltes würde auch den Richter in diese Lage versetzen. Der Richter könnte dann die Eröffnung der Voruntersuchung und je nach Umständen die Erhebung der Anklage anordnen, und damit einen Rechtsanwalt oder auch den Staatsanwalt eines anderen Bezirkes betrauen. Die Frage nach dem Mittel — ob Privatanklage oder Beschwerde oder noch ein anderer Weg — mag offen bleiben für fernere Erörterungen. Hier gilt es nur das Princip; und dieses wollte ich durch klare Hervorhebung und Trennung von den übrigen Anträgen retten vor dem Untergang in der Versammlung, den es schon in der Abtheilung gefunden hat. Die ausschließliche Befugniß der Staatsanwaltschaft, Untersuchung und Anklage zu veranlassen, widerspricht den ersten Principien des Criminalrechts. Früher kannte man nur eine nothwendige Pflicht, auf erfolgte Anzeige die criminalrechtliche Verfolgung herbeizuführen. Die dagegen in neuerer Zeit entstandene Theorie von der sogenannten discretionären Gewalt der Staatsanwaltschaft widerspricht dem höchsten Grundsatz des Criminalrechtes: nullum crimen sine poena! Es ist die Möglichkeit gegeben —

(Der Redner wird durch Schlußrufe unterbrochen.)

Wir, m. H., betrachten die Sache von dem wissenschaftlichen Standpunkt oder von dem des Richters. Wir denken an die Anwendung des Gesetzes auf Andere. Das Volk — und ich verstehe darunter alle Nicht-Juristen — denkt bei solchen Fragen an die Anwendung auf sich und faßt sie deshalb viel sensibler auf. Die Dringlichkeit ist von diesem Standpunkte aus nicht zweifelhaft.

Ober-Tribunalsrath v. **Seckendorff**: Ich habe mit meinem Antrag: die Frage, welche die Abtheilung dem Plenum überwiesen, in der Art zu theilen: „Der Juristentag wolle die Rechtsüberzeugung, welche in der Nr. 1 des Lewald'schen Antrages ausgesprochen ist, acceptiren, im Uebrigen aber den Antrag dem Beschluß der Abtheilung gemäß zu ferneren Verhandlungen über die anderen Punkte der ständigen Deputation überweisen," nur dem Princip der Privatanklage Anerkennung schaffen, sonst aber mich den Gründen der Abtheilung anschließen wollen.

Rechtsanwalt, Justizrath **Fischer** aus Breslau: Ich stimme dem Antrage des Herrn Vorredners bei, und will nur noch an Eins erinnern. Wir sind da, um Deutsche Rechtsinstitute aufrecht zu erhalten und fortzubauen auf Deutschem Recht. Und was ist mehr Deutsches Recht, als daß man sich selbst in der Volksversammlung sein Recht wahre? Wollen Sie dieses heilige Recht, das den Deutschen von jeher unveräußerlich war, ihnen nehmen? Wollen Sie, wenn es sich darum handelt, unsere Freiheit, unsere Rechte zu sichern, wollen Sie da schweigen? M. H., es liegt so tief in unserem Deutschen Charakter, dies nicht zu thun, daß ich Sie bitte, den Antrag, wie er jetzt gestellt ist, anzunehmen!

Präsident: Herr Justizrath Vogler aus Berlin hat das Wort. (Schluß! Schluß!)

Eine Stimme: Ich beantrage den Schluß ausdrücklich!

(Der Justizrath Vogler beginnt einigemal zu sprechen, wird aber fortwährend durch den Ruf nach Schluß unterbrochen.)

Präsident: Sollten sich noch mehrere Redner zum Worte gemeldet haben, so bin ich außer Schuld, wenn ich sie nicht aufrufe, da ich die Meldungen nicht bekommen habe. Ich bekam nur noch die Meldung zum Wort von dem Herrn Staatsanwalt Koch für sein Amendement (Zum Justizrath Vogler gewendet) Von einem Unteramendement weiß ich nichts.

Justizrath **Vogler**: Herr Präsident, ich habe meinen Antrag besonders eingereicht.

Präsident: Ich frage, ob die Versammlung glaubt, daß die Sache genügend erörtert sei? (Ja! Ja!)

Es ist von Herrn Lewald ein Antrag gestellt, der in einige Fragen des materiellen Rechts wesentlich eingreift. Wir gaben diesen Antrag einer Abtheilung zur Berichterstattung. Diese glaubte aber, daß die Sache dermalen zu weit führen würde; daß sie allerdings von dem größten Interesse sei, eben deßhalb aber durch eine Deputation gehörig vorbereitet werden müsse. Sie hat uns daher kein materielles Gutachten über die Sache gegeben, sondern uns vorgeschlagen, der ständigen Deputation den Auftrag zu ertheilen, für den nächsten Juristentag über diesen Antrag Bericht zu erstatten. Nun sind aber eine Menge anderer Anträge dazu eingegangen, welche in verschiedenen Richtungen auf die Sache eingehen wollen. Der eine geht dahin, sich wenigstens für den ersten Theil des Antrages auszusprechen; andere gehen weiter, und wieder andere wollen keine Berathung, weil die Sache noch nicht gehörig vorbereitet ist.

Die Abtheilung hat aus dem gleichen Grunde es selbst nicht gewagt, über das Materielle des Antrages sich auszusprechen. Unter diesen Umständen muß ich jedenfalls die geehrte Versammlung auf das Bedenken aufmerksam machen, daß, wenn die Versammlung auf das Materielle eingehen und die Frage entscheiden will, sie über Etwas Beschluß faßt, was die sachverständige Abtheilung sich nicht sofort zu entscheiden getraute, — und daß wir über das Materielle noch gar keinen Bericht haben. Es ist meine Pflicht, Sie auf diese Bedenken aufmerksam zu machen. Jedenfalls glaube ich, — will jedoch mich gern berichtigen lassen, wenn ich irre, — daß die nächste Frage lediglich den Antrag der Abtheilung betreffen muß; denn diese will auf das Materielle gar nicht eingehen, dagegen der ständigen Deputation den Auftrag geben, den Bericht für den künftigen Juristentag abzufassen und dadurch denselben über diese Angelegenheit gehörig zu informiren. Erst, wenn die Versammlung den Antrag der Abtheilung verwirft, haben wir auf das Materielle der Frage einzugehen. Sind Sie damit einverstanden, meine Herren? (Lebhafte Zustimmung und Widerspruch.)

Der Herr Justizrath Vogler aus Berlin hat das Wort.

Justizrath **Vogler**: M. H.! Die erste Frage ist wohl die, ob wir uns jetzt über die Principien aussprechen oder auf die Details eingehen wollen. Mein Antrag berührt nur die Principien, der Lewald'sche Antrag dagegen geht auf die Details ein. Die Frage ist also nur, ob Sie im Stande sind, ohne Bericht der Commission sich über materielle Details auszusprechen oder nicht. (Steigende Unruhe.)

Und da finde ich eben, daß, wenn Sie über meinen Antrag zuerst abstimmen, die Abstimmung über den Lewald'schen Antrag Ihnen immer noch unbenommen bleibt. Nehmen Sie meinen Antrag an, so steht es immer noch in Ihrem Belieben, den Lewald'schen Antrag der Deputation zu überweisen.

(Der Redner spricht noch weiter, ist aber bei der immer größer werdenden Unruhe nicht zu verstehen.)

Präsident: Ich glaube, m. H., der vorige Herr Redner hat die Sache nicht ganz richtig aufgefaßt; gerade die Frage, ob wir gewisse Principien annehmen wollen betrifft ja eine materielle Entscheidung... (lebhaftes Bravo) und wir würden daher erst, wenn die Versammlung ausgesprochen hat, auf die Sache materiell eingehen zu wollen, zu dem Antrage des Herrn Vogler kommen können. (Allseitige Zustimmung.) Das ist so klar, wie die Sonne. (Heiterkeit.)

(Widerspruch des Justizraths Vogler.)

Präsident: (zu Herrn Vogler gewendet) Wir müssen doch das Materielle von dem Formellen trennen. Es liegen zwei materielle Anträge vor; die Abtheilung beantragt eben, auf keinen von beiden Anträgen berathend und beschlußfassend einzugehen; ob nun dem Vorschlage der Abtheilung zuzustimmen sei, das ist eben die materielle Vorfrage. (Bravo. Heiterkeit.)

Die Abtheilung beantragt also, sich über das Materielle gar nicht auszusprechen: Sie werden doch das Formelle vom Materiellen unterscheiden können! (Heiterkeit.)

Auf das Materielle können wir erst dann eingehen, wenn der Abtheilungsantrag abgelehnt ist. Nimmt aber die Versammlung den Abtheilungsantrag an, so sagt sie eben damit: wir wollen nicht auf die Sache selbst eingehen, weder im Princip, noch im Detail. Genehmigt die Versammlung die Fragestellung, wie ich sie eben vorgetragen habe? (Ja!)

Und nun frage ich wieder: will die Versammlung den Abtheilungsantrag annehmen?

(Ein Mitglied verlangt die nochmalige Verlesung des Antrags.)

M. H.! Der Abtheilungsantrag geht dahin: Der Juristentag wolle auf das Materielle des Lewald'schen Antrages heut überhaupt nicht eingehen, dagegen der Deputation den Auftrag geben, dem nächsten Juristentage einen ausführlichen Bericht vorzulegen.

Diejenigen Herren, welche für den Abtheilungsantrag sind, bitte ich, sich zu erheben. (Geschieht.)

Das Resultat der Abstimmung ist zweifelhaft. Wir wollen die Gegenprobe machen. Diejenigen Herren, welche auf die Sache näher eingehen, also gegen den Abtheilungsantrag über das Materielle heut entscheiden wollen, bitte ich, sich zu erheben. (Geschieht. Viele Stimmen: Es ist die Minderheit! Große Unruhe.)

M. H. Ich bitte, daß diejenigen, die auf das Materielle eingehen wollen, sich nochmals setzen und diejenigen, die für den Abtheilungsantrag sind, sich erheben. (Geschieht.)

Das Büreau ist der Meinung, daß die entschiedene Majorität für den Abtheilungsantrag ist.

Der Herr Justizrath Vogler hat das Wort.

Justizrath **Vogler**: Der Herr Präsident hat mir gesagt, ich könne nicht Formelles von Materiellem unterscheiden! Ich bin nun aber der Meinung, daß ich sehr wohl einsehen kann, was klar wie die Sonne ist, und daß ich Formelles von Materiellem unterscheiden kann! (Große Aufregung in der Versammlung.)

Präsident: Der Herr Oberstaatsanwalt Schwarze hat das Wort.

Oberstaatsanwalt Dr. **Schwarze** aus Dresden: Ich glaube dem allgemeinen Gefühl einen bestimmten Ausdruck zu geben, wenn ich erkläre, daß, wenn wir dem Herrn Präsidenten sein Amt noch dadurch erschweren wollen, daß wir einzelne Aeußerungen zur Debatte bringen, er künftig für das Vertrauen, das wir ihm gewähren, danken wird. (Allgemeiner Beifall.)

Präsident: Ich gebe dem geehrten Mitgliede, welches vorhin sprach, hiermit zu erkennen, daß ich ja die Ueberzeugung aussprach, daß er Formelles von Materiellem zu unterscheiden wisse.

Ich ersuche nun den Herrn Dr. von Holtzendorff, uns den Bericht über die übrigen auf der Tagesordnung stehenden Anträge der dritten Abtheilung zu erstatten.

Berichterstatter Privatdocent Dr. v. **Holtzendorff**: M. H.! Ich hoffe, daß bei den nächstfolgenden Anträgen Niemand in der Versammlung Veranlassung haben wird, den Ruf nach Schluß zu erheben, denn sie sind in der That ganz in der Kürze zu erledigen.

Der erste Antrag, der vom Geh. Rath Mittermaier gestellt worden, ist, glaube ich, den Herren Mitgliedern nicht durch den Druck bekannt geworden. Ich erlaube mir daher, denselben zu verlesen. Er geht dahin:

> Der Juristentag wolle beschließen, daß durch eine von der Versammlung zu wählende Commission der nächsten Versammlung ein Gesetzentwurf vorgelegt werde über die Regelung des Verhältnisses der Polizeibehörden, des Staatsanwalts und des Untersuchungsrichters in Bezug auf den Umfang der jeder dieser Behörden zustehenden Befugnisse in der strafrechtlichen Voruntersuchung. *)

Bei diesem Antrage ergab sich sofort das Resultat einer überwiegenden Einigkeit in Bezug auf die Form. Man war einverstanden, daß es nicht Aufgabe des Juristentages sei, Gesetzentwürfe auszuarbeiten, daß es vielmehr unsre Aufgabe sei, Fassungsfragen zu vermeiden, und nur kurz formulirte Principien auszusprechen.

Dagegen konnte man sich nicht verhehlen, daß der Gegenstand, über welchen der Antrag einen Gesetzentwurf verlangt, im engen Zusammenhange stehe mit allen den tief eingreifenden Prozeßfragen, welche der Lewald'sche Antrag zur Berathung gebracht hat. Man glaubte daher,

---

*) Vergl. S. 127 Nr. 1.

diesem Zusammenhange dahin Rechnung tragen zu müssen, daß man diese Fragen des Verhältnisses der Staatsanwaltschaft zur Polizei und zur Voruntersuchung für die Tagesordnung des nächsten Juristentages empfehle. Allenfalls könnte die Versammlung zweifelhaft sein, ob der Gegenstand des Antrages nicht ein staatsrechtlicher sei, sofern er gleichzeitig in administrative Angelegenheiten, soweit er die Polizei interessirt, eingreift. Eine solche Bedeutung wurde indeß in der Abtheilung dem Antrage nicht beigelegt, vielmehr konnte nur der Gesichtspunkt des Rechts des Angeschuldigten zu Grunde gelegt werden als Ausgangspunkt, von welchem eine künftige Berathung über diesen Gegenstand auszugehen habe. — Die dritte Abtheilung hat sich daher fast einstimmig dahin ausgesprochen, den Antrag des Geh. Raths Mittermaier, soweit er die Ausarbeitung eines Gesetzentwurfes bezweckt, zu verwerfen; soweit dabei das Verhältniß der bei der Voruntersuchung mitwirkenden Beamten zu erörtern sein würde, zur Tagesordnung für den nächsten Juristentag zu empfehlen.

Präsident: Die Versammlung hat einen Antrag in gleicher Richtung bei der ersten Abtheilung angenommen. Daher wird es wohl hinreichend sein, wenn ich frage, ob Sie den Antrag der dritten Abtheilung annehmen wollen? (Ruf: Ja! Ja!)

Ich ersuche den Herrn Berichterstatter fortzufahren.

Dr. v. **Holtzendorff:** Ich habe dann über einen Antrag zu berichten, welcher gleichfalls den Mitgliedern nicht durch den Druck bekannt geworden ist, und welcher ein Gelegenheitsantrag genannt werden kann. Er ist hervorgegangen aus der Ueberzeugung, die sich festgestellt hatte bei der Berathung der Frage, in wie weit ein neues Deutsches Strafgesetzbuch nothwendig und ausführbar sei? Bei der Möglichkeitsfrage war die dritte Abtheilung dahin einverstanden, daß der Schwerpunkt und Kern einer künftigen einheitlichen Strafgesetzgebung zu suchen sei in der Frage nach dem Strafmaß und den Strafmitteln, weil gerade hierüber die größten Verschiedenheiten in Deutschland augenblicklich herrschend sind.

Im Hinblick auf das Ausland, welches sonst ganz gewiß in dieser Versammlung Deutscher Juristen nicht als Muster hingestellt werden sollte, muß dennoch bemerkt werden, daß England, Frankreich, Belgien und Holland, also Länder politischer Vorbilder und Nichtvorbilder — (Heiterkeit) — gemeinsam wenigstens die Ansicht gewürdigt und zum Ausdruck gebracht haben, daß eine richtige Auffassung des Werthes einer Strafgesetzgebung nur angebahnt werden kann, wenn man von competenter, sachverständiger und zuverlässiger Seite die Materialien erhält, die für die Beurtheilung der Strafarten wichtig sind. Man war darüber in der Abtheilung einverstanden, daß die Frage nach dem Poenitenzialsystem der gemeinsamen Haft nicht überlassen werden dürfe der Geistlichkeit oder den Medizinern, von denen jene für das Seelenheil, diese für das Körperheil der Sträflinge ausschließlich besorgt zu sein pflegen. Wir waren der Meinung, daß im Zusammenhange mit den bestehenden Strafrechts-Tabellen es eine geringe Mühe sein würde, Tabellen aufzustellen über den Werth der Strafgesetze, wie er sich aus der Vollstreckung der Strafe ergiebt, über die Rückfälligkeit, über die Kosten, über die Diciplinarstrafen, wie sie nach einzelnen Systemen vollstreckt werden, und über den Bildungszustand der einzelnen Gefangenen.

M. H., wir können uns darüber nicht täuschen, daß die Abfassung eines einheitlichen Strafgesetzbuches kein Werk von Wochen und Monaten sein wird. Die Erinnerung an die Vorarbeiten zu dem Preußischen und dem Bayerischen Strafgesetzbuch wird genügen, um auch hier die Schwierigkeiten einleuchten zu lassen. Im Hinblick darauf, daß für die Beurtheilung der Gefängnißfrage und der Straffrage amtliches Material vorzugsweise wünschenswerth erscheint, vereinigte sich die dritte Abtheilung dahin: es sei als wünschenswerth anzusehen, die Deutschen Regierungen — um die ursprüngliche Fassung zu wiederholen — zu ersuchen, in Verbindung mit den statistischen Ausweisen über die Strafrechtsfragen die Berichte über den Zustand der Gefängnisse und über den Erfolg der Strafvollstreckung in regelmäßigen Zeitfristen durch den Druck zu veröffentlichen.*)

Präsident: Der Herr Geh. Ober-Tribunalsrath Goltdammer aus Berlin hat das Wort.

Ober-Tribunalsrath **Goltdammer:** Die Abtheilung ist allerdings

*) Vergl. S. 132.

mit dem Schlußantrage einverstanden gewesen; eine Discussion aber über den Antrag selbst und die Motive hat, soviel ich glaube, fast gar nicht stattgefunden. Ich wollte nur bemerken, daß daher die Motivirung des Herr Referenten ihm ausschließlich allein gehört und nicht vollständig den Ausdruck der Meinung der Abtheilung enthält. Was mich betrifft, so erkläre ich mich persönlich mit den Motiven des Herr Referenten einverstanden.

Berichterstatter Dr. **von Holtzendorff**: Ich muß darauf erwiedern, daß die von mir gegebene Motivirung im Wesentlichen die ist, welche im Schooße der Abtheilung überhaupt zur Sprache kam, ohne daß ich allerdings für die wörtliche Uebereinstimmung einstehen kann. Es ist nämlich dieselbe, welche ich gestern in der Abtheilung gegeben habe, und beziehe ich mich deshalb mit vollem Vertrauen auf das Zeugniß aller Derjenigen, welche dort anwesend waren. Wenn mein Referat nicht mit der Ueberzeugung Einzelner übereinstimmt, so ist dies deshalb wohl möglich, weil mein Vortrag gestern in der Abtheilung gar keinen Widerspruch erfahren hat.

Präsident: So wie die Sache steht, bleibt mir nur übrig, zu fragen, ob der Antrag der Abtheilung angenommen werden soll, der nun stante concluso dahin aufzufassen sein wird, daß der Juristentag den dringenden Wunsch ausspreche, die Regierungen möchten auch über den Zustand der Gefängnisse und über die Resultate der Strafvollstreckung in ihren Strafrechts-Tabellen mit berichten. Stimmt die Versammlung diesem bei, so bitte ich, sich zu erheben. — (Geschieht.) — Es ist die große Majorität.

Ich gebe nun dem Herrn Justizrath Volkmar aus Berlin das Wort zu dem ersten Bericht der vierten Abtheilung.

Rechtsanwalt, Justizrath **Volkmar**: Meine Herren! Die vierte Abtheilung des ersten Deutschen Juristentags hält den Erlaß eines Deutschen Civilprozeßgesetzbuches für ein dringendes Bedürfniß. — Von diesem Gesichtspunkte aus schien es nothwendig, die leitenden Principien eines solchen Gesetzbuches zu fixiren. Diese Grundsätze, in dem Antrage des Ober-Tribunalsraths Dr. Waldeck*) niedergelegt, sind sofort zur Erörterung gestellt worden. Die Abtheilung ging hierbei davon aus, daß die Mündlichkeit des Verfahrens, die collegialische Formirung der ordentlichen Gerichte Axiome sind, welche noch zu erörtern der Aufgabe des ersten Deutschen Juristentages nicht entsprechen würde.

Es ist demnächst der dahin formulirte Grundsatz:

> „die Angabe der Beweismittel für die Behauptungen der Parteien erster Instanz in Klage, Klagebeantwortung, Replik u. s. w. braucht erst nach ergangenem Beweisinterlokute zu geschehen, mit Ausnahme der Urkunden, welche zur Begründung der Behauptungen dienen, und deren Beibringung oder Nachweisung mit den Behauptungen verbunden werden muß",

ohne Discussion einstimmig angenommen worden. Die Richtigkeit dieses Princips kann in der That einem gegründeten Bedenken nicht unterliegen. Es ist nicht die Aufgabe irgend eines Deutschen Landes, am wenigsten Preußens, die Besonderheiten festzuhalten, welche, durch Theorie und Praxis gerichtet, nur geeignet sind, die Rechtseinheit des gemeinsamen Vaterlandes, die ja von Allen angestrebt wird, zu verhindern.

Präsident: Wünscht Jemand das Wort zu nehmen?

Dr. André aus Osnabrück hat das Wort.

Obergerichts-Anwalt Dr. **André:** Ich erlaube mir, mich gegen den Antrag zu erklären. Eben so bestimmt, wie ich auf der einen Seite für den Erlaß einer Deutschen Civilprozeßgesetzgebung mich mit warmem Gefühle erkläre, eben so bestimmt bin ich der Meinung, daß hier nicht der Ort ist, diese Specialitäten festzustellen. Der Waldeck'sche Antrag spricht von öffentlichem mündlichen Verfahren. Nach meiner Meinung geht er von der Preußischen Gerichtsverfassung aus. Wir haben in Deutschland verschiedenartige öffentliche mündliche Verfahren: am Rhein, in Hannover, in Oldenburg, Braunschweig. Wir haben bei den Sitzungen der Abtheilung in der Discussion uns davon überzeugt, daß verschiedene Mitglieder aus Preußen sich über das öffentliche mündliche

*) Vergl. S. 9 ff.

Verfahren in Hannover eine sehr geringe oder gar keine Vorstellung gemacht, und erst mit Hannoveranern darüber haben sprechen müssen. Wir bekennen gern, daß wir von der Preußischen Gerichtsordnung eine so große Kenntniß auch nicht haben, um darüber urtheilen zu können. Ich bin denn der Meinung, daß wenn man die Principien für eine allgemeine Civilprozeßgesetzgebung feststellen will, und man dann von öffentlichem mündlichen Verfahren spricht, dies keinen Werth hat, wenn man nicht ganz bestimmt ausgebildete Verfahren voraussetzt, sondern darunter sehr verschiedenartige Dinge versteht. — Die übrigen Waldeck'schen Anträge schließen sich an Specialitäten der Preußischen Prozeßordnung an; theilweise sind sie der Art, daß man sie in Hannover gar nicht verstehen würde. Sie könnten in Hannover gar nicht zur Sprache kommen; sie passen zu dem dortigen Verfahren gar nicht. Deswegen bin ich der Ansicht, daß man zunächst erst den Entwurf einer Deutschen Prozeßordnung abwarten muß: wenn man eine allgemeine Deutsche Prozeßordnung hat, dann läßt sich darüber urtheilen und in dem einen oder anderen Punkte an den Principien etwas ändern. (Bravo.)

Ober-Tribunalsrath Dr. **Waldeck**: Die Frage, welche der verehrte Herr Vorredner angeregt hat, ist natürlich eine große Vorfrage. Ich glaube, sie in der Begründung meines Antrags hinreichend berührt zu haben, und ich will nur dagegen protestiren, als wenn es keine unbedenkliche Sache wäre, die Mündlichkeit des Verfahrens im bürgerlichen Prozeß als ein Axiom zu betrachten. Es ist in den meisten Ländern Deutschlands zur Geltung gekommen; allerdings in verschiedenem Grade; überall aber ist es angestrebt worden. Es ist vielleicht nicht Allen das Detail der Hannöverschen neuen Prozeßgesetzgebung vom Jahre 1850 bekannt. Doch darauf kommt es gar nicht an. Auch die Hannöversche Prozeßordnung beruhet auf denselben großen Principien, wie unsere Preußische Gesetzgebung, namentlich vom Jahre 1833 und 1846. Auf denselben Principien ruht, wie dies durch die Novellen von 1848 und 1859 eingeführt ist, die Gesetzgebung der gemeinrechtlichen Länder Preußens: Ehrenbreitstein und Neu-Vorpommern; auf denselben Principien, in einer etwas andern Anwendung, das Französische Verfahren, was in der Rheinprovinz angewandt wird. Wenn man davon ausgehend das Ziel ins Auge faßt, welches wir für wünschenswerth erklären, um endlich zum Segen des Vaterlandes zur Einheit zu kommen, so ist es nicht damit abgethan, ein Gesetzbuch zu entwerfen; sondern es fördert, wenn einige wichtige Punkte, welche in den einzelnen Gesetzgebungen von einander abweichen, zur Kenntniß des Juristentages kommen. Diese Punkte sind von der Art, daß sie längst Gegenstand der Wissenschaft, längst Gegenstand der Bestimmung in den verschiedenen Landesgesetzen sind, und ich kann von jedem gebildeten Juristen voraussetzen, daß er über diese Dinge schon ein Urtheil hatte, daß er wenigstens von den verschiedenen Ansichten unterrichtet war. Ich habe mir daher nur erlaubt, auszuführen, welche Motive dafür sprechen müssen, die Entscheidung, welche ich selbst für richtig halte, festzustellen.

Es handelt sich bei den meisten dieser Punkte darum, daß gewiße Verschiedenheiten, die in dem Verfahren verschiedener Länder stattfinden, ausgeglichen werden. Nehmen wir an, daß erst ein Entwurf vorgelegt werden soll, so wird dieser allerdings von einem oder dem andern Gesichtspunkte ausgehen müssen; denn die Commission, welche ihn vorzulegen hat, wird bei vielen Punkten auf die Principienfragen stoßen. Die Frage über die Principien aber wird sie in ihrem Schooße schwerlich mit irgend welcher Aussicht auf einen Erfolg lösen können, mit irgend einer Aussicht, daß diese Principien auch angenommen werden von den einzelnen Ländern, bevor es feststeht, daß die juristische Welt sich damit einverstanden erklärt, gewissermaßen ein Kompromiß schließt über Dinge, die zum Theil allerdings arbiträrer Natur sind. Und ich habe geglaubt, ein verdienstliches Werk zu thun, wenn ich hierzu beitrüge. Ich bin also der Ansicht, daß die Versammlung in der Lage ist, über meine Anträge zu entscheiden; ich kann nicht annehmen, daß sie unverständlich sein werden. Die Fragen sind auch schon vielfach in der Wissenschaft und in der Gesetzgebung ventilirt worden. Und schon bei der ersten Frage, wo es sich darum handelt, ob mit der Klage und der Klagebeantwortung gleich die Beweismittel verbunden werden sollen, da befinden wir Preußen uns in einer Abweichung von dem Hannoverschen Rechte. Dessen ist sich Jeder, der einigermaßen das Preußische Recht kennt, vollständig bewußt, und wenn er sich dessen nicht bewußt sein sollte, so genügt sicherlich, daß es so ist, und er dies von allen Preußischen Juristen bestätigen hört. Dann aber kann man fragen: was ist besser und was nicht? und wenn die Preußischen Juristen hier nicht verschiedener Ansicht sein mochten, wenn sie zugaben, daß die Frage recht gut anders entschieden werden kann, wie sie bei uns entschieden ist, so geschah dies eben im Interesse der Gemeinsamkeit und der Möglichkeit einer Gemeinsamkeit der Gesetzgebung; in diesem Interesse haben wenigstens die Preußischen Juristen es angemessen gefunden, nachdem die Gründe in der Denkschrift dargelegt sind, nicht einmal darüber zu diskutiren, sondern ein Compromiß in dieser Beziehung abzuschließen. Sie konnten dies um so mehr, weil jene Einrichtung bei uns schon in gewissen Gebieten besteht.

Das ist das eine Princip.

Das andere Princip, die Nichtappellabilität der Interlokute, ist eine so allgemein ventilirte Frage, daß allerdings gerade bei diesem Punkte in der Abtheilung ganz specielle und bestimmte Vorschriften der Hannöverschen Prozeßordnung zur Sprache gebracht, und höchst eingehend erörtert worden sind. Daß aber die Specialien eines einzelnen Landesgesetzes auf die Entscheidung der Rechtsverständigen keinen Einfluß haben können, ist klar. Will man annehmen, daß diese Specialitäten in einer gewissen Weise adoptirt werden können, so muß man die Frage modificirt beantworten. Ich glaube nicht zu viel zu sagen, wenn ich die Ansicht ausspreche, daß kein Preußischer Jurist sich je für die Appellabilität der Interlokute bestimmen wird, daß er viel eher auf einen gemeinsamen Prozeßcodex verzichten würde.

Die dritte Frage, die Vertretung der Parteien durch Advokaten, die Frage des Advokatenzwanges, ist eine im Preußischen Lande längst erörterte. Der Advokatenzwang existirt im rheinischen Recht, er wird im gemeinen Recht keinen Widerstand finden. Es ist gewiß nothwendig, dabei auszusprechen: Diese Frage ist von dem größten Einfluß auf die Formulirung der Prozeßordnung. Die Fixirung der Beweisfristen kann eine ganz andere werden, wenn man jene Frage so oder so beantwortet, und darum gehört diese Frage ebenfalls zu den Vorfragen. (Unruhe.)

Meine Herren, ich bin so kurz wie ich es sein kann, das Ausführliche ist gedruckt in Ihren Händen; ich kann mich daher darauf beziehen, aber insoweit von den Vorfragen die Rede ist, muß ich Ihnen doch den allgemeinen Inhalt noch ein Mal angeben. (Zustimmung.)

Die vierte Frage, ob eine Klage per decretum zurückgewiesen werden kann, könnte man allerdings anders beantworten. Der Herr Vorredner hat gemeint, die Frage könne in Hannover gar nicht vorkommen; sie kann aber in anderen Ländern vorkommen. Es sind mir, da ich diese Frage nur vom theoretischen und logischen Standpunkt klar gemacht hatte, schriftliche und mündliche Mittheilungen aus gemeinrechtlichen Ländern zugegangen, die ein Gesetz, welches das Prinzip zu 4 sanctionirt, für die größte Wohlthat erklären. Es giebt Länder, wie z. B. Anhalt, wo, wenn das Appellationsgericht und das Untergericht in Abweisung einer Klage per decretum übereinstimmen, dagegen ein weiteres Rechtsmittel nicht mehr zulässig ist, das doch gegen ein Appellationserkenntniß stattfinden würde. Ich halte diesen Zustand für einen sehr gefährlichen und nicht angemessenen. Aber auch rücksichtlich der Art der Einleitung der Klagen hängt viel von diesem Punkte ab.

Endlich der fünfte und letzte Punkt über die Nichtigkeitsbeschwerde. Wenn wir uns aussprechen wollen für das Bedürfniß eines allgemeinen Civilcodex und für einen gemeinsamen höchsten Gerichtshof, dann entsteht die Frage, welche Gestalt das Rechtsmittel haben soll, wodurch man die Sache vor den höchsten Gerichtshof bringt. In Hannover kann man gegen das Prinzip der Cassation keine Einwendung machen. Man hat dort nur zwei Instanzen und die Nichtigkeitsbeschwerde nur rücksichtlich gewisser prozessualischer Fehler, nicht in der Rechtsfrage selbst. Letzteres geht sogar zu weit. Auch in vielen anderen Ländern gilt schon die Nichtigkeitsbeschwerde als das Hauptrechtsmittel letzter Instanz. Wie nothwendig es aber ist, ein Princip für die letzte Instanz festzustellen, ehe man an die Arbeit eines Prozeßcodex geht, das muß selbst einem Laien einleuchten. Denn grade von dem Schlußpunkte, von der letzten Instanz hängt Alles ab, und der Gesetzgeber, der nicht mit diesem Zielpunkte im Auge sein Werk verfolgt, der würde mir so vorkommen, als wenn er im Sande pflügte.

Ich glaube, wir werden in Deutschland über die partikulären Verschiedenheiten übereinkommen können, wenn wir uns über die Anträge äußern. Ich glaube nicht, daß dies schwierig sein kann. Die vierte Abtheilung hat die Mühe nicht gescheut, sie hat sich ihr durchaus hingegeben, die Anträge sind zur Erörterung gekommen, und ich bitte Sie deshalb, die Sache, da Sie eine zureichende Motivirung finden werden, auch eingänglich entscheiden zu wollen.

Präsident: Der Herr Appellationsgerichts-Director Seuffert aus Passau hat das Wort.

(Der Redner sprach gegen die Waldeck'schen Anträge, er war am Stenographentisch nicht zu verstehen.*)

Präsident: Herr Goetting aus Hildesheim hat das Wort.

Obergerichtsanwalt **Goetting:** Meine Herren! Ich möchte Ihnen empfehlen, daß Sie den Antrag des Herrn Waldeck in der Art modificiren, daß wir das, was er als Voraussetzung ausspricht, zum Beschluß erheben, dagegen aber von dem, was er als Beschluß vorschlägt, abstrahiren. In dieser Fassung, glaube ich, sprechen wir etwas Ausführbares aus, was man von uns erwartet, und wir vermeiden dadurch die Klippen, die der Ausführung entgegenstehen würden. Ich stelle den Antrag, zu beschließen:

„Der Deutsche Juristentag spricht seine Ueberzeugung dahin aus, daß die Erlassung einer allgemeinen Civilprozeßordnung, gebaut auf das Princip der Oeffentlichkeit und Mündlichkeit, ein dringendes Bedürfniß sei."

Weiter gar nichts. Das sind Principien, die zweierlei Großes ausdrücken: die Mündlichkeit, die Unmittelbarkeit der Rede, und die Oeffentlichkeit, die Vertrauen giebt: also Licht und Luft! Alles Uebrige ist schwieriger, als Sie Alle denken. Ich bitte Sie besonders, den Partikularismus der verschiedenen Ansichten ins Auge zu fassen, z. B. in Betreff der Beweisinterlocute, die in dem Waldeck'schen Antrage hervorgehoben sind. Ob sie appellabel oder inappellabel sind, das, meine Herren, ist in den verschiedenen Ländern sehr verschieden. Ich will mich darüber nicht weitläufiger verbreiten. Ich glaube, diese wenigen Andeu-

*) Auch der Name des Redners fehlt im stenographischen Bericht.

tungen werden Ihnen genügen, um das, was ich Ihnen ausdrücken wollte, vor Augen zu führen. Unser Hannöversches Prozeßgesetz hat sich während seines kurzen Bestehens eine solche Vorliebe bei Allen erworben, daß es gewiß wünschenswerth ist, bei einem allgemeinen Deutschen Gesetzbuche auch die Principien des Hannöverschen Gesetzbuches wenigstens kennen zu lernen und zu würdigen.

Präsident: Herr Rechtsanwalt Dr. Malß aus Frankfurt a. M. hat das Wort.

Rechtsanwalt Dr. **Malß:** Ich erlaube mir, den Vorschlag des letzten Herrn Redners zu unterstützen. Ich glaube, daß die Anträge, wie sie hier gestellt sind, im Wesentlichen die Hauptpunkte einer künftigen Reform enthalten. Ich glaube aber auch, daß man gerade diese Punkte hier in Preußen und in Nord-Deutschland hervorgehoben hat, weil der Zustand der Gesetzgebung hier ein andrer ist, als in anderen Ländern. Hier hat schon eine Reform stattgefunden, während in einem großen Theile Deutschlands diese Fortschritte noch nicht gemacht sind. Man hat zwar einen Versuch gemacht, das öffentliche und mündliche Verfahren im Civilprozesse einzuführen, hat aber meist Fehlwege eingeschlagen. Man hält es in dem mündlichen Prozeßverfahren für wesentlich, daß der Referent wegfalle und daß auf Grund der Parteivorträge der Gerichtshof das Urtheil fälle. Das ist in dem Waldeck'schen Antrage nicht enthalten. Ich glaube auch nicht, daß wir selbst im Stande sind, bei der Verschiedenheit der Gesetzgebungen in den verschiedenen Deutschen Staaten alle großen Cardinalpunkte hervorzuheben. Und deshalb halte ich es jetzt für genügend, wenn wir das große Princip der Oeffentlichkeit und Mündlichkeit als Hauptprincip aufstellen, und der künftigen Gesetzgebung das Uebrige vorbehalten. Ich habe nichts dagegen, und würde es auch befürworten, wenn man zu dem Antrage des Herrn Vorredners den Zusatz-Antrag stellte, daß die Cardinalpunkte für eine künftige Civilprozeßordnung zusammengestellt würden.

Präsident: Herr Obergerichtsrath Baehr aus Cassel hat das Wort.

Obergerichtsrath **Baehr:** Obgleich einem andern Lande angehörig, trete ich doch dem Antrage des Herrn Vorredners aus voller Ueberzeugung bei und möchte nur noch Folgendes geltend machen. Prozessualische Fragen haben oftmals eine relative Natur, so daß man zwischen zweien Uebeln das kleinste zu wählen hat, daher man sehr leicht einseitig urtheilen kann. Es bildet sich leicht in einem Lande, wo sich dieses oder jenes Gesetz in irgend einer Weise ausgebildet hat, eine einseitige Anschauung; wenigstens ist das möglich. Nun will ich die Herren nur darauf aufmerksam machen, daß hier in der Versammlung die größere Anzahl der Juristen aus Preußen ist; ich zweifle keineswegs, daß die Anträge des Herrn Waldeck von dem Standpunkte des Preußischen Prozesses eine relative Berechtigung haben; ob ihnen aber eine Berechtigung zukomme, als absolutes Princip für die Deutsche Gesetzgebung aufgestellt zu werden, möchte ich wenigstens bezweifeln. Ich glaube, daß der Ausspruch im Sinne der Deutschen Juristen kein wahrer werden würde; denn wenn ich nach den Anschauungen aus meinem Lande urtheilen darf, so bin ich überzeugt, daß z. B. der Satz, daß Klagen nicht a limine zurückgewiesen werden dürfen, bei uns gewiß nur die Billigung einer geringen Zahl von Juristen, namentlich im Advokatenstande finden würde. Ich glaube aber, daß wir in einer Versammlung von sechshundert Menschen unmöglich dergestalt in die Details solcher juristischen Fragen eingehen können, daß wir hier darüber discutiren könnten, ob eine Sache besser durch Dekrete oder Bescheide zu erledigen sei. Ich glaube, es würde im Interesse des Juristentages selbst liegen, dem Antrage des Herrn aus Hannover beizutreten. (Bravo!)

Präsident: Herr Hofrath von Kerstorf aus Augsburg hat das Wort.

Hofrath, Advokat Dr. Edler v. **Kerstorf:** Ich bezeuge aus meiner Erfahrung, daß in anderen Ländern, deren Justizverfassungen — insbesondere im Civilprozeß — auch ausgebildet sind, gerade diese hier speciell beantragten Sätze zum Theil nicht einmal verständlich sein werden, zum Theil aber ganz gewiß nicht so gefaßt sind, daß sie allgemeinen Beifall haben können. Was haben Sie davon, wenn wir hier per Majorität über einzelne Sätze ein allgemeines Bedürfniß constatiren wollen. Das wäre ein Spruch, der von vornherein doch immer keine Bedeutung haben würde.

Ein Princip aber, welches so klar ist, wie auch die Vorredner schon berührt haben, wie die Oeffentlichkeit und Mündlichkeit, das kann mit dem vollen Gewicht seiner Meinung ein solcher Juristentag bestätigen und aussprechen. — Ich theile daher die Ansicht des Herrn Vorredners Götting aus Hildesheim, daß der Beschluß des Juristentages auf diesen allgemeinen principiellen Satz reducirt, das Uebrige aber uns erlassen werde. Ich fürchte, daß wir sonst bei dem andern juristischen Publikum, das außerhalb dieser Versammlung steht, wenig Beifall finden werden.

Präsident: Herr Professor Dr. Gneist aus Berlin hat das Wort.

Professor Dr. **Gneist:** Ich habe vorläufig einen Quasi=Vertagungsantrag anzukündigen. Die Waldeck'schen Anträge werden, je weiter sie rücken, desto schwerer wiegen; wir kommen wiederum am Schluß der Sitzung auf die streitigen Fragen der Appellabilität der Beweisinterlocute, über die Stellung und Competenz des höchsten Gerichtshofes u. s. w. Die letzte Frage hat dasselbe Schicksal, in der letzten Stunde zur Erwägung zu kommen, in der Abtheilung gehabt; auch dort hat die Debatte unter dem lebhaften Widerspruch, der sich gegen diese Frage erhob, sich nicht vollständig entwickeln können.

Wir werden mit Rücksicht auf die schwerwiegende Frage der Gerichtsverfassung und die tiefe Differenz, die darin liegt, einen solchen Antrag nur in der Weise stellen, wie er bei der Lewald'schen Staatsanwaltsmonopolsfrage gestellt worden ist. Erlauben Sie mir die Anfrage, ob die geehrte Versammlung erst den Abtheilungsbericht hören will über Artikel 2 — 5, um dann die Frage zu entscheiden, ob heute materiell über die Waldeck'schen Anträge entschieden werden soll oder nicht.

Präsident: Ich habe der Discussion ihren Lauf gelassen, wie sie bei dem ersten Artikel begonnen. Sie hat sich allerdings über alle fünf Artikel verbreitet. Ich habe so vielerlei, was nothwendig wird, nebenbei zu besorgen, während ich auf die Berichterstatter hören muß, daß ich das allerdings überhörte. Ich ließ jedoch die Discussion fortgehen, weil ich dachte, was wir zu der ersten Frage beschließen, könnte sehr leicht präjudizirend für die übrigen vier Punkte werden. Aber jedenfalls würde es von Interesse sein, den ganzen Bericht zu hören, und dann halte ich den Vorschlag des Herrn Prof. Gneist in formeller Beziehung für ganz angemessen. Herr Berichterstatter Justizrath Volkmar hat das Wort.

Justizrath **Volkmar**: Der zweite Grundsatz: „Beweisinterlocute sind durch Rechtsmittel nicht angreifbar," führte zu lebhafter Debatte. Die Collegen aus Hannover hielten den Grundsatz des §. 218 ihrer Prozeßordnung für allein zutreffend. Dieser sehr kurze Paragraph lautet:

> „Das Gericht, welches ein Beweisinterlocut erlassen hat, ist an dasselbe gebunden; dagegen unterliegt das Beweisinterlocut der Berufung, welche jedoch nur als vorbehaltene nach Maßgabe des §. 394 Platz greift."

Es ist ein unbedingtes Erforderniß, so wurde deducirt, daß jedes Mitglied des Gerichts von dem Gegenstande des Beweisinterlocuts vollständige Kenntniß habe. Das Beweisinterlocut wird auf Grund der mündlichen Verhandlung abgefaßt. Es ist nicht nothwendig und oft nicht möglich, daß die Richter des Endurtheils identisch sind mit denen des Interlocuts. Hieraus folgt, daß jeder spätere Richter durch das Interlocut gebunden werden muß.

Hiergegen wurde ausgeführt: Es liege eine Frage vor, welche, abgesehen von dem theoretischen Bedenken, am sichersten durch die Erfahrung der Praxis zu lösen sei. Die Erfahrung, entnommen aus den Gebieten des gemeinen, Französischen und Preußischen Prozesses, führe zu der Nichtappellabilität der Beweisinterlocute. Nur hierdurch werde es möglich, ein Urtheil zu fällen, welches dem materiellen Rechte entspricht. Den Richter durch ein Beweisinterlocut binden, widerspreche nur zu oft seinem Rechtsbewußtsein. Die Appellation gegen Beweisinterlocute zulassen, führe zu einer Verschleppung des Prozesses und zu einer Verkümmerung des Rechts. Es ist, bemerkte ein Redner, das Juwel der sonst so fehlerhaften Preußischen Gerichtsordnung, daß sie in dieser Frage ein neues Recht geschaffen und die Beweisinterlocute nur als einfache Decrete behandelt. Nur hierdurch ist es möglich geworden, trotz einer Gerichtsordnung, welche man mit einer Schraube ohne Ende verglichen hat, rasche und gerechte Justiz zu handhaben. Eben die Mündlichkeit des Verfahrens bedingt dann auch mit Nothwendigkeit die Nichtappellabilität der Beweisinterlocute. Muß der Richter auf Grund des mündlichen Verfahrens Recht sprechen, so kann das frühere mündliche Verfahren, wenn es ihm unbekannt geblieben, die Grundlage seines Endurtheils nicht bilden.

Es ist demnächst unter Ablehnung aller Amendements mit einer sehr überwiegenden Majorität der obige Grundsatz zum Beschluß erhoben worden.

Das dritte Princip lautet dahin:

„Streitführende Parteien müssen sich beim ordentlichen Gerichte durch Rechtsanwälte vertreten lassen."

Gegen diesen Grundsatz wurde geltend gemacht: Es ist unzulässig, die persönliche Freiheit der Parteien zu beschränken, und nicht die Aufgabe des ersten Deutschen Juristentages, just für die Advokatur ein Monopol einzuführen, welches auf allen anderen Gebieten menschlicher Thätigkeit mit Recht beseitigt werden soll. Die Partei, welcher oft unter drei gleich unbefähigten Anwalten eine traurige Wahl verbleibt, ist geradezu rechtlos, wenn ihr die Befugniß genommen wird, ihre Sache selbst zu führen oder durch einen Anderen, als einen Rechtsanwalt, führen zu lassen. — Hiergegen wurde jedoch bemerkt: Eine den gerechten Forderungen der Bürger entsprechende Prozeßordnung ist, was die ordentlichen Gerichte anlangt, ohne Advokatenzwang undenkbar. Wer den Zweck will, muß auch die Mittel wollen. Er kann kann sich über Beschränkung seiner persönlichen Freiheit nicht beschweren, wenn er durch die allein zutreffenden Mittel den erwünschten Zweck erreicht. Die tägliche Erfahrung lehrt, daß der Privatmann, wenn er dem Rechtsanwalt gegenübertritt, in einer trostlosen Lage sich befindet. Der Prozeß ist der Krieg im Frieden: In einem ehrlichen Kriege müssen die Waffen gleich, Sonne und Wind gleich getheilt sein. Weit entfernt, für die Advokaten das traurigste aller Monopole zu schaffen, wird in den Motiven ausdrücklich gesagt:

„Bei dieser Frage bleibe dahin gestellt, wie die Organisation der Anwalte einzurichten ist."

Der Antrag ist demnächst mit einer fast an Einstimmigkeit grenzenden Majorität zum Beschluß erhoben worden. —

Der vierte Grundsatz hält die Zurückweisung der Klage per decretum für unzulässig.

Von einem Redner wurde ausgeführt, daß es sich hier um kein wesentliches und wichtiges Princip handele, und um deswillen Uebergang zur Tagesordnung beantragt. Diese Ansicht fand jedoch lebhaften Widerspruch.

Der erste Schritt des Richters, wurde ausgeführt, ist oft der folgenreichste. Der Richter, nur berufen, den Streit der Parteien durch ein Urtheil zu enden, kann ein Urtheil nur fällen, nachdem er die Parteien gehört, nachdem der Prozeß instruirt ist. Man verkennt seine Stellung, die Anforderung jeder gesunden Justizorganisation, wenn man seine Thätigkeit in dem Stadium der Prozesse anruft, in welchem ihm alle Mittel zu einer sachgemäßen Urtheilsfällung völlig fehlen.

Es giebt Deutsche Länder, in welchen eine durch Dekret des ersten und zweiten Richters abgewiesene Klage ohne jedes weitere Rechtsmittel für immer abgewiesen erachtet wird. Diese eine, gewiß beklagenswerthe Thatsache beweist am besten, daß es sich hier um ein fruchtbringendes, nachhaltiges und wichtiges Princip handelt.

Auch dieser Antrag ist demnächst fast einstimmig angenommen worden, wie ich denn als Referent bemerken kann, daß die Majorität bei den meisten Fragen der Einstimmigkeit fast gleich gekommen ist.

Der letzte Antrag, von dem zugegeben werden muß, daß er um deswillen der allerwichtigste ist, weil es sich bei ihm zugleich um die Frage handelt, wie der eine Deutsche Gerichtshof, der von uns Allen angestrebt ist, zu organisiren sein wird, — der letzte Antrag lautet dahin:

> „Das Rechtsmittel letzter Instanz bringt nicht die Sache in ihrer Totalität, sondern neben Competenzüberschreitungen und gewissen Prozedurfehlern nur die behauptete fehlerhafte Anwendung und Auslegung des Gesetzes mit Ausschluß der thatsächlichen Würdigungen des zweiten Richters zur Entscheidung des für ein größeres Gebiet bestimmten höchsten Gerichtshofes."

Dieser Antrag führte zu einer überaus eingehenden Debatte. Die

Einen wollten nach Vorgang des §. 431 der Hannöverschen Prozeßordnung nicht einmal zulassen, daß der höchste Richter prüfe, ob das Gesetz richtig ausgelegt worden. Von der andern Seite wurde dagegen der Antrag gestellt:

„In Erwägung, daß der Antrag Nr. 5 zu tief in die Organisationsfrage und das übrige Prozeßrecht eingreift, geht die Versammlung zur Tagesordnung über."

Zur Motivirung wurde ausgeführt: Bei difformen Urtheilen kann die Nothwendigkeit eines Obmanns nicht wohl verkannt werden. Es ist uraltes Deutsches Recht, daß der letzte Richter sich mit der Totalität der Sache befaßt und sich der thatsächlichen Würdigung unterzieht. Das Institut der Cassation ist ein Französisches und schon um deswillen nicht zu acceptiren. Die ganze Frage ist eine so tief eingreifende, daß von ihrer Lösung für jetzt abgesehen werden muß.

Hiergegen wurde ausgeführt:

Es ist der innigste Wunsch nicht nur der Deutschen Juristen, sondern des ganzen Deutschen Volkes, daß für Deutschland ein höchster Gerichtshof geschaffen werde. Muß Jeder anerkennen, daß diesem Gerichtshofe die Beurtheilung des thatsächlichen Materials unmöglich unterbreitet werden darf, so wird schon durch diesen einfachen Gesichtspunkt der Resignation die bisherige Oberberufung beseitigt. Die hohe Aufgabe des höchsten Gerichtshofes kann nur darin bestehen, daß er in den Geist des Gesetzes eindringt, daß er im Wege der Kritik die Grundsätze zum Bewußtsein bringt, auf welchen die richtige Auslegung der Gesetze beruht, daß er durch die lebendige Jurisprudenz die Quelle zahlloser Prozesse verstopft, welche in der Ungewißheit des Rechtes liegt. Daraus folgt mit logischer Consequenz, daß er die thatsächliche Würdigung des Prozeßmaterials, ein Ding der Willkür, nur zu oft verbunden mit Irrthum und Fehlgriffen, nicht fern genug von sich halten kann. Das Bild mit dem Obmann trifft nicht zu: einmal nicht, weil die Difformität der Urtheile in der Regel die Nova der zweiten Instanz zu ihrem Grunde hat, sodann nicht, weil dem höchsten Gerichtshof in keiner Weise die Materialien vorgeführt werden können, welche zu einem richtigen Urtheil in facto befähigen. Vor ihm erscheinen die Zeugen nicht. Die Gerichtseingesessenen sind ihm unbekannt. Während er die höchste Gewähr dafür bietet, daß er das Gesetz richtig auslegt, fehlt jede Garantie, daß er in facto trotz des besten Willens das factische Material richtig würdigt.

Ob das so vielen Ländern gemeinsame Institut der Cassation grade ein Französisches, ist hier des Weiteren nicht zu erörtern. Da es ein nothwendiges, und nur durch dieses Princip die Einheit des Rechts für das gemeinsame Vaterland zu gewinnen, so darf ihm die nationale Anerkennung nicht versagt werden. Die Praxis und die Erfahrung haben denn auch das Preußische Justiz-Ministerium veranlaßt, in dem Gesetz-Entwurf vom 20. Mai 1860 auszusprechen, daß das Rechtsmittel der Revision aufzuheben. Es mag bemerkt werden, daß die juristische Presse diesen Satz des Entwurfes mit fast einstimmigem Beifall begrüßt hat, und der einzige Schriftsteller, der gegen diesen Satz die Feder geführt hat, sprach es in der Abtheilung offen aus, daß er durch zwingende, unabweisbare Gründe eines Besseren belehrt worden.

Die Abtheilung hat demnächst auch den fünften Grundsatz mit überaus großer Majorität zum Beschluß erhoben.

Es ist die Aufgabe des Deutschen Juristentags, den Forderungen nach einheitlicher Entwickelung auf dem Gebiete des Prozesses immer größere Anerkennung zu verschaffen. Die vierte Abtheilung glaubt, daß es dem Antragsteller gelungen ist, fünf Bausteine zu bezeichnen, welche die Grundlage bilden müssen des künftigen Deutschen Civil-Prozesses.

Dagegen hat sich kein Widerspruch erhoben, daß die ersten Axiome und Principien dieses Gesetzbuches Mündlichkeit, Oeffentlichkeit und formulirtes Verfahren vor Gerichts-Collegien sind. Es war darüber eine Berathung nicht einzuleiten, weil darüber ein Zweifel nicht angeregt wurde. Es war daher nach dem Erachten der ganzen Abtheilung, in welcher der Antrag auf Tagesordnung nicht gestellt wurde, ihre Aufgabe, diejenigen Principien dem Auftrage des Pleni gemäß einer Berathung zu unterwerfen, welche für das allgemein gefühlte Bedürfniß als maßgebend zu erachten sind. Deshalb mußte die Abtheilung dem Mandate gemäß in diese Principien eingehen, und da von keiner Seite, auch nicht von den Collegen aus Hannover, der Antrag gestellt worden ist, auf diese Principien nicht einzugehen, so hätte die Abtheilung geglaubt, gegen die von Ihnen gestellte Aufgabe zu handeln, wenn sie sich selbst von ihr entbunden. (Beifall.)

Präsident (nachdem sich einige Mitglieder zum Worte gemeldet hatten): Bevor ich noch einem Redner das Wort ertheile, möchte ich die in dem Antrage des Herrn Professor Gneist enthaltene Vorfrage entscheiden lassen.

Es hat die Abtheilung die Waldeck'schen Anträge zu den ihrigen gemacht; es sind fünf in den Civil-Prozeß tief eingreifende Fragen, die hier entschieden werden sollen. Es ist jedoch der Antrag gemacht, daß, da namentlich wegen der großen Wichtigkeit und Schwierigkeit der fünften Frage es wohl nicht geeignet sein würde, diese Sache in der kurzen Zeit, die uns noch übrig bleibt, zu entscheiden, auf den Gegenstand hier nicht weiter einzugehen, sondern ihn für den nächsten Juristentag vorzubehalten. Ich erlaube mir, diesen Antrag zuerst zur Abstimmung vorzulegen. Verwirft die Versammlung denselben, so müssen wir auf die Entscheidung der fünf Punkte eingehen und die betreffenden Redner hören. — Ich erlaube mir also die Frage: Soll der Antrag des Herrn Professors Gneist angenommen werden, diese Fragen in Rücksicht auf die große Wichtigkeit und Vielseitigkeit der Sache bis zum nächsten Juristentag zu vertagen, natürlich mit dem Vorbehalt einer weiteren Beschlußfassung über die Principien der Oeffentlichkeit und Mündlichkeit, über welche auch nachher bei einem andern Antrage discutirt werden muß.

Ich bitte Diejenigen, welche den Antrag annehmen wollen, sich zu erheben. (Geschieht.)

Der Antrag ist angenommen. — —

Wir haben noch einen Bericht der vierten Abtheilung zu hören und über die Anträge derselben zu beschließen. Den Bericht wird uns Herr Ober-Tribunalsrath Waldeck vortragen. In diesem Bericht wird wieder die Frage der Prozeßordnung berührt, und ich werde daher den Antrag über das Princip der Oeffentlichkeit und Mündlichkeit bis dahin verschieben. Er kommt jedenfalls vor die Versammlung. Sind die Herren damit einverstanden? (Ruf: Ja!)

Präsident: Wir haben nur noch 65 Minuten Zeit. Ich glaube aber, daß diese Zeit hinreichen wird, um unsere Aufgabe in dieser Sitzung zu erledigen. Wir haben nur noch über einen Bericht der vierten Abtheilung zu berathen und die ständige Deputation zu wählen. Ich möchte vorschlagen, daß wir auch von jenen 65 Minuten noch 10—12 Minuten abziehen, damit der Saal etwas gelüftet werden kann.

(Pause von 10—12 Minuten.)

Präsident: Wir haben nun den zweiten Theil des Berichts der vierten Abtheilung anzuhören.

Der Ober-Tribunalsrath Dr. Waldeck hat das Wort.

Ober-Tribunalsrath Dr. **Waldeck:** Von den Anträgen, welche aus der zweiten Abtheilung hervorgegangen sind, steht der Eine in Verbindung mit dem Antrage, worüber jetzt Beschluß gefaßt werden soll. Es handelt sich nämlich um das Schreiben des Herrn Präsidenten Dr. Bornemann, welches bei der Ueberweisung an die Abtheilung wohl auch der Ausschreibungscommission als Antrag erschienen ist. Es ist von der Abtheilung angenommen worden, daß der Schlußsatz dieses Schreibens, welcher lautet:

> „Zu einer Einheit in der Rechtsanwendung kann nur ein höchster Gerichtshof führen,"

allerdings ein Antrag in dem Sinne ist, wie wir hier überhaupt Anträge ausgesprochen finden. In dieser Hinsicht fand obiger Satz allgemeine Anerkennung in der Abtheilung; es wurde indeß diese Anerkennung nicht weiter motivirt, und brauchte auch nicht weiter motivirt zu werden, weil wir schon bei früheren Anträgen die Nothwendigkeit eines höchsten Gerichtshofes, um eine Einheit des Rechts hervorzubringen, anerkannt hatten. Ich glaube, auch ich kann mich hier um so eher jeder weiteren Begründung enthalten, als bereits bei der zweiten Abtheilung ein ähnlicher Antrag gestellt ist und in dieser Versammlung allgemeinen Anklang gefunden hat. Ich will daher nur Folgendes bemerken: Die Abtheilungsmitglieder beabsichtigten, den angeführten Bornemannschen Satz als eine theoretische Ueberzeugung auszusprechen; doch war man darüber einverstanden, daß der sofortigen Errichtung eines allgemeinen höchsten Gerichtshofes bei der noch obwaltenden principiellen Verschiedenheit des bürgerlichen Rechts, der Justizorganisation und der Prozedur-Gesetze in Deutschland kaum zu überwindende Hindernisse entgegenstehen würden, und daß deshalb der Wunsch, einen solchen Gerichtshof jetzt einzurichten, nicht auszusprechen sei.

Dagegen wurde im Schooße der Abtheilung bemerklich gemacht, daß Deutschland jetzt wirklich schon ein gemeinsames Recht besitze, nämlich in Wechselsachen, und daß es ein solches auch nächstens zu erwarten habe in dem Handelsgesetze; daß in diesen beiden an sich höchst wichtigen und bedeutsamen Zweigen des Rechtes schon jetzt ein gemeinsamer oberster Gerichtshof an der Stelle sein würde, und daß auch ohne Zweifel ein in seiner Competenz auf Wechsel- und Handelsrecht beschränkter Gerichtshof ins Leben treten könne. Ohne über die Art und Weise der Etablirung eines solchen Gerichtshofes irgend Etwas sagen zu wollen, jedoch in Voraussetzung des von der Abtheilung angenommenen Prinzips der Cassation hat demnach die Abtheilung zu dem allgemeinen Satz, den ich verlesen habe, auf Antrag der Herren Obertribunalsrath Freiherr v. Sternenfels und Obergerichtsrath Griesebach den Zusatz beschlossen:

> „ein Gerichtshof, dessen sofortige Einführung bezüglich des bereits bestehenden gemeinschaftlichen Deutschen Rechts (Wechselordnung), sowie des zu schaffenden (Handelsrechts) wünschenswerth erscheint."

Dabei ist denn ein Amendement, welches bis zur Bildung des höchsten Gerichtshofes ein Organ zur Vermittelung der Uebereinstimmung in der Rechtsprechung durch jährliche collegialische Conferenzen von Deputirten sämmtlicher Deutschen höchsten Gerichtshöfe beantragte, abgelehnt worden.

Der Antrag ist also in der Art angenommen, daß der Deutsche Juristentag es als seine Ueberzeugung aussprechen möge:

> „zu einer Einheit in der Rechtsanwendung kann nur ein höchster Gerichtshof führen, dessen sofortige Einführung bezüglich des bereits bestehenden gemeinschaftlichen Deutschen Rechts sowie des noch zu schaffenden wünschenswerth erscheint."

Präsident: Der Antrag der Abtheilung geht dahin, daß, da ein gemeinsames Recht in einzelnen Zweigen bereits vorhanden und Hoffnung ist, daß wir in anderen Zweigen demnächst ein solches bekommen, wir schon in Bezug auf diese Zweige uns dahin aussprechen, daß ein gemeinsamer Gerichtshof wünschenswerth und ein dringendes Bedürfniß sei.

Ist die Versammlung mit diesem Antrage einverstanden? (Ruf: Ja!) Er ist angenommen.

Berichterstatter Ober-Tribunalsrath Dr. **Waldeck**: Wir gelangen nunmehr zu dem Antrage des Kammergerichtsraths Buddee. *)

Dieser Antrag, dessen erste Nummer den Advokatenzwang betrifft, bezieht sich unter Nummer zwei auf die Legalisirung der Schriftsätze und in seiner dritten Nummer auf den Ausschluß der Eventual-Maxime in Bagatellsachen. Wir hatten in der Abtheilung den Beschluß auf Tagesordnung in Bezug auf alle drei zur Verhandlung stehende Punkte und zwar um deshalb gefaßt, weil der erste Punkt, die Nothwendigkeit der Advokatenzwanges, bereits früher Gegenstand einer Beschlußfassung gewesen war und die anderen beiden Punkte zu sehr eine Sache zu sein schienen, die ausschließlich uns Preußen beschäftigt.

Durch den Beschluß auf Tagesordnung wurde denn auch ein in der Abtheilung selbst gestelltes Amendement auf Freigebung der Advokatur an alle nach den gesetzlichen Bestimmungen hierzu befähigte Personen, eben weil es ein Amendement zu einem beseitigten Antrage war, mit beseitigt.

Es wurde überdies bemerklich gemacht, daß einerseits das Amendement mit der Justizorganisation in engem Zusammenhange stehe und schon deshalb hier nicht näher erörtert werden könne; andererseits aber die Fassung des Amendements keinen Aufschluß darüber gebe, in welcher Weise die Fähigkeit zur Advokatur festgestellt werden soll, weil nicht genau gesagt worden, an welche Personen die Advokatur zu geben sei.

Aus diesen Motiven ist also die Tagesordnung beschlossen worden.

Präsident: Ist die Versammlung damit einverstanden? (Allseitige Zustimmung.)

Ober-Tribunalsrath Dr. **Waldeck**: Es folgt der Antrag des Justizraths Dr. Straß, betreffend den Erlaß eines allgemeinen Deutschen Civilprozeßgesetzes. *)

*) Vergl. S. 64.

Die Abtheilung hat im Anschluß an die früheren Beschlüsse die große Bedeutung einer einheitlichen Prozeßgesetzgebung anerkannt, und empfiehlt einstimmig den Antrag in der dahin modificirten Form:

„Der Juristentag erklärt es für wünschenswerth, daß ein allgemeines Deutsches Civilprozeßgesetzbuch erlassen werde."

Gegen den Antrag in dieser allgemeinen Fassung wird auch nach den bisherigen Beschlüssen nichts zu erinnern sein.

Es war in der Abtheilung ein detaillirtes Amendement gestellt worden, welches sich auf die Inamovibilität der Richter, auf die Befreiung der Richter von allen Geschäften außer der Rechtsprechung, die Ausschließlichkeit der richterlichen Befugniß auf dem Gebiete des Rechtsstreits, die Collegialität, dann wieder auf die Prozeßformen im Allgemeinen, namentlich auf den bedingten Mandatsprozeß, bezog.

Dieses Amendement ist um deshalb beseitigt worden, weil die darin gestellten Anträge sich als Nova darstellen und nicht als Amendements, und weil sie in Specialitäten eingehen, — ohne daß indeß die Abtheilung damit irgend, wie dies bei den früheren Beschlüssen der Fall war, über die wichtigen darin enthaltenen Principien materiell entscheiden wollte.

Es würde also hier der Antrag dahin lauten: „Der Juristentag erklärt es für wünschenswerth, daß ein allgemeines Deutsches Civilprozeßgesetzbuch erlassen werde."

Präsident: An diesen Antrag knüpft sich der Antrag des Herrn Obergerichtsanwalts Goetting aus Hildesheim, welcher dahin lautet: daß eine allgemeine Deutsche Civilprozeßordnung, gebaut auf die Principien der Oeffentlichkeit und Mündlichkeit, ein dringendes Bedürfniß sei.

Es hat sich eben ein Redner in Bezug auf diesen Gegenstand gemeldet. Der Herr Kreisrichter Meibauer aus Schivelbein hat das Wort.

Kreisrichter **Meibauer:** Ich wollte dem Antrag eines der Herren Collegen aus Hildesheim entgegentreten, indem ich der Ansicht war, daß das Deutsche Rechtsbewußtsein der Nation die Frage über die Nothwendigkeit des Princips der Oeffentlichkeit und Mündlichkeit durch seine berechtigten Organe, nämlich die Landesvertretungen und die Presse, bereits

---

*) Vergl S. 138. No 1.

bejahend entschieden hat. Ich bin aber doch anderer Ansicht geworden, weil thatsächlich in vielen großen Deutschen Ländern dies Princip noch nicht gesetzliche Anerkennung gefunden hat. Ich erkläre mich daher in Uebereinstimmung mit den mir zunächst sitzenden Preußischen Richtern für den Antrag, um durch das Vollgewicht der Stimme des Juristentags die Gesetzgebung in den betreffenden Deutschen Ländern nach dieser Richtung hin fördern zu helfen.

Berichterstatter Ober-Tribunalsrath Dr. **Waldeck**: Als Berichterstatter habe ich zu bemerken, daß ich über die Meinung der Abtheilung keinen Augenblick im Zweifel bin, da wir ja die Collegialität, Oeffentlichkeit und Mündlichkeit bei unsern Abtheilungsbeschlüssen vorausgesetzt haben. Ich halte es für recht gut, daß das Princip geradezu ausgesprochen wird.

Präsident: Der Justizrath König hat das Wort.

Advokatanwalt, Justizrath **König** aus Cleve: Die Principien der Oeffentlichkeit und Mündlichkeit haben noch keineswegs eine allgemeine Anerkennung gefunden. So ist insbesondere in Preußen das Princip der Mündlichkeit noch nicht vollständig anerkannt; denn es beginnt das mündliche Verfahren mit einem Referat aus den Acten. Der erkennende Richter erhält also das erste Bild nicht aus den Vorträgen der Parteien, sondern durch das Mittel eines Referenten aus den Acten. Es muß uns sehr zur Freude gereichen, daß gerade der jetzige Antrag den würdigen Schluß des heutigen Juristentages bildet. Wir haben verschiedene Grundsätze erörtert; sie alle aber stehen weit zurück gegen die großen Principien der Oeffentlichkeit und Mündlichkeit.

Präsident: Will die Versammlung in dem Sinne, wie es der der Abtheilungs- und der Göttingsche Antrag thun, ihre Ueberzeugung aussprechen? (Allgemeiner Ruf: Ja!)

Die Versammlung hat sich für die Oeffentlichkeit und Mündlichkeit im Civilprozesse und eine darauf zu gründende gemeinschaftliche Gesetzgebung einstimmig ausgesprochen.

Berichterstatter Ober-Tribunalsrath Dr. **Waldeck**: Es folgt ein Antrag des Kreisrichters Zenthöfer. Er beantragt, daß jedem ordentlichen Civilprozeßverfahren ein Mandat und auf Antrag des Verklagten ein Sühneversuch vorausgehe, und er giebt in 12 Nummern die Art der Ausführung.*) Die Abtheilung hat, ohne auf das Detail einzugehen, diesen Antrag, als für einen Ausspruch des Juristentages nicht geeignet, einstimmig abgelehnt.

Präsident: Ist die Versammlung derselben Ansicht? (Ruf: Ja!)

Berichterstatter Ober-Tribunalsrath Dr. **Waldeck:** Anders dagegen ist der Beschluß ausgefallen über einen Antrag des Gerichtsassessor Sutro, der dahin lautet:

> Der deutsche Juristentag wolle erklären, daß eine in Deutschland geltende allgemeine Eidesnorm mit den Eingangsworten: „ich schwöre bei Gott dem Allmächtigen und Allwissenden" und mit den Schlußworten: „so wahr mir Gott helfe. Amen." wünschenswerth sei.**)

Der Antragsteller hebt den Nachtheil der Verschiedenheit der Eidesformeln in den einzelnen Deutschen Staaten und selbst Staatstheilen hervor. Er hält die vorgeschlagene, schon in einigen Deutschen Staaten geltende Formel für ausreichend und der Heiligkeit des Eides entsprechend, auch die Einheit auf diesem Gebiete für ersprießlich.

Ohne daß hiergegen Widerspruch erhoben wurde, hat die Abtheilung den Antrag zur Annahme empfohlen. Dieser Gegenstand eignet sich zu einer speciellen, von der Verschiedenheit der Prozeduren unabhängigen gesetzlichen Bestimmung, und der Antrag deshalb durchaus zu einer Beschlußfassung für den Deutschen Juristentag. Ich empfehle ihn zur Annahme.

Präsident: Herr Block aus Burg hat das Wort.

Rechtsanwalt **Block:** Meine Herren! Der Juristentag muß sich meines Erachtens auf das beschränken, was rein juristischer Natur ist. Die Eidesnorm ist nicht juristischer Natur, und es kann auf dem Rechtsgebiete nur die Frage sein: soll der Eid Beweiskraft haben oder nicht? Die Eidesnorm ist rein confessioneller Natur. Es mag aus Staatsrücksichten zweckmäßig sein, für ganz Deutschland dieselbe Eides-

---

*) Vergl. S. 134 ff.

**) Vergl. S. 143 ff.

norm aufzustellen — das würde dann aber Sache der Theologie sein. (Beifall und Widerspruch.)

Ich glaube, wir würden unsre Schranken überschreiten, wenn wir eine solche Norm feststellen wollten. (Ruf: Ja! Nein!)

Ich mache darauf aufmerksam, daß es vorwiegend die protestantische Eidesnorm sein würde, die hier vorgeschlagen ist. Ich bin also gegen diesen Antrag, da der Juristentag nicht die Confession vertritt.

Präsident: Herr Kreisrichter Meibauer aus Schivelbein hat das Wort.

Kreisrichter **Meibauer:** Meine Herren! ich hätte nicht geglaubt, daß in dieser Weise eine so wichtige Frage behandelt werden würde. Ich bin der Ansicht, daß wir uns in dieser Beziehung nicht auf den starren partikulär-kirchlichen, sondern auf den Standpunkt der Humanität stellen müssen, und darum können wir nicht über jene Frage so obenhin weggehen, sondern müssen, nachdem dieselbe einmal zur Sprache gekommen, nach dem Antrage der Abtheilung verfahren. Die verschiedenen Eidesnormen verdanken wir bekanntlich dem Umstande, daß man noch vor etwa siebzig Jahren glaubte: der Gott der Juden und Christen sei ein verschiedener Gott; später kam man denn zu der Erkenntniß, es sei doch nur ein und derselbe einige Gott, den Alle verehren. — (Bravo und Zischen.)

Da wir dies als feststehende Thatsache betrachten dürfen, so scheint mir, daß wir jetzt schon den Wunsch aussprechen können, daß eine allgemeine Eidesnorm angenommen werde, die allen Confessionen Genüge leistet, und das ist die von der Abtheilung vorgeschlagene Form. (Bravo und Zischen.)

Präsident: Herr Keller aus Dillenburg hat das Wort.

Hof- und Appellationsgerichtsprocurator **Keller:** Ich wollte bitten, die Fragen zu trennen. Man kann sehr wohl dafür sein, daß eine allgemeine Eidesnorm eingeführt werde, ohne daß man sie zugleich feststellt. Ich wollte darauf aufmerksam machen, daß bei der Nationalversammlung in Frankfurt eine gemeinsame Eidesnorm beschlossen worden ist, und zwar eine andere als hier. (Widerspruch.)

Ich bitte, mich nicht zu unterbrechen. Soviel ich weiß, fehlen die

Worte: „bei Gott dem Allmächtigen" — es hieß nur, „so wahr mir Gott helfe," eine Form, die auch in mehreren Ländern besteht. Ich glaube also: es genügt, wenn wir aussprechen, daß eine allgemeine Eidesnorm wünschenswerth und zweckmäßig wäre. Das Andere wird sich dann schon finden, wenn nur erst die Nothwendigkeit anerkannt worden ist.

Präsident: Herr Professor Bluntschli aus München hat das Wort.

Professor Dr **Bluntschli:** Ich will mir nur einige Worte gegen die Herrn Vorredner erlauben. Es ist allerdings unrichtig, wenn man annimmt, daß die seitherige Eidesform erst seit siebzig Jahren in Deutschland bestehe; die Zeit, wo darauf Bezug genommen, ist so alt, wie die Einführung des Christenthums in Deutschland.

Ich glaube allerdings auch, daß die Sache eine große Tragweite hat, und würde der Meinung sein, daß man auch hierüber, wie bei anderen Punkten der Art, zur Tagesordnung überginge, um nicht in diesem einen Falle über eine specielle Frage zu beschließen. Und ich möchte fragen, wohin würde die Consequenz führen, wenn etwa die Mennoniten und Andere darauf antrügen, den Eid ganz zu beseitigen.

Präsident: Herr Hofrath von Kerstorf aus Augsburg hat das Wort.

Hofrath Dr. **von Kerstorf:** Der Herr Vorredner hat meiner Ansicht nach den Nagel auf den Kopf getroffen, indem er uns warnt, nicht in diesem einzigen Punkt einen speciellen Artikel zu beschließen; der Ansicht schließe ich mich vollkommen an.

Ich glaube, der Juristentag wird sich dann sagen können: wir haben das Werk behandelt in jenem allgemeinen umfassenden Sinne, in dem wir es unternommen haben, und uns nicht verleiten lassen, darüber hinauszugehen. Das wird einen guten Eindruck machen, wenn man weiß, daß man sich mit der Frage überhaupt nur im Ganzen befaßt hat; aber daß man sich bemühe, die specielle Form heut zu finden, dafür würde ich mit nichten stimmen.

Präsident: Herr Professor Aegidi aus Hamburg hat das Wort.

Professor Dr. **Aegidi:** Ich bin auch dafür, daß diese Frage jetzt nicht entschieden wird, und verbinde damit den Wunsch, daß sie in nicht ferner Zeit den Gegenstand einer eingehenderen Erörterung in einer Abtheilung bilden möge, die für eine Disciplin des Rechts dann gebildet sein wird, welche von den Verhandlungen des Juristentags gegenwärtig noch ausgeschlossen ist: ich meine eine Abtheilung für das Kirchenrecht.

Berichterstatter Obertribunalsrath Dr. **Waldeck**: Durch die Reden der Herren bin ich als Berichterstatter und Vertreter der Abtheilung doch genöthigt, für deren Beschluß etwas zu sagen.

Es ist zunächst eine Einwendung gemacht gegen den Zusatz: ich schwöre zu Gott „dem Allmächtigen und dem Allwissenden," der indeß vom Antragsteller, wie ich eben vernehme, für nichts Wesentliches gehalten wird. Gegen die Schlußworte: „so wahr mir Gott helfe" ist gar keine Einwendung gemacht. Es ist gegen diese Schlußworte in Preußen eine Einwendung auch nicht möglich, denn der Eid auf die Verfassung lautet: „Ich schwöre, so wahr mir Gott helfe." Und Jedem, sei er Christ oder Jude, sei er Katholik oder Protestant, ist es dann erlaubt, einen Zusatz zu machen, den er nach seinen Religionsbegriffen für gut hält. Die Verschiedenheit der evangelischen und katholischen Eidesnormen in Preußen war nicht einmal nothwendig, denn bekanntlich hatte man sich, wenigstens im gemeinen Recht, über die Eidesnorm geeinigt: „So wahr mir Gott helfe und sein heiliges Evangelium," welche Form der katholischen Eidesnorm bei uns jetzt verblieben ist. Es wurde aber in Preußen unter den Protestanten die Norm üblich: „So wahr mir Gott helfe durch Christum zur Seligkeit". Jetzt haben wir ganz consequent und richtig beim politischen Eide auf die Verfassung es jedem Einzelnen überlassen, ob er so schwören will: „Ich schwöre, so wahr mir Gott helfe." Das ist ein vollständig vom Staat anerkannter Eid. Was aber für die Beschwörung der Verfassung gilt, das kann gewiß auch für die viel weniger wichtigen Civilprozeßeide maßgebend sein. Denn der Eid ist freilich eine religiöse Handlung: wenn man den Namen des höchsten Wesens anruft, so ist das ein innerlich religiöser Act. Uns Juristen erscheint er aber nur als eine juristische Handlung im Prozeß. Es ist gar keine Frage, daß eine jede

Prozeßordnung die Eidesnorm bestimmen kann, wie es in der unsrigen geschehen ist mit der Formel: „So wahr mir Gott helfe," so daß man kein Bedenken haben kann, diesen Satz geradezu auszusprechen. Es würde also durch die Sache selbst nicht gerechtfertigt sein, wenn wir bei diesem Punkte noch eine große Berathung für nothwendig halten würden, namentlich wenn wir es für nothwendig erachteten, daß man die Frage in eine Abtheilung für das Kirchenrecht zur Vorberathung verweise. In diese Abtheilung, wenn wir eine solche hätten, was ich nicht wünschen möchte — (Heiterkeit) — würden wir wohl Prozeßfragen nicht hineinbringen, da sie nicht hineingehören. (Zustimmung.)

Präsident: Die Vorfrage würde also sein, ob wir auf das Materielle der Frage überhaupt eingehen wollen. Wenn die Versammlung sich dafür entscheidet, daß sie sich in Betreff der Eidesformel aussprechen wolle, dann müßte ich erst noch die Frage über die Fassung und Formulirung der Eidesformel zur Abstimmung bringen. Ich erlaube mir daher zuerst, die Frage zu stellen, ob die Versammlung überhaupt jetzt sich über die Eidesformel und das Wünschenswerthe einer allgemeinen Eidesformel aussprechen wolle. (Zustimmung und Widerspruch.)

Ein Mitglied: Es ist von einer Seite verlangt worden, den vorliegenden Antrag zu theilen. Es ist aber kein Antrag gestellt, zur Tagesordnung überzugehen, weder zur motivirten, noch zur einfachen Tagesordnung. Da dies also nicht formell beantragt worden, muß ich bitten, den Antrag in seinen beiden Theilen zur Abstimmung zu bringen.

Hof- und Appellationsgerichtsprocurator **Keller** aus Dillenburg: Ich habe den Antrag gestellt, den hier vorliegenden Antrag der Abtheilung zu theilen und wollte bitten, erst das Generelle zur Abstimmung zu bringen, ob überhaupt eine allgemeine Eidesformel wünschenswerth ist, und dann das Specielle, die von der Abtheilung vorgeschlagene Eidesformel. Der Herr Präsident hat es aber umgekehrt gemacht.

Der **Vorredner**: Die Differenz zwischen meiner Meinung und der des geehrten Herrn, mit dem ich mich im Wesentlichen einverstanden erkläre, besteht nur darin, daß der Herr Präsident hier die Frage in der Art, welche früher beim Waldeck'schen Antrage beobachtet wurde, zur

Abstimmung stellen wollte, nämlich, ob eine Beschlußfassung darüber überhaupt erfolgen solle.

Präsident: Es scheint ein Mißverständniß obzuwalten. Die Theilung der Frage geht schon auf das Materielle ein. Nun gebe ich vollkommen zu, daß kein Antrag in formeller Hinsicht gestellt worden, sondern ich habe erst die Vorfrage gestellt, ob Sie auf das Materielle überhaupt eingehen wollen; da wir nur dann zu einem sicheren Resultat kommen können, wenn Sie sich vorher darüber ausgesprochen haben.

Wenn wir die Frage stellen: „soll eine gewisse Eidesformel angenommen werden?" so würden die, welche nicht auf das Materielle eingehen wollen, Nein sagen; diejenigen, die auf eine Eidesformel eingehen wollen, aber nicht auf diese Eidesformel, würden auch Nein sagen, es würde also aus sehr verschiedenen Gründen Nein gesagt werden. M. H., der Präsident muß immer auf die Vorfrage aufmerksam machen, wenn auch Niemand einen Antrag darauf gestellt hat. (Bravo.)

Sollten Sie meinen, daß es in dieser Beziehung eines besonderen Antrags bedarf, so möchte ich Jemanden ersuchen, einen solchen zu stellen

Ich stelle nun nochmals die Frage: Wollen wir bei dieser Frage auf das Materielle eingehen?

Ich bitte diejenigen, die auf das Materielle eingehen wollen, aufzustehen. (Geschieht.)

Ich bitte nun, da das Resultat zweifelhaft ist, diejenigen aufzustehen, die nicht auf das Materielle eingehen wollen. (Geschieht.)

Das Resultat ist sehr zweifelhaft.

M. H., Die Frage scheint, wie mir mitgetheilt wird, noch mißverstanden zu sein. Die Frage lautete: wollen wir uns überhaupt über eine Eidesformel aussprechen?

Der Herr Berichterstatter hat das Wort.

Berichterstatter Ober=Tribunalsrath Dr. **Waldeck:** M. H., in dieser Frage, die hier zur Sprache gebracht ist, haben sich auch die Herren, die sich Anfangs dagegen erklärten, damit einverstanden erklärt, daß eine allgemeine Eidesform wünschenswerth sei. Mit diesem abstracten Satze wollten sie sich aber begnügen. Derjenige nun, der auch dies nicht ausſprechen will, daß nämlich eine allgemeine Eidesform wünſchenswerth ſei, wird die Frage auch mit Nein beantworten.

Ober-Tribunalsrath **von Seckendorff** aus Berlin: Die Sache ſcheint mir doch einem Zweifel zu unterliegen. Die Frage: „ſoll eine allgemeine Eidesformel ſtattfinden?" iſt ein Eingehen auf die Sache, oder ſie iſt es nicht. Diejenigen, die ſie für ein Eingehen halten und ein ſolches nicht wünſchen, mögen mit Nein antworten. Ich ſtelle anheim die Frage zu ſtellen, ob eine allgemeine Eidesformel ſtattfinden ſoll.

Präſident: Die Frage über die Feſtſtellung einer allgemeinen Eidesformel, das heißt die Frage, wie ſie feſtgeſtellt werden ſoll, würde ein Eingehen auf das Materielle ſein. Selbſt die Frage, ob es wünſchenswerth ſei, eine allgemeine Eidesformel überhaupt im Civilprozeß einzuführen, ſcheint mir ſchon das Materielle zu berühren. Bei meiner Fragſtellung habe ich das allerdings im Auge gehabt, indem ich ſagte: will die Verſammlung auf das Materielle überhaupt eingehen?

Ein Mitglied: Ich glaube, wir können aus dem Dilemma nur dadurch herauskommen, daß über eine ganz beſtimmte Eidesformel abgeſtimmt wird. Wer von den Herren nicht will, daß eine allgemeine Eidesnorm feſtgeſtellt wird, der verwirft die Anträge, die geſtellt ſind. Wollen wir abſtimmen, wie der Herr Präſident vorgeſchlagen hat, ſo kann der Fall eintreten, daß wir beſchließen: ja, wir wollen eine allgemeine Eidesformel feſtſtellen, und dann einigen wir uns über keine Formel.

Geh. Ober-Juſtizrath, Präſident Dr. **Heimſoeth** aus Cöln: Ich glaube, um das einmal vorhandene Mißverſtändniß zu entfernen und Niemand zu captiviren, wird es zweckmäßig ſein, drei Fragen zu ſtellen:

1. ſoll überhaupt die Frage über eine Eidesnorm Gegenſtand des Ausſpruchs des Juriſtentags ſein?
2. wenn die Majorität ſich für die erſte Frage ausſpricht, ſoll eine allgemeine Eidesformel für ganz Deutſchland von dem Juriſtentage für wünſchenswerth erklärt werden? und
3. ſoll die hier vorgeſchlagene allgemeine Eidesformel angenommen werden?

Präſident: Es iſt beantragt worden, über den Abtheilungsantrag rein abstimmen zu lassen. Ich für meine Person kann es als Präsident zwar nicht ganz verantworten, aber wenn es von der Versammlung verlangt wird, habe ich es zu thun. Nur ist dabei das Hinderniß, daß ein Amendement zum Abtheilungsantrag gestellt ist. Es ist, glaube ich, beantragt worden, daß etwas im Abtheilungsantrage weggelassen werde.

Berichterstatter Obertribunalsrath Dr. **Waldeck**: Es wird gewünscht, daß im Allgemeinen nur gefragt werde, ob eine allgemeine Eidesnorm wünschenswerth sei, und ob über die Formel selbst gleich das Nähere bestimmt werden soll.

Präsident: Wir kommen allerdings am einfachsten zum Ziele, wenn ich zunächst frage: Ist eine allgemeine Eidesformel wünschenswerth? Die, welche überhaupt nicht darauf eingehen wollen, haben Nein zu sagen; Die, welche auf die Sache eingehen wollen, aber eine allgemeine Eidesformel nicht für wünschenswerth halten, haben natürlich ebenfalls Nein zu sagen. Es wird dann hier die formelle und die materielle Frage zugleich entschieden. Ich frage also:

Will der Juristentag aussprechen, daß eine allgemeine Eidesformel wünschenswerth sei? Ich bitte die Herren, welche dafür sind, sich zu erheben. (Geschieht.)

Es ist die Majorität. Es fragt sich nun, ob eine bestimmte Formel schon jetzt festzustellen ist? (Ruf: Ja! Nein!)

Ich bitte die Herren, welche dafür sind, sich zu erheben. (Geschieht.)

Es ist die Minorität. Der Antrag ist abgelehnt.

Ich bitte den Herrn Berichterstatter fortzufahren.

Berichterstatter Ober-Tribunalsrath Dr. **Waldeck**: Es folgt dann ein Antrag des Advokaten Dr. Mayersohn in Aschaffenburg, dahin gerichtet: die Regierungen aller Deutschen Bundesstaaten zum baldigen Erlaß eines Gesetzes, welches die Vollstreckbarkeit der rechtskräftigen civilrechtlichen Urtheile eines Deutschen Bundesstaates in allen Deutschen Bundesstaaten anordnet, einzuladen.*)

Der Antragsteller führt aus, wie sehr es dem Einheitsgefühle wi-

---

*) Vergl. S. 141.

derstrebe, daß der Deutsche dem Deutschen gegenüber von Deutschen Richtern als Ausländer behandelt werde, und welchen verderblichen Einfluß die Nichtvollziehbarkeit der Urtheile auf Handel, Industrie, ja sogar die Moral ausübe. Es sei ihm dies besonders klar geworden an der Grenze eines Bundesstaates, der mit sieben Bundesstaaten in fast täglichem und unmittelbarem Verkehr stehe. Es existire dessen ungeachtet nur in Nassau ein Gesetz vom 14. Juli 1851, welches ein Urtheil, das in dem einen Bundesstaate gefällt ist, auch in dem andern exigibel macht.

Die Abtheilung erklärt sich mit dem Antrage ganz einverstanden. — Dieser Gegenstand, wurde zur Sprache gebracht, sei bereits von der Commission zum Entwurf eines Deutschen Handelsgesetzbuches in die Hand genommen worden; da aber die Anträge dieser Commission noch keinen schließlichen Erfolg herbeigeführt, so wurde eine neue Anregung von Seiten des Juristentages für höchst angemessen erachtet. Nach den Principien, welche in meiner Abtheilung und auch hier angenommen worden sind, mußte die Fassung des Antrags verändert werden und zwar dahin, daß der Juristentag erklärt, der baldige Erlaß eines für alle Deutschen Staaten geltenden Gesetzes über die gegenseitige Vollstreckbarkeit der rechtskräftigen Civil-Erkenntnisse sei für ein dringendes Bedürfniß zu erachten.

Präsident: Damit wird wohl die Versammlung einverstanden sein. (Allgemeiner Ruf: Ja!)

(Es meldet sich ein Mitglied zum Wort. Der Präsident erklärt:)

Ich erlaube mir, zu bemerken, daß die Ansicht der Versammlung sich so entschieden für die Sache ausgesprochen hat, daß, auch abgesehen von dem Mangel an Zeit, von einer weiteren Berathung ein anderes Resultat nicht zu erwarten ist.

(Das erwähnte Mitglied erklärt, es provozire auf Abstimmung darüber, ob bereits ein Beschluß gefaßt sei, oder nicht, und daß, wenn es der Versammlung auf einige Minuten ankomme, sie überhaupt einen übereilten Beschluß vermeiden möge. — Rufe: Zur Ordnung! — Der Präsident fährt fort:)

So will ich denn die Versammlung nochmals fragen, ob der Antrag der Abtheilung angenommen werden soll. (Allseitige Zustimmung.)

Die Versammlung bejaht es.

Ich ertheile dem Herrn Berichterstatter weiter das Wort.

Berichterstatter Ober=Tribunalsrath Dr. **Waldeck**: Ich habe nun zu berichten über einen Antrag des Notars Uchatzy in Reichenberg. Er bespricht das Institut der Friedensgerichte als von hohem Interesse für die Rechtspflege, und als wünschenswerth zur allgemeinen Einführung *).

Es wurde bei Erwägung des so allgemein gestellten Antrages zwar nicht verkannt, daß das Institut in den Rheinlanden als ein wohlthätiges sich erwiesen; jedoch hervorgehoben, daß in anderen Deutschen Ländern auch Frieedensgerichte anderer Art existiren, und daß der Begriff eines Friedensgerichtes in Beziehung auf Befugnisse und Attribute desselben ein sehr unbestimmter sei; daß aber alle Fragen dieserhalb mit der Justizorganisation zusammenhängen und nicht wohl abgesondert von ihr zur Erwägung kommen können. Es giebt der Antrag keinen Aufschluß darüber, was als Wirkungskreis der Friedensgerichte gelten soll. — In Erwägung dessen wurde von der Abtheilung beschlossen, über den Antrag, da er zu tief in das Specielle der Justiz=Organisation eingreife, zur Tagesordnung überzugehen.

Präsident: Der Herr Antragsteller hat das Wort.

Notar Dr. **Uchatzy** aus Reichenberg: Ich ziehe wegen der dermaligen Inopportunität meinen Antrag zurück.

Berichterstatter Ober=Tribunalsrath Dr. **Waldeck**: Der Antrag, betreffend eine allgemeine Advokaten=Ordnung **), ist ebenfalls zurückgegezogen, und ich gehe nunmehr über zu dem Antrage des Herrn Prof. Aegidi in Hamburg:

> Der Juristentag wolle sich für die Erhaltung des ehemaligen reichskammergerichtlichen Archivs zu Wetzlar in seiner gegenwärtigen Einheit erklären und dieselbe der Fürsorge der hohen Staatsregierungen dringend empfehlen. ***)

Es wird in den Motiven mitgetheilt, daß die Vertheilung an die Preußischen Provinzialarchive beabsichtigt sei.

Der Antrag hat in der Abtheilung gar keine Befürwortung irgend

---

*) Vergl. S. 133.

**) Vergl. S. 138 Nr. 2.

***) Vergl. S. 148.

einer Art gefunden, und dieselbe hat sich nicht veranlaßt gesehen, über einen Gegenstand dieser Art einen Ausspruch des Juristentages zu empfehlen, den gedachten Antrag vielmehr abgelehnt.

Präsident: Herr Professor Aegidi hat das Wort.

Professor Dr. **Aegidi:** Ich darf mir in dieser vorgerückten Stunde, wie auch aus einem besonderen Grunde, nicht herausnehmen, meinen Antrag näher zu begründen. Leider habe ich nicht Gelegenheit gehabt, in der vierten Abtheilung ihn zu befürworten, weil ich durch die gleichzeitigen Arbeiten einer andern Abtheilung davon zurückgehalten wurde. Ich verzichte darauf; aber, hochgeehrte Herren, die Sache ist wirklich ernster, als sie Ihnen erscheint; es handelt sich dabei um wahrhaft reiche Schätze unserer Vergangenheit, die sowohl für die Rechtswissenschaft, als für die Praxis von höchstem Werthe sind. Einen Maßstab, wie groß dieser Werth ist, haben wir nicht einmal; es existirt noch keine Registrande, aber das Wenige, was Paul Wiegand mitgetheilt hat, läßt uns vermuthen, welche Reichthümer dort noch aufgehoben sind. Nun hat des Königs von Preußen Majestät, als ein großer Theil des Archivs ausgeschieden werden mußte, das, was zu retten war, gerettet. Freilich befindet es sich in einer fast kümmerlichen Lage, aber es existirt doch jetzt wenigstens noch in einer gewissen Einheit. Ich bin durch eine archivarische Autorität, da sich bessere Männer, die vor mir angegangen waren, entzogen hatten, veranlaßt worden, in dem Schooße dieser hochverehrten Versammlung das Interesse in dem Sinne zu wecken — es kommt auf die formelle Annahme des Antrages gar nicht an —, daß einem Attentat, welches diesem letzten Reste eines Deutschen Reichsarchivs droht, vorgebeugt werde.

Es ist gewiß, daß man mit Plänen umgeht, das dort Enthaltene in die Preußischen Provinzialarchive zu vertheilen, und dann ist es zu Ende, dann ist es vorbei mit diesen ehrwürdigen Exuvien des Kammergerichts.

Ich will Sie nicht ermüden, meine Herren; es würde sich hier nur darum handeln, bei der Regierung des Staates, in dessen Hauptstadt wir tagen, eine Art Mitleid für den letzten Rest eines Deutschen Archivs zu erwecken! (Bravo!)

Berichterstatter Ober=Tribunalsrath Dr. **Waldeck**: Ich will noch einige Worte hinzufügen, um den Antrag der Abtheilung zu rechtfertigen.

Unter dem Reichskammergerichts=Archiv zu Wetzlar versteht doch der Antragsteller die Prozeßacten oder sonstigen Schriftstücke, die dort liegen. Diese Prozeßacten sind zum großen Theile an die einzelnen Landesgebiete vertheilt worden. Daß sie an die Provinzialarchive gehen möchten, wie der Antragsteller befürchtet, das ist nicht möglich.

Professor Dr. **Aegidi**: Wenn ich meinen Antrag förmlich zurückziehe, darf ich dann wohl hoffen, daß es nicht mit den Intentionen dieser Versammlung im Widerspruch steht, wenn durch mich oder eine geeignetere Persönlichkeit der Gegenstand im nächsten Jahre wiederholt angeregt wird? (Ruf: Ja!)

Berichterstatter Ober=Tribunalsrath Dr. **Waldeck**: Dr. Costa in Laibach beantragt eine Beschlußfassung des Juristentages

a. über die Nothwendigkeit der Errichtung eigener Lehrkanzeln an den Deutschen Hochschulen für vergleichende Rechtsgeschichte, Gesetzgebungswissenschaft und Justizpolitik.

b. Erwägung, durch welche Mittel (etwa Aussetzung eines entsprechenden Preises) die Abfassung eines den wissenschaftlichen und praktischen Zwecken entsprechenden Handbuchs der Justizpolitik gefördert werden kann.

c. Es wird als höchst zweckmäßig und nothwendig anerkannt, größere und wichtige Gesetze, deren Beendigung einen Aufschub zuläßt, durch Veröffentlichung des Entwurfs im Drucke der allgemeinen freien Beurtheilung anheimzugeben.*)

Auch diese Anträge sind ohne alle Befürwortung in der Abtheilung geblieben. Ohne die Löblichkeit der Zwecke des Antragstellers verkennen zu wollen, konnte doch die Abtheilung dieselben nicht zum Gegenstande der Diskussion und des Ausspruchs empfehlen, mußte vielmehr die Ablehnung beantragen.

Präsident: Genehmigt die Versammlung im Einverständniß mit der Abtheilung die Ablehnung? (Ruf: Ja!) —

---

*) Vergl. S. 144.

Wir haben, meine Herren, die Tagesordnung beendet. Es bleibt uns nur noch eine Einigung über die Wahl der Mitglieder der ständigen Deputation übrig. Ich gestehe aber, daß ich darüber in Verlegenheit bin. Es ist eine Reihe von Vorschlägen gemacht. Wir haben nun zu entscheiden. Ich erlaube mir, Ihnen alles das vorzulegen, was an mich gelangt ist.

Es sind folgende Personen noch namhaft gemacht, und zwar bald von Einzelnen, bald von Mehreren zusammen (liest):

Professor Dr. Gneist aus Berlin,
Obergerichts-Assessor Plank aus Hannover,
Rechtsanwalt Lewald aus Berlin,
Vice-Director Franke aus Lüneburg (zumal kein Hannoveraner in meiner Liste genannt sei),
Geh. Ober-Tribunalsrath Waldeck aus Berlin (vielfach),
Stadtgerichtsrath Wollny aus Berlin,
Advokat Berger aus Wien (vielfach vorgeschlagen),
Dr. Unger aus Wien,
Präsident Lette aus Berlin,
Advokat Vissering aus Aurich,
Goltdammer, Geh. Ober-Tribunalsrath aus Berlin,
Schwarz, Rechtsanwalt in Berlin,
Aegidi aus Hamburg,
Bähr aus Cassel,
Dr. Rießer aus Hamburg,
Dr. Edler v. Kerstorf aus Augsburg,
Justizrath Dr. Straß aus Berlin,
Advokat Probst aus Stuttgart,
Professor Anschütz,
Senatspräsident Dr. Heimsoeth aus Cöln,
Ober-Tribunalsrath v. Seckendorf aus Berlin,
Advokatanwalt, Justizrath König aus Cleve.

Ich erlaube mir noch dabei zu bemerken, — ich will die ganzen Akten darüber vorlegen, — daß diese Vorschläge nicht so aufzufassen sind, als ob sie direkt gegen die meinigen gerichtet wären; es sind nur Vorschläge zu einzelnen Aenderungen. Auf einzelnen Blättern ist allerdings gesagt, es sollen Einige ganz weggelassen und einige Andere an ihre Stelle gesetzt werden. Soll ich Ihnen, meine Herren, die einzelnen Blätter vorlegen? (Ruf: Nein!)

Der Professor Gneist hat das Wort.

Professor Dr. **Gneist** aus Berlin: Da ich zufällig die Ehre habe, an der Spitze der neuen Liste zu stehen, so darf ich vielleicht für mich und meine Nachfolger folgende Erklärung abgeben: Es wird uns eine sehr hohe Ehre zu Theil, den Vorschlägen des Herrn Präsidenten beigefügt zu werden. In dieser weit vorgerückten Stunde, glaube ich, kommt unsere Versammlung aber in den Zustand des Chaos, wenn jetzt noch eine combinirte Wahlliste aufgestellt werden soll. Erlauben Sie mir daher, da ich die Ehre habe, auf der neuen Liste zu stehen, meinerseits den Antrag zu machen: Zur Ermöglichung eines definitiven Abschlusses möge die verehrte Versammlung erklären, ob sie die vom Herrn Präsidenten vorgeschlagene Liste in Pausch und Bogen annehmen will. Dadurch würden die weiteren Anträge erledigt sein. — (Ruf: Nein!)

Wird dieser Antrag nicht angenommen, dann schlage ich vor, die Debatte zu eröffnen, in welcher Weise die spezielle Abstimmung vor sich gehen soll.

Ein Mitglied: Es ist am besten so, daß der Herr Präsident nach seiner Liste einzelne Namen aufruft und zur Akklamation nennt. Es wird sich dann ergeben, ob wir ihm beipflichten oder nicht.

Präsident: Der Herr Präsident Lette hat das Wort.

Präsident Dr. **Lette** aus Berlin: Wenn es möglich wäre, so würde ich den letzten Antrag für den Bessern halten und vorschlagen, daß man einmal die Unterstützung über sämmtliche Namen frei eröffne, und dann erst diejenigen Namen zur Wahl bringe, welche am meisten Stimmen haben. Da das indeß nicht mehr möglich, so wollte ich mir den Antrag erlauben, daß die hohe Versammlung dem Herrn Präsidenten es überlasse, mit Zuziehung des Büreaus unter Berücksichtigung sämmtlicher vorgeschlagenen Namen die Deputation selber zu ernennen. (Bravo!)

Eine Stimme: Ich erlaube mir zu bemerken, daß dies nicht für künftige Fälle präjudizirend sein darf.

Präsident: Herr Justizrath Fischer aus Breslau hat das Wort.

Rechtsanwalt, Justizrath Fischer: Wenn der erste Antrag nicht durchgeht, so möge der Präsident ohne Weiteres die Wahl vornehmen; es dürfte zweckmäßig sein, wenn erst die 7 Berliner gewählt würden in der Art, daß die Berliner, die auf der Liste des Präsidenten stehen, zuerst genannt werden, und man bei denen, die man nicht haben will, sitzen bleibt — (Heiterkeit) — und daß dann mit der Liste der von der Versammlung Vorgeschlagenen ebenso verfahren wird.

Professor Dr. **Anschütz** aus Greifswald: Ich glaube, daß die Zeit zu weit vorgerückt ist, um eine lange Wahlhandlung vorzunehmen. — Sodann, M. H., wollte ich die Meinung aussprechen, daß wir den Herrn Präsidenten in Verlegenheit setzen möchten, wenn er die Entschließung auf sich allein nehmen soll. Ich gehöre auch zu denen, die vorgeschlagen sind, und ich glaube, — das Büreau wird dies vielleicht bestätigen können, — daß ungeachtet mehrere andere Persönlichkeiten vorgebracht sind, dennoch die große Majorität der Versammlung gegenwärtig schon den Beschluß gefaßt hat, daß die von dem Herrn Präsidenten vorgeschlagenen Personen für dieses Jahr die Deputation bilden sollen.

Präsident: Erlauben Sie mir, da ich ja in so fern daran betheiligt bin, als Sie mir einen Auftrag geben wollen, darüber Einiges zu äußern. Ich glaube, die Sache hat uns diesmal überrascht. Ich halte es allerdings für das Beste, wenn eine solche Wahl durch Stimmzettel geschehen würde, — das kann für die Versammlung rasch gehen, denn das Abzählen kann ja außerhalb der Versammlung geschehen. Allein eine Wahl durch Stimmzettel ist, wenn die Versammlung sich vorher zu besprechen nicht Zeit hat, etwas sehr Zufälliges in ihrem Resultate. Deswegen hatten wir uns diesmal für den Fall präparirt, daß die Versammlung selbst keine Wahl treffen wolle. Will an künftigen Juristentagen die Versammlung durch Stimmzettel wählen, so sollten die Mitglieder sich vorher über Listen verabreden.

Den Antrag aber, m. H., müßte ich ablehnen, daß Sie nun wählen sollten zwischen denen, welche ich vorgeschlagen habe, und zwischen denen, welche noch eben vorgeschlagen worden sind. Denn ich müßte doch mit irgend welchen Namen beginnen, und da liegt es nahe, daß die von mir zuerst Genannten bevorzugt erscheinen könnten. Wenn Sie lieber wollen, so können wir ja heute noch durch Stimmzettel abstimmen.

(Einige von den auf der neuen Wahlliste Befindlichen, wie Berger, Unger, Aegidi, lehnen ihre Wahl ab.)

Ein Mitglied: Ich bitte ganz einfach, aufzustehen oder sitzen zu bleiben, wenn der Vorschlag nicht durchgeht. Sollte das nicht angenommen werden, dann stelle ich das Amendement, die neu vorgeschlagenen Mitglieder in die alte Liste aufzunehmen.

Kreisrichter **Parrisius** aus Brandenburg: Ich stelle den Antrag, daß die verehrte Versammlung folgenden Beschluß fasse:

> Für diesmal beschließt die Versammlung — ohne Präjudiz für die Zukunft — dem Präsidenten die Aufstellung der Liste der Deputation zu überlassen.

Ich halte den Akt der Wahl durch Acclamation für eine leere Förmlichkeit. Ist einer von den Namen uns willkommen, so wird gewiß ein Widerspruch nicht erhoben, und es scheint mir deshalb am besten, dem Herrn Präsidenten die Bildung der Deputation zu überlassen. Die Deputation resultirt in diesem Falle nicht aus der Wahl dieser Versammlung, sondern ist dann blos ein Akt der Feststellung des Präsidenten.

Präsident: Es haben sich noch drei Redner zum Wort gemeldet. (Ruf: Schluß! Schluß!) — Herr Professor Aegidi hat das Wort.

Professor Dr. **Aegidi** aus Hamburg: Ich erlaube mir zu bemerken, in Bezug auf den Antrag, dem Herrn Präsidenten die Wahl zu überlassen, daß eben der Herr Präsident es ist, der jene Liste schon festgestellt hat, wir dann also ja nur seine Liste anzunehmen brauchen.

Präsident: Herr Dr. Horwitz hat das Wort.

Rechtsanwalt Dr. **Horwitz:** Ich wollte nur bemerken, daß wir nicht mehr de jure in diesem Saale sind; ich stelle deshalb folgenden Antrag:

> Der Juristentag wolle beschließen, die von dem Präsidenten vorgeschlagene Liste der Mitglieder zur ständigen Deputation en bloc anzunehmen.

Präsident: In Beziehung auf die Wahl durch Acclamation will ich nur bemerken, daß etwa 40 Personen in Frage kommen, und es bei einer solchen Wahl vorzugsweise darauf ankommt, in welcher Reihenfolge die Abstimmung erfolgt. Die zuerst Genannten werden wahrscheinlich die Majorität erhalten, und die Späterkommenden wären dann ausgeschlossen.

Präsident Dr. Lette: Ich hatte beantragt, daß die einzelnen Namen zuerst zur Unterstützung gestellt werden, und daß nur über diejenigen abgestimmt werden soll, die eine genügend große Unterstützung bekommen haben. Ich ziehe aber diesen Antrag jetzt zurück. (Bravo!)

Präsident: Das Recht, welches Sie mir einräumen wollen, die Deputation aus denjenigen Mitgliedern zusammenzustellen, die ich bereits vorgeschlagen hatte, und aus denen, die noch neu hinzugekommen sind, würde ich unter keinen Umständen annehmen, da ich viele werthe Mitglieder ausschließen müßte. — Ich bringe jetzt den Antrag des Herrn Dr. Horwitz zur Abstimmung. Ich ersuche diejenigen Herren, die denselben annehmen wollen, sich zu erheben. (Geschieht.)

Der Antrag ist angenommen.

Herr Justizrath Vogler hat das Wort.

Rechtsanwalt, Justizrath Vogler aus Berlin: Es ist vorher der Beschluß gefaßt worden, über die einzelnen Mitglieder abzustimmen. (Ruf: Nein! Nein! Schluß!. Schluß!)

Präsident: Was beschlossen worden ist, darüber wird das stenographische Protocoll Auskunft geben; wir werden in dieser Hinsicht kein Jota daran ändern.

Weil ich gerade das stenographische Protocoll erwähnt habe, so erlaube ich mir, mitzutheilen, daß heute um 6 Uhr das ganze stenographische Protokoll im Odeum zu Ihrer Einsicht ausgelegt sein wird.

Ich erlaube mir ferner mitzutheilen: In unsere Mitgliederlisten haben sich manche Unrichtigkeiten eingeschlichen, was auch nicht anders möglich war bei der Eile, womit sie gedruckt werden mußten. Ich ersuche daher die Herren, welche gar nicht oder unrichtig angegeben sind, die Freundlichkeit zu haben, auf dem Büreau die Liste zu corrigiren, und ich werde dann dafür sorgen, daß eine corrigirte Mitgliederliste ausgegeben werde.

Dann möchte ich auch noch den Wunsch aussprechen, daß Sie dabei die Güte hätten, auf dem Büreau gleich Ihre Beiträge zu zahlen, weil dies am einfachsten ist.

Schriftführer Rechtsanwalt Dr. **Horwitz**: Es sind auch einige unbestellbare Briefe hier eingegangen, deren Adressen ich hiermit verlese.

(Folgen die Namen.)

Präsident: Ich erlaube mir noch Einiges zu bemerken:

Wenn Sie die Sitzung verlassen, werden Wagen bereit stehen, um Sie nach dem Odeum zu führen. —

Es ist mir durch Herrn Professor Schletter in Leipzig der Brief eines Holländischen Juristen, Obergerichtsrath Levisohn Normann aus dem Haag, zugegangen. Derselbe spricht seine Theilnahme für den Deutschen Juristentag aus und bedauert sehr, daß nicht auch außerdeutsche Juristen daran Theil nehmen dürfen. Er hofft und wünscht, daß bei künftigen Juristentagen Deutschlands die Juristen aus ganz Europa sich betheiligen könnten. (Große Heiterkeit.)

Ich glaube, daß wir antworten könnten, wie wir gern jeden fremden Juristen bei unseren Versammlungen sehen und immer sehen werden, aber stets daran festhalten werden, daß auf unserem Juristentage die Deutschen Interessen es sind, die unsere Aufgabe bilden. (Bravo!)

Nunmehr schließe ich die heutige Sitzung und damit den ersten Deutschen Juristentag.

Der Graf v. Wartensleben wünscht das Wort zu haben; ich werde es ihm geben, bitte aber, vorher noch mir selbst ein paar Worte zu vergönnen.

Ich gestehe, m. H., daß mir in Beziehung auf unsere Geschäfte etwas bange war; aber jetzt kann ich nur meine Freude und Anerkennung aussprechen. Ich habe innige Freude gehabt über die Haltung der Versammlung und den Parlamentarismus, der in ihr herrschte. Allerdings kamen einige Conflicte vor, die ich nicht ganz billigte, allein dergleichen ereignet sich in jedem Parlamente. In Wahrheit kann ich nicht genug die Art und Weise rühmen, mit der die Versammlung verfuhr. Ich gestehe, daß ich zwei Anträge, welche hier vorliegen, gar nicht zur Kenntniß der Versammlung brachte; der eine dahin gehend, daß Niemand länger als 10 Minuten sprechen dürfe, der andere, daß Niemand mehr als 5 Minuten sprechen solle; aber ich sah, daß bei einer solchen Versammlung solche Anträge nicht nöthig waren und die Versammlung stets in der rechten Weise die Sache im Auge haben werde. Dadurch allein ist es möglich geworden, ein so großes Material, als uns vorlag, bei der Kürze der Zeit zu bewältigen, so weit dies in einer Versammlung von achtehalbhundert Juristen überhaupt möglich ist. Grade unsere heutige Thätigkeit giebt mir das feste Vertrauen und die sichere Aussicht, daß wir in ganz Deutschland zu einem rechten Verständniß und Zusammenwirken gelangen werden. Wir haben gezeigt, daß wir Selbstverleugnung üben können, um ein gemeinsames Werk zu Stande zu bringen. Möchte doch das Beispiel, welches wir in diesem Falle gegeben haben, von unserem ganzen Deutschen Vaterlande, von einem Jeden in seinem Kreise befolgt werden!

Ich kann aber diesen Sitz nicht verlassen, ohne noch meinen innigsten Dank den — wenn ich ganz kurz so sagen darf — Angehörigen Berlins auszusprechen über die Art und Weise, wie sie uns empfangen und gehalten haben — von der höchsten Spitze an bis hinunter in alle Richtungen. Wir haben gesehen, m. H., wie gestern, wenn ich mich dieses Ausdrucks bedienen darf, ein erlauchter Jurist die ganze Versammlung empfing, wie er sein lebendiges Interesse an der Sache, die uns hier zusammengeführt, ausgedrückt; wir Alle beugten uns in tiefer, freudiger, freier Ehrfurcht vor ihm, wie er unser Aller Herzen gewann; in welcher Weise ferner das Ministerium uns entgegen gekommen, von welchem drei hochverehrte Mitglieder an unseren Sitzungen in der freundlichsten Weise Theil genommen haben. Und soll ich noch von der hiesigen Juristengesellschaft, deren Präsidenten, von der Commission und ihrer Geschäftsführung sprechen? Von allen Seiten hat man sich bemüht, uns unsere Aufgabe zu erleichtern; von allen Seiten sind wir getragen und unterstützt worden, so daß wir Alle der Weise, wie uns Berlin entgegen gekommen ist, niemals vergessen werden!

Herr Graf v. Wartensleben hat das Wort.

Stadtgerichtsrath Graf **v. Wartensleben**: Mir wurde die Auszeichnung zu Theil, den Ersten Deutschen Juristentag zu eröffnen und die Wahl des Präsidenten zu leiten, und wir kamen zum erfreulichsten Resultat, als ich aus Ihrer Mitte Herrn von Wächter auf den Präsidentenstuhl geführt habe.

Beim Schluß dieses ersten Juristentages bin ich in der glücklichen Lage, in Ihrem Namen die Ueberzeugung aussprechen zu können, daß der Herr Präsident durch die vortreffliche Leitung dieser Versammlung sich um die Deutsche Rechtsentwickelung, und somit um das ganze Deutsche Vaterland ein Verdienst erworben hat! (Allseitiger stürmischer Beifall.)

Präsident: Erlauben Sie mir noch ein Wort des innigsten Dankes. Die Hoffnung, von der ich ausging, als ich den Präsidentensitz betrat, hat mich nicht getäuscht. Sie haben mir in treuer Unterstützung zur Seite gestanden, und haben Nachsicht mit mir gehabt. Allerdings war ich mitunter warm, und wenn ich Einzelne schärfer getroffen haben sollte, als ich selbst beabsichtigte, so bitte ich um Entschuldigung. Ich glaube, in der Gesinnung wird Jeder mir vertrauen, — in der Ausführung ist nichts vollkommen. Nochmals, meinen herzlichsten Dank für die Weise, mit der Sie mich unterstützt und mir zur Seite gestanden haben! (Nochmaliger lebhafter Beifallsruf.)

(Schluß der Sitzung 4 Uhr 25 Minuten.)

Protokolle.

Plenarsitzung vom 28. August 1860.

Geschehen
Berlin, im Saale der Sing-Akademie,
den 28. August 1860.

Nachdem um 9 Uhr 10 Minuten Vormittags der Stadtgerichtsrath Graf v. Wartensleben als Präsident der Juristischen Gesellschaft in Berlin den ersten Deutschen Juristentag eröffnet und den unterzeichneten Schriftführer der Juristischen Gesellschaft aufgefordert, vorläufig das Protokoll zu führen, begrüßte Graf v. Wartensleben die Versammlung im Namen der Juristischen Gesellschaft. Demnächst stellte derselbe die „vorläufige Ordnung für den Deutschen Juristentag" (Nr. 1 der Drucksachen) nebst einem von der Ausschreibungscommission selbst eingebrachten Abänderungsvorschlage:

„im §. 7 dem Vorsitzenden die Befugniß zur Ernennung von vier (nicht blos zwei) Stellvertretern beizulegen",

zur Berathung und Beschlußfassung. Die vorläufige Ordnung so wie der eben bezeichnete Abänderungsvorschlag wurden von der Versammlung ohne Debatte mit Stimmeneinhelligkeit genehmigt. Demnächst ward auf Vorschlag des Grafen von Wartensleben der ordentliche Professor der Rechte, Geheimer Rath Dr. von Wächter aus Leipzig zum Präsidenten des ersten Deutschen Juristentages durch Acclamation erwählt. Derselbe nahm die auf ihn gefallene Wahl an.

G. W. O.

Graf von Wartensleben. **Hiersemenzel.**

Verhandelt zu Berlin am 28. August 1860
im Saale der Sing-Akademie.

Nachdem die Versammlung des Ersten Deutschen Juristentages den Geheimen Rath, Professor Carl Georg von Wächter aus Leipzig durch Acclamation zum Präsidenten des Juristentages erwählt hatte, nimmt derselbe den Präsidentensitz ein, richtet Worte des Dankes an die Versammlung und fordert dieselbe auf, der Commission der Juristischen Gesellschaft für ihre umsichtige und hingebende Thätigkeit Anerkennung und Dank auszusprechen.

Die ganze Versammlung erhebt sich von ihren Plätzen.

In Gemäßheit des §. 7 der „vorläufigen Ordnung", in Verbindung mit dem in der heutigen Sitzung gefaßten Beschlusse, ernennt der Präsident zu Vicepräsidenten des Juristentages:

1) den Stadtgerichtsrath Grafen v. Wartensleben aus Berlin,
2) den Ober-Staatsanwalt Dr. Keller aus Wien,
3) den Geheimen Ober-Justizrath Dr. Friedberg aus Berlin,
4) den Advokat Ruhwandl aus München;

zu Schriftführern:

1) den Rechtsanwalt Dr. Horwitz aus Liebenwerda (Preußen),
2) den Rechtsconsulenten Hölder aus Stuttgart,
3) den Staatsanwalt Meyen aus Berlin,
4) den Professor Dr. Unger aus Wien.

Nachdem die Versammlung sich damit einverstanden erklärt, daß alle die Geschäfts-Ordnung berührenden Anträge der ersten Abtheilung zugewiesen werden, verweist der Präsident die in der Anlage*) verzeichneten Anträge in die dort vermerkten bezüglichen Abtheilungen.

Der Gegenstand der heutigen Tagesordnung ist der Antrag des Obergerichtsraths Bähr aus Cassel (Drucksachen Nr. 2).

Der Antragsteller spricht den Wunsch aus, daß sein Antrag in Verbindung mit dem Statut zur Erörterung komme.

Gerichts-Assessor Saran aus Potsdam beantragt ad §. 8 den Zusatz:

---

*) Vergl. S. 183 ff.

Die Ergebnisse der Anfragen sind durch die Zeitschrift des Deutschen Juristentages zu veröffentlichen.

Ober-Staatsanwalt v. Tippelskirch beantragt:

den Bähr'schen Antrag an eine besondere Commission zu verweisen, oder denselben einer der Abtheilungen zuzuweisen.

Der Antragsteller beantragt:

seinen Antrag der ersten Abtheilung zu überweisen, und die Debatte bis zur nächsten Plenarsitzung zu vertagen.

Die Versammlung tritt diesem Antrage bei.

Der Oberappellationsgerichts-Director Molitor aus München erhält das Wort zu einer Ansprache an die Versammlung, und der Präsident schließt die Sitzung um $10^1/_2$ Uhr.

Vorgelesen und genehmigt in der Sitzung vom 30. August 1860.

Dr. **Wächter.**
Präsident der Versammlung.

Dr. **Horwitz.**
Schriftführer

Erste Abtheilung.

Geschehen Berlin 28. August 1860.

Durch Acclamation wurde in der ersten Abtheilung des Juristentages Professor Bluntschli aus München als Präsident erwählt; er bezeichnete als Vicepräsidenten Geheimrath Heydemann aus Berlin und Professor Unger aus Wien, Professor Ihering als Berichterstatter und als Schriftführer Obergerichtsanwalt Gotthardt aus Braunschweig.

Der Präsident eröffnet nach einigen einleitenden Worten die Sitzung und ersucht den Unterzeichneten, in Abwesenheit des Schriftführers einstweilen dessen Amt zu übernehmen.

Kuntze aus Leipzig macht darauf aufmerksam, daß der §. 1 der vorläufigen Ordnung nicht genau erkennen lasse, ob auch das Handelsrecht im Allgemeinen Gegenstand der Berathungen sein solle, und wünscht einen deshalbigen Zusatz.

Bacher beantragt in §. 1 den Zusatz hinter „Prozesses" „freiwillige Gerichtsbarkeit".

Ersterer Antrag wird nach Schluß der Debatte zurückgezogen; letzterer durch Majoritätsbeschluß abgeworfen.

Aegidi beantragt zu Protokoll zu erklären, ob der nächste Juristentag nicht seine Verhandlungen auch auf das öffentliche Recht erstrecken wolle.

Auf Vorschlag des Präsidenten wird davon abgesehen.

Die §§. 1, 2 werden angenommen.

Zu §. 3 beantragt Unger den Zusatz „doctores juris". Wollheim beantragt Beschränkung des Ausdrucks „Aspiranten"; Dr. Pfeiffer aus Bremen beantragt den Zusatz „Secretare". Kuntze beantragt, den allgemeinen Ausdruck zu gebrauchen: „alle, welche die academische Laufbahn zurückgelegt haben"; Pfeiffer zieht seinen Antrag zurück unter der Voraussetzung, daß der Kuntze's angenommen wird.

Die Debatte wird geschlossen.

Der Antrag Kuntze's wird mit 38 gegen 36 Stimmen abgelehnt

Dr. Pfeiffer beantragt den Zusatz zu „Verwaltungsbehörden" „Justizbehörden".

Der Antrag Unger's wird angenommen; der Pfeiffer's abgelehnt.

§. 4 wird ohne Debatte angenommen; desgleichen §. 5.

Zu §. 6 beantragt Bähr eine Commission behufs Berathung dieses §. niederzusetzen und deren Bericht zu erwarten.

Aegidi beantragt, das juristische Studium von Nr. 4 zu trennen; Unger Nr. 1 und 2 zusammenzufassen, Uchatzy zu Nr. 1: Streichung der Worte von Nr. 1.

Antrag Bähr's wird angenommen; die Commission soll durch Wahl des Präsidenten aus Denjenigen, welche sich benennen werden, gebildet werden.

§. 7 wird ohne Debatte angenommen; desgleichen §§. 8, 9.

Zu §. 10 beantragt Vorwerk Bestimmung des Ortes und der Zeit durch Beschluß der Plenarversammlung; Pfeiffer beantragt, den Sitz der Deputation nach Berlin zu bestimmen.

Es wird beschlossen, diese beiden und etwaige weitere Anträge an die zu wählende Commission zu verweisen.

Ihering beantragt, bei der Hauptberathung keine Anträge zur Abstimmung zu bringen, welche nicht jetzt oder von der zu wählenden Commission später gestellt werden.

Der Präsident ersucht um Einzeichnung in die Liste, aus welcher die Commission gebildet werden soll.

Der Antrag Ihering's wird angenommen.

§. 11 wird angenommen.

Zu §. 12 beantragt Uchatzy Streichung der Worte „vier Wochen". Der Antrag wird abgelehnt.

Aus der Liste der Eingezeichneten schlägt der Präsident folgende 5 als Mitglieder der Commission vor:

Stadtrichter Hiersemenzel aus Berlin,
Obergerichtsrath Bähr aus Cassel,
Obergerichtsrath Vorwerk aus Braunschweig,
Professor Wasserschleben aus Giessen,
Justizrath Hinschius aus Berlin.

Die Versammlung ist hiermit einverstanden; die Zeit der Sitzung wird auf heute 6 Uhr bestimmt.

Dr. Pfeiffer beantragt Verweisung des Bähr'schen Antrages (Nr. 2 der Drucksachen) an die erwähnte Commission.

Steinbeck beantragt allgemeine Discussion über den Bähr'schen Antrag; zieht jedoch später diesen Antrag zurück.

Schönstedt nimmt den Antrag Steinbeck's wieder auf.

Die Versammlung beschließt, daß auf den Bähr'schen Antrag eingegangen und daß derselbe der Commission überwiesen werden soll.

Es wird die allgemeine Discussion über den Antrag Mittermaiers (Nr. 5 der Drucksachen) eröffnet.

von Wächter beantragt dessen Ablehnung. Letzterer Antrag wird angenommen.

Es kommt der Antrag Sternenfels, betreffend die Gerichtszeitung, zur Berathung. Auf Antrag Pfeiffer's wird derselbe der Commission überwiesen.

Sodann wird der Antrag Unger's, betreffend ein Gesetzbuch über das Obligationenrecht für ganz Deutschland, zur Berathung gezogen.

Der Antragsteller erweitert denselben im Anschlusse an einen Antrag von Wächter's dahin: auszusprechen, es sei eine Gesetzescodification im Allgemeinen wünschenswerth.

Bähr spricht gegen den Antrag, Ihering dafür, Heydemann schließt sich an Bähr an.

Dr. Pfeiffer beantragt, die Proposition Unger's an eine Commission zur Berathung für den nächsten Juristentag zu verweisen.

Heydemann beantragt, eventuell die Proposition Unger's auf das Obligationenrecht zu beschränken.

Der Antrag Pfeiffer's wird abgelehnt; der v. Wächter's wird angenommen.

Gegen ½4 Uhr wurde die Sitzung geschlossen.

Stölzel.

Berlin 29. August 1860.

Nach Eröffnung der Sitzung erstattete Wasserschleben Bericht über die Beschlüsse der gestern erwählten Commission.*)

---

*) Die Anträge der Commission gehen dahin:

A. In der Ordnung des Juristentages

1. zu §. 6 pos. 4 zu den Worten: „juristisches Studium" noch hinzuzufügen: „und praktische Ausbildung"
2. Der Eingangsbestimmung des §. 10 folgende Fassung zu geben:
   „Vor dem Schlusse eines jeden Juristentages wird auf Vorschlag des Vorsitzenden von der Plenarversammlung durch Acclamation oder durch Stimmzettel in einem einzigen Scrutinium eine aus 9 Personen, von denen 5 am Orte des eben versammelten Juristentages wohnen, bestehende ständige Deputation mit folgenden Befugnissen und Obliegenheiten gewählt."
3. Im § 10 ad 2 am Schlusse hinzuzufügen: „bei welcher in der Regel nur diejenigen Vorlagen zu berücksichtigen sind, welche bis zum 31. Mai des laufenden Jahres eingegangen sind."
4. Nach 4 noch sub 5 hinzuzusetzen: „sie bereitet Abänderungsvorschläge in Betreff der Geschäftsordnung für die Plenarversammlung vor, und setzt erforderlichen Falls Abänderungen provisorisch ins Werk".
5. Den Schlußsatz des §. 10 dahin zu formuliren:
   „Die Deputation wählt aus ihrer Mitte einen Vorsitzenden und einen Schriftführer, welcher Letztere ein von der Deputation festzusetzendes Pauschquantum für baare Auslagen erhält. Der Sitz der Deputation ist der Ort des letzten Juristentages. Zur Gültigkeit ihrer Beschlüsse ist die Einladung sämmtlicher Mitglieder, sowie die Mitwirkung von wenigstens 5 Mitgliedern erforderlich."

B. Den Bähr'schen Antrag anzunehmen.

C. Es möge, entsprechend dem Sternenfels'schen Antrage, die Preußische Gerichtszeitung zum Organ des Juristentages gewählt, und der ständigen Deputation das betreffende Arrangement, eventuell die Bestimmung eines anderen Organs überlassen werden.

Zu §. 6 wird unveränderte Beibehaltung beantragt mit der Ausnahme, daß zu Nr. 4 der Zusatz „und praktische Ausbildung“ proponirt wird.

Unger wiederholt seinen gestrigen Antrag, die Abtheilungen 1 und 2 zu vereinen.

Der Commissionsantrag wird angenommen.

Unger ist damit einverstanden, daß sein Antrag, wie der Präsident vorschlägt, später berücksichtigt werde.

Zu §. 10 der vorläufigen Ordnung beantragt die Commission, wie aus Anlage 1 ersichtlich ist. *)

Hiersemenzel beantragt, die Zahl der ständigen Deputation auf 11 zu erhöhen und ihr den Präsidenten des jeweiligen Juristentags als Ehrenpräsidenten zuzugesellen.

Hinschius beantragt, 15 Mitglieder, 7 am Orte des letzten Juristentages, 7 außerhalb und den Ehrenpräsidenten, in die Deputation zu wählen.

Die Commission schließt sich dem letzteren Antrage an, welcher von der Versammlung zum Beschluß erhoben wird.

Desgleichen wird der von der Commission zu 2 des §. 10 gestellte Zusatzantrag angenommen. **)

Aegidi beantragt, die Bestimmung des Ortes für den nächsten Juristentag der Plenarversammlung vorzubehalten.

Der Präsident läßt namentliche Abstimmung eintreten, welche 34 Stimmen gegen und 32 Stimmen für den Antrag Aegidi's ergiebt.

Zu 4 des §. 10 wird der Commissionsantrag angenommen. ***)

Der von der Commission beantragte Schlußsatz des §. 10 wird angenommen; desgleichen der Antrag betreffend die Gerichtszeitung. †)

Zum Bähr'schen Antrag beantragt zu §. 3 die Commission den auf Anlage 2 ersichtlichen Zusatz. ††)

---

*) Vgl. Seite 311, Anmerkung, sub No. 2.

**) Vgl. ebend. sub No. 3.

***) Vgl. ebend. sub No. 4.

†) Vgl. ebend. sub No. 5 und Lit. C.

††) Nach den Worten „ständige Deputation des Juristentages“ fortzufahren: „und einzelne, den betreffenden Ländern angehörige Mitglieder, mit welchen sich dieserhalb die ständige Deputation in's Vernehmen zu setzen hat.“

Platner und Steinbeck beantragen zu §. 1 des Bähr'schen Antrags den Zusatz: „zu theoretischen Zwecken".

Keller beantragt zu §. 2 die in Anlage 3*) ersichtliche Fassung, welchem Antrage sich Steinbeck unter Zurückziehung des seinigen anschießt.

Der Zusatz-§. 1 wird dem Commissionsantrage gemäß angenommen.

Der Zusatz-§. 2 wird nach Anlage 3 angenommen.

Nach Anlage 2 wird der Zusatz-§. 3 unter Streichung der Worte: „wegen Uebernahme des Schriftführeramtes" angenommen.

Die übrigen §§. werden unter Vorbehalt der nöthigen Redactionsveränderungen angenommen und hierauf die Sitzung geschlossen.

---

*) Zu dem Ende übernehmen die Mitglieder des Deutschen Juristentages die Verpflichtung, sich gegenseitig derartig zu unterstützen, daß sie in Bezug auf einzelne Rechtsfragen über den Stand der Gesetzgebung und der Praxis ihres Landes die entsprechende Auskunft ertheilen.

Stölzel.

Zweite Abtheilung.

Protokoll über die erste Sitzung der zweiten Abtheilung des ersten Deutschen Juristentages, zu Berlin abgehalten am 28. August 1860.

Gegenstand.

Herr Gerichts-Assessor Makower aus Berlin ladet die Versammlung ein, zur Wahl des Abtheilungs-Präsidenten zu schreiten, und schlägt den Senats-Präsidenten und Geh. Ober-Justizrath Dr. Heimsoeth aus Cöln zum Präsidenten vor, welcher sonach mit Acclamation hierzu gewählt wird.

Präsident Heimsoeth nimmt die auf ihn gefallene Wahl an und ladet die Versammlung zur Wahl der beiden Schriftführer ein, zu welchen Dr. v. Huze aus Wien und Professor Reyner von Bleyleben aus Brünn von ihm vorgeschlagen und sonach auch einstimmig gewählt werden. Zum Berichterstatter wird auf Vorschlag des Präsidenten Herr Gerichts-Assessor Makower gewählt.

Der Präsident erklärt nun die Debatte über den Antrag des Herrn Stadtrichters Primker aus Breslau eröffnen zu wollen, und ladet den Herrn Antragsteller ein, seinen Antrag noch in Kürze der Versammlung darlegen zu wollen. Herr Primker entwickelt seinen Antrag und sucht die Dringlichkeit der sofortigen Erlassung eines Gesetzes über die Commanditen nach der Entwickelung des neueren Verkehrslebens zu rechtfertigen.

Nach gepflogener eingehender Debatte über den gestellten Antrag wurde der Beschluß gefaßt:

daß in Erwägung, daß die gesetzliche Regulirung der Verhältnisse der stillen Gesellschaften vor Publikation des Deutschen Handelsgesetzbuches die Vollendung dieses nationalen Werkes nur von Neuem verzögern würde, über den Antrag des Stadtrichters Primker zur Tagesordnung übergegangen werde, daß der Deutsche Juristentag jedoch hierbei die Erwartung ausspreche, daß die Regierungen Alles aufbieten werden, damit die Bearbeitung des allgemeinen Deutschen Handelsgesetzbuches so rasch als möglich zum Abschluß gebracht werde, und das Gesetzbuch selbst ins Leben trete.

Dr. H. Heimsoeth. Dr. Huze. Prof. Reyner v. Bleyleben.

Protokoll über die zweite Sitzung der zweiten Abtheilung des ersten Deutschen Juristentages, zu Berlin abgehalten am 29. August 1860.

Der Präsident Dr. Heimsoeth eröffnet der Versammlung, daß drei Anträge zur heutigen Berathung vorliegen und zwar

1. der Antrag des Advokaten und Notars zu Dresden, Herrn Edmund Judeich, daß der erste Deutsche Juristentag den Männern der zu Nürnberg tagenden Deutschen Handelsgesetzgebungs-Commission ein Votum des Vertrauens, ein Votum des Dankes abgebe für Schaffung des in allen Theilen, auch im Titel „vom Frachtgeschäft“ als segensreich aufrecht zu erhaltenden Entwurfes eines allgemeinen Deutschen Handelsgesetzbuches, und mit kürzlicher Abfassung dieses schriftlichen Votums sein Präsidium beauftrage.
2. der Antrag: der Deutsche Juristentag möge die Erwartung aussprechen, daß die von der Nürnberger Commission gefaßten

Beschlüsse, mehrere zur allgemeinen Deutschen Wechselordnung gekommene Fragen betreffend, von den hohen Deutschen Regierungen in ihren Staaten baldigst eingeführt werden; welcher Antrag von dem Herrn Gerichts-Assessor Saran eingebracht ward; und

3. der Antrag des Herrn Alfred Klauhold, Kurhessischen Staatsanwalts außer Diensten: der Deutsche Juristentag spreche seine Ueberzeugung dahin aus, daß unabhängig von der Frage, ob ein gemeinsames Deutsches Handelsgesetzbuch zu Stande gebracht wird oder nicht, die Errichtung eines obersten Gerichtshofes zur Entscheidung von Handelsrechtsfragen eine nothwendige Voraussetzung zur ferneren gleichmäßigen Ausbildung des Deutschen Handelsrechtes ist, und empfehle als einen zur Erreichung dieses Zweckes beachtenswerthen Vorschlag, daß durch Auftrag sämmtlicher Deutschen Staaten das Ober-Appellationsgericht der vier freien Städte, unter Verstärkung dessen Personals auf allgemeine Kosten, als Gerichtshof zur Entscheidung von handelsrechtlichen Fragen in letzter Instanz bestellt werde.

Der Abtheilungspräsident bringt von diesen Anträgen der Reihenfolge nach den Antrag des Herrn Advokaten Judeich zur Debatte, wobei geltend gemacht wird, daß das ausgezeichnetste Vertrauensvotum für die zu Nürnberg tagende Commission in dem bereits gestern gefaßten Beschlusse gelegen sei, daß die Bearbeitung des allgemeinen Deutschen Handelsgesetzbuches so rasch als möglich zum Abschluß kommen möge, und das Gesetzbuch selbst ins Leben trete, und demnach der von Herrn Judeich gestellte Antrag abgelehnt wird. Da jedoch im Laufe der Debatte über den Judeich'schen Antrag hervorgehoben ward, daß die Eisenbahnverwaltungen bezüglich des Titels V des dritten Buches „die Bestimmungen über das Frachtgeschäft" unterm 12. Dezember 1859 eine Denkschrift an die Deutschen Regierungen richteten, wodurch Abänderungen des Nürnberger Entwurfes zum wesentlichen Nachtheile der Handelswelt erzielt werden sollen, und auch geltend gemacht ward, daß nicht unbegründete Beschwerden des Handelsstandes in Bezug auf die Haftungen der Eisenbahnverwaltungen betreffs des Frachtverkehrs vorlägen, wurde von Herrn Kuntzsch, Advokaten aus Chemnitz, ein Theil des Judeich'schen Antrages dahin formulirt:

> Der Deutsche Juristentag wolle den Wunsch aussprechen, daß die Deutschen Regierungen den Beschwerden des Deutschen Handelsstandes in Bezug auf die Haftung der Eisenbahnverwaltungen betreffs des Frachtverkehrs thunlichst Rechnung tragen mögen,

welcher Antrag von der Versammlung angenommen wurde.

Nachdem die Debatte über den Judeich'schen Antrag hiermit abgeschlossen worden, wurde der Antrag des Herrn Saran in Verhandlung genommen, von Herrn Saran jedoch im Laufe der Debatte zurückgezogen.

Betreffend den Antrag des Herrn Klauhold wurde nach gepflogener Debatte der Beschluß gefaßt, hierüber zur Tagesordnung überzugehen, und die heutige Sitzung geschlossen.

Dr. **H. Heymsoeth.** Dr. **Huze.** **Prof. Reyner v. Bleyleben.**

Dritte Abtheilung.

Berlin, 28. August 1860.

Erste Sitzung der dritten Abtheilung des ersten Deutschen Juristentages.

Der Vorsitzende der Commission der juristischen Gesellschaft für Ausschreibung eines Deutschen Juristentages, Herr Graf v. Wartensleben, berief den unterzeichneten v. Kunowski vorläufig zum Schriftführer, ferner den Kammergerichtsrath Jacobi.

Der Vorsitzende schlug den Prof. Plank zum Präsidenten vor. Derselbe war nicht anwesend. Obergerichtsrath Baumeister, der demnächst zum Vicepräsidenten vorgeschlagen wurde, lehnte das Amt ab.

Der Versuch, demnächst durch Acclamation das Präsidium zu wählen, führte zu einer Debatte, an welcher sich die Herren Staatsanwalt v. Grävenitz aus Danzig, Prof. Herbst aus Wien und Justizrath Fischer aus Breslau betheiligten.

Nachdem Ober-Staatsanwalt Dr. Schwarze aus Dresden sich im Voraus für den event. Fall zur Annahme der Wahl bereit erklärt hatte, wurde derselbe durch Acclamation zum Präsidenten der Abtheilung gewählt. Er nahm die Wahl an, und schlug den Justizrath Fischer aus Breslau zum Vicepräsidenten vor.

Derselbe wurde durch Acclamation zum Vicepräsidenten erwählt, und nahm die Wahl an.

Der Präsident eröffnete die Berathung über Nr. 4 und 6 der Drucksachen.

Der Präsident ernannte den Ober-Staatsanwalt Frh. v. Groß zum Referenten, welcher über den v. Kraewel'schen Antrag das Wort nahm.

Herr Ober-Tribunalsrath Goltdammer überreichte im Auftrage des Appellations-Gerichtsrath v. Kraewel einen redigirten Entwurf eines Deutschen Strafgesetzbuchs bezüglich der ersten 5 Paragraphen.

Nachdem der Referent die Opportunität und Möglichkeit eines allgemeinen Deutschen Strafgesetzbuchs entwickelt, und den v. Kraewel-schen Antrag (Nr. 4 der Drucksachen) befürwortet hatte, wies derselbe hinsichtlich der Schlußworte jenes Antrags auf den Dr. Wahlberg-schen Antrag (Nr. 6 der Drucksachen) hin, und hob die Bedenken hervor, welche diesem Antrage entgegenständen. Ebenso hob derselbe hervor, daß man sich nicht auf eine Arbeit der Art einlassen möge, welche auf einen Entwurf eines allgemeinen Strafgesetzbuchs hinziele.

Zur Ergänzung des heute übergebenen zweiten v. Kraewel'schen Antrags schlug Referent vor:

> eine Petition an sämmtliche Deutsche Regierungen zu richten — verbunden mit einer motivirenden Denkschrift — des Inhalts, daß die Regierungen eine Commission zum Entwurfe eines allgemeinen Deutschen Strafgesetzbuchs niedersetzen möchten.

Die Ausarbeitung dieser Schriftstücke möge der ständigen Deputation des Juristentages übertragen werden.

Der Referent übergab seinen Antrag in redigirter Fassung *)

Der Antrag des Referenten fand ausreichende Unterstützung.

Der Vorsitzende eröffnete die Debatte über diesen und den v. Kraewel'schen und Wahlberg'schen Antrag zugleich.

Es ergriff zuerst das Wort der Prof. Geßler aus Tübingen, demnächst der Rechtsanwalt Calm aus Bernburg, Dr. Schaffrath aus Dresden, Kreisrichter Zenthöfer aus Jakobshagen und Dr. Sander, Gerichts-Assessor von hier.

Hierauf sprach der Staatsanwalt Leske aus Schneidemühl und der Rechtsanwalt v. Dazür aus Ostrowo. Letzterer übergab beiliegen-

---

*) Nr. 4a der Drucksachen. Vergl. S. 59.

den Antrag*) zur Modifikation und resp. an Stelle der bisher vorliegenden. Der Antrag fand hinreichende Unterstützung.

Ueber denselben sprachen der Ober-Tribunalsrath Goltdammer, Staatsanwalt Koch aus Trebnitz und Rechtsanwalt v. Dazür.

Vom Ober-Tribunalsrath Goltdammer wurde beiliegendes Amendement**) zum v. Kraewelschen Antrage übergeben und vom Präsidenten verlesen.

Das Amendement fand ausreichende Unterstützung.

Hierauf sprachen Rechtsanwalt Calm aus Bernburg und Ober-Tribunalsrath v. Seckendorff von hier.

Es wurde Schluß der Debatte beantragt und angenommen.

Der Referent nahm das Wort zum Schlusse und sprach sich über die gestellten Anträge und Amendements aus.

Der Vorsitzende trug vor, in welcher Weise er die Fragen zu stellen gedenke, worauf Prof. Geßler sein bei der Debatte gestelltes Amendement zurückzog, nachdem Ober-Staatsanwalt v. Groß in seinen Antrag die Einschaltung aufgenommen hatte:

> daß der ständigen Deputation zur Ausarbeitung der Petition der erste Präsident der Plenarversammlung beigesellt werde.

Hierauf stellte der Vorsitzende die erste Frage:

> Soll beim Plenum befürwortet werden der Beschluß:
>
> > Der Deutsche Juristentag wolle anerkennen, daß ein allgemeines Deutsches Strafgesetzbuch ein dringendes Bedürfniß ist?

Diese Frage wurde einstimmig bejaht, dagegen wurde es abgelehnt,

---

*) Der Deutsche Juristentag wolle anerkennen, daß ein allgemeines Deutsches Strafgesetzbuch ein dringendes Bedürfniß ist und eine auf Einführung eines solchen gerichtete Petition den Deutschen Regierungen überreichen.

**) Es möge die Abtheilung beschließen, in dem Antrage des Herrn v. Kraewel den Satz:

> „welches diejenigen Grundsätze adoptirt u. s. w. bis „Begründung finden"

dahin zu fassen:

> „welches diejenigen Grundsätze adoptirt, die in den Gesetzbüchern der einzelnen Deutschen Staaten enthalten sind, so weit sie in der Deutschen Rechtswissenschaft und dem Deutschen Rechtsbewußtsein ihre Begründung finden."

in diesen Beschluß die im v. Kraewelschen Antrageenthaltenen Zwischenworte aufzunehmen, ebenso die im Goltdammerschen Antrage dafür substituirten Zwischenworte.

Hierauf wurde der Dr. Wahlbergsche Antrag abgelehnt, dagegen der zweite Theil des v. Dazürschen Antrags angenommen, desgleichen der v. Groß'sche Antrag, mit dem oben erwähnten Zusatze, so weit er unter litt. B und C subsumirt ist.

Der Präsident brachte hierauf noch die Tagesordnung der Abtheilung für morgen zur Sprache, und schlug vor, den Herrn Ober-Staatsanwalt Schwarck zum Referenten über den Lewald'schen Antrag (Nr. 10 der Drucksachen) zu bestellen.

Nachdem der Antrag, eine Commission mit dem Referate zu beauftragen, abgelehnt worden, nahm die Abtheilung den Vorschlag des Präsidenten an.

In gleicher Weise wurde beschlossen, über den beiliegenden Mittermaierschen Antrag*) den Dr. v. Holtzendorff zum Referenten zu bestellen.

Die Herren Schwarck und v. Holtzendorff nahmen den Auftrag an.

In gleicher Weise wurde Herr Ober-Staatsanwalt v. Groß mit dem Referate für das Plenum über die heutigen Beschlüsse beauftragt.

Ed. Schwarze,
als Präsident der dritten Abtheilung.

Ferd. Fischer,
als Vicepräsident.

v. Kunowski,
Schriftführer

Jacobi,
Schriftführer.

---

*) Vergl S 127 Nr 1

Verhandelt Berlin, den 29. August 1860.

Zweite Sitzung der dritten Abtheilung des ersten Deutschen Juristentages.

Die Sitzung wird um 9 Uhr eröffnet.

Der Präsident theilt den sub A. anliegenden Antrag des Dr. v. Holtzendorff mit, betreffend das Gefängnißwesen *).

Die Tagesordnung beginnt mit der Discussion über den Lewaldschen Antrag (Nr. 10) **).

Amendements-Anträge dazu sind eingegangen, und werden mitgetheilt:

1. Seitens des Staatsanwalts Koch anliegend sub B. ***); derselbe wird ausreichend unterstützt.
2. Seitens des Dr. v. Holtzendorff zu Nr. 3 des Lewaldschen Antrages, anliegend sub C. †); wird ausreichend unterstützt.

---

*) Vergl. S. 132, wo statt „Zeitschriften" „Zeitfristen" zu lesen ist.

**) Vergl. S. 70.

***) Der Juristentag wolle für folgende Grundsätze sich aussprechen:

ad 1. Jedem Privatbetheiligten, welcher die hierfür gesetzlich festzustellenden Bedingungen erfüllt, ist die Erhebung der Anklage in solchen Fällen zu gestatten, wo sich die Staatsanwaltschaft dessen weigert,

dagegen ist der letzteren die Befugniß einzuräumen, die Verfolgung einer Strafsache auch wegen offenbarer Unerheblichkeit für das öffentliche Interesse zu unterlassen.

ad 3. Die .. Stellung des Anklägers bedingt es, daß nach förmlich eröffnetem Strafverfahren dem Angeklagten gleiche Parteirechte eingeräumt werden, also namentlich,

a) daß dem Angeklagten der Beistand eines rechtsverständigen Vertheidigers auch vor dem völligen Abschluß der Voruntersuchung nach dem Ermessen des Gerichts bewilligt werden kann,

b) daß dem verhafteten Angeklagten die Zuziehung eines solchen von Anfang an gestattet werden muß.

†) Die Frage nach der zweckmäßigen Gestaltung und dem rechtlichen Charakter der Voruntersuchung, so wie dem gegenseitigen Verhältniß der dabei mitwirkenden Behörden, beziehungsweise Personen für die Tagesordnung des nächsten Juristentages in Vorschlag zu bringen.

3. Seitens des Staatsanwalts Black zu Kreuzburg ad 1, anliegend sub D.*);

wird nicht genügend unterstützt.

4. Seitens des Ober-Tribunalsraths Freiherrn Dr. v. Seckendorff zu Berlin, anliegend sub E.**);

wird ausreichend unterstützt.

5. Seitens des Ober-Staatsanwalts von Tippelskirch aus Stettin, anliegend sub F.***);

wird ausreichend unterstützt.

Hierauf nahm zuerst der Referent, Herr Ober-Staatsanwalt Schwarck aus Berlin, das Wort über den Lewaldschen Antrag. Derselbe erklärte sich hierbei für die Annahme des ersten Theiles des

---

*) Ich beantrage ad 1 des Lewald'schen Antrages
hinter die Worte: „jedem Privatbetheiligten ist" folgende Worte: „nach vorgängiger Sicherstellung des Anzuklagenden gegen leichtsinnige und chikaneuse Anklagen" einzuschalten.

**) Die dritte Abtheilung möge dem Plenum den Vorschlag unterbreiten: Der Juristentag wolle es als ein dringendes Bedürfniß der Deutschen Strafrechtspflege anerkennen und aussprechen:
daß die Staatsanwaltschaft gleichmäßig organisirt und mit gleichen Befugnissen und Pflichten in Deutschland bekleidet, überall aber von dem Grundsatz ausgegangen werde, daß die Befugniß, die Strafgerichte mit der Einleitung einer Untersuchung zu befassen, nirgends eine ausschließliche der Staatsanwaltschaft sei, sondern einem Jeden zustehe, der durch eine strafbare Handlung in seinen Rechten verletzt ist.

***) 1. Daß die Privatanklage neben der öffentlichen Anklage des Staatsanwalts, so weit solches nicht in einzelnen Ländern Deutschlands schon geschehen, zu dem Zwecke zuzulassen, daß Jedem, der von einer strafbaren Handlung betroffen worden, die Möglichkeit gegeben werde, unabhängig vom Staatsanwalt eine gerichtliche Untersuchung zum Zwecke der Bestrafung des Schuldigen herbeizuführen;

2. die Zahl der nur auf Antrag zu verfolgenden strafbaren Handlungen, wo solches noch nicht in ausreichendem Maße geschehen, so weit auszudehnen, als unbeschadet des öffentlichen Interesses statthaft erscheinen möchte;

3. die etwa noch vorhandenen Bevorzugungen der Anklage im Verhältnisse zur Vertheidigung thunlichst auszugleichen und dahin zu wirken, daß namentlich in erheblicheren Sachen der Angeschuldigte schon vor Erhebung der Anklage mit seinen Vertheidigungsgründen so weit gehört werde, als nöthig ist, um über den wahrscheinlichen Erfolg derselben ein einigermaßen sicheres Urtheil zu gestatten.

Antrages, ebenso für den zweiten Theil desselben; aber gegen die Annahme des dritten Theiles sub a und b.

Sodann ertheilte der Präsident das Wort zur Generaldebatte dem Rechtsanwalt Lewald als Antragsteller, welcher seinen Antrag aufrecht erhielt.

Herr Prof. Dr. Glaser verzichtete für jetzt auf das Wort.

Demnächst sprach Herr Dr. v. Holtzendorff gegen den Lewald'schen Antrag und übergab das sub G. anliegende Amendement ad Nr. 1 *), welches verlesen und ausreichend unterstützt wurde.

Hierauf sprach Herr Prof. Dr. Glaser aus Wien für den Antrag.

Demnächst Herr Ober-Staatsanwalt v. Groß gegen denselben.

Sodann theilte der Präsident die Namen der noch angemeldeten Redner mit, und verlas die Anträge: das Amendement zu dem von Holtzendorff'schen Antrage sub C., anliegend unter litt. H., seitens des Prof. Geßler**), und des Rechtsanwalt Calm sub litt. J.***)

Der Calm'sche Antrag wurde ausreichend unterstützt.

Herr Calm sprach für seinen Antrag.

Herr Glaser gegen denselben.

Herr Staatsanwalt v Graevenitz ebenfalls für den Calm'schen Antrag.

Herr Freiherr Dr. v. Seckendorf stellte den Antrag sub K.†), welcher ausreichend unterstützt wurde.

---

*) Dem Verletzten in denjenigen Fällen der Ehr- und Körperverletzung, sowie rechtswidriger Freiheitsbeschränkung und Gefangenhaltung, in welchen die Staatsanwaltschaft ein Einschreiten verweigert, die Erhebung der Privatanklage zu gestatten.

**) Amendement des Prof. Geßler zum Antrage von Holtzendorff: sowie in denjenigen Fällen, in welchen die Staatsanwaltschaft in Collision tritt mit früher durch sie durchgeführten Anklagen.

***) Die dritte Abtheilung wolle beim Pleno beantragen: Der Antrag des Herrn Lewald und die dazu gestellten übrigen Anträge sind der ständigen Deputation zur Prüfung und zum Vortrage beim nächsten Juristentage zu überweisen.

†) Nur über den Antrag des Herrn Rechtsanwalts Lewald zu Nr. 1 zu beschließen und das Uebrige der ständigen Deputation zur Vorbereitung für die nächstjährige Versammlung zu überweisen.

Herr Ober-Staatsanwalt v. Tippelskirch sprach für diesen Antrag.

Herr Justizrath Vogler stellte den Antrag sub L.*), welcher nicht unterstützt wurde.

Der Schluß der Debatte über die Präjudizialamendements wurde verlangt und ausgesprochen.

Es wurde hierauf über den Calm'schen Antrag sub J. abgestimmt und dieser angenommen.

Herr Staatsanwalt v. Grävenitz übergab sodann und motivirte den Antrag sub M.**), welcher auf Antrag des Präsidenten zu dem Lewald'schen Antrage genommen wurde.

Herr Rechtsanwalt Lewald hatte das Wort zur Geschäftsordnung und bemerkte, daß er in Verbindung mit dem Freiherrn v. Seckendorff beim Pleno den Antrag zum Vortrage bringen werde.

Herr Ober-Staatsanwalt Schwarck wurde zum Referenten beim Pleno bestellt und nahm dies an.

Die Debatte wandte sich nun zum zweiten Theile der Tagesordnung, dem Mittermaier'schen Antrage.

Herr Dr. von Holtzendorff hielt hierüber das Referat und beantragte:

> den Mittermaier'schen Antrag, soweit er auf Ausarbeitung eines Gesetzentwurfes gerichtet ist, abzulehnen, dagegen die zur Sprache gebrachte Frage gleich dem Lewald'schen Antrag zum Vortrage beim nächsten Juristentage durch Beschluß des Pleni der ständigen Deputation überweisen zu lassen.

Da sich hierüber Niemand zum Worte gemeldet hatte, wurde die Debatte geschlossen, und der Antrag des Referenten angenommen.

Herr Dr. v. Holtzendorff übernahm das Referat beim Pleno.

---

*) Nur die Beseitigung des Monopols der Staatsanwaltschaft und die gleiche Stellung des Anklägers und Vertheidigers für wünschenswerth zu erklären.

**) Der Deutsche Juristentag wolle anerkennen, daß das Recht des durch eine strafbare Handlung verletzten Privaten im Falle verweigerter Verfolgung durch die Staatsanwaltschaft eines ferneren Schutzes durch die gewährte Möglichkeit richterlicher Entscheidung bedürfe.

Der dritte Theil der Tagesordnung, der v. Holtzendorff'sche Antrag sub A. kam sodann zur Discussion.

Herr Dr. v. Holtzendorff vertheidigte denselben. Es meldete sich Niemand sonst darüber zum Wort, und wurde der Antrag sodann angenommen.

Die Abtheilung bevollmächtigte das Büreau mit Zuziehung einiger Mitglieder mit der Legalisation des Protokolls.

Der Präsident schloß die Versammlung mit seinem Danke und der Anerkennung des Zweckes der Vereinigung, was der zweite Präsident, Justizrath Fischer, mit seinem dem ersten Präsidenten gewidmeten Danke erwiderte, und worin die Versammlung freudig einstimmte.

Dr. Ed. Schwarze,
Vorsitzender.

Ferd. Fischer,
Stellvertreter des Vorsitzenden.

v. Lindelof. Graf Wartensleben. Graf Leutrum. Koerner. v. Groß.

Jakobi,
als Schriftführer.

Kunowski,
Schriftführer.

Vierte Abtheilung.

Verhandelt Berlin den 28. August 1860.

Nachdem die vierte Abtheilung des ersten Deutschen Juristentages zur Berathung über Gerichtsverfassung, Civilprozeß und juristisches Studium heute $11\frac{1}{2}$ Uhr zusammengetreten war, constituirte sich dieselbe, indem durch Acclamation der Hof- und Gerichts-Advokat Dr. Berger aus Wien zum Präsidenten, der Rechtsconsulent Rudolf Probst aus Stuttgart und der Kreisgerichtsrath Moritz Klotz aus Berlin zu Schriftführern erwählt wurden.

Auf der Tagesordnung steht die Berathung

a) über den Antrag des Geh. Ober-Tribunalsraths Dr. Waldeck (Nr. 3) und über das Schreiben des Präsidenten Dr. Bornemann (Nr. 8 der Drucksachen).

b) über den Antrag des Kammergerichtsraths Buddee (Nr. 7 der Drucksachen.)

Nachdem der Präsident die Versammlung begrüßt hatte, trat die Abtheilung in die Berathung des Waldeck'schen Antrages in der Weise ein, daß mit Umgehung einer General-Discussion sofort die einzelnen Unterabtheilungen zur Erörterung gezogen wurden.

Seitens des Herrn Antragstellers wurde beim Beginn der Debatte besonders hervorgehoben, daß die von ihm der Beschlußfassung der Versammlung unterbreiteten Grundsätze des Prozeßverfahrens sich lediglich auf das Prozeßverfahren bei den ordentlichen Gerichten, unter Voraussetzung formirter Richter-Collegien und eines mündlichen Verfahrens, beziehen sollten.

Nr. 1: „Die Angabe der Beweismittel für die Behauptungen der Parteien erster Instanz in Klage, Klagebeantwortung, Replik ꝛc. braucht erst nach ergangenem Beweis-Interlocute zu geschehen, mit Ausnahme der Urkunden, welche zur Begründung der Behauptungen dienen, und deren Beibringung oder Nachweisung mit den Behauptungen verbunden werden muß,"

wurde ohne Discussion einstimmig angenommen.

Ueber Nr. 2:

„Beweis-Interlocute sind nicht appellabel,"

eröffnete sich eine lebhafte Erörterung. Insbesondere wurde von Seiten der Vertreter des Hannöverschen Juristenstandes gegen den Waldeckschen Antrag geltend gemacht:

Nach der neuesten Hannöverschen Prozeß-Ordnung seien die Beweis-Interlocute bedingte Erkenntnisse. Die Interlocute seien appellabel, und diese Einrichtung habe sich in der Praxis wohl bewährt. Die mündliche Verhandlung, die dem Erlasse des Beweis-Interlocutes vorangehe, würde zwecklos erscheinen, wenn das in Folge derselben erlassene Beweis-Interlocut nicht auch bindende Kraft für den erkennenden Richter haben sollte.

Dagegen wurde von mehreren Seiten hervorgehoben, es habe sich gerade als ein besonderer Vorzug des Preußischen Prozeßverfahrens, selbst nach der Allgemeinen Gerichts-Ordnung, herausgestellt, daß die Theorie der Beweis-Interlocute des gemeinrechtlichen Civilprozesses ganz aufgegeben worden sei. Der erkennende Richter müsse bei Abfassung der definitiven Entscheidung völlig frei sein.

Von einer Seite wurde noch hervorgehoben, daß es nach Annahme des Satzes Nr. 1, der dem Beweis-Interlocute eine wesentliche Bedeutung im Prozeßverfahren einräume, sich widersprechend erscheinen müsse, wenn man durch Annahme von Nr. 2 die Appellabilität derselben beseitigen wolle.

Auf Grund dieser Erörterungen wurden folgende Amendements gestellt:

1. „die Beweis-Interlocute sind nicht sofort appellabel",
2. „die Beweis-Interlocute werden nicht rechtskräftig und sind nicht appellabel",

beide jedoch von überwiegender Majorität abgelehnt, welche den ursprünglichen Antrag zum Beschluß erhob.

Nr. 3: „Streitführende Parteien müssen sich beim Gerichte durch Rechtsanwälte vertreten lassen".

Ein Antrag auf Verwerfung wurde besonders dadurch motivirt, daß es nicht zeitgemäß sei, eine neue Beschränkung der freien Selbstbestimmung unter Schaffung eines bedeutenden Privilegiums für die Advocatur gutzuheißen. Mindestens sei dann eine freie Advocatur nothwendiges Bedürfniß.

Die Versammlung nahm jedoch, indem im Wesentlichen den Motiven des Herrn Antragstellers beigetreten wurde, den Antrag Nr. 3 mit überwiegender Majorität an.

Nr. 4: „Eine Zurückweisung der Klage per decretum wegen offenbarer Nichtbegründung ist unzulässig".

Ein Antrag, über diesen Punkt zur Tagesordnung überzugehen, wurde abgelehnt, und sodann der Antrag selbst mit überwiegender Majorität angenommen, nachdem der Herr Antragsteller noch besonders darauf aufmerksam gemacht hatte, daß nach der Gerichtsverfassung einzelner Deutschen Staaten eine auch in der Beschwerdeinstanz zurückgewiesene Klage nicht wieder angestellt werden dürfe.

Nr. 5: „Das Rechtsmittel letzter Instanz bringt nicht die Sache in ihrer Totalität, sondern neben Competenzüberschreitungen und gewissen Prozedurfehlern nur die behauptete fehlerhafte Anwendung und Auslegung des Gesetzes mit Ausschluß der thatsächlichen Würdigungen des zweiten Richters zur Entscheidung des für ein größeres Gebiet bestimmten höchsten Gerichtshofes."

Nachdem ein Antrag, die Debatte bei der bereits erheblich vorgerückten Zeit zu vertagen, verworfen und eine motivirte Tagesordnung dahin lautend:

„in Erwägung, daß der Antrag Nr. 5 zu tief in die Organisationsfrage und das übrige Prozeßrecht eingreift, geht die Versammlung zur Tagesordnung über"

mit bedeutender Majorität abgelehnt war, erklärte sich nur eine geringe Minorität für einen dahin gestellten Gegenantrag:

„Das Oberappellationsgericht soll ein Gerichtshof im Deutschen Sinne des Wortes sein und bleiben, und demgemäß soll die Revision, beziehungsweise Oberappellation das ordentliche Rechtsmittel höchster Instanz, das der Cassation nachgebildete Rechtsmittel nur ergänzend in den Deutschen Civilprozeß eintreten."

Demnächst wurde der Hauptantrag, den der Herr Antragsteller in ausführlicher Rede vertheidigt hatte, mit bedeutender Majorität angenommen, dagegen ein Amendement, welches bezweckte:

„in alinea 3 hinter „Prozedurfehlern" die Worte:

„abgesehen von jenen Fällen, wo in zweiter Instanz auf Grund neuer Instruktion reformirt ist"

einzuschalten",

mit sehr großer Majorität abgelehnt.

Der Präsident erklärte um $3^3/_4$ Uhr die Sitzung für geschlossen.

Nächste Sitzung am 29. August c. Vormittags 8 Uhr.

a. u. s.

Dr. Berger. Klotz.

Verhandelt Berlin den 29. August 1860 im Odeum.

Die Sitzung der vierten Abtheilung des ersten Deutschen Juristentages wird um $9^1/_4$ Uhr durch den Vorsitzenden eröffnet.

Das Protokoll der Sitzung vom gestrigen Tage wird genehmigt.

Auf der Tagesordnung steht die Berathung

I. über das Schreiben des Präsidenten Dr. Bornemann (Nr. 8 der Drucksachen).

Zur Discussion gestellt wurde der Schlußsatz, der von dem Vorsitzenden dahin formulirt wurde:

Der Deutsche Juristentag wolle beschließen: „Zu einer Einheit in der Rechtsanwendung kann nur Ein höchster Gerichtshof führen."

Der Satz an sich fand die allgemeine Zustimmung der Abtheilung. Es wurde indessen von verschiedenen Seiten hervorgehoben, daß der sofortigen Einrichtung eines höchsten Gerichtshofes für das gesammte Deutschland unübersteigliche Schwierigkeiten in der prinzipiellen Verschiedenheit des bürgerlichen Rechtes, der Justizorganisation und der Prozedurgesetze entgegenständen. Davon ausgehend, daß es wenigstens wünschenswerth erscheinen müsse, bis zur Einrichtung eines höchsten gemeinsamen Gerichtshofes eine Einheit der Rechtsanwendung anzubahnen, wurde der Antrag gestellt, zu beschließen:

> „Es erscheine wünschenswerth, bis zur Bildung des höchsten Gerichtshofes zur Vermittelung einer Uebereinstimmung in der Rechtsprechung alljährlich collegialische Conferenzen von Deputirten sämmtlicher Deutschen höchsten Gerichtshöfe zusammentreten zu lassen",

jedoch durch die Majorität abgelehnt

Dagegen wurde hervorgehoben, Deutschland besitze schon jetzt ein gemeinsames Recht in Wechselsachen und habe in nächster Zeit ein einheitliches Handelsrecht zu erwarten. In Betreff dieser Rechtssachen seien die oben hervorgehobenen prinzipiellen Bedenken und Hindernisse nicht vorhanden.

Ein auf diese Erwägungen gegründetes Zusatz-Amendement zu dem Bornemannschen Antrage, dahin lautend:

> „dessen (des höchsten Gerichtshofes) sofortige Einführung bezüglich des bereits bestehenden gemeinschaftlichen Deutschen Rechts (Wechselordnung), so wie des zu schaffenden (Handelsrechts) wünschenswerth erscheint",

wurde mit überwiegender Majorität angenommen.

II. Anträge des Kammergerichtsraths Buddee zu Berlin (Nr. 7 der Drucksachen).

Der Antragsteller war nicht anwesend. Nachdem die Discussion eröffnet war, wurde in Erweiterung der Buddeeschen Anträge der Antrag gestellt:

Der Deutsche Juristentag wolle beschließen:

> „die Zwangsvertretung durch Rechtsanwalte bedingt die Frei-

gebung der Advocatur an alle nach gesetzlichen Bestimmungen hierzu befähigten Personen."

Diesem Antrage wurde entgegengestellt, derselbe greife zu tief in die spezielle Justiz-Organisation ein und gebe insbesondere darüber keine Auskunft, in welcher Weise die Fähigkeit zur Advocatur festgestellt werden solle.

Die Abtheilung entschied sich mit Majorität für die motivirte Tagesordnung in folgender Fassung:

„In Erwägung, daß durch den gestrigen Abtheilungsbeschluß ad Nr. 3 der Waldeckschen Anträge Nr. 1 der Buddeeschen Anträge im Wesentlichen erledigt ist, daß aber Nr. 2 und 3 zu tief mit der Particulargesetzgebung in Verbindung stehen, geht die Abtheilung über die Buddee'schen Anträge zur Tagesordnung über."

Hierdurch wurde zugleich der oben erwähnte Antrag für abgelehnt erachtet.

III. Antrag des Kreis-Justizraths Dr. Straß zu Berlin, betreffend den Erlaß eines allgemeinen Deutschen Civil-Prozeß-Gesetzes.

Der Antrag geht dahin:

„Der Deutsche Juristentag wolle die Deutschen Regierungen ersuchen, ein allgemeines Deutsches Civil-Prozeß-Gesetz zu erlassen."

Principiell entschied sich die überwiegende Majorität der Abtheilung dafür, daß es weder in den Befugnissen noch in der Stellung des Juristentages liege, sich mit Petitionen an die Deutschen Regierungen zu wenden. Der Antrag wurde deshalb in der ursprünglichen Form abgelehnt, aber in der modificirten Fassung:

„Der Deutsche Juristentag erklärt es für wünschenswerth, daß ein allgemeines Deutsches Civil-Prozeß-Gesetzbuch erlassen werde,"

einstimmig angenommen.

Der Antrag:

„Die Deutschen Regierungen aufzufordern, zu diesem Zwecke eine Commission niederzusetzen"

wurde, als der Stellung des Juristentages nicht entsprechend, abgelehnt.

Ein fernerer Antrag:

„Der Deutsche Juristentag wolle als leitende Grundsätze für die zu erwartende einheitliche Prozeß=Gesetzgebung hinstellen: Inamovibilität und Befreiung der Richter von allen Geschäften außer der Rechtsprechung; die Ausschließlichkeit der richterlichen Befugniß auf dem Gebiete des Rechtsstreits; die Collegialität; den bedingten Mandatsprozeß als die allgemeine Prozeßform; Beschränkung der Personalhaft;"

wurde als ein ganz neuer, mit dem vorliegenden Straß'schen nicht unmittelbar zusammenhängender erachtet, und eine Beschlußfassung darüber, ohne in eine materielle Discussion einzugehen, abgelehnt.

IV. Antrag des Kreisrichters Zenthöfer zu Nicolai in Ober=Schlesien,

auf Einrichtung eines Sühneverfahrens als nothwendige Prozedur vor Einleitung jedes ordentlichen Civil=Prozesses, wurde von der Abtheilung, als zum Ausspruche des Juristentages nicht geeignet, ohne näheres Eingehen auf die Details des Entwurfs, abgelehnt.

V. Antrag des Gerichts=Assessors Sutro zu Münster:

„Der Deutsche Juristentag wolle erklären, daß die Einführung einer in Deutschland geltenden allgemeinen Eidesnorm mit den Eingangsworten:

„ „Ich schwöre bei Gott dem Allmächtigen und Allwissenden ꝛc." "

und mit den Schlußworten:

„ „So wahr mir Gott helfe. Amen." "

als wünschenswerth erscheine;"

wurde von der überwiegenden Majorität der Abtheilung angenommen.

VI. Antrag des Dr. Mayersohn zu Aschaffenburg:

„Die Regierungen sämmtlicher Deutschen Bundesstaaten zum baldigen Erlasse eines Gesetzes, welches die Vollziehbarkeit der rechtskräftigen civilrechtlichen Urtheile eines Deutschen Bundesstaates in allen Deutschen Bundesstaaten anordnet, einzuladen;"

wurde, nachdem vom Antragsteller und von vielen Mitgliedern die Nachtheile des gegenwärtigen Zustandes hervorgehoben waren und insbesondere darauf aufmerksam gemacht war, daß das Bedürfniß so dringend sei, daß der Erlaß eines allgemeinen Civil-Prozeß-Gesetzbuches nicht abgewartet werden könne, in folgender — von dem Antragsteller genehmigten — amendirten Fassung:

„Der Deutsche Juristentag erklärt, daß der baldige Erlaß eines für alle Deutschen Staaten geltenden Gesetzes über die gegenseitige Vollstreckbarkeit der rechtskräftigen Civil-Erkenntnisse für ein dringendes Bedürfniß zu erachten sei;"

einstimmig angenommen.

Ueber

VII. den Antrag des Dr. Uchatzy zu Reichenberg in Böhmen:

„Das Institut der Friedensgerichte ist für die Rechtspflege von hohem Interesse und dessen Einführung für wünschenswerth zu erklären;"

wurde in Erwägung,

daß das Institut der Friedensrichter, bei aller Anerkennung der Vorzüge von Friedensgerichten, zu eng mit Particular-Prozeß-Gesetzgebung und lokalen Bedürfnissen zusammenhängt,

zur Tagesordnung übergegangen.

VIII. Antrag des Kreis-Justizraths Dr Straß zu Berlin,

auf Erlaß einer allgemeinen Deutschen Advokaten-Ordnung hinzuwirken, später dahin modificirt,

daß der Erlaß wünschenswerth erscheine,

wurde abgelehnt.

Insbesondere machte sich dagegen die Ansicht geltend, daß die Advokaten-Ordnung zu eng mit der Justiz-Organisation und der bürgerlichen Prozeß-Gesetzgebung verbunden sei, als daß sie zum Gegenstande eines besonderen Gesetzes gemacht werden könne.

IX. Antrag des Professor Aegidi zu Hamburg:

„Der Deutsche Juristentag wolle sich für Erhaltung des reichskammergerichtlichen Archivs zu Wetzlar in seiner gegenwärtigen Einheit erklären und dieselbe der Fürsorge der Staatsregierung dringend empfehlen;“

wurde abgelehnt.

Ebenso fanden

X. die Vorschläge des Dr. Costa zu Laibach,

das Studium der Rechtswissenschaft 2c. betreffend, die Zustimmung der Abtheilung nicht und wurden abgelehnt.

Demnächst wurde der Ober-Tribunalsrath Dr. Waldeck zu Berlin zum Referenten über die vorstehenden zehn Anträge für das Plenum durch Acclamation erwählt.

Nachdem so die Tagesordnung erschöpft war, erhob sich die Abtheilung auf Vorschlag des Präsidenten Dr. Lette, um dem Büreau den Dank der Versammlung zu bezeigen.

Der Vorsitzende schloß demnächst gegen 12 Uhr die Sitzung.

a. u. s.

Klotz,
Schriftführer.

Plenarsitzung vom 30. August 1860.

Erstes Protokoll.

Berichte der Ersten Abtheilung.

Berichterstatter Prof. Dr. Ihering von Gießen.

I. Bericht über die Ordnung des Juristentages (Nr. 1 der Drucksachen).

Die Abtheilung beantragt Annahme derselben mit den später zu erwähnenden Modifikationen. — §§. 1 und 2 des Statuts werden ohne Debatte genehmigt. Zu §. 3 stellt die Abtheilung den Antrag, daß nach den Worten „Mitglieder der gelehrten Akademien" der Zusatz „Doctoren der Rechte" eingefügt werde. Der Antrag wird genehmigt. Dr. Kühns aus Berlin regt die Frage an, ob auch die aus ihrer amtlichen Stellung ausgeschiedenen in §. 3 erwähnten Personen zur Mitgliedschaft berechtigt seien. Diese Frage wird bejaht und die Fassung des §. 3 in diesem Sinne der Redaction überlassen. §§. 4 und 5 werden ohne Debatte genehmigt. Zu §. 6 schlägt die Abtheilung zu den Worten „juristisches Studium" den Zusatz „und praktische Ausbildung" vor. Der Antrag wird genehmigt. Bei §. 7 beantragt der Präsident statt „zwei Stellvertreter" (nach dem Vorgange bei dem diesmaligen Juristentag) die Worte „zwei bis vier Stellvertreter" zu setzen. Wird genehmigt. §§. 8 und 9 werden ohne Debatte genehmigt. Zu §. 10 schlägt die Abtheilung folgende Fassung vor: a) Vor dem Schluß eines jeden Juristentages wird auf Vorschlag des Vorsitzenden in der Plenarversammlung durch Acclamation oder durch Stimmzettel in einem einzigen Scrutinium eine aus 14 Mitgliedern bestehende ständige Deputation gewählt, der sich der Vorsitzende als Ehrenpräsident anschließt. Von jenen 14 Mitgliedern müssen 7 am Orte des letzten Juristentages und 7 außerhalb wohnen. b) Zu Nr. 2 des §. 10 hinter den Worten „Tagesordnung auf" den Zusatz: „bei welcher in der Regel nur diejenigen Vorlagen zu berücksichtigen sind, welche bis zum 31. Mai des laufenden Jahres eingegangen sind." c) Nach Nr. 4 als Nr. 5 den Satz: „Sie bereitet Abänderungsvorschläge in Betreff der Geschäftsordnung für die Plenarversammlung vor und setzt erforderlichen Falls Aenderungen provisorisch in's Werk." d) Für den Schlußsatz des §. 10: „Die Deputation wählt aus ihrer Mitte einen Vorsitzenden und einen Schriftführer, welcher Letztere ein von der Deputation festzusetzendes Pauschquantum für baare Auslagen erhält. Der Sitz der Deputation ist der Ort des letzten Juristentages. Zur Gültigkeit ihrer Beschlüsse ist die Einladung sämmtlicher Mitglieder so wie die Mitwirkung von wenigstens 5 Mitgliedern erforderlich." Ueber diese Anträge entsteht eine lebhafte Diskussion. Zunächst wird die Bestimmung der Anzahl der Mitglieder der ständigen Deputation ausgesetzt bis zur Festsetzung ihrer Befugnisse, ebenso die Frage, ob die Mitglieder derselben durch Acclamation oder Stimmzettel zu bestimmen seien. Hierauf wird zur Bestimmung der Befugnisse und Verpflichtungen der ständigen Deputation geschritten, und zunächst der Abtheilungsantrag Lit. b. genehmigt, unter Verwerfung des Antrags von Rechtsanwalt Vogler aus Berlin, daß spätere Vorlagen anzunehmen seien unter Vorbehalt nachträglicher Genehmigung durch die Plenarversammlung. Hierauf wird der Abtheilungsantrag Lit. c. in seiner ersten Hälfte genehmigt, in seiner zweiten Hälfte („und setzt erforderlichen Falls Aenderungen provisorisch in's Werk") abgelehnt, und der Abtheilungsantrag Lit. d. angenommen. — Sodann wird über den Bähr'schen Antrag (Nr. 2 der Drucksachen) referirt. Die Abtheilung trägt auf Annahme desselben mit folgenden Abänderungen an: a) Der §. 2 erhalte folgende Fassung: „Zu dem Ende übernehmen die Mitglieder des Deutschen Juristentags die Verpflichtung, sich gegenseitig in der Art zu unterstützen, daß sie in Beziehung auf einzelne Rechtsfragen über den Stand der Gesetzgebung und der Praxis ihrer Länder auf Erfordern entsprechende Auskunft ertheilen;" b) der §. 3 die Fassung: „Vermittelt wird diese Auskunftsertheilung durch die ständige Deputation des Juristentages und einzelne den betreffenden Ländern angehörige Mitglieder, mit denen sich deshalb die ständige Deputation in's Vernehmen setzt;" c) im §. 4 sei statt „Schriftführer" zu setzen „Mitglieder der betreffenden Länder." Ueber diesen Antrag geht die Versammlung auf den von mehreren Mitgliedern unterstützten Vorschlag von Dr. Horwitz aus Liebenwerda zur Tagesordnung über, „in Erwägung, daß der Antrag des Ober-Gerichtsraths Bähr in seiner Ausführung auf große ökonomische und technische Schwierigkeiten stoßen würde, daß derselbe jedenfalls auch mit Rücksicht auf die eigentlichen und nächsten Zwecke des noch in der Organisation begriffenen Juristentags verfrüht erscheine." — Nunmehr wird zur Bestimmung der Anzahl der Mitglieder der ständigen Deputation geschritten und unter Verwerfung des Antrags des Prof. Anschütz aus Greifswald, daß §. 10 des Entwurfs unverändert beizubehalten sei, der Abtheilungsantrag genehmigt. Hierauf wird die Frage berathen, ob die Wahl des Ortes der nächsten Plenarversammlung der Deputation oder dem Plenum anheimzugeben sei. Die Majorität entscheidet sich für das Erstere, in der Erwägung, daß die bestehenden Verhältnisse eine definitive Festsetzung des Orts zur Zeit nicht zulassen. In Ansehung des Wahlmodus wird festgesetzt, daß in das Statut die Fassung: „die Wahl geschieht durch Acclamation oder Stimmzettel" aufzunehmen sei. Für die diesmalige Versammlung jedoch wird, nach Ablehnung des Antrags von Prof. Schulte aus Prag, wonach die Plenarversammlung aus 30 vom Präsidenten vorgeschlagenen Mitgliedern in einem einzigen Scrutinium die Deputation wählen soll, beschlossen, daß die Mitglieder der Deputation durch den Präsidenten zur Acclamation vorzuschlagen seien, worauf der Präsident die von ihm eventuell entworfene Liste der Versammlung vorlegt. Sie schlägt folgende Personen vor: Aus Berlin den Ober-Tribunals-Präsidenten Dr. Bornemann, den Rechtsanwalt Dorn, den Geh. Ober-Justizrath Dr. Friedberg, den Professor Dr. Heydemann, den Stadtrichter Hiersemenzel, den Rechtsanwalt Dr. Volkmar, den Stadtgerichtsrath Grafen v. Wartensleben;

aus den anderen Theilen Deutschlands den Prof. Dr. Bluntschli aus München, den Ministerialrath Dr. Faber aus Stuttgart, den Prof. Dr. Glaser aus Wien, den Prof. Dr. Ihering aus Gießen, den Ober-Staatsanwalt Dr. Keller aus Wien, den Ober-Staatsanwalt Dr. Schwarze aus Dresden, den Hofgerichtsrath v. Stösser aus Bruchsal. Präsident Lette aus Berlin proponirt, daß die Mitglieder der Versammlung berechtigt sein sollen, dem Präsidium Deputationsmitglieder vorzuschlagen, und daß die einzelnen Namen erst dann zur Unterstützung in die Versammlung zu bringen seien. Dieser Antrag wird genehmigt, worauf der Präsident erklärt, auf die Sache am Schluß der Verhandlungen nochmals zurückkommen zu wollen. — §§. 11 und 12 werden ohne Debatte genehmigt.

II. Bericht über den Antrag des Ober-Tribunalraths von Sternenfels aus Stuttgart, betreffend die Erwählung der „Preußischen Gerichts-Zeitung" zum Organ des Deutschen Juristentags.

Die Abtheilung empfiehlt die Annahme dieses Antrags dahin, daß die Preußische Gerichts-Zeitung zum Organ des Juristentags gewählt und der ständigen Deputation die nähere Ausführung überlassen werde. Dieser Antrag wird genehmigt und auf Vorschlag von Dr. Malß aus Frankfurt a. M. und Ober-Tribunalsrath Waldeck aus Berlin der Wunsch ausgesprochen, es möchte der Titel „Preußische Gerichts-Zeitung" in den Titel „Deutsche Gerichts-Zeitung" umgeändert werden können. Ober-Tribunalsrath v. Sternenfels beantragt hierauf behufs Ausführung des gefaßten Beschlusses die Auflegung einer Liste zum Abonnement auf die Preußische Gerichts-Zeitung im Sitzungssaale, wozu die Redaction vom Präsidenten ermächtigt wird.

III. Bericht über den Antrag des Geh. Raths Dr. Mittermaier von Heidelberg (Nr. 5 der Drucksachen).

Die Abtheilung beantragt Ablehnung desselben. Dieser Antrag wird von der Versammlung zum Beschluß erhoben.

IV. Bericht über den Antrag des Prof. Unger aus Wien, betreffend die Abfassung eines gemeinsamen Deutschen Gesetzes über das Obligationenrecht.

Die Abtheilung beantragt, die Versammlung wolle aussprechen, daß die Abfassung eines gemeinsamen bürgerlichen Gesetzbuches wünschenswerth und dringendes Bedürfniß sei, daß aber, da die Umstände zur Zeit die Ausführung dieses Wunsches in seinem ganzen Umfange nicht gestatteten, die Deutschen Regierungen zu ersuchen seien, mindestens eine gemeinschaftliche Gesetzgebung über das Obligationenrecht herbeizuführen. Bei diesem Antrag entsteht zuerst die prinzipielle Vorfrage, ob sich in Ansehung der auch sonst gewünschten und von der dritten und vierten Abtheilung begehrten gemeinsamen Gesetzgebung mittelst Petition von Seiten des Deutschen Juristentags an die Deutschen Regierungen zu wenden sei, oder ob die Versammlung blos ihren Wunsch und ihre Ueberzeugung aussprechen solle, daß die betreffende gemeinsame Gesetzgebung dringend wünschenswerth und ausführbar sei. Kreisrichter Lehfeldt aus Beuthen stellt den Antrag, daß von Petitionen an die Deutschen Regierungen Abstand genommen werde. Dieser Antrag wird nach längerer Debatte zum Beschluß erhoben. Hierauf spricht die Versammlung ihre Ueberzeugung aus, daß die Codificirung eines gemeinsamen Deutschen Obligationenrechts im Anschluß an das Deutsche Wechsel- und Handelsrecht dringend wünschenswerth und wohl ausführbar sei, und der Präsident fügt hinzu, daß eine solche von 700 Juristen aus allen Theilen Deutschlands ausgesprochene Ueberzeugung gewiß nicht unberücksichtigt bleiben werde.

Prof. **Unger** aus Wien,
Schriftführer.

Zweites Protokoll.

Verhandelt Berlin, den 30. August 1860.

Berichte der Zweiten Abtheilung.

Nachdem die zweite Versammlung des Ersten Deutschen Juristentages heute um $9^1/_4$ Uhr im Saale der Singakademie durch den Präsidenten Herrn Geh. Rath v. Wächter eröffnet und die beiden Protokolle über die letzte Plenarsitzung verlesen worden, schreitet die Versammlung zur Berathung derjenigen Gegenstände, welche nach Inhalt der dem Protokoll anliegenden Druckschrift Nr. 13*) für heute zur Tagesordnung gestellt sind.

Zu den Berichten der ersten Abtheilung und über die sich daran schließenden Debatten und Beschlüsse ist ein Separatprotokoll geführt, desgleichen über die Berichte der dritten und vierten Abtheilung und die sich daran anschließenden Beschlüsse über Einsetzung einer ständigen Deputation des Juristentages.

Die Berichte der zweiten Abtheilung werden durch den Gerichts-Assessor Makower aus Berlin abgestattet. Derselbe berichtet

1) in Betreff des Antrages des Stadtrichters Primker (Drucksachen Nr. 11):

„Der Deutsche Juristentag möge anerkennen, daß das dringende Bedürfniß vorhanden, eine Reform der Gesetzgebung über die stille Gesellschaft in Deutschland noch vor dem Zustandekommen eines Deutschen Handelsgesetzbuches vorzunehmen.“

Der Antrag der zweiten Abtheilung geht dahin:

In Erwägung,

daß die gesetzliche Regulirung der Verhältnisse der stillen Gesellschaft vor Publikation des Deutschen Handelsgesetzbuches die Vollendung dieses nationalen Werkes nur von Neuem verzögern würde,

geht der Juristentag über den Antrag des Herrn Stadtrichter Primker zur Tagesordnung über, spricht jedoch dabei die Erwartung aus, daß die Regierungen Alles aufbieten werden, damit die Bearbeitung des Deutschen Handelsgesetzbuches so rasch als möglich zum Abschluß gebracht werde und das Gesetzbuch selbst in's Leben trete.

Diesem Abtheilungsantrage tritt die Versammlung bei.

2) In Betreff des Antrages des Staatsanwalts a. D. Klauhold:

„Der Deutsche Juristentag wolle seine Ueberzeugung dahin aussprechen, daß unabhängig von der Frage, ob ein gemeinsames

---

*) Vergl. S. 198 ff.

Deutsches Handelsgesetzbuch zu Stande gebracht wird oder nicht, die Errichtung eines obersten Gerichtshofes zur Entscheidung von Handelsrechtsfragen eine nothwendige Voraussetzung zur ferneren gleichmäßigen Ausbildung des Deutschen Handelsrechts ist, und empfehle als einen zur Erreichung dieses Zweckes beachtenswerthen Vorschlag:

> daß durch Auftrag sämmtlicher Deutschen Staaten das Ober-Apellationsgericht der vier freien Städte unter Verstärkung dessen Personals auf allgemeine Kosten als Gerichtshof zur Entscheidung von handelsrechtlichen Fragen in letzter Instanz bestellt werde,

geht nach dem Bericht des Referenten der Antrag der Abtheilung auf einfache Tagesordnung.

Auf Vorschlag des Präsidenten beschließt die Versammlung, die Discussion und Beschlußfassung über diesen Antrag bei den Berichten der vierten Abtheilung zu veranlassen.

3) Den Antrag des Advokaten Kuntzsch aus Chemnitz, dahin lautend:

> Der Juristentag wolle den Wunsch aussprechen, daß die Deutschen Regierungen den Interessen des Handelsstandes bei den Bestimmungen über die Haftung der Eisenbahn-Verwaltungen in Betreff des Frachtverkehrs thunlichst Rechnung tragen möchten;

empfiehlt die Abtheilung nach dem Bericht des Referenten zur Annahme. Die letztere wird von der Versammlung beschlossen, während ein Antrag des Rechtsanwalts Block aus Burg auf Uebergang zur Tagesordnung abgelehnt wird.

a. u. s.

Dr. **Wächter**,
Präsident des Deutschen Juristentags.

Meyen,
Staatsanwalt,
als Schriftführer.

Drittes Protokoll.

Berichte der Dritten Abtheilung.

Veranlaßt durch eine Vorbemerkung des Präsidenten dieser Abtheilung, Herrn Ober-Staatsanwalt Schwarze, spricht sich die Versammlung dahin aus, daß in Uebereinstimmung mit dem oben erwähnten Beschlusse die Anträge der Abtheilung, welche Bitten an die Regierungen zum Gegenstande haben, sofern sie angenommen werden, in der Art zu modifiziren seien, daß die Versammlung sich auf den Ausdruck ihrer Ueberzeugung beschränken wolle.

Hierauf erstattet Herr Ober-Staatsanwalt von Groß aus Eisenach Namens der Abtheilung Bericht über die Anträge des Herrn Appellationsgerichtsraths v. Kraewel und des Herrn Professors Dr. Wahlberg (Drucksachen Nr. 4 und 6), und stellt den Antrag:

„Der Deutsche Juristentag wolle anerkennen, daß ein allgemeines Deutsches Strafgesetz ein dringendes Bedürfniß sei." Beil. Nr. 1 *).

Sander aus Berlin stellte das Amendement:

zwischen den Worten „allgemeines Deutsches Strafgesetzbuch" und „ein dringendes Bedürfniß ist" einzuschalten:

„welches diejenigen Grundsätze adoptirt, die in den Gesetzbüchern der einzelnen Deutschen Staaten enthalten sind,

---

*) Die dritte Abtheilung beschließt:

bei dem Plenum folgenden Antrag zu befürworten:

1. Der Deutsche Juristentag wolle anerkennen, daß ein allgemeines Deutsches Strafgesetzbuch ein dringendes Bedürfniß ist;
2. eine auf Einführung eines solchen gerichtete Petition den Deutschen Regierungen zu überreichen;
3. der Deutsche Juristentag wolle mit Ausführung dieses Beschlusses seine ständige Commission mit Zuziehung des ersten Präsidenten der Plenarversammlung betrauen;
4. dieser Commission auftragen, die Petition nebst einer motivirenden Denkschrift ausarbeiten zu lassen, und beide Schriften im Namen des Juristentages, unter gleichzeitiger Publikation derselben durch den Druck, sämmtlichen Deutschen Regierungen zu überreichen.

soweit sie in der Deutschen Rechtswissenschaft und dem Deutschen Rechtsleben ihre Begründung finden."

An der Debatte betheiligten sich: Calm aus Bernburg, König aus Cleve und Block aus Burg.

Hierauf wird von der Versammlung der Antrag der Abtheilung mit einer an Einstimmigkeit grenzenden Mehrheit angenommen und das Amendement Sander's verneint.

Die weiteren Anträge der Abtheilung zu diesem Gegenstande (Ziffer 2—4) fallen nach der Eingangs gemachten Bemerkung hinweg.

Bericht der Abtheilung über den Antrag des Rechtsanwalts Lewald, erstattet durch Herrn Ober-Staatsanwalt Schwarck aus Berlin. (Vergl. Drucksachen Nr. 10.)

Die Abtheilung stellt nach Beil. Nr. 2*) den Antrag:

„Das Plenum wolle den Antrag des Herrn Rechtsanwalts Lewald nebst den dazu gestellten Nachanträgen der ständigen Deputation zur Prüfung und zum Vortrage beim nächsten Juristentage überweisen."

Der Antragsteller Lewald verlangt dagegen eine materielle Beschlußfassung. An der Debatte betheiligen sich außer dem eben Genann-

---

*) Anträge der dritten Abtheilung an das Plenum:

1. Das Plenum wolle den Antrag des Herrn Rechtsanwalts Lewald (Nr. 10) nebst den dazu gestellten Nachanträgen der ständigen Deputation zur Prüfung und zum Vortrage beim nächsten Juristentage überweisen.

2. Den von Herrn Geh. Rath Mittermaier aus Heidelberg gestellten, mittelst Plenarbeschlusses an die dritte Abtheilung verwiesenen Antrag, soweit er auf Entwerfung eines Gesetzes gerichtet ist, abzulehnen, dagegen die Angelegenheit selbst in materieller Beziehung an die ständige Deputation zur Prüfung und zum Vortrage beim nächsten Juristentage zu überweisen.

3. Der Juristentag wolle die Deutschen Regierungen ersuchen:
In Verbindung oder im Zusammenhange mit den strafstatistischen Tabellen in regelmäßig wiederkehrenden Zeitfristen Berichte über den Zustand der Gefängnisse und die Resultate der Strafvollstreckung durch den Druck bekannt zu machen.

ten die Herren: v. Tippelskirch aus Stettin, Calm aus Bernburg, Vogler aus Berlin, Wollheim aus Camin, Geßler aus Tübingen, v. Gerhardt aus Königsberg, v. Seckendorff aus Berlin, Fischer aus Breslau.

In deren Verlauf stellt Vogler aus Berlin den Antrag:

„auszusprechen, daß der Juristentag die Beseitigung des Monopols der Staatsanwaltschaft sowie gleiche Stellung der Vertheidigung mit der Anklage für geboten erachte."

v. Seckendorff will den Lewald'schen Antrag dahin beschränkt wissen, daß Jeder im Volke befugt sein soll, die Einleitung einer Voruntersuchung bei der betreffenden Behörde zu beantragen, und daß letztere über die Frage, ob eine Untersuchung wirklich einzuleiten sei, zu entscheiden habe.

v. Gerhardt übergiebt folgendes Amendement:

„blos Nr. 1 des Lewald'schen Antrages in folgender Fassung anzunehmen:

„Der hohe Juristentag wolle es als ein dringendes Bedürfniß anerkennen, daß eine Criminaluntersuchung und Anklage herbeizuführen nicht ausschließliche Befugniß der Staatsanwaltschaft verbleibe, daß vielmehr im Wege der Gesetzgebung die rechtliche Möglichkeit eröffnet werde, richterliche Behörden darüber endgültig befinden zu lassen, ob eine strafrechtliche Verfolgung, (Voruntersuchung, Untersuchung, Anklage) stattfinden soll oder nicht."

Endlich beantragt v. Seckendorff, nur die Ziffer 1 des Lewald'schen Antrags anzunehmen, und es schließen sich Lewald und Fischer diesem Antrage an.

Nach einer kurzen Debatte über die Fragestellung wird aber von der Versammlung der Abtheilungsantrag angenommen, wonach die sämmtlichen übrigen Anträge beseitigt sind.

Bericht der Abtheilung über den Antrag des Geh. Raths, Professor Dr. Mittermaier in Betreff der Organisirung der gerichtlichen Polizei, erstattet durch den Privatdocenten Dr. von Holtzendorff aus Berlin.

Der Antrag der Abtheilung geht laut Beil. Nr. 2 (sub 2) dahin:

„diesen Antrag, soweit er auf Entwerfung eines Gesetzes gerichtet ist, abzulehnen, dagegen die Angelegenheit selbst in materieller Beziehung an die ständige Deputation zur Prüfung und zum Vortrag beim nächsten Juristentag zu überweisen."

Dieser Antrag wird von der Versammlung ohne Debatte angenommen.

Bericht der Abtheilung über einen Antrag in Betreff des Gefängnißwesens, erstattet durch denselben Referenten.

Der Antrag der Abtheilung geht dahin:

„In Verbindung oder im Zusammenhange mit den strafstatistischen Tabellen in regelmäßig wiederkehrenden Zeitfristen Berichte über den Zustand der Gefängnisse und die Resultate der Strafvollstreckung durch den Druck bekannt zu machen." Beilage Nr. 2 (ad 3).

Nach einer Bemerkung von Goltdammer aus Berlin über die vom Herrn Referenten gegebene Motivirung und einer Gegenbemerkung des Letzteren wird der Antrag von der Versammlung angenommen.

Zur Beurkundung dieses Theils des Protokolls:

Dr. **Wächter.** Der Schriftführer Dr. **Hoelder** aus Stuttgart.

Viertes Protokoll.

Berichte der Vierten Abtheilung.

Es wird zum nächsten Gegenstande der Tagesordnung, den Berichten der vierten Abtheilung übergegangen.

Der Referent, Justizrath Volkmar, trägt den Bericht über die Anträge der Herren Waldeck, Bornemann und Straß vor.

Advokat Götting beantragt:

Der Deutsche Juristentag spricht seine Ueberzeugung dahin aus, daß die Erlassung eines allgemeinen Civilprozeßgesetzes, gebaut auf das Princip der Oeffentlichkeit und Mündlichkeit, ein dringendes Bedürfniß sei.

Auf Antrag des Professors Gneist beschließt die Versammlung: die Debatte und Beschlußfassung über sämmtliche Punkte des Waldeck'schen Antrages, mit Vorbehalt der Beschlußfassung über die Principien der Oeffentlichkeit und Mündlichkeit, bis zum nächsten Juristentage zu vertagen.

Referent, Ober-Tribunalsrath Dr. Waldeck, trägt den Bericht der vierten Abtheilung über die anderen, derselben zugewiesenen Anträge vor.

Nach einer Pause von einer Viertelstunde wird die Debatte wieder aufgenommen.

Der Antrag der Abtheilung in Beziehung auf das Bornemann-sche Schreiben:

Der Juristentag wolle anerkennen: Zu einer Einheit in der Rechtsanwendung kann nur ein höchster Gerichtshof führen, dessen sofortige Einführung bezüglich des bereits bestehenden gemeinschaftlichen Deutschen Rechts (Wechsel-Ordnung), so wie des zu schaffenden (Handelsrechts) wünschenswerth erscheint;

wird angenommen.

Es folgt der Bericht über die Buddee'schen Anträge. Dem Antrage der Abtheilung gemäß wird überall die Tagesordnung angenommen.

Bezüglich des Antrages des Justizraths Straß wird der Abtheilungsantrag:

Der Juristentag erklärt es für wünschenswerth, daß ein allgemeines Deutsches Civilprozeßgesetzbuch erlassen werde,

angenommen; gleichzeitig erklärt die Versammlung einstimmig sich dahin, daß ein solches Prozeßgesetzbuch auf das Prinzip der Oeffentlichkeit und Mündlichkeit des Prozeßverfahrens gebaut sein solle.

Ueber den Antrag des Kreisrichters Zenthoefer wurde — dem Antrage der Abtheilung gemäß — zur Tagesordnung übergegangen.

Es folgt die Berathung des Antrags des Gerichts-Assessors Sutro zu Münster:

> Der Deutsche Juristentag wolle erklären, daß eine in Deutschland geltende allgemeine Eidesnorm mit den Eingangsworten:
>
> „Ich schwöre bei Gott dem Allmächtigen und Allwissenden ꝛc."
>
> und mit den Schlußworten:
>
> „So wahr mir Gott helfe. Amen!"
>
> wünschenswerth sei.

Hofprocurator Keller aus Dillenburg und Präsident Heimsoeth weisen auf die Nothwendigkeit hin, den Inhalt des Sutro'schen Antrages dergestalt zu trennen, daß zunächst die Frage, ob der Juristentag sich überhaupt für eine allgemeine Eidesformel aussprechen wolle, zur Abstimmung komme, und demnächst erst über die Annahme oder Ablehnung der bestimmt vorgeschlagenen Formel abgestimmt werde.

Nach längerer Debatte über die Fragestellung formulirt der Präsident im Einverständniß mit der Versammlung die Frage dahin:

> Will der Juristentag aussprechen, daß eine allgemeine Eidesformel wünschenswerth sei?

Die Frage wird von der Versammlung mit großer Majorität bejaht.

Die fernere Frage:

> Soll eine bestimmte Formel schon jetzt festgestellt werden?

wird von der Mehrheit der Versammlung verneint.

Der fernere Antrag des Advokaten Dr. Mayersohn wird in der Fassung der Abtheilung:

> „Der Juristentag erklärt: daß der baldige Erlaß eines für alle Deutsche Staaten geltenden Gesetzes über die gegenseitige Vollstreckbarkeit der rechtskräftigen Civil-Erkenntnisse für ein dringendes Bedürfniß zu erachten sei,"

ohne Debatte angenommen.

Ueber den Antrag des Notars Dr. Uchatzy beantragt die Abtheilung Uebergang zur Tagesordnung. — Der Antragsteller zieht seinen Antrag zurück.

Die Anträge des Justizraths Straß (wegen Erlaß einer allgemeinen Deutschen Advokaten-Ordnung) und des Professors Aegidi (wegen Erhaltung des reichskammergerichtlichen Archivs zu Wetzlar), — rücksichtlich deren die Abtheilung die Tagesordnung empfiehlt, — werden von den Antragstellern zurückgezogen.

Der Antrag des Dr. Costa zu Laibach wird in Uebereinstimmung mit der Abtheilung durch den Uebergang zur Tagesordnung abgelehnt.

Der Präsident theilt mit, daß ihm eine große Anzahl von Vorschlägen zum Behufe der Wahl in die ständige Deputation zugegangen sei. – Die Namen der Vorgeschlagenen werden verlesen. Es sind die Herren: Gneist, Planck, Lewald, Francke, Waldeck, Wollny, Berger, Unger, Lette, Vissering, Goltdammer, Rechtsanwalt Schwarz, Aegidi, Rießer, Straß, Probst, Heimsoeth, König, v. Seckendorf, Mommsen

Ueber den Wahlmodus entspinnt sich eine längere Debatte.

Prof. Gneist schlägt vor, die Versammlung solle erklären, ob sie die vom Präsidenten aufgestellte Liste in Pausch und Bogen annehme?

Präs. Lette macht den Vorschlag, dem Präsidenten für dieses Mal, und zwar unter Zuziehung des Büreau's, die Ernennung der ständigen Deputation zu überlassen.

Justizrath Fischer will, daß erst die 7 Berliner Mitglieder gewählt würden, dann aber die Zusatzliste zur Abstimmung gebracht werden solle.

Kreisrichter Parrisius will, daß für dieses Mal die Bestimmung der Deputations-Mitglieder dem Präsidenten überlassen werde.

Der Präsident lehnt es ab, an den von ihm gemachten Vorschlägen Aenderungen zu treffen und spricht sich, falls die Versammlung mit diesen Vorschlägen nicht einverstanden, für Wahl durch Stimmzettel aus.

Rechtsanwalt Dr. Horwitz bringt einen Antrag dahin lautend ein:

> Der Juristentag beschließt: „Die von dem Präsidenten vorgeschlagene Liste der Mitglieder zur ständigen Deputation ist en bloc angenommen.“

Die Versammlung tritt dem Antrage bei und sind hiernach die Herren: Ober-Tribunals-Präsident Dr. Bornemann, Justizrath Dorn, Geh. Ober-Justizrath Dr. Friedberg, Geh. Justizrath Professor Dr. Heydemann, Stadtrichter Hiersemenzel, Justizrath Volkmar, Stadtgerichtsrath Graf v. Wartensleben, Prof. Dr. Bluntschli aus München, Ober-Tribunalsrath Faber aus Stuttgart, Prof. Dr. Glaser aus Wien, Prof. Dr Ihering aus Gießen, Ober-Staatsanwalt Dr. Keller aus Wien, Ober-Staatsanwalt Dr. Schwarze aus Dresden, Hofgerichtsrath v. Stoesser aus Bruchsal, zu Mitgliedern der ständigen Deputation gewählt, denen der Präsident als Ehren-Präsident und 15. Mitglied hinzutritt.

Die Tagesordnung ist erledigt.

Der Präsident spricht der Versammlung seinen Dank für die ihm gewährte Unterstützung und den Berlinern Namens der Auswärtigen für die zuvorkommende Weise des Empfanges aus.

Vice-Präsident Graf v. Wartensleben spricht Namens der Versammlung Worte des Dankes und der Anerkennung gegen den Präsidenten aus, denen die Versammlung durch einhelliges Erheben von den Plätzen und lebhaften Zuruf beistimmt.

Der Präsident wiederholt seinen Dank und schließt die Sitzungen des Ersten Deutschen Juristentages um $3^1/_2$ Uhr Nachmittags.

Geschehen wie oben.

Dr. **Wächter.** Dr. **Horwitz,** Rechtsanwalt, Schriftführer.

Verzeichniß

der

Mitglieder des Deutschen Juristentages.

Angefertigt am 6. September 1860.

Nr.	Name.	Stand.	Wohnort.
	Herzogthum Anhalt-Bernburg.		
1	Dr. Bolze	Advokat	Bernburg.
2	Calm	Rechtsanwalt	Bernburg.
3	Schröder	Advokat	Bernburg.
	Herzogthum Anhalt-Dessau.		
4	Dr. Siegfried	Geh. Justiz- und Ober-Landesgerichtsrath	Dessau.
5	Dr. Sintenis	Ober-Landesger.-Präsident	Dessau.
	Großherzogthum Baden.		
6	Brauer	Hofgerichtsrath	Bruchsal.
7	v. Freydorf	Ministerialrath	Carlsruhe.

Nr.	Name.	Stand.	Wohnort.
8	Dr. Mittermaier	Geh. Rath und Professor	Heidelberg.
9	Müller	Amtsrichter	Schopfheim im Badischen Wiesenthale.
10	v. Stößer	Hofgerichtsrath	Bruchsal.

Königreich Bayern.

11	Bäumer	Bezirksgerichtsrath	Hof.
12	Dr. Bluntschli	Professor	München.
13	Hellmann	Bezirksgerichtsrath	Hof.
14	Dr. Heule	Advokat	München.
15	Dr. Herrmann	Advokat	München.
16	Dr. Hierl	Bezirksgerichts-Assessor	München, Nymphenburgstraße 34.
17	Dr. Hildenbrand	Professor	Würzburg.
18	Dr. Jäger	Rechtsanwalt	Nürnberg.
19	Dr. Edler v. Kerstorf	Hofrath, Advokat	Augsburg.
20	Dr. Krafft	Advokat	Nürnberg.
21	Lindner	Advokat	Nürnberg.
22	Dr. Mayersohn	Rechtsanwalt	Aschaffenburg.
23	Molitor	Ober-Appellationsgerichts-Direktor	München.
24	Dr. Noël	Advokat	München.
25	Petersen	Appellationsgerichts-Direktor	München.
26	Pündter	Landgerichts-Assessor	Eschenbach.
27	Dr. Ruhwandl	Advokat	München.
28	Dr. Seuffert	1. Direktor des Appellationsgerichts	Passau.
29	Summa	Advokat	Oettingen.

Herzogthum Braunschweig.

30	Dr. Aronheim	Obergerichts-Advokat	Braunschweig.
31	Bode	Kreisrichter	Braunschweig.

Nr.	Name.	Stand.	Wohnort.
32	Breymann	Obergerichtspräsident	Wolfenbüttel.
33	Dr. Dedekind	Obergerichtsanwalt	Wolfenbüttel.
34	Gärtner	Obergerichtsrath	Wolfenbüttel.
35	Gotthardt	Obergerichtsadvokat	Braunschweig.
36	Kobli	Kreisrichter	Gandersheim.
37	Köpp	Obergerichts-Prokurator	Wolfenbüttel.
38	Rhamm	Obergerichts- und Consistorialrath	Wolfenbüttel.
39	Runde	Advokatanwalt	Wolfenbüttel.
40	Schulz	Ober-Staatsanwalt	Wolfenbüttel.
41	Schütze	Kreisrichter	Braunschweig.
42	Dr. Strümpell II.	Advokatanwalt	Wolfenbüttel.
43	Teichs	Amtsrichter	Harzburg.
44	Vorwerk	Obergerichtsrath	Wolfenbüttel.
45	Wolff	Obergerichts-Advokat	Holzminden.

Freie Stadt Bremen.

46	Dr. Adami	Obergerichtsanwalt	Bremen.
47	Dr. Lürmann	Senator	Bremen.
48	Dr. Pfeiffer	Advokat	Bremen.
49	Dr. Ulrichs	Obergerichtsanwalt	Bremen.

Freie Stadt Frankfurt.

50	Dr. Cnyrim	General-Postdirektions-Sekretair	Frankfurt a. M.
51	Dr. Getz	Advokat	Frankfurt a. M.
52	Dr. Malß	Rechtsanwalt	Frankfurt a. M.

Freie Stadt Hamburg.

53	Dr. Aegidi	Professor	Hamburg.
54	Dr. Baumeister	Obergerichtsrath	Hamburg.

Nr.	Name.	Stand.	Wohnort.
55	Dr. Klaubold	Staatsanwalt a. D.	Hamburg.
56	Dr. Lev	Advokat	Hamburg.
57	Dr. Rießer	Advokat	Hamburg.
58	Saran	Gerichts-Assessor	Hamburg, Bahnhofspl. 1.
59	Dr. Wächter	Notar	Hamburg, Gr. Reichenstraße 49.

Königreich Hannover.

60	Albrecht	Obergerichtsanwalt	Hannover.
61	Dr. André	Obergerichtsanwalt	Osnabrück.
62	Bauermeister	Obergerichtsanwalt	Hannover.
63	Bierwirth	Obergerichts-Assessor	Lüneburg.
64	Borchers	Ober-Appellationsgerichts-Anwalt	Celle.
65	Dr. Brüel	Obergerichtsrath	Verden.
66	Dr. Droop	Amtsrichter	Leer.
67	Francke	Obergerichts-Vicedirektor	Lüneburg.
68	Götting	Obergerichtsanwalt	Hildesheim.
69	Grisebach	Obergerichtsrath	Hameln an der Weser.
70	v. Harleßem	Obergerichtsanwalt	Hannover.
71	Jaques	Ober-Appellationsrath	Celle.
72	Dr. Kraut	Hofrath und Professor	Göttingen.
73	Lauenstein	Obergerichtsanwalt	Lüneburg.
74	Neumann II.	Advokat	Celle.
75	Planck	Obergerichts-Assessor a. D.	Göttingen.
76	Schepler	Amtmann	Leer.
77	Schneider	Obergerichtsrath u. Referent im Justiz-Ministerium	Hannover.
78	Dr. Siemens	Amtsrichter	Hannover.
79	Vißering	Obergerichtsanwalt	Aurich.
80	Weber	Obergerichtsanwalt	Stade.
81	Dr. Zachariae	Professor	Göttingen.

Nr.	Name.	Stand.	Wohnort.

Kurfürstenthum Hessen-Cassel.

82	Baehr	Obergerichtsrath	Cassel.
83	Stölzel	Obergerichts-Referendar	Cassel.

Großherzogthum Hessen-Darmstadt.

84	Dr. Ihering	Professor	Gießen.
85	Dr. v. Lindelof	Justiz-Minister	Darmstadt.
86	Dr. Schäffer	Hofgerichtsrath	Gießen.
87	Dr. Wasserschleben	Professor	Gießen.

Herzogthum Holstein.

88	v. Bastian	Kanzlei-Vice-Direktor a. D.	Altona.
89	Dr. Burmeister	Advokat	Plön.
90	Niemand	Kirchspielvogt	Dithmarschen.
91	Nitzsch	Advokat	Kiel.
92	Dr. Planck	Professor	Kiel.
93	Rheder	Klostersyndikus	Preetz.

Fürstenthum Lippe-Bückeburg.

94	Karlowa	Auditeur	Bückeburg.

Fürstenthum Lippe-Detmold.

95	Dr. Caesar	Obergerichtsrath	Detmold.
96	Heldman	Rechtsanwalt	Detmold.
97	Runnenberg	Stadtgerichtsrath	Detmold.

Nr.	Name.	Stand.	Wohnort.
		Freie Stadt Lübeck.	
98	Bremer	Ober-Appellationsgerichts-Sekretair	Lübeck.
99	Dr. Kulenkamp	Oberappellations- und Niedergerichts-Prokurator	Lübeck.
100	Dr. Pleßing	Advokat	Lübeck.
101	Dr. Plitt	Richter	Lübeck.
		Großherzogthum Mecklenburg-Schwerin.	
102	Aarons	Advokat	Schwerin.
103	Dr. Drechsler	Bürgermeister	Parchim.
104	Dr. Dugge	Advokat	Rostock.
105	Ehlers	Advokat	Rostock.
106	Dr. Karsten	Kanzlei-Advokat	Rostock.
107	Krüger	Advokat	Rostock.
108	Lange	Advokat	Rostock.
109	Dr. Mann	Syndikus	Rostock.
110	Pohle	Magistrats-Gerichts-Direktor und Syndikus	Schwerin.
111	Dr. Simonis	Senator	Rostock.
112	Simonis	Advokat	Rostock.
113	Dr. Uterhart	Advokat	Rostock.
114	Weckmann	Senator	Rostock.
115	Wehnert	Justitiar beim ritterschaftl. Gerichtsvereine zu Crivitz und Advokat	Crivitz.
116	Dr. Zastrow	Senator	Rostock.
		Großherzogthum Mecklenburg-Strelitz.	
117	Bahr	Bürgermeister, Advokat	Fürstenberg.
118	Buttel	Advokat	Neu-Strelitz.

Nr.	Name.	Stand.	Wohnort.
119	Cohn	Advokat	Neu-Strelitz.
120	Hahn	Advokat	Neubrandenburg.
121	Petermann	Advokat	Strelitz.
122	Plettner	Stadtrichter	Friedland.

Herzogthum Nassau.

123	Diehl	Hofgerichtsrath	Dillenburg.
124	Dr. Flach	Präsident des Hof- und Appellationsgerichts	Wiesbaden.
125	Keller	Hof- und Appellationsgerichts-Procurator	Dillenburg.
126	Langhans	Ober-Appellationsrath	Wiesbaden.
127	Raht	Prokurator	Weilburg.
128	Recken	Landoberschultheißerei-Verwalter	Weilburg.

Kaiserreich Oesterreich.

129	Dr. Joseph Bach	Hof- und Gerichts-Advokat	Wien.
130	Dr. Bauer	Hof- und Gerichts-Advokat	Wien.
131	Dr. Berger	Hof- und Gerichts-Advokat	Wien, Stadt 427.
132	Bidzowski	Auditeur im 2. Husaren-Regiment.	Welz (Ober-Oesterreich).
133	Dr. Brix	geprüft. Advokatur-Candidat	Wien, Stadt 641.
134	Dr. Cizek	Advokatur-Concipient	Prag.
135	Dr. Costa	geprüft. Advokatur-Candidat	Laibach.
136	Dr. Czyhlarz	Advokatur-Concipient und Dozent an der Universität	Prag.
137	Dr. Demel	Landes-Advokat	Teschen.
138	Dr. Dietrich	Advokat	Troppau.
139	Dr. Doktor	Finanz-Prokurator für Böhmen	Prag.

Nr.	Name.	Stand.	Wohnort.
140	Dr. Fischer	Landes-Advokat, Präsid. der Advok.-Kammer Böhmens	Prag.
141	Dr. Flögel	Advokat	Jungbunzlau (Böhmen).
142	Dr. Glaser	Professor	Wien.
143	Dr. Görner	Advokat	Budweis (Böhmen).
144	Dr. Hanisch	Advokatur-Candidat	Wien, Alsergrund, Vidtenburggasse 22.
145	Dr. Harum	Professor der Rechte	Pesth.
146	Dr. Hauschild	Landes-Advokat	Prag.
147	Dr. Herbst	Professor	Prag.
148	Dr. v. Huze	Hof- und Gerichts-Advokat	Wien.
149	Dr. Jaques	Verwaltungsrath der Handels-Akademie	Wien.
150	Dr. Jenny	Sektionsrath im Ministerium des Innern	Wien, Graben 1134.
151	Dr. Keller	Ober-Staatsanwalt	Wien, Stadt 72.
152	Dr. Ritter v. Kindinger	Gerichtsadjunkt	Wien (St. Schottenhof)
153	Dr. Kotovic	Bezirksgerichts-Actuar	Prag 307/I.
154	Dr. Leidesdorf	Advokat	Wien, Stadt 850.
155	Dr. Lenz	Hof- und Gerichts-Advokat	Wien, Stadt 613.
156	Dr. v. Mühlfeld	Hof- und Gerichts-Advokat	Wien, Stadt 622.
157	Dr. Neußer	Landesadvokat	Biala.
158	Dr. Polaczek	Landes-Advokat	Reichenberg in Böhmen.
159	Dr. Preisenhammer	Advokatur-Candidat	Brünn.
160	Dr. Randa	Bezirksgerichts-Aktuar und Dozent an der Universität	Prag 307/I.
161	Dr. Raudnitz	Aovokatur-Candidat	Prag.
162	Alfred Regner von Bleyleben	Professor	Brünn.
163	Dr. Rossi	Landes-Advokat	Iglau (Mähren).
164	Schloß	Staatsanwalt	Kornenburg.
165	Dr. Schmelkes	Landes-Advokat	Nikolsburg in Mähren.
166	Schober	Staatsanwalt-Vertreter	Wien, Herrnals 311.
167	Dr. Schulte	Professor	Prag.
168	Seehann	Notar	St. Pölten (N.-Oest.).

Nr.	Name.	Stand.	Wohnort.
169	Dr. v. Stubenrauch	Professor	Wien.
170	Dr. Uchatzy	Notar	Reichenberg (Böhmen).
171	Dr. Unger	Professor	Wien.
172	Volkelt	Notar	Prag.
173	Dr. Wahlberg	Professor	Wien.
174	Dr. Wallaschek	Notar	Brünn.
175	Weiß	Landesgerichtsrath	St. Pölten (N.-Oest.).
176	Dr. Weselly	Professor	Prag.
177	Dr. Wiedenfeld	Hof- und Gerichts-Advokat	Wien.
178	Dr. Wurzel	Landes-Advokat	Jung-Bunzlau (Böhm.).

Großherzogthum Oldenburg.

Nr.	Name.	Stand.	Wohnort.
179	Becker	Ober-Appellationsrath	Oldenburg.
180	Höyr	Direktor der Strafanstalten	Vechta.
181	Mencke	Appellationsrath	Oldenburg.

Königreich Preußen.

Nr.	Name.	Stand.	Wohnort.
182	Ahlemann	Rechtsanwalt	Samter.
183	Albrecht	Kreisrichter	Lauenburg i. P.
184	Alschefski	Rechtsanwalt	Magdeburg.
185	Dr. Anschütz	Professor	Greifswald.
186	Anz	Kreisgerichtsrath	Tilsit.
187	Arends	Gerichts-Assessor	Berlin, Ritterstr. 20.
188	Arndts	Staatsanwalt	Mohrungen.
189	Arnold	Kammergerichts-Auscultator	Cöpenick.
190	Aschenborn	Rechtsanwalt	Arnswalde.
191	Assig	Gerichts-Assessor	Ohlau (Schlesien).
192	Bader	Kreisgerichtsrath	Heiligenstadt.
193	Balan	Stadt- und Kreisgerichtsrath	Magdeburg.
194	Ballhorn	Ober-Tribunalsrath	Berlin, Charlottenstr. 86
195	Balthasar	Gerichts-Assessor	Greifswald.

Nr.	Name.	Stand.	Wohnort.
196	Bartolomäus	Kreisrichter	Jacobshagen i. P.
197	Bauermeister	Advokat	Grabow.
198	Becher	Justizrath, Rechtsanwalt	Berlin, Commandantenstraße 84.
199	Behrend	Gerichts-Assessor	Berlin, Ritterstr. 45.
200	Berendt	Kreisrichter	Elbing.
201	Bergmann	Kreisrichter	Oranienburg.
202	Bergmann	Kammergerichts-Referendar	Berlin, Lindenstr. 101.
203	Berndt	Kammergerichtsrath	Berlin, Neuenburgerstraße 31.
204	Dr. Berner	Professor	Berlin, Anhaltische Communication 13.
205	Berner	Justizrath, Rechtsanwalt	Mohrungen.
206	Dr. Beseler	Geh. Justizrath u. Professor	Berlin, Kochstr. 18.
207	Billerbeck	Justizrath, Rechtsanwalt	Anclam.
208	Binseel	Kammergerichts-Auscultator	Berlin, Askanischer Pl. 2.
209	Black	Staatsanwalt	Creutzburg.
210	Block	Rechtsanwalt	Burg.
211	Bock	Gerichts-Direktor a. D.	Hagen.
212	Bock	Kreisrichter	Pasewalk
213	Bodstein	Kreisrichter	Habelschwerdt.
214	Boele	Justizrath, Rechtsanwalt	Münster.
215	Bopp	Gerichts-Assessor	Berlin, Behrenstr. 65.
216	Borchardt	Stadtgerichtsrath	Berlin, Französ. Str. 32.
217	Dr. Bornemann	Zweiter Präsident des Ober-Tribunals	Berlin, Potsdamerstraße 125/6.
218	Bothe	Rechtsanwalt	Trzemeszno.
219	Böck	Justizrath, Rechtsanwalt	Berlin, Bernburgerst. 15.
220	Böhmer	Kreisgerichtsrath	Stettin, Paradepl. 21.
221	Brachvogel	Justizrath, Rechtsanwalt	Bromberg.
222	Brachvogel	Justizrath, Rechtsanwalt	Wollenstein.
223	Brachvogel	Rechtsanwalt	Berlin, Neue Friedrichstraße 37.
224	Brebeck	Rechtsanwalt	Lötzen.
225	Brockhoff	Kammergerichts-Auskultator	Berlin, Prenzlauerstr. 39.

Nr.	Name.	Stand.	Wohnort.
226	Bromme	Rechtsanwalt	Naumburg a. S.
227	Buddee	Kammergerichtsrath	Berlin, Ritterstr. 36.
228	Buddee	Gerichts-Assessor	Berlin, Ritterstr. 36.
229	Burchard	Kreisrichter	Spandau.
230	Burchardt	Justizrath, Rechtsanwalt	Berlin, Brüderstr. 7.
231	v. Busse	Kreisrichter	Neiße.
232	Bussenius	Rechtsanwalt am Ob.-Trib	Berlin, Oranienstr. 107.
233	Buttmann	Kammergerichts-Referendar	Berlin, Oranienstr 101 u. 102.
234	Büchtemann	Kammergerichts-Auscultator	Berlin, Kochstr. 73.
235	Casper	Justizrath, Rechtsanwalt	Berlin, Markgrafenst 44.
236	Chomse	Kreisrichter	Culm.
237	Danner	Justizrath	Mühlhausen
238	v. Dazür	Rechtsanwalt	Ostrowo.
239	Decker	Ober-Tribunalsrath	Berlin, Bernburgerst. 30.
240	Deegen	Gerichts-Assessor	Berlin, Louisenstr. 34.
241	Delbrück	Advokat	Cöln.
242	Detmann	Stadtgerichtsrath	Berlin, Auguststr. 68.
243	v. Dewitz	Justizrath, Rechtsanwalt	Stettin.
244	Dietmar	Kreisgerichtsrath	Bernau.
245	Dobert	Gerichts-Assessor	Berlin, U. d Linden 34.
246	Dorn	Justizrath, Rechtsanwalt am Ober-Tribunal	Berlin, Besselstr. 21.
247	Dr. Dove	Privat-Dozent	Berlin, Burgstr 19
248	Dönniges	Justizrath, Rechtsanwalt	Posen.
249	v. Dresler	Kreisgerichtsrath	Greetz.
250	Dr Drewke	Kammergerichts-Referendar	Berlin.
251	Dulheuer	Gerichts-Assessor	Duisburg.
252	Dr. Eberty	Kreisgerichtsrath	Wittenberg
253	v. Eckenbrecher	Kreisgerichts-Direktor	Bergen auf Rügen.
254	Eichler	Kammergerichts-Referendar	Berlin, Dessauerstr. 40.
255	Elbers	Rechtsanwalt	Hagen.
256	Elbers	Gerichts-Assessor	Berlin, Wilhelmspl. 4.
257	v Enckevort	Appellationsgerichtsrath	Stettin.
258	Engelhardt	Justizrath, Rechtsanwalt	Posen.

Nr.	Name.	Stand.	Wohnort.
259	Engels	Kreisrichter	Alt-Landsberg.
260	Epstein	Gerichts-Assessor	Berlin, Grenadierstr. 34.
261	Euler	Notar	Düsseldorf
262	Fiebiger	Rechtsanwalt	Halle a. S.
263	Dr. Filehne	Kreisrichter	Ratibor.
264	Dr. Fischel	Gerichts-Assessor	Berlin, U. d. Linden 49.
265	Fischer	Justizrath, Rechtsanwalt	Breslau.
266	Dr. Fischer	Kreisgerichtsrath	Schweidnitz.
267	Fischer	Rechtsanwalt	Magdeburg.
268	Dr. Fischer	Kammergerichts-Referendar	Berlin, Melchiorstr. 30.
269	Fleischhauer	Appellationsgerichtsrath	Magdeburg.
270	Flittner	Stadtgerichtsrath	Berlin, Lindenstr. 23.
271	Flottwell	Regierungsrath	Potsdam.
272	Franken	Advokat	Crefeld.
273	Franz	Justizrath, Rechtsanwalt	Naumburg a. S.
274	Fränkel	Advokatanwalt	Elberfeld.
275	Frech	Staatsanwalt	Berlin, Hirschelstr. 27a.
276	Fretzdorff	Justizrath, Rechtsanwalt	Berlin, Krausenstr. 37.
277	Freund	Kreisgerichtsrath	Halle a. S.
278	Friccius	Justizrath, Rechtsanwalt	Berlin, Seegershof 8.
279	Dr. Friedberg	Geh. Ober-Justizrath, vortr. Rath im Justiz-Minister.	Berlin, Hafenplatz 2.
280	Dr. Friedenthal	Landrath	Berlin, Müllerstr. 185.
281	Friedländer	Geh. Ober-Justizrath	Berlin.
282	Friedländer	Kreisrichter	Wittenberge.
283	v. Garnier	Rechtsanwalt	Beuthen (Ob.-Schlesien).
284	Gebhardi	Gerichts-Assessor	Berlin, Louisenstr. 21.
285	Geck	Kreisrichter	Werden a. R.
286	Dr. Gehbler	Kreisrichter	Filehne.
287	Gelineck	Justizrath, Rechtsanwalt	Breslau, Gartenstr. 32b.
288	v. Gerhard	Syndikus	Königsberg i. P.
589	Dr. Gerhard	Staatsanwalts-Gehülfe	Labiau O.-S.
290	Gerlach	Ober-Staatsanwalt	Marienwerder.
291	Gesenius	Stadtrichter	Berlin, Potsdamerstr. 38.
292	Giehlow	Staatsanwalt	Danzig.

Nr.	Name.	Stand.	Wohnort.
293	Gierse	Rechtsanwalt	Münster.
294	Giesinger	Kreisrichter	Wollenstein.
295	Glasewald	Kreisrichter	Naumburg a. S.
296	Dr. Gneist	Professor	Berlin, Mohrenstr. 6.
297	Goedecke	Justizrath, Rechtsanwalt	Halle a. S.
298	Goltdammer	Ober-Tribunalsrath	Berlin, Askanischer Pl. 4.
299	Gottschalk	Kreisrichter	Bielefeld.
300	Graßhof	Kreisgerichtsrath	Halberstadt.
301	v. Gräveniß	Staatsanwalt	Danzig.
302	Grobdeck	Rechtsanwalt	Schweß.
303	Grolp	Rechtsanwalt	Neustadt i. Westpreußen.
304	Gropius	Ober-Staatsanwalt	Naumburg a. S.
305	Groschuff	Kammergerichts-Auscultator	Berlin, Molkenmarkt 6.
306	Gubiß	Notar	Berlin, Heiligegeiststr. 13.
307	Guradze	Gerichts-Assessor	Berlin, Kommandantenstraße 85.
308	Haack	Rechtsanwalt	Glogau.
309	Haagen	Staatsanwalt	Berlin, Alexandrinenstraße 37.
310	Haase	Rechtsanwalt	Zehdenick.
311	Hachtmann	Appellationsgerichtsrath	Naumburg a. S.
312	Haeckel	Kreisrichter	Freienwalde a. O.
313	Haenisch	Rechtsanwalt	Colberg.
314	Haertel	Rechtsanwalt	Berlin, Königsstr. 28.
315	Hammerfeld	Rechtsanwalt	Berlin, Burgstr. 29.
316	Hanff	Justizrath, Rechtsanwalt	Frankfurt a. O.
317	v. Hartmann	Kreisgerichts-Direktor	Habelschwerdt.
318	Haushalter	Rechtsanwalt	Wernigerode.
319	Havemann	Advokat	Grabow.
320	Hay	Rechtsanwalt	Insterburg.
321	Hayn	Justizrath, Rechtsanwalt	Breslau, Ring 19.
322	Heffter	Geh. Ober-Tribunalsrath und Professor	Berlin, Leipziger Pl. 19.
323	Heidsieck	Rechtsanwalt	Rahden (R.-B. Minden).
324	Heilborn	Gerichts-Assessor	Berlin, Bendlerstr. 23.

Nr.	Name.	Stand.	Wohnort.
325	Heimbrod	Kreisgerichts-Direktor	Rybnick.
326	Dr. Heimsoeth	Geh. Ober-Justizrath und Präsident	Cöln.
327	Hempel	Justizrath, Rechtsanwalt	Weißenfels.
328	Hermanni	Stadtgerichtsrath	Berlin, Louisenstr. 25.
329	Herms	Gerichts-Assessor	Berlin, Mohrenstr. 56.
330	Herzfeld	Rechtsanwalt	Insterburg.
331	Herzfeld	Rechtsanwalt	Sprottau.
332	Heß	Kreisgerichtsrath	Glatz.
333	Dr. Heydemann	Geh. Justizrath u. Professor	Berlin, Johannisstr. 2.
334	Hiersemenzel	Stadtrichter	Berlin, Hirschelstr. 32.
335	Hilse	Kammergerichts-Auscultator	Berlin, Linienstr. 132.
336	Hinrichs	Kreisrichter	Halle a. S.
337	Hinschius	Justizrath und Rechtsanwalt	Berlin, Burgstr. 16.
338	Hoffmann	Kreisgerichtsrath	Graudenz
339	Holder-Egger	Polizeianwalt	Berlin, Anhaltstr. 16.
340	v. Holleben	Ober-Tribunalsrath	Berlin, Anhaltische Communikation 7.
341	Holthoff	Rechtsanwalt	Halberstadt.
342	Dr. F. v. Holtzendorff	Privat-Docent	Berlin, Schellingsstr. 2.
343	Horn	Kreisgerichts-Direktor und Ober-Landesgerichtsrath	Naumburg a. S.
344	Horst	Justizrath, Rechtsanwalt	Breslau.
345	Dr. Horwitz	Rechtsanwalt	Liebenwerda.
346	Höniger	Gerichts-Assessor	Berlin, Alexanderstr. 44.
347	Huck	Kreisrichter	Zehden.
348	Humbert	Kreisgerichtsrath	Berlin, Matthäikirchstraße 11.
349	Hundrich	Rechtsanwalt	Waldenburg (O.-Schl.).
350	Hübener	Stadtgerichts-Direktor	Berlin, Grabenstr. 34.
351	Hübener	Kammergerichts-Referendar	Berlin, Neuenburgerstraße 11.
352	Dr. Hüffer	Privat-Dozent	Bonn.
353	Jacobi	Kammergerichtsrath	Berlin, Potsdamerst. 13.
354	Jaeger	Gerichts-Assessor	Berlin, Zimmerstr. 80.

Nr.	Name.	Stand.	Wohnort.
355	Jancke	Direktor der Gerichts-Deputation	Rathenow.
356	Jeschke	Gerichts-Assessor	Halberstadt.
357	Jester	Justizrath, Rechtsanwalt	Königsberg.
358	Joël	Gerichts-Assessor	Berlin, Taubenstr. 10.
359	Ißmer	Justizrath, Rechtsanwalt am Ober-Tribunal	Berlin, Friedrichsstr. 18.
360	Jung	Geh. Justizrath, Rechtsanwalt am Ober-Tribunal	Berlin, Schifferstr. 7.
361	Just	Justizrath, Rechtsanwalt	Neu-Stettin.
362	Kanngießer	Ober-Staatsanwalt	Greifswald.
363	v. Kehler	Kreisrichter	Berlin, Wilhelmsst. 100.
364	Keibel	Gerichts-Assessor	Berlin, Stralauerstr. 52.
365	Kelch	Rechtsanwalt	Potsdam.
366	Dr. v. Keller	Geh. Justizrath u. Professor	Berlin, Oranienburgerstraße 75.
367	Kempe	Rechtsanwalt	Stargardt (Pommern).
368	Keßler	Staatsanwalt	Burg (bei Magdeburg).
369	v. Kitzing	Appellationsgerichtsrath	Münster.
370	Klotz	Kreisgerichtsrath	Berlin, Schönebergerstraße 27.
371	Kneusel	Rechtsanwalt	Ratibor.
372	Kneusel	Kreisrichter	Cosel.
373	Knorr	Rechtsanwalt	Culm.
374	Koch	Kreisgerichts-Direktor	Rothenburg O.-L.
375	Koch	Staatsanwalt	Trebnitz.
376	Koch	Gerichts-Assessor	Halberstadt.
377	Kochann	Stadtgerichtsrath	Berlin, Hollmannsstr. 20.
378	Kolk	Kreisgerichtsrath	Berlin, Bernburgerst. 31.
379	Korb	Rechtsanwalt	Breslau, Junkerstr. 31.
380	Korn	Gerichts-Assessor	Quedlinburg.
381	Kortenbeit'l	Kreisrichter	Templin.
382	Kortum	Gerichts-Assessor	Halberstadt.
383	Kosche	Kreisrichter	Goldberg (Schlesien).
384	Kosmann	Appellationsgerichtsrath	Berlin, Potsdamerstr. 82.

Nr.	Name.	Stand.	Wohnort.
385	König	Justizrath, Advokatanwalt	Cleve.
386	v. Kraewel	Appellationsgerichtsrath	Naumburg a. S.
387	Krech	Gerichts-Assessor	Berlin, Friedrichsst. 126.
388	Kremkow	Rechtsanwalt	Gleiwitz.
389	Kremnitz	Justizrath, Rechtsanwalt	Berlin, Wallstr. 7.
390	Kretschmann	Rechtsanwalt	Burg (bei Magdeburg).
391	Krieger	Rechtsanwalt	Goldap (Ostpreußen).
392	Krug	Appellationsgerichtsrath	Naumburg a. S.
393	Krüger	Kreisrichter	Schönau (Schlesien).
394	Kuhr	Kreisrichter	Grottkau.
395	v. Kunowski	Direktor des K. Kreisgerichts	Beuthen (Ob.-Schles.).
396	Kuwert	Rechtsanwalt	Kaukehmen.
397	Kühn	Justizrath, Rechtsanwalt	Pyritz.
398	Kühnemann	Geh. Finanzrath und Haupt-Bank-Justitiar	Berlin.
399	Dr. Kühns	Privat-Dozent	Berlin, Köthenerstr. 17.
400	Küttner	Appellationsgerichtsrath	Posen.
401	Lasker	Gerichts-Assessor	Berlin, Neustädtische Kirchstraße 2.
402	Lefeldt	Kreisrichter	Beuthen.
403	Leißring	Appellationsger.-Referendar	Halle a. S.
404	Lent	Rechtsanwalt	Glatz.
405	Leo	Kammergerichts-Referendar	Berlin, N. Königsstr. 18.
406	Leonhard	Rechtsanwalt	Beuthen (Ob.-Schles.).
407	Leonhard	Rechtsanwalt	Grüneberg (Ob.-Schl.).
408	Lepsius	Appellationsgerichtsrath	Naumburg a. S.
409	Leske	Staatsanwalt	Schneidemühl
410	Dr. Lette	Präsident des Revis.-Colleg. für Landeskultursachen	Berlin, Linksstr. 43.
411	Levy	Kammergerichts-Referendar	Berlin, Neu-Kölln am Wasser 19.
412	Lewald	Rechtsanwalt	Berlin, Kurstr. 51.
413	Lewald	Stadt- und Kreisrichter	Danzig, Holzmarkt 1.
414	Liebert	Justizrath, Rechtsanwalt	Danzig.
415	Liebmann	Stadtgerichtsrath	Berlin, Leipzigerstr. 17.

Nr.	Name.	Stand.	Wohnort.
416	Limann	Stadtrichter	Berlin, Leipziger Pl. 12.
417	Lindner	Kreisrichter	Behrend bei Danzig.
418	Lintz	Kreisrichter	Greifswald.
419	Lipke	Rechtsanwalt	Schwetz.
420	Graf zur Lippe	Staatsanwalt	Berlin, Dorotheenstr. 28.
421	Loeper	Rechtsanwalt	Wittenberg.
422	Loreck	Rechtsanwalt	Heiligenstadt.
423	Dr. Louis	Kreisgerichtsrath	Berlin, Victoriastr. 32.
424	v. Löper	Justizrath, Rechtsanwalt	Berlin, Kochstr. 58.
425	Löwenberg	Kammergerichts-Auscultator	Berlin, Bellevuestr. 14.
426	v. Luck	Staatsanwalt	Potsdam.
427	Maaß	Staatsanwalt	Sagan.
428	Mager	Staatsanwalt	Magdeburg.
429	Makower	Gerichts-Assessor	Berlin, Behrenstr. 5.
430	Marggraff	Gerichts-Assessor	Berlin, Sophienstr. 12.
431	Dr. Martin	Justizamtmann	Kreuzburg.
432	Martiny	Rechtsanwalt	Kaukehmen.
433	Mayet	Justizrath, Rechtsanwalt	Berlin, Werderschen Markt 4.
434	Dr. Märcker	Privat-Dozent	Berlin, Oranienburgerstraße 65.
435	Meibauer	Kreisrichter	Schivelbein.
436	Meinecke	Gerichts-Assessor	Greifswald.
437	Meyen	Staatsanwalt	Berlin, Charlottenstr. 97.
438	Meyer	Geh. Justiz- u. vortragender Rath im Justiz-Minister.	Berlin, Eichhornstr. 1.
439	Meyer	Ober-Tribunalsrath	Berlin, Schellingstr. 5.
440	Dr. Meyer	Staatsanwalt	Thorn.
441	H. Meyer	Rechtsanwalt	Insterburg.
442	Gustav Meyer	Gerichts-Assessor	Berlin, Französischest. 23.
443	Siegm. Meyer	Gerichts-Assessor	Berlin, Victoriastr. 6.
444	Meyn	Rechtsanwalt	Berlin, Brüderstr. 2.
445	Michaelis	Kreisrichter	Worbis.
446	Minsberg	Rechtsanwalt	Bunzlau (Schlesien).
447	Model	Stadtgerichtsrath	Berlin, Grabenstr. 3.

Nr.	Name.	Stand.	Wohnort.
448	Dr. Mommsen	Professor, Mitglied der Akademie der Wissenschaften	Berlin, Neuenburgerstraße 31.
449	Moritz	Rechtsanwalt	Torgau.
450	Moßner	Rechtsanwalt	Wormditt.
451	von u. zur Mühlen	Wirkl. Geh. Ober-Justizrath	Berlin.
452	Dr. v. Mühlenfels	Appellationsgerichtsrath	Greifswald.
453	v. Müller	Kreisgerichtsrath	Rothenburg O.-L.
454	Müller	Kreisgerichtsrath	Bromberg.
455	Müller	Staatsanwalt	Berlin.
456	Mützel	Kreisrichter	Posen.
457	Neumann	Kreisgerichtsrath	Brandenburg a. H.
458	Niedt	Rechtsanwalt	Labiau.
459	Niewandt	Justizrath	Weißenfels
460	Noah	Geh. Ober-Regierungs- und vortr. Rath i. Min. d. Inn.	Berlin.
461	Oberkampff	Rechtsanwalt	Tilsit.
462	Oehr	Rechtsanwalt	Gleiwitz.
463	Oelschläger	Staatsanwaltsgehülfe	Schwetz.
464	Oelzen	Kreisgerichtsrath	Merseburg.
465	Opitz	Reg.-Assessor u. Spec.-Commiss. der Gen.-Comm. zu Merseburg	Cölleda (Reg.-Bez. Merseburg).
466	Oppermann	Staatsanwalt	Berlin, Leipzigerstr. 2.
467	Orthmann	Ober-Staatsanwalt	Cöslin.
468	v. Oßowski	Stadtgerichtsrath	Berlin, Linksstr. 11.
469	Palmié	Kreisrichter	Halberstadt.
470	Panse	Rechtsanwalt	Cölleda (Reg.-Bez. Merseburg).
471	Pappritz	Kreisrichter	Cüstrin.
472	Parrisius	Kreisrichter	Brandenburg a. H.
473	v. Patow	Staats- u. Finanz-Minister	Berlin.
474	Peters	Rechtsanwalt	Wittenberg.
475	Petiscus	Rechtsanwalt	Oels.
476	Petsch	Gerichts-Assessor	Berlin, Grenadierstr. 26.
477	Pezenburg	Rechtsanwalt	Frankfurt a. O.

Nr.	Name.	Stand.	Wohnort.
478	Pfeffer	Landesgerichts-Assessor	Cleve.
479	Philippi	Landesgerichts-Präsident	Elberfeld.
480	Pietzker	Justizrath, Rechtsanwalt	Naumburg a. S.
481	Pinckert	Justizrath, Rechtsanwalt	Erfurt.
482	v. Piper	Kreisgerichtsrath	Wriezen.
483	Pitschky	Justizrath, Rechtsanwalt	Stettin.
484	Plathner	Kammergerichtsrath	Berlin, Friedrichsstr 16.
485	Plathner	Justizrath, Rechtsanwalt	Breslau.
486	Plato	Rechtsanwalt	Colberg.
487	Pohlandt	Kreisgerichtsrath	Spandau.
488	Polenz	Rechtsanwalt	Sprottau.
489	Primker	Stadrichter	Breslau.
490	Pudor	Kammergerichts-Auscultator	Berlin, Schönhauser Allee 134.
491	Dr. Pütter	Professor	Greifswald.
492	Quenstedt	Kammergerichts-Auscultator	Berlin, Markgrafenst. 49.
493	v. Radecke	Staatsanwalt	Torgau.
494	de Rège	Geh. Ober-Justizrath	Berlin.
495	Ribbeck	Geh. Regierungs- u. vortrag. Rath im Min. d. Innern	Berlin, Schellingstr. 15.
496	Ribbentropp	Landgerichtsrath	Posen.
497	Richter	Appellationsger.-Referendar	Osterburg.
498	Frhr. v. Richthofen	Kreisrichter	Habelschwerdt (Schles.).
499	Riedel	Kammergerichts-Referendar	Berlin, Klosterstr. 76.
500	Rieß	Gerichts-Assessor	Berlin.
501	Rieß	Kammergerichts-Referendar	Berlin, Neue Promen. 1.
502	Romberg	Gerichts-Assessor	Stettin.
503	Romeiß	Rechtsanwalt	Sangerhausen.
504	Rommel	Gerichts-Assessor	Berlin, Jerusalemerst. 30.
505	Rosenthal	Kammergerichts-Referendar	Berlin, Neuen Markt 4.
506	Röber	Kreisrichter	Lindow.
507	Dr. Röder	Appellationsger.-Referendar	Arnsberg.
508	Dr. Rubo	Kammergerichts-Referendar	Berlin, Potsdamerst. 139.
509	Rudolph	Kreisrichter	Märkisch Friedland.
510	Dr. Runde	Gerichts-Assessor	Berlin, Mohrenst. 13/14

Nr.	Name.	Stand.	Wohnort.
511	Rüdorff	Kammergerichts-Referendar	Berlin, Marienstr. 14.
512	Sack	Gerichts-Assessor	Bielefeld.
513	Saling	Gerichts-Assessor	Berlin, Matthäikirchstraße 18.
514	Salzmann	Justizrath, Rechtsanwalt	Breslau, Junkerstr. 27
515	Dr. Sammter	Stadtrath	Posen.
516	Sander	Gerichts-Assessor	Berlin, Grabenstr. 42.
517	Sartorius	Kreisrichter	Angerburg.
518	Scharff	Kreisgerichtsrath	Jauer (Schlesien).
519	Schäfer	Stadt- und Kreisrichter	Wollmirstedt.
520	Scheller	Justizrath, Rechtsanwalt	Elbing.
521	Scheurich	Rechtsanwalt	Crossen.
522	Schiebler	Kreisrichter	Straußberg.
523	v. Schimmelpfennig	Rechtsanwalt	Gerdauen.
524	Schlieben	Kreisrichter	Stargard i. P.
525	Schmidt	Regierungs-Assessor	Potsdam.
526	Schmidt	Kreisrichter	Hainau (Schlesien).
527	Schmidt	Kammergerichts-Referendar	Berlin, Dorotheenstr. 63.
528	Scholmeyer	Kreisrichter	Cremmen.
529	Schöneseiffen	Advokat	Gladbach.
530	Schönstedt	Kreisrichter	Seehausen i. d. Altmark.
531	Schörke	Rechtsanwalt	Belgard.
532	Schuhmann	Geh. Regierungsrath	Berlin.
533	Schultz	Rechtsanwalt	Wanzleben.
534	Schultze	Kreisrichter	Neuwied.
535	Schulz	Gerichts-Assessor	Berlin, Leipzigerstr. 14.
536	Schulz	Kammergerichts-Auscultator	Berlin, Frankfurterstraße 118 a.
537	Schulze	Stadtrichter	Berlin, Kupfergraben 6.
538	Schulze	Rechtsanwalt	Spandau.
539	Schuster	Rechtsanwalt	Eisleben.
540	Schück	Strafanstalts-Direktor	Breslau.
541	Schütz II.	Ober-Tribunalsrath	Berlin, Ritterstr. 33.
542	Schwarck	Ober-Staatsanwalt	Berlin.
543	Schwarz	Rechtsanwalt	Berlin, Jüdenstr. 18.

Nr.	Name.	Stand.	Wohnort.
544	Graf von Schwerin-Putzar	Staats- und Minister des Innern	Berlin.
545	Schwerin	Gerichts-Assessor	Guben.
546	Dr. v. Seckendorff	Ober-Tribunalsrath	Berlin, Potsdamerst. 20.
547	Seemann	Kreisgerichts-Direktor	Spremberg.
548	Sehlmacher	Rechtsanwalt	Pyritz.
549	v. Seydewitz	Kreisrichter	Wittenberg.
550	Siemens	Rechtsanwalt am Ob.-Trib.	Berlin, Markgrafenst. 94.
551	Dr. Silberschlag	Stadt- und Kreisrichter	Magdeburg.
552	Simens	Kammergerichts-Auscultator	Jüterbogk.
553	Simon	Justizrath, Rechtsanwalt	Breslau, Junkerstr. 2.
554	Simon	Kreisrichter	Nauen.
555	Dr. Simons	Justiz-Minister	Berlin.
556	Simonson	Rechtsanwalt	Berlin, Französische-straße 33 c.
557	Simson	Rechtsanwalt	Berlin, Jägerstr. 23.
558	Slevogt	Justizrath, Rechtsanwalt	Berlin, Mühlendamm 5.
559	Sönderop	Rechtsanwalt	Stargard (Pommern).
560	Spangenberg	Kammer-Direktor	Carolath.
561	Spiegelthal	Rechtsanwalt	Calbe a. S.
562	Spinola	Kammergerichts-Referendar	Berlin, Louisenstr. 56.
563	Stegemann	Rechtsanwalt	Halberstadt.
564	Steinbeck	Kreisgerichts-Direktor	Brandenburg a. H.
565	Steinhausen	Stadtgerichtsrath	Berlin.
566	v. Stelzer	Kreisgerichts-Direktor	Potsdam.
567	Stelzer	Rechtsanwalt	Torgau.
568	Stephany	Kreisrichter	Spandau.
569	Stöpel	Staatsanwalt	Potsdam.
570	v. Stöphasius	Kreisgerichts-Präsident	Berlin, Oranienstr. 91.
571	Stößell	Kreisrichter	Stolp.
572	Dr. Straß	Kreisjustizrath a. D., Rechtsanwalt	Berlin, Leipzigerstr. 65.
573	Stubenrauch	Rechtsanwalt	Cüstrin.
574	Sutro	Gerichts-Assessor	Münster.

Nr.	Name.	Stand.	Wohnort.
575	Sydow	Appellationsgerichtsrath	Berlin, Neue Friedrichsstraße 79.
576	Teichen	Gerichts-Assessor	Weißenfels.
577	Teichmann	Rechtsanwalt	Breslau, Tauenzienpl. 6.
578	Tellemann	Gerichts-Assessor	Naumburg a. S.
579	Tepler	Appellationsgerichtsrath	Naumburg a. S.
580	Teßmar	Kreisgerichts-Direktor	Lüneburg i. P.
581	Theremin	Gerichts-Assessor	Berlin, Albrechtstr. 6.
582	v. Thielenfeld	Justizrath. Rechtsanwalt	Frankfurt a. O.
583	Tiede	Kreisgerichtsrath	Trebnitz (Schlesien).
584	v. Tippelskirch	Ober-Staatsanwalt	Stettin.
585	Treff	Rechtsanwalt	Wittenberg.
586	v. Dwardowski	Kammergerichts-Referendar	Berlin.
587	Twesten	Stadtgerichtsrath	Berlin, Commandantenstraße 84.
588	Graf v. Unruh	Gerichts-Assessor	Berlin.
589	Vogel	Kreisrichter	Cölleda (Reg.-Bez. Merseburg).
590	Vogler	Justizrath, Rechtsanwalt	Berlin, Unterwasserst. 9a.
591	Voigt	Kreisgerichtsrath	Greiffenhagen.
592	Volkmar	Justizrath, Rechtsanwalt am Ober-Tribunal	Berlin, Lindenstr. 3.
593	Volkmar	Kammergerichts-Referendar	Berlin, Französischest. 48.
594	Völtz	Justizrath u. Rechtsanwalt	Danzig.
595	Wache	Gerichts-Assessor a. D.	Berlin, Neuer Markt 4.
596	Wackermann	Gerichts-Direktor	Arnswalde.
597	Wagner	Justizrath, Rechtsanwalt am Ober-Tribunal	Berlin, Ritterstr. 36.
598	Dr. Waldeck	Ober-Tribunalsrath	Berlin, Linksstr. 19.
599	Dr. Graf v. Wartensleben	Stadtgerichtsrath	Berlin, Kochstr. 73.
600	Weber	Justizrath, Rechtsanwalt	Berlin, Brüderstr. 11.
601	Weber	Justizrath, Rechtsanwalt	Quedlinburg.
602	Weber	Advokat	Elberfeld.
603	Weber	Gerichts-Assessor	Berlin.

Nr.	Name.	Stand.	Wohnort.
604	Max Weber	Dr. jur	Bielefeld.
605	Wedigen	Gerichts-Assessor	Berlin.
606	v. Wegner	Ober-Tribunalsrath	Berlin.
607	Wegner	Justizrath, Rechtsanwalt	Berlin, Poststr. 15.
608	Wegner	Kreisrichter	Stolp.
609	Wegner	Gerichts-Assessor	Berlin, Poststr. 15
610	Wendler	Kammergerichts-Referendar	Berlin.
611	Wentzel	Kreisrichter	Wriezen a. O.
612	Wenzel	Stadtgerichtsrath	Berlin, Linksstr. 2.
613	Dr. Wenzig	Stadtrichter	Berlin, Mohrenstr. 61.
614	v. Werner	Rechtsanwalt	Schlawe.
615	Werner	Kammergerichts-Referendar	Berlin, Mühlendamm 22.
616	Werther	Stadtgerichtsrath	Berlin, Friedrichsstr. 127.
617	Wetzel	Gerichts-Assessor	Berlin, Neue Grünstr. 24.
618	Westphal	Appellationsgerichtsrath	Naumburg a. S.
619	Westphal	Kammergerichts-Referendar	Berlin, Behrenstr. 46.
620	Wiener	Rechtsanwalt	Ohlau (Schlesien).
621	Wilberg	Stadtgerichtsrath	Berlin, Thierarzneischulplatz 4.
622	Wilke	Rechtsanwalt	Berlin, Heiligegeistst. 51.
623	Wilke	Gerichts-Assessor	Berlin, Potsdamerst. 139.
624	v. Wilmowski	Geh. Finanzrath	Berlin, Bendlerstr. 22.
625	v. Winter	Geh. Regierungs- u. vortr. Rath i. Minist. d. Innern	Berlin.
626	Dr. v. Wittgenstein	Kammergerichts-Auscultator	Berlin, Mittelstr. 51.
627	Wolf	Stadt- und Kreisrichter	Magdeburg.
628	Wolff	Justizrath, Rechtsanwalt am Ober-Tribunal	Berlin, Dorotheenstr. 47.
629	Wolff	Rechtsanwalt	Berlin, Neue Friedrichsstraße 50.
630	Wolff	Rechtsanwalt	Prenzlau
631	Wollheim	Kreisgerichtsrath	Cammin in Pommern.
632	Wollny	Stadtgerichtsrath	Berlin, Kochstr. 19.
633	Wölfel	Gerichts-Assessor	Berlin, Brandenburgstraße 45.

Nr.	Name.	Stand.	Wohnort.
634	v. Zastrow	Staatsanwaltsgehülfe	Dramburg (Pommern).
635	Zenthöfer	Kreisrichter	Nicolai (Ob.-Schlesien).
636	v. Ziehlberg	Rechtsanwalt	Tuchel (Westpreußen).
637	Dr. Zöllner	Gerichts-Assessor	Berlin.

Fürstenthum Reuß.

638	Dr. v. Geldern	Wirklicher Geheimer Rath	Gera.

Königreich Sachsen.

639	Anschütz	Advokat	Leipzig.
640	Beschorner	Finanz-Prokurator	Dresden.
641	Dr. Dietzel	Professor	Leipzig.
642	Förster	Advokat	Pirna.
643	Francke	Advokat	Dresden.
644	Dr. Friederici	Obergerichtsadvokat	Leipzig.
645	Gareis	Staatsanwalt	Pirna.
646	Dr. Georgi	Advokat	Leipzig.
647	Gerhard	Advokat	Leipzig.
648	Haase	Advokat	Haynichen.
649	Hallbauer	Finanz-Prokurator	Meißen.
650	Helfer	Advokat	Leipzig.
651	Dr. Hesse	Advokat	Dresden.
652	Heubner	Advokat	Zwickau.
653	Judeich	Advokat	Dresden, Moritzstr. 9.
654	Koerner	Geh. Rath u. Departements-Direktor im K. Sächsischen Ministerium des Innern	Dresden.
655	Kretschmar	Advokat	Lichtenstein.
656	Krüger	Gerichtsaktuar und Richter	Zittau.
657	Dr. Kuntze	Professor	Leipzig.
658	Kuntzsch	Advokat	Chemnitz.
659	Lauhn	Advokat	Dresden, Liliengasse 13.

Nr.	Name.	Stand.	Wohnort.
660	Lauhn	Advokatur-Candidat	Dresden.
661	Lincke	Gerichtsrath	Pirna.
662	Mehner	Assessor	Radeberg bei Dresden.
663	Müller	Advokat	Leipzig.
664	Dr. Nitzen	Privat-Dozent	Leipzig.
665	Pietsch	Bezirksgerichts-Direktor	Pirna.
666	Dr. Pilling	Advokat	Dresden.
667	Rumpelt	Staatsanwalt	Löbau.
668	Dr. Schaffrath	Rechtsanwalt	Dresden.
669	Dr. Schletter	Professor	Leipzig.
670	Schmidt	Advokat	Dresden, Landhausst 14
671	Dr Schmieder	Advokat u. erster Stadtrath	Döbeln.
672	Schreck	Advokat	Pirna.
673	Dr Schwarze	Ober-Staatsanwalt	Dresden
674	Dr. Sierig	Hülfsarbeiter bei der Staatsanwaltschaft	Leipzig.
675	Stremel	Advokat	Zittau.
676	Dr. Tischer sen	Advokat	Dresden.
677	Tscharmann	Advokat	Leipzig.
678	Wachsmuth	Advokat	Leipzig.
679	Dr. v. Wächter	Geh. Rath und Professor	Leipzig.
680	Weickert	Advokat	Zwickau.
681	Dr. Weiske	Professor	Leipzig.
682	Dr Wolf	Anwalts-Aspirant	Dresden.
683	Zenker	Finanz-Prokurator	Dresden.

Herzogthum Sachsen-Altenburg.

684	Glasser	Advokat	Roda (Altenburg).
685	Hase	Advokat und Bürgermeister	Schmölln in Altenburg
686	Lippold	Advokat	Altenburg.
687	Dr. Schenck	Notar	Altenburg.
688	Wagner	Geh. Justiz- u. Appellationsgerichtsrath	Altenburg.

Nr.	Name.	Stand.	Wohnort.
	Herzogthum Sachsen-Coburg.		
689	Forkel	Justizrath, Rechtsanwalt	Coburg.
690	v. Meibom	Geh. Justizrath	Gotha.
	Herzogthum Sachsen-Meiningen.		
691	Albrecht	Appellationsrath	Hildburghausen.
692	Enzian	Gerichts-Assessor	Sonnenburg.
693	Dr. v. Uttenhoven	Staatsrath	Meiningen.
	Großherzogthum Sachsen-Weimar.		
694	Göpel	Staatsanwalt	Weida.
695	Freiherr v. Groß	Ober-Staatsanwalt	Eisenach.
	Königreich Württemberg.		
696	Bacher	Rechtsconsulent	Stuttgart.
697	Faber	Ober-Tribunals- u. vortrag. Rath im Justiz-Minister.	Stuttgart.
698	Dr. v. Gerber	Kanzler und Professor	Tübingen.
699	Dr. Geßler	Professor	Tübingen.
700	Hoerner	Ober-Justizrath	Eßlingen
701	Hölder	Rechtsconsulent	Stuttgart.
702	Graf v. Leutrum	General-Staatsanwalt und Ober-Tribunalsrath	Stuttgart.
703	Dr. Pfeiffer	Professor	Tübingen.
704	Probst	Rechtsconsulent	Stuttgart.
705	Frhr. v. Sternenfels	Ober-Tribunalsrath	Stuttgart.
706	Tafel sen.	Rechtsconsulent	Stuttgart.
707	Weizsäcker	Postdirektions-Revisor	Stuttgart.

Nachtrag

zum Mitglieder-Verzeichniß.

Nr.	Name.	Stand.	Wohnort.
708	Lambrecht	Kreisgerichtsrath	Lobsens.
709	von Nordenskjöld	Kreisgerichtsrath	Beeskow.
710	von Zerbst	Appellationsgerichts	Greifswald.

Inhalt.

Vorlagen.

Ungedruckte Anträge.

Stenographische Berichte.

Protokolle.

Druck von G. Jansen in Berlin.

FSC
www.fsc.org
MIX
Papier | Fördert gute Waldnutzung
FSC® C083411

Kolibri 360 GmbH
Ferdinand-Jühlke-Straße 7
99095 Erfurt, Deutschland
produktsicherheit@kolibri360.de